本书由宁波工程学院 2021 年校级出版资助立项资助

电子竞技与教育

马 冀 方禧东 著

中国财经出版传媒集团
中国财政经济出版社

图书在版编目（CIP）数据

电子竞技与教育／马冀，方禧东著．— 北京：中国财政经济出版社，2023.1
ISBN 978-7-5223-1851-6

Ⅰ．①电… Ⅱ．①马… ②方… Ⅲ．①电子游戏－运动竞赛－高等学校－教材 Ⅳ．①G898.3

中国国家版本馆 CIP 数据核字（2023）第 018322 号

责任编辑：彭　波　　　　　责任印制：史大鹏
封面设计：卜建辰　　　　　责任校对：张　凡

中国财政经济出版社 出版

URL：http://www.cfeph.cn
E-mail：cfeph@cfeph.cn

（版权所有　翻印必究）

社址：北京市海淀区阜成路甲 28 号　邮政编码：100142
营销中心电话：010-88191522
天猫网店：中国财政经济出版社旗舰店
网址：https://zgczjjcbs.tmall.com
北京财经印刷厂印刷　各地新华书店经销
成品尺寸：170mm×240mm　16 开　21 印张　313 000 字
2023 年 1 月第 1 版　2023 年 1 月北京第 1 次印刷
定价：78.00 元
ISBN 978-7-5223-1851-6
（图书出现印装问题，本社负责调换，电话：010-88190548）
本社质量投诉电话：010-88190744
打击盗版举报热线：010-88191661　QQ：2242791300

序

一边写着博士论文,一边看 LPL（英雄联盟大陆赛区）的比赛,在临近论文最终答辩的时候还抽空在台北看了 MSI 季中邀请赛 IG 对 TL 的比赛,在全世界玩家面前扮演了一回比心的阿狸（不小心被赛事活动摄像机抓住的结果）,被留学在外的学生惊呼"马老师这个胖仔是你!"就这样一直到博士毕业,成为 Dr. MA,贪图人际顺畅和上班 10 公里的天大优势,选择进入宁波工程学院工作。

虽然此时离投身电竞行业的梦想已经越来越远,但我依然忍不住去蹭一蹭电竞的边边,一到学校,我就找到刚成立两年的宁波工程学院电子竞技社（在第六章中能看到他们的详细介绍）,想担任他们的指导教师。正好上一任指导教师请产假,于是我就"鸠占鹊巢",名正言顺地当上了指导教师,也就是从那个时候,我就开始默默地拾起了儿时起就有的一个小目标:为电竞正名。

2019 年我曾写过一篇文章,题目叫《为电子竞技正名:在教育中应如何对待电子竞技》,写那篇文章的缘由是看到网络上一些学者突然向电竞发难,加上杭州一位老师的《怼天怼地怼王者》,指责电竞影响了教育。然而他们的逻辑和证据并没能说服我,作为正儿八经的学教育的,这反而激起了我的兴趣,于是我针对他们的一些误区和偏见结合我对教育的理解,写了这篇文章,虽然是纸上谈兵,但也算给自己对电竞的研究开了个好头。

当前学术界支持电竞的人不在少数,但也有很多是不了解电竞,谈电竞变色的人（当然也有一些为了名利和热度说一些未经研究不太科学结论的人）。在这种争论和碰撞中,究其根本,问题来源于什么是电子竞技;电子竞技、电子游戏、网络游戏的关系如何，有什么区别；电竞到底对青少年的影响如何，这些影响的原因是什么等，只有论述清楚这些问题，才有可能为电竞正名。论文篇幅太短，无法详细论述，所以我一直在考虑，以一种比较完整且深入的方式，来对电子竞技×高等教育进行最力所能及的论述。

接手电竞社之后，我愈发觉得为电竞正名的重要性，虽然高校里没有向社会上那样容易将电竞妖魔化，但也并没有给予电子竞技体育运动的待遇，高校通常只认传统的五大联赛项目为正当的体育项目，加上一些学校特色的项目，学生参加电竞比赛学院里都不准假，这让我五味杂陈。通过一些简单的了解，我发现很多高校对电竞社团并不支持，且隐隐有打压的态势。这种打压并不是故意为之，所以才让人更加难过。所以我就在思考，高等教育要为电竞正名，至少要做到这么三个方面：第一，让教育界意识到电竞只不过是新时代的体育运动；第二，让学校了解电竞社团和其他社团没有区别，电竞社不是聚众打游戏的地方，而是组织电竞活动的；第三，电子竞技与电子竞技社团不但对学生的学业和生活没有负面影响，而且会有正面的作用。

于是我连续做了几件事。第一件事，就是指导电竞社之后，把社团的一切工作正规化，当时的社长和继任者也非常给力，加上他们也经常承办相关活动，倒是把社团的事务安排得井井有条。第二件事，是争取把社团进一步升级，打造成能够参与学术活动的电竞社。可惜我只是个讲师、助理研究员，申请不到很高级的课题，甚至连宁波市的都没申请到过（不知道是不是这个主题的原因），只能把自己的科研启动资金课题申请为电子竞技方面的，然后邀请电竞社的同学来参与，把研究成果拿出来给他们做讲座，开设专门的社团指导课《典范、方法和实践与电子竞技》，后来学校挑战杯还带了一个学生团队专门进行了调查研究，用我之前的问卷调查结果来分析相关的内容（部分成果可以在第五章中看到），不过也未能突破校级。第三件事，就是终于有机会写这本书，想从学术的角度，比较完整地对相关的内容进行论述，让更多高等教育界的人了解电竞、理解电竞、运用电竞。

因此，本书最主要的视角是放在教育上的，对电竞的分析和论述，目的也是让大学生们特别喜爱的电竞运动能够在教育上起到它的作用。因此，我依然担心电竞的过度资本化、过度娱乐化会影响这一项目体"育"的本质，对人产生异化，也同样对在高校电竞社团方面过度的绩效主义感觉担忧。可以说，本书的出发点，在于教育，所以在本书中，增加了很多关注电竞中"人"的议题，反而对电竞本身的讨论，就不那么深入了。

当然，前言和绪论写得较为活泼，因为我也是电子竞技的玩家之一，电竞代表了活力和激情，我自然是深受其影响。然而本书毕竟是一本学术专著，轻松活泼之后也需要严肃起来，之后正式的内容也将以学术的语言来进行论述。

我一直是质性研究（Qualitative research）的坚定支持者，尽管也做过一些量化的研究，但总觉得做不到实处，研究的深度也不太够，无法解决我心中想要解决的问题。所以本书主要的研究方法是质性的，当然也有一些量化的研究，量化主要集中在第五章电竞运动对大学生影响的调查这一部分。希望这本书不仅可以成为电子竞技的专业读物、教材教辅、学术研究参照，同时也希望它可以成为一本质性研究方法的优秀实践模板，向更多人展示质性研究方法的运用。

本书主要使用的研究方法包括：

1. 自传研究法，主要在序章之中体现。通过对自己成长经验的挖掘，来向读者展示电子竞技运动对于作者本身所产生的影响，提供后续研究的资料，重呈现而非推论。

2. 比较研究法，其中包括纵向比较研究（历史研究法），在第二章、第四章第二节以及其他研究内容的综述中有所体现；横向比较研究，主要在第三章国外电竞研究的论述，第八章电竞运动的东西方力量。通过纵向和横向的比较，梳理电子竞技发展的历史，厘清它的脉络，有利于更好地对其进行认知；同时对比国内外电竞的发展、研究，寻找电子竞技运动在国内外发展的异同，为我国的电竞运动研究和发展提供一点参考。第八章的一部分则是通过后殖民主义的视角来看待电竞运动东西方力量的发展和变化，相对比较新颖和独特。

3. 个案研究法（案例研究法）+访谈法，本研究在第六章中着重介绍了一些在甬高校电竞社团的发展，使用个案研究法，详细地展现了这些学校电竞社团的起步、发展和现状，可以更直观地展示电竞在高等教育中发展的部分状况，遇到的问题和他们自己的想法，让教育界和电竞界同时听到高校学生的声音，了解他们的需要。

4. 文献研究法。作为使用最广泛的研究法而言，文献研究法反而是电竞研究中较为难做的部分，作为一项还算新生的事物，对于电子竞技的研究较为不全面，尤其是在教育方面。国外的多为生物学、神经科学等方面的实验量化研究，国内则主要集中在产业经济这一块，在有限的文献资料中，绝大多数也只是观点的称述，并没有真正做了"研究"的过程。因此，本书在文献研究法的使用上，不得不使用大量的新闻报道，微信公众号等自媒体的内容，反而是这些内容，有一些独到的视角和见解。但由于这些内容的信效度从学术上来说相对较低，因此，本书在选择资料时也会尽量选择比较大的网站，较为公正和资料来源官方的公众号、自媒体等，以确保信效度能够保持在符合学术研究的水平。

另外，本书由于所论述的主题，需要涉及很多电子竞技游戏或是其他内部的内容，而这些内容目前严格地从学术上来说，并不是那么标准的引用（例如电竞视频截图的引用），因此在一部分引注上，只能尽可能详细地标注资料的来源，无法使用标准引注格式来进行引注，同时为了避免重复，尽量不使用市面上已有的电子竞技类图书而尽量使用第一手资料来作为参考资料，因此如有内容相近的地方，可以说是一种不谋而合了。

研究方法的运用最终目的还是为了科学的客观的有力的论述，对于研究方法论的派系之争，以及质性研究方法的一些推论上的问题，就不在此执着了。

另外，本书的写作除了第二作者方禧东之外，还得到了本人研究助理团队的大力支持，这些同学来自各个不同的学院，且都是自愿参加研究活动，无论成果多少，质量好坏，他们都付出了很大的努力，在此需要对他们进行介绍，以便他们获得相关的认可。

第一章研究助理：杨雅雯（总负责）、杨炫凡

第二章研究助理：史沈超、沈振权

第四章研究助理：陈雪儿（总负责）

第五章研究助理：赵琳、陈怡

第六章研究助理：竺晨露、陈禾睿

第七章研究助理：罗德旺、瞿瑶、陈璇、容仕枝、董宏杨

第八章研究助理：裴寒旭、郑凯文、王虹

校对、编辑助理：徐慧（总负责）、陈锦涛、沈红瑶、柯思源、吕芙蓉、马淑琪、苏靖雨

协助伙伴：宁波工程学院电子竞技协会、浙江工商职业技术学院电子竞技社、浙江纺织服装职业技术学院电子竞技社。

前　言

　　这篇文章也许是一个新的教育研究方向前言，也可能是一本教育论专著前言，亦可能仅仅只是一篇小文章，不过千里之行始于足下，无论做什么事情总要慢慢积累，着急不得，略有所想，记于笔下。

　　我不想在这里过多赘述电子竞技与普通电子游戏以及网络游戏的区别，电子竞技是国家体育总局承认的体育项目，若是不知道或者没有意识到这一点，那么可能需要去补习一些关于电竞的知识，才能不至于偏颇。我所说的，所想的，仅仅基于自己的生命旅程，并没有做相关正式的研究，也正是因为如此，我想从一个生命个体的角度，来说说为什么电竞对教育有利。

　　现实社会中，对电子竞技反感甚至是要将其消灭殆尽的人不在少数，例如微博上著名的某教授，一边将所有的社会错误都归结到电竞头上，一边经营着自己如火如荼的戒网瘾机构。我不想评论其对错好坏，因为根本无法交流。所以我只想谈我的电竞和教育——从我个人的经历谈起。

　　我第一次接触电脑游戏，是西木头公司（Westwood）著名的即时战略作品红警95，尽管红白机在那个时代风靡一时，我依然被即时战略游戏的魅力吸引，无法自拔。小学五年级的我，连最基本的英文字母都不认识，竟然凭借着一次次的尝试，可以熟练地玩全英文版的红警。之后父母发现我沉迷于此游戏，一有空就坐在电脑面前玩，便开始了漫长的斗争之旅。于是，从安装键盘鼠标到安装软件，我对电脑的熟悉就在这样的斗争中慢慢提升。所以到现在，我尽管是个文科生，在高中之前没学过一天的计算机，但电脑硬件组装，软件安装还有打字和操作速度方面，我自信没有太大的问题。所以一开始工作的时候，当计算机老师被折磨得腰酸背疼时，我可以帮助他解决一些其他教师遇到的电脑问题；我可以完全不求助别人做PPT和Smart white board（智能白板软件）的课件，谈不上多高端，满足自己上课的需求一点问题也没有，也不会总是麻烦别人，后来还拿过一个新技术类课程国家一等奖。

真正喜欢上电竞，是因为2003年的WCG，当时很偶然的在一个电视节目上看到war3（魔兽争霸）的转播，被那种激烈的对抗和战术战略吸引，很快便成为忠实的电竞粉丝，之后就是WCG精彩的10年，从人皇Sky（李晓峰）的卫冕和惜败，到PJ星际争霸的亚军；从WCG在国外办，我在国内通宵看，到WCG在国内办，我在国外通宵看，WCG几乎贯穿了我的青春。但很可惜，WCG后来因为种种原因停办，于是总感觉每年缺了一个重大的典礼。WCG的时代给我带来了沉重的国家荣誉感，这也是体育项目必然具备的属性，电竞圈国与国、地区与地区之间的竞争很激烈，Sky输掉的时候，我在电脑面前掩面哭泣；PJ披着国旗站上舞台的那一刻，我现在还历历在目，一想起来，心里一股热血依然在沸腾，这是一种电竞带来的民族自豪感和认同感，所以后来，英雄联盟职业赛上虽有优秀的韩国外援，但大家依然对全华班津津乐道，希望他们能打出好成绩；东亚三大赛区的第一赛区之争，大陆赛区LPL战胜韩国赛区LCK获胜时，我的怒吼响彻政法大学的寝室楼，电竞对我的爱国教育，远胜于任何一本书。

大学时放松的生活，给了我更多的电竞游戏时间。大学前两年，DOTA1成为我最钟情的游戏，但凡没有课的日子，就一定要找机会在网吧和小伙伴们一起DOTA。大三开始我接触到英雄联盟，但那个时候这款游戏在我们大学还不普及，加上我认识了妻子，于是游戏时间稍有收敛。但电竞却开始给了我除了游戏之外不一样的东西——思考。大学之前我的文字以诗歌为主，是个文艺小青年，但就是在大三的时候，我的第一篇小论文出炉了，是一门专业课的期末论文，主题是使用电竞中"指向技能"和"非指向技能"的概念来解释语文修饰词语法，虽有创意，但思考并不成熟。有幸，我遇到了一位非常好的老师（北京大学中文系博士，河北大学中文系傅林老师），他兼收并蓄的教育理念让这篇论文获得了100分的满分成绩。从此点醒了我,原来世界很多东西是融会贯通的,在这个理论体系中想不通做不好的事情,用另外一种理论体系来做,也许就迎刃而解(很典型的就是教育学研究方法论中连贯论的提出,使用的基础理论是神经信息传递理论),这也给我后续工作中的思考带来很多的启发,才有了后续的几篇研究论文。

大学毕业,我入选宁波市教育局公派汉语志愿者,前往澳大利亚攻读教育学。国外的生活很清苦,也很幸福,作为研究类研究生,我不需要学习课程,而是专注于自己的一篇大论文。我很宅,不喜欢旅游,澳洲的美丽景色并不太吸引我,人际交往也很少,不太开展多余的人际交流活动。然而,电竞一直陪伴着我,度过了那段孤独的日子。为了与国内小伙伴们的活动时间对上号,我每天12点起床,下午在自己的办公室奋斗论文,晚上7点钟开始休息两小时,睡到9点,然后起来玩游戏到凌晨三点,如此往复。如此这般的疯狂游戏,难道不会影响我的学习么?哪怕是开放的澳大利亚,我的导师也有这样的疑问,还好最后6万字的论文(无修改通过)加上荣誉学位(honour学位,大概可以理解为学术类的优秀学位),证明了游戏和学习其实并不冲突,导师来宁波回访的时候还拍拍我的肩膀说看起来玩游戏和学习可以兼得。关键在于,是否能够玩得时候好好玩,学习的时候好好学习,如果不行,那么可能问题在于自己,而非游戏。

如果说研究生时期,电竞是在陪伴着我,那么研究生毕业之后短暂的四年工作,电竞则成为我思考的助推器。国外的留学经历,给了我西方教育的理念,但却与国内的教育现状相差较大,一开始我完全懵了,观念冲突,手段不同,理念差异,让我无所适从。于是我在思考,我可以从什么方面去努力。最终我确定了教育评价体系作为我的主攻目标。我们的学习经常就是为了考试,评价学生也用考试的分数,不考试那是不可能的。我能否在考试和评价中搭建一个桥梁,让他们不要那么抵触考试,又能够相对公平地评价他们呢?思来想去,尝试了很多,借鉴了一些其他的内容,比如古代的六艺系统,但都不理想。这时,电竞给我点了一盏明灯,那时学校提倡学习共同体制(尽管它还不是一个较为成熟的理论),也就是要分小组,既然分小组,那何不按照小组对抗的方式来进行考试,把每个小组都当成一个战队，根据考试成绩来进行胜负关系的比较，而不是纯粹的成绩呢？经过一段时间的思索和尝试，《语文学习联赛制评价体系尝试》终于出炉了（大家可参阅论文《享受过程评价乐趣，融合语文学习团队——语文学习联赛制评价体系的实践研究》）。这个联赛制的做法在我先后工作的两个学校尝试过，都获得了学生的热烈欢迎，无论是名牌学校的优等生，还是普通学校的后进生，都非常喜欢这种评价的方式，经过调查，满意率在97%以上。这篇论文也同时获得了官方的肯定，论文从海曙区开始，到宁波市，再到浙江省，在教育评价论文评奖中全都荣获一等奖，凭借着三年的实践和一篇论文，就完成了多数普通教师在教研方面能够达到的最高点。在联赛制的基础上，结合学生学习小组的特点，我又借鉴了俱乐部的发展方式，结合NBA的工资帽制度，写出《制度为上，动态平衡——"工资帽"和交易制度在班级小组组建与评价中的应用初探》，在第二年同样获得宁波市论文一等奖。通过电竞的引导，我成功地找到了自己对于教育研究的突破口。可以说，如果没有电竞，我在工作中将会迷茫更久，也没有机会接触更高的教育研究。

很遗憾的是，因为个人的能力不足，我没有能够在基础教育的洪流中坚持下来，最终我只能选择从学校辞职。前途迷茫，无路可走，唯有向更高的阶梯奋力一搏，申请博士原本我选择了台湾的二流大学，政大这样的顶尖大学我根本就没有自信，但是通过电竞启发而写出的这两篇论文以及4年二十多项论文获奖，最终帮助我成功申请到了政治大学教育学院博士生的资格，开始了我更为漫长的求学之路。放弃一切重新来过，固然比较可惜，但是有电竞的陪伴，我相信这一切都会变得顺利。

我的论文和研究，对于教育来说，贡献实在是很小，但毕竟是一种贡献，在这种小小的贡献中，电竞的帮助不可或缺。我的生活，这辈子也许注定要贡献给教育事业，但若有可能，我一定会更多地参与电竞，毕竟那曾是我每天都仰望的星空，每夜都盼望的理想乡。

电竞和其他很多运动项目一样，可以培养人的团队合作精神，不懈努力积极向上的品质等，有益处实在太多。毁掉孩子的，并不是电竞，而是他身处的环境，即使没有电竞，也一样会有玩物让他丧志。所以，家长老师们，在没能培养孩子端正的品性品德，正确处事的性格，没能用有趣的课堂和知识吸引孩子，没能够为中国教育的改变尽一份力，在没看到电竞成就了不少孩子的同时，把一些孩子的极端个例作为抨击电竞发展的依据，认为电竞会毁了孩子，这样做是极不负责任和让人寻味的。正是因为他们的推脱和逃避责任，毁了他们口口声声爱着的孩子。我的学生中有很多人玩游戏，最终考入顶尖高中大学的，也有提前进入社会的，就如同打篮球、踢足球的学生最终也会有两极分化一样。有的学生每周末都和我一起玩游戏，但高考选考甚至考到了满分；有的学生家里连手机都不让用，但最终留给他的选择却很有限，反之亦有。究竟是什么，让我们的孩子发展，又究竟是什么影响了他们的进步，这是教育界非常值得关注的一个问题。

　　我并不赞同过度地去沉迷于游戏，但是我赞同在空余时间让孩子去接触电竞。我在电竞中的收获，毕竟是个例，甚至有可能是极端个例。但是电竞的美好若能传递到更多的人身上，更多的人能够像我一样从电竞中取其精华去其糟粕，我想这不仅对孩子个体，同时也对整个社会，对我们的教育，有着莫大的帮助。虽然我对当前教育连传统体育运动都不够重视的现实心感失望，但我依然相信中国教育会有美好的未来，因为我和千千万万一样关心教育，投身教育的人，在为之努力，这其中，就少不了热爱电竞的青少年们。所以我说，电竞对教育是有利的。

马 冀

2017 年于台北

目　录

第一章　电子竞技运动概述 ·· 1

 第一节　电子竞技的定义 ·· 1
 第二节　电子竞技的特征 ·· 4
 第三节　电子竞技的分类 ··· 15
 第四节　电子竞技与网络游戏的异同 ······································ 23
 第五节　电子竞技的功能 ··· 35

第二章　电子竞技运动的发展和问题 ·· 41

 第一节　电子竞技的涨潮之刻 ··· 42
 第二节　电子竞技的中国之路 ··· 52
 第三节　电子竞技值得探讨的议题 ··· 65

第三章　国外电子竞技文献综述 ·· 78

 第一节　电子竞技概念的起源 ··· 78
 第二节　电子竞技的归属与定义之争 ······································ 79
 第三节　对于电子竞技的相关评价 ··· 83
 第四节　对于电子竞技赛事的相关研究 ··································· 87
 第五节　电子竞技的产业优势讨论 ··· 95
 第六节　西方电子竞技研究总结 ·· 98

第四章　冲突与正名 …………………………………………… 102
　　第一节　对电子竞技运动的误解与偏见 ……………………… 102
　　第二节　电子竞技运动的正名之路 …………………………… 111

第五章　电子竞技对大学生的影响 …………………………… 132
　　第一节　问卷及基本信息 ……………………………………… 133
　　第二节　电子竞技对大学生校园生活与人际交往的影响 …… 141
　　第三节　电子竞技对大学生学习的影响 ……………………… 155
　　第四节　因子分析、公因子分析 ……………………………… 168
　　第五节　总结及研究限制 ……………………………………… 177

第六章　高校电竞社团个案研究 ……………………………… 182
　　第一节　宁波工程学院电子竞技协会 ………………………… 182
　　第二节　浙江纺织服装技术学院电竞社 ……………………… 195
　　第三节　浙江工商职业技术学院电竞社 ……………………… 206
　　第四节　电竞社的发展与管理现状 …………………………… 218

第七章　电子竞技与教育 ……………………………………… 238
　　第一节　电子竞技人才的培养 ………………………………… 238
　　第二节　电子竞技产教融合与社团 …………………………… 257
　　第三节　电子竞技运动与育人——冲突与促进 ……………… 269

第八章　电子竞技与后现代 …………………………………… 283
　　第一节　电子竞技中的女性议题 ……………………………… 283
　　第二节　电子竞技的东西方力量：西方文化霸权与东方市场 … 294
　　第三节　电子竞技中人的异化 ………………………………… 314

后　　记 ………………………………………………………… 317

第一章

电子竞技运动概述

  2018年11月IG电子竞技娱乐部获得2018年英雄联盟全球总决赛总冠军，这一消息引发了广大网友的热议，许多热爱电子竞技运动的玩家纷纷转发朋友圈和微博，大学宿舍楼中回荡着"IG"的大声呐喊，以此表达自己的兴奋和喜悦之情。但也有不少人发出疑问"IG夺冠，为何这么多人热泪盈眶"，其实这是许多中国玩家苦等了8年的冠军，是电竞选手们在家长排斥和社会舆论下默默训练迎来的胜利。雅加达亚运会英雄联盟、王者荣耀项目中国获得冠军，IG夺得全球总决赛冠军极大鼓舞了中国电竞玩家，也让社会开始真正了解这个行业。央视重启电竞项目的报道，教育界开始思考电竞和游戏与教育的关系，社会上关于电竞的讨论越来越多，电竞产业发展如火如荼。但同时，对于电子竞技游戏的误解和偏见也越来越多，其源头正是首先对电子竞技定义的误解。名不正则言不顺，因此本书将从电子竞技的定义、特点以及电子竞技运动与网络游戏的异同等方面来阐述电子竞技运动的相关知识，希望能增进对电子竞技的认识。

第一节 电子竞技的定义

  很长一段时间，电子竞技的"名声"不是很好，家长的排斥、社会的担忧以及舆论的冲击在很大程度上影响了电子竞技的发展。之所以如此，是因为人们对电子竞技缺乏深入了解，简单地将电子竞技等同于普通的网络游戏，但事实上，真正的电子竞技绝非娱乐消遣那么简单，它在精神上是思维能力、反应能力、心眼四肢协调能力、意志力、大局观的结合，同时也是一项需要消耗体力的运动。

"电子竞技"英文为 electronic sports，也叫 e - sports 或 eSports，另有 competitive gaming、Cyber - gaming、cyber sports、cyber athletics 或 V - Sports 等名称①。1972 年，世界上第一个电子竞技意义的比赛"Intergalactic Space War Olympics"在美国斯坦福大学诞生，掀开了电子竞技发展历史的大幕。

近年来，电子竞技风靡全球，成为青少年群体热烈追逐的对象。究竟什么是"电子竞技"？什么样的运动可以被认为是电子竞技？电子竞技的定义众说纷纭，目前由于学术界对电子竞技的研究并不充分，尚无明确统一的说法，但可从官方、学术界和其他社会机构的角度来进行比较和归纳，得出一个相对接近其本质的答案。

早在 2003 年，电子竞技就被国家体育总局列为第 99 个体育项目②，这也从官方上将电子竞技认定是一种体育运动。国家体育总局对电子竞技的定义为"以信息技术为核心的各种软硬件作为器械或者是设备，在信息技术营造的虚拟的环境中，按照统一的竞赛规则进行的游戏运动"③。在 2004 年举行的首届全国电子竞技运动会上，时任国家体育总会副主席的何慧娴表示："电子竞技是从网络游戏中脱颖而出的阳光游戏，它是按体育精神、体育规划在网络的虚拟世界里进行的一项体育运动④。"

从我国学术界的研究来看，电子竞技定义繁杂但其观点却极具相似性。2003 年学者冯宇超认为，电子竞技是以电子游戏为平台，通过比赛的形式衡量玩家游戏水平高低的一种竞技类型⑤。2004 年李宗浩在《电子竞技运动的概念、分类及其发展脉络研究》一文中指出："电子竞技运动是人（队）与人（队）之间，运用计算机（含软件和硬件设备），通过网络（局域网）所营造

---

① 耿梅凤. 电子竞技归属论 [J]. 体育文化导刊, 2013 (12)：145 - 148.
② 毕金泽, 郭振, 林致诚. 中国电子竞技与产业发展研究 [J]. 北京体育大学学报, 2020, 43 (8)：87 - 96.
③ 新浪体育. 中国电子竞技运动高峰论坛 [EB/OL]. (2004 - 01 - 12) [2021 - 4 - 24]. http：//sports. sina. com. cn/o/2004 - 01 - 12/1812733074. shtml.
④ 王骏. 我国电子竞技运动发展探讨 [J]. 体育文化导刊, 2011 (6)：60 - 62.
⑤ 冯宇超. 对电子竞技发展的初步探讨 [J]. 浙江体育科学, 2003 (5)：49 - 52.

的虚拟平台，按照统一的竞赛规则而进行竞赛的体育活动"[1]，由于此定义加入了人与人互动的概念，相对较为完整，也被学术界经常引用。2005年王沂在探讨电子竞技运动概念和功能时认为："电子竞技是人们在相对公开、公平、公正的环境下进行的竞技和对抗的一种比赛形式"[2]，这个定义相对于前人，又加入了比赛环境的要素，将竞技体育的核心——公平，体现在电子竞技运动中。

  随着社会的不断发展，电子竞技的定义也在不断更新。2013年学者何培奕在其研究中把传统电子竞技游戏和新兴电子竞技游戏进行了对比，他认为无论是传统的电子竞技游戏还是新兴的电子竞技游戏，其形式都是人们在统一的竞赛规则下进行的对战比赛，只不过前者的竞技内容是以单机游戏为主，后者以游戏中的核心游戏内容或部分游戏内容为主[3]，将电子竞技的承载平台进一步扩大。2015年黄鑫在其研究中明确指出，电子竞技是人们在电子设备支持的前提下，在虚拟环境中按照一定的规则进行的具有观赏性的比赛，一般体现为具有前述特征的电子游戏[4]，这个定义将环境进一步准确到"虚拟"中，同时也明确了电子竞技的内容形式上的这一重要因素。2018年杨越在研究新时代电子竞技时认为，电子竞技是以电子游戏内容为载体，利用电子交互技术和硬件工具实现人与人之间竞技比赛的竞技体育活动[5]，这时的定义，已经明确地强调了电子竞技是竞技体育这一概念。也有学者不仅从体育和内容的角度来进行论述，例如毕金泽、郭振、林致诚从产业的角度出发认为"电子竞技是基于游戏又超越游戏的，集科技、竞技、娱乐、社交于一身的独有商业属性与用户价值的数字娱乐文化体育产业"[6]。总体来看，我国学术界大部分学者在对电子竞技的下定义时都紧密围绕三个基本要素：电子、竞技运动以及人与人

---

[1] 李宗浩，王健，李柏. 电子竞技运动的概念、分类及其发展脉络研究 [J]. 天津体育学院学报，2004（1）：1-3.
[2] 王沂. 关于电子竞技运动概念以及功能的探讨 [J]. 体育师友，2005：56-57.
[3] 何培奕. 中国电子竞技产业的现状和发展研究 [D]. 上海：上海外国语大学，2013.
[4] 黄鑫. 体育法治视域中的电子竞技 [J]. 南京体育学院学报（社会科学版），2015，29（6）：48-52.
[5] 杨越. 新时代电子竞技和电子竞技产业研究 [J]. 体育科学，2018，38（4）：8-21.
[6] 毕金泽，郭振，林致诚. 中国电子竞技与产业发展研究 [J]. 北京体育大学学报，2020，43（8）：87-96.

之间的对抗。

除此之外，社会上的其他机构对电子竞技也有不同的定义。例如，《2021年中国电子竞技赛事市场分析报告——行业现状调查与未来动向研究》中指出"电子竞技是以电子设备为运动器械，以电子游戏为运动媒介的进行人与人之间智力对抗的运动"[①]；首届CEG承办者华奥星空的网站将电子竞技定为"利用信息技术为核心的软硬件设备作为器械进行的在体育规则下实现的人与人之间的对抗性运动"[②]；"腾讯电竞"则把电子竞技定义是集科技、竞技、娱乐、社交于一身的数字娱乐文化体育产业[③]。从这里可以看出，电子竞技的定义会因为社会机构属性的差异性而有所改变，但其核心的特点并未变化。

我国学者、社会以及官方在电子竞技的表述和理解上虽有差异，其中的一些观点，例如，电子竞技是从网络游戏中脱颖而出的，电子竞技是智力对抗的运动等，在针对电子竞技的研究中学术界对此看法并不一致。例如，马冀在《为电子竞技正名：在教育中应如何对待电子竞技》中认为电子竞技在发展历程上而言与网络游戏是并列和相互掺杂的，并非从网络游戏中而来，相反电子竞技的发展历史比网络游戏要长得多[④]。但总体上看这些针对电子竞技的定义都紧紧围绕着电子竞技的两大基本特征"电子"与"竞技"。

第二节 电子竞技的特征

每一种事物都有其特征，这种特征是事物区别于其他事物的相对独特标志，电子竞技亦是如此。上一节提到电子竞技的基本特点是电子和竞技，除此之外，还有一些有其自身特色的特征，本节将从基本特征和其他特征两个方面对电子竞技的特点进行概述。

[①] 中国报告网. 2021年中国电子竞技赛事市场分析报告——行业现状调查与未来动向研究 [DB/OL]. (2021-04-19) [2021-6-23]. http://baogao.chinabaogao.com/youxi/538542538542.html.

[②] 何威. 电子竞技的相关概念与类型分析 [J]. 体育文化导刊，2004 (5)：11-13.

[③] 杨越. 新时代电子竞技和电子竞技产业研究 [J]. 体育科学，2018，38 (4)：8-21.

[④] 马冀. 为电子竞技正名：在教育中应如何对待电子竞技 [J]. 创新教育研究，2018，6 (6)：442-451.

基本特征方面主要从电子和竞技两个方向入手。电子方面主要从设备、内容和规则方面来介绍；竞技方面则从对抗性和公平性方面重点论述。而在其他特征方面，将会介绍电子竞技中文化性、虚拟性、大众性以及体育性的概述。

一、基本特征

电子竞技本质上是一项体育竞技运动，从名称上就可以看出它的两个基本特征：一是电子，二是竞技。这二者组成了电子竞技的核心，广义上基本可以认为，具备了这两种特征的运动可以被认定是电子竞技。电子性是指此项运动需要借助的设备以及运营的环境，竞技性主要体现了电子竞技运动对抗和公平的属性。

1. 电子

电子是指它的方式和手段，既包括它营造的环境，也包括各种软硬件，类似于体育运动中的器材和场地[①]。但与传统的体育运动不同的是，电子竞技运动一切的展开都要以信息技术为前提，这也是电子竞技运动和传统体育运动不同的根本所在。

电子竞技的电子特征包括三个层面：第一个层面是设备的电子化；第二个层面是游戏内容的电子化；第三个层面是规则判定的电子化。

设备的电子化，指的是从事电子竞技运动所要使用的装备，主要以电子科技和信息技术的产品为主。具体来说电子竞技使用的设备主要包括：电视游戏的屏幕、主机、手柄或操作器；电脑游戏的电脑主机、屏幕、键盘、鼠标等；手机游戏的手机、辅助操作器等，同时还有一些辅助的电子设备，例如耳机和隔音耳机、摄像头、话筒等。未来还可能加入头戴式 VR 系统、沉浸式脑电波接入系统、虚拟座舱等作为相关设备。另外，由于目前电子竞技运动大多数基于网络来进行，因此电子竞技的设备还包括网络的相关装置。

内容的电子化，指的是电子竞技的运动内容是虚拟的电子内容，其运动形式本身是电子化的，玩家和选手并不是直接以身体来进行运动，而是用身体的

---

① 新浪体育. 中国电子竞技运动高峰论坛 [EB/OL]. (2004-01-12) [2021-4-24]. http://sports.sina.com.cn/o/2004-01-12/1812733074.shtml.

运动通过电子设备的传导,在电子化的运动内容中进行竞技。运动内的事物也是以虚拟构建的,剑是虚拟剑、枪是虚拟枪、受伤也是虚拟伤。内容的电子化带来了低成本和低风险,同时也为竞技提供了便利,这也是电子竞技能够迅速普及的原因。需要指出的是,电子化可能并不意味着电竞运动在身体运用上的弱化,有一些论述认为,电子竞技运动由于其高速的脑力运转和上身的肢体运动,所消耗的能量并不在少数,对身体亦有锻炼作用①,可惜的是目前还少有研究真正用数据来展示这一点。

规则判定的电子化,指的是电子竞技运动中,其主要的规则判定并不由人工来进行,而是由程序直接判定。规则判定的电子化,使得电子竞技不会有场内犯规这个问题(但仍有可能出现违反职业道德等问题),但是由于设备和系统的电子化,会出现无法由电子化系统来进行判定的情况:一是游戏系统内容的 bug(系统的漏洞或者缺陷),破坏游戏的公平性或者影响游戏的继续,这时人工裁判会干预进来,进行暂停、处理、重赛或者使用时空裂隙技术(回到出现问题之前的一段时间开始比赛);二是系统之外因素的犯规,例如未按名单派遣队员、暂停时违规交流等,这时裁判也会进行相关的判决,队伍有可能会受到禁选阶段的"空 ban"(不能禁选英雄)、警告、停赛等处罚。

电子竞技运动的电子化,是电子竞技的核心特征,也是电子竞技区别于传统体育最具有竞争力的特征。电子化推动了电子竞技运动开展的诸多便利,也造成了电子竞技与传统体育最大的不同,让人对其体育的性质产生怀疑。但电子竞技的竞技特征,却又让它牢牢地把握着体育的本质。

2. 竞技

奥林匹克格言"更快、更高、更强"完美地诠释了体育竞技精神,作为一项竞技运动,电子竞技虽种类繁多,但其核心要素却离不开对抗与比赛②,竞技性便成为区分电子竞技游戏和其他类型游戏的重要标志。在竞技性特征中,电子竞技从电子游戏中脱胎而来最重要的因素是对抗和公平。

---

① 丁龙. 将电子竞技运动引入河南省高校体育教学的可行性研究 [D]. 河南:河南师范大学,2015.

② 何慧娴. 让数字演绎体育无限精彩——电子竞技运动及在中国的发展 [J]. 体育文化导刊,2004(8):3-7.

（1）对抗性

电子游戏在发展之初着重打造游戏本身的呈现效果，但随着游戏技艺和技术的不断成熟，游戏本身对玩家的吸引力逐渐下降。这时一些具有共同兴趣爱好的游戏玩家便进行了更深层次的探索，即在游戏领域内进行竞争层面上的较量。这样，电子游戏的内核便由"娱乐"转向了"比赛"。因此，对抗性是电子竞技的关键特征，没有对抗这一特征的电子游戏，从本质上来说就无法被称为电子竞技。

从另一个角度来说，在电子竞技受到的质疑中，对于竞技层面的质疑较多集中在对抗性上，也有人认为电子竞技不是体育是因为它没有身体上的对抗性。然而传统体育也有非直接对抗的技术类项目，例如射击、射箭等。同时，电子竞技对身体的运用相对于纯脑力的项目，例如棋类、牌类项目而言又要高出许多。手的操作对于电子竞技而言相当关键，传统电子竞技选手的APM（每分钟键盘鼠标点击次数）可以达到200以上，峰值甚至可能达到300～500。因此，电子竞技并不是单纯的脑力对抗项目，无论是对脑力的对抗还是对身体的对抗而言，电子竞技都有其足够的对抗性，并不能因为电子竞技看似身体运动不多，就从对抗性上否定它的竞技性质（然而手机平台电子竞技游戏的出现则进一步削弱了这种身体运动）。

（2）公平性

作为一项体育运动，其竞技的核心是公平，这种公平是由从运动内容到运动形式各方面来进行保障的。电子竞技游戏从游戏内容上是对参赛方或者游戏玩家而言都是公平的，不存在初始的不平等。从游戏形式而言，电子竞技比赛时所使用的主机、显示屏等都是相同的。电子竞技的竞技公平性还表现在它有一套强制性的比赛规则，对比赛的时间、内容、方式、参与人数以及结果判定都做出了明确而严格的规定。[1][2]

另外值得一提的是，由于电子竞技的运动过程判定由计算机完成，并不存在裁判人为干扰比赛的问题，这也是电子竞技公平性的重要体现，从这一点上

---

[1] 陈东. 中国电子竞技产业发展研究（1996～2015年）[D]. 济南：山东大学，2015.
[2] 产业新闻. 国家体育总局：电子竞技与网游的三大差别 [EB/OL]. (2015-06-09) [2023-01-06]. https://games.qq.com/a/20150609/037400.htm.

来说电子竞技的表现比很多传统体育项目要更加公平。

图 1.1 日本体操运动员桥本大辉在比赛中获得高分的失误动作

注：图片来源：东方网，2020 东京奥运会体操男子个人全能决赛：桥本大辉夺冠 肖若腾银牌[EB/OL]. 东方网，（2021-07-28）[2021-07-29]. http://n.eastday.com/palbum/162752023877012922.

2021 年 7 月 28 日，东京奥运会体操男子全能决赛，146 号日本选手桥本大辉（HASHIMOTO Daiki）在跳马项目中一只脚落在垫子之外，出现重大失误，但却依然获得了 14.7 的高分，而相同难度动作发挥近乎完美的中国选手孙玮则获得了 14.9 分。最终日本选手力压中国选手肖若腾获得全能金牌，众多中国体操名将均表示了对裁判判分的不满①。不论裁判是否有偏袒日本选手，这种主观打分的系统就存在不公平的隐患，受限于裁判自己的手眼，而电子竞技则不存在这样的问题。由于其电子的特征，电子竞技会出现带有自身特点的系统 BUG，影响游戏公平，但这种 BUG 会在第一时间被官方禁止使用、禁用英雄、修复系统等。例如《魔兽争霸 3》的比赛中，韩国选手 Moon 曾使用先上飞艇后保存的系统 BUG，该 BUG 后被禁止。电子竞技在修正规则本身存在的漏洞时，比传统体育更敏感更快。因此，从判罚和规则修订的角度来

---

① 搜狐体育. 为肖若腾打抱不平！桥本大辉跳马失误登上热搜 [EB/OL]. 搜狐网，（2021-07-28）[2021-07-29]. https://www.sohu.com/a/480112795_114977.

说，电子竞技可能比许多传统体育项目做得更为优秀①。

总体而言，电子和竞技两个要素是电子竞技最重要的特征，且两者相辅相成。竞技性是各类体育运动的核心属性，也就是奥运精神所说的"更高、更快、更强"中的"更"。电子竞技的电子特征，赋予了竞技更完整的公平性，避免了运动系统本身（例如篮球赛上不同篮球的重量，羽毛球场上的风向）和规则方面（例如上文所说的裁判评分）的不公平。越来越多的体育运动开始引入电子的特征来保证竞技的公平性，例如足球篮球中的视频回放，甚至北京冬奥会测试赛已经引入了微软人工智能小冰 AI 评分系统来作为 AI 助理裁判，独立对运动员进行评分②。而竞技性则对电子竞技的电子内容进行了约束和规范，是电子内容和规则制定的基础。没有了竞技，电子竞技就变成了电子游戏或者网络游戏，不再能被称为是体育运动。

二、其他特征

除了"电子"和"竞技"两个基本特征之外，电子竞技还主要包含文化性、虚拟性、大众性③、体育性等特征。电子竞技的文化性通常是指蕴含在游戏内容中的游戏文化以及此项运动传达的体育竞技精神；电子竞技的虚拟性是指电子竞技的主客体是虚拟的，通俗地说就是游戏和角色的虚拟；电子竞技的大众性是指其具有较低的参与门槛以至于男女老少都可以参与此项运动；电子竞技的体育性是指电子竞技总体上符合现代体育的规则和要求，具有体育特性。这四个特征和核心特征相辅相成，综合在一起构成了电子竞技运动。

1. 文化性

电子竞技的文化性主要表现在游戏、赛事和赛场上。电子竞技游戏从现实的文化中获得灵感，将自身的内容以一种故事化的方式讲述出来，通过电子技术手段，营造具有自身特色的文化背景和脉络。一般来说，背景和主题会以历

---

① 徐静雨. DOTA2 奖金 4000 万元超过 NBA，电竞比传统体育还强吗？[EB/OL]. 雨说体育徐静雨，（2021 – 08 – 27）[2021 – 08 – 28].

② 赵语涵. 小冰成滑雪助理裁判，AI 评分系统获国际雪联认可[EB/OL]. 北京日报客户端（2021 – 07 – 20）[2021 – 07 – 29]. https://www.bjd.com.cn/huawei/2021/07/20/132680t318.html.

③ 浙江网竞教育科技有限公司，宋嘉. 电子竞技概论[M]. 北京：机械工业出版社，2019：2 – 3.

史、神话、传说、军事、幻想等一个或几个方面为蓝本。例如，这几年风靡全国的《王者荣耀》便以架空世界为游戏背景，以历史为依据塑造游戏角色（但后期受到各方压力，不得不做出更多的修改）。电子竞技种类和赛项繁多，相对的其蕴含的游戏文化也会更加丰富多彩。

赛事文化是电子竞技的另一个重要的文化表现形式，它主要围绕：举办方需要在遵守体育竞技精神和竞技原则的前提下才能打造良好的赛事品牌；玩家需要通过良好的团队分工协作以及个人的不懈努力才能争夺冠军；媒体需要秉持客观公正的态度才能传递电子竞技正能量，这些都是电子竞技赛事文化的表现[1]。随着新媒体技术的快速发展，电子竞技需要抓住时机、迎接挑战、积极构建良好的竞技文化。

赛场文化是电竞比赛时表现与当地民众和当地电竞思维特征的形式，可以分为场上文化和场下文化。场上文化主要体现了不同地区电竞习惯和认知的特色，例如《英雄联盟》的不同地区联赛中，LPL（中国大陆赛区）最喜欢通过激烈的"打架"来获得游戏的优势；而 LCK（韩国赛区）则喜欢通过战略上的运营来获得胜利；LEC（欧洲赛区）经常会拿出让人意想不到的英雄，一些选手被观众们戏称为"大艺术家"。有观众质疑 LCK 赛区比赛节奏慢，不好看，LCK 推特官方还调侃认为自己赛区的打法是莎士比亚，并不是所有人都能欣赏得来的[2]。场上文化还包括一些电竞带有体育性和网络性的表现自我的方式，例如《英雄联盟》的比赛中会出现"亮标"（所使用的英雄头上出现所有人可见的表情图标）、跳舞等动作，与对手互动，向对手挑衅或者点赞。

场下文化的构建人主要是玩家和观众群体，他们以自己的方式塑造着电竞的文化，这其中有认可，有调侃，有期待，也有沮丧。LPL 赛区的观众会在比赛开始时给参赛双方大喊加油，但喊完之后就会大吼"老干爹！"（杭州 LGD 战队），LGD 战队也就成为联赛吉祥物一样的存在。在网络的支持下，各种"梗"（特殊意义的话题点）在电竞圈层出不穷，"翻山队"（IG 俱乐部）、"剑指队"（RNG 俱乐部）、"涅槃队"（FPX 俱乐部），各种称呼包含着电竞赛

---

[1] 浙江网竞教育科技有限公司，宋嘉. 电子竞技概论 [M]. 北京：机械工业出版社，2019：2-3.
[2] LCK Global. twitter [EB/OL]. (2020-10-15) [2021-07-29]. https://twitter.com/LCK_Global/status/1316738211964542976? s = 19.

事独有的文化,也包含着玩家和观众们对电竞队伍的热爱,以及有时的恨铁不成钢。

2. 虚拟性

何谓"虚拟","虚拟"原意指的是"虚构的"①,进一步引申为"凭想象编造的事"②,电子竞技游戏是由电子游戏发展而来,它继承了电子游戏构建虚拟世界的这一重要属性,这与前文提到的电子竞技的文化性有所关联。

首先,电子竞技的游戏文化属性决定了其游戏的虚拟性,即客体的虚拟性。游戏本身是虚拟的,游戏的创造者在设计游戏时,通常会以客观世界为蓝本去塑造游戏中的自然景观以及人文景观,但同时会以此为基础展开想象,加入很多现实中不存在的元素,但人无法进行没有现实基础的想象。和文学一样,电子竞技的审美文化来源于生活但高于生活,这不仅强化了游戏的画面感,而且增强了游戏的"可玩性",让玩家获得现实娱乐感受的同时满足了他们对未知世界的憧憬和向往。

其次,电子竞技游戏中的主体(玩家角色)也带有虚拟属性。在游戏开始之前,玩家们可以选择自己喜欢的游戏角色,一旦角色被选定后,游戏世界便多了一个虚拟的游戏身份。玩家可以随意操控角色,通过角色便可以实现自己的主观意志和谋略布局。大部分时候,玩家们对彼此真实的身份、性别、年龄都是不知晓的。除了电子游戏中这个虚拟人物本身是"真实"的,其他一切都是虚拟模糊的③④。

2021年3月的奥组委会议上国际奥委会(IOC)执行委员会明确表示"鼓励虚拟运动的发展,并进一步与电子游戏社区互动"⑤,这是否可以猜测体育运动未来的主要发展方向是以电子竞技为代表的虚拟体育?是否会出现如同日本漫画《刀剑神域》中所畅想的沉浸式技术作为载体的电子竞技形式?届时,恐怕电子竞技就不仅是一项体育运动了,而有可能上升至同现场体育相对应的

---

① 现代汉语辞典(第6版). 虚拟 [M]. 北京:商务印书馆,2012,1469.
② 汉典网. 虚拟的释义 [EB/OL]. [2021-09-09]. https://www.zdic.net/hans/%E8%99%9A%E6%8B%9F.
③ 陈东. 中国电子竞技产业发展研究(1996~2015年) [D]. 济南:山东大学,2015.
④ 浙江网竞教育科技有限公司,宋嘉. 电子竞技概论 [M]. 北京:机械工业出版社,2019:2-3.
⑤ 腾讯网. 国际奥委会2020+5;虚拟体育与电子游戏互动 [DB/OL]. (2021-03-14) [2021-5-30]. https://new.qq.com/omn/20210314/20210314A06ALT00.html.

大类；届时虚拟和现实的界限就会更加模糊，这对于电子竞技的发展应当说是一件有利的事。

3. 大众性

好玩和好胜是人的两大天性[①]，电子竞技则能够非常好地满足这两种天性。随着时代的快速发展，不断提高的信息技术为电子竞技提供了的软硬件的设备支持，这就使得电子竞技在流传和推广方面占据了独特优势。因此，电子竞技属于大众性娱乐项目是毋庸置疑的，这主要体现在三个方面：第一，电子竞技对参与者的身体素质要求并不高，传统的体育项目，比如篮球、足球、游泳、田径等项目都对选手提出了身体条件要求，而电子竞技的重点在于智能的对抗，对选手的身体素质要求并不是特别高，相比之下，电子竞技较低的参与门槛在一定程度上提高了未成年人和中老年人参加比赛的可能性，增加了电竞的普及性；第二，电子竞技活动受客观环境的影响较小，对天气、场地的要求不高，只需配备游戏的相关设备即可[②]；第三，玩家可以通过互联网和局域网进行比赛，可以是在两个不同的城市、不同的国家，甚至是在不同的洲，线上异地比赛是电子竞技的一大独特优势，也是传统体育项目所不及的。因此，电竞举行的比赛极为便利，也让更多的大众能够接触到这项运动。

4. 体育性的其他特征

根据国家体育总局官方网站实录信息可知，电子竞技从规则、精神以及很多本质地方都与体育相吻合，具有体育性质，因此其被列为正式的体育项目[③]。虽然我国已承认电子竞技项目的地位，但其社会认可度并不是很高。长期以来，电子竞技在我国存在偏见，许多家长们将电子竞技视为洪水猛兽，在他们眼中，电子竞技和打游戏并无差别，玩电竞是不务正业、没有前途的。其实，家长们只是混淆了电子竞技和网络游戏、电子游戏的界限，真正的电子竞

---

① 中国专业 IT 社区 CSDN. 人类四大天性［EB/OL］.（2009 - 12 - 20）［2021 - 4 - 25］. https：//blog. csdn. net/orlandockg/article/details/1665219？utm_medium = distribute. pc_relevant. none - task - blog - 2%7Edefault%7EBlogCommendFromMachineLearnPai2%7Edefault - 1. essearch_pc_relevant&depth_1 - utm_source = distribute. pc_relevant. none - task - blog - 2%7Edefault%7EBlogCommendFromMachineLearnPai2%7Edefault - 1. essearch_pc_relevant.

② 邹循豪，肖维青. 我国电子竞技运动的发展［J］. 山东体育科技，2004（2）：92 - 94.

③ 国家体育总局. 全部实录［EB/OL］.（2016 - 01 - 19）［2021 - 4 - 24］. http：//www. sport. gov. cn/n323/n1899/n1901/n14458/c676233/content. html.

技并没有那么可怕，相反，电子竞技运动和其他体育项目一样都符合体育的标准。

美国学者阿伦·古特曼（Allen Guttman）在《从仪式到记录：现代体育的本质》中归纳出现代体育的七大特征：世俗化——与宗教分离；平等化——公平的竞争；专业化——特定角色和项目；合理化——完善调整规则；科层化——职业定向和规章制度；量化——精确测量；记录化——记录并打破极限[1]，基本符合这七大特征的活动，可以被称得上是现代体育。前文已经分析了竞技性中的公平特征，也就是平等化。其他方面电子竞技的表现也值得探讨。

（1）从世俗化角度上看，电子竞技是信息技术快速发展的产物，就目前所看到的发展情况而言，它与宗教信仰完全无关；

（2）从专业化层面上看，在一个团队中不同的电子竞技运动员分别承担了不同的任务，他们需要集中发展专业方向的特殊能力才能达到最高水平；想在不同的电子竞技项目之间都打到顶级水平非常困难；同时职业选手与普通玩家之间的差距非常巨大，职业选手可以依靠自己在这方面的强大能力和稳定的职业体系来获得报酬；

（3）从合理化角度来看，电子竞技不固定的比赛特性和过于快速的项目更迭对于创造一项新运动而言是没有建设性的，但就其规则的调整、版本的更替以及其他相关准则的制定完善而言它具有一定的合理性；

（4）从科层化的角度来看，2003年国家体育总局将电子竞技纳为体育项目，2017年国际奥委会第六届峰会上正式承认电子竞技为一项体育运动，2018年国际奥委会组建电子竞技和游戏联络小组ELG，2019年12月国际电子竞技联合会（GEF）在新加坡宣布成立，2021年虚拟游戏和电子竞技都被写入《奥林匹克2020+5议程》。管理组织的成立，正式规章制度的建立，不同层级获得的官方认可，都表明电子竞技的科层化从城市到全球的进程在不断加速；

（5）最后从量化和记录化的角度来看，电竞是一项数字化的运动，甚至可

---

[1] ［美］阿伦·古特曼. 从仪式到纪录：现代体育的本质［M］. 北京：北京体育大学出版社.

以说电竞是数字 0 和 1 组成的运动，不存在非量化的问题。而记录化方面，例如 Twin Galaxies 网站从 1981 年就开始记录冠军、玩家排名、游戏数据等信息[①]；拳头公司的英雄联盟全球各大赛区，从第一赛季开始就对选手、战队、比赛结果等各项细致入微的数据进行了记录，其精密程度甚至远高于一些传统体育赛事。

需要指出的是，从育人的角度出发，体育最大的特征，就是体育对于人的身体有正面的作用，它应当使人身体更强壮、头脑更聪明、精神更强大。而在这方面，电子竞技饱受非议，但众多研究发现，电子竞技对促进人体各方面发展有正向作用。在探讨电子竞技运动对大学生反应抑制等认知水平的影响研究中，学者孟令男发现，对战类电子竞技游戏和休闲类电子竞技游戏都可以提高大学生的认知反应能力、冲突监控能力以及认知加工速度的神经活化水平，但相比之下，对战类电子竞技游戏对大学生的认知反应速度与反应抑制[②]的神经认知效应促进效果更好[③][④]。《电子竞技影响认知功能的作用机制》指出电子竞技可以促进人体各项认知功能尤其是脑功能的发展[⑤]。不仅如此，智能类电子竞技运动还有助于提高老年人的时间感和知觉的激发以及唤醒能力，延缓老年人记忆衰退以及激发老年人积极情绪[⑥]。

不可否认的是，任何体育运动都会有其副作用。篮球足球排球会让运动员有各种伤病；网球羽毛球对手腕的伤害显而易见；跳水对眼睛的伤害等，不适当的竞技训练和长时间的电子竞技运动会在很大程度上导致选手视力下降和颈椎酸痛，同时会导致其他身体不适。例如，2020 年我国知名电子竞技职业选手，亚运会冠军、MSI 季中邀请赛冠军成员 Uzi（简自豪）由于二型糖尿病和

---

① 董新风. 电子竞技的体育性分析 [J]. 体育文化导刊，2013（9）：150 – 152. 转引自 From Ritual to Record: The Nature of Modern Sports. A. Gutt mann. Cambridge University Press. 2004.

② 反应抑制又称反应抑制能力，是指"抑制不符合当前需要的或不恰当行为反应的能力，对人们基于环境变化做出灵活和目标指向的行为至关重要"。

③ 王琰，蔡厚德. 反应抑制的心理加工模型与神经机制 [J]. 心理科学进展，2010，18（2）：220 – 229.

④ 孟令男. 电子竞技运动不同游戏类别对大学生反应抑制的影响研究 [D]. 长春：吉林体育学院，2020.

⑤ 刘承宜，唐璐，孙莎莎，等. 电子竞技影响认知功能的作用机制 [J]. 华南师范大学学报（自然科学版），2020（2）.

⑥ 戴志鹏，汤华. 智能类电子竞技运动适度参与延缓老年认知功能衰退的特点、作用及策略 [J]. 体育成人教育学刊，2019，35（3）：17 – 20.

严重的手部受伤宣布退役①。过度的电子竞技运动对于玩家和选手而言，都会有一定的伤害，和其他体育运动一样，平时的电竞运动依然需要注意"度"的问题，"沉迷"任何事物都有副作用，电竞也不例外。其他肢体运动的补充，脑力的休息，精神的放松和愉悦，健康的饮食等，需要平时生活中其他爱好和行为的补充才能得到有机地整合，让人更快乐、更健康。

第三节　电子竞技的分类

分类，指的是"根据事物的特点分别归类"②，分类有利于深化对事物的了解和认知。尤其是对于电子竞技而言，学术界、学校、家长、老师等对于它的偏见和误解，除了对定义和特征上的模糊之外，从应用上来说，就是分不清哪些游戏是电竞，哪些游戏是网游。那些对于电子竞技有偏见和误解的人通常不玩电子竞技游戏，由于他们对电子竞技的偏见和误解，从事电子竞技运动的人——他们的学生、孩子，也通常对他们报以排斥和敌意，并不愿意与他们沟通，于是就会出现类似"群际接触理论"中所提到的沟通不足导致的敌视和隔阂③。因此，向这些人群，同样也向从事电子竞技运动的人阐述有关电子竞技运动的分类，是为电子竞技走上正轨，消除由于不熟悉而导致偏见和误解的重要步骤。

电子竞技游戏的分类方法并不局限于某一种形式。张楠、刘韵潮都从属性和形式上对电子竞技游戏进行了划分。从属性来看包含对抗类、竞赛类、益智类，其中对抗类是以英雄联盟（LOL）、星际争霸等为代表的一些主流对抗项目，其操作难度是三类中最大的；竞赛类是以极品飞车、FIFA 系列为代表的一类项目；益智类则是以棋牌类项目为主④⑤。项贤林与二人观点有所差异，

---

① 中国新闻网.23 岁的 Uzi 之殇："打电竞打出糖尿病"的背后［EB/OL］.（2020 - 06 - 05）［2021 - 6 - 27］. https://backend.chinanews.com/ty/2020/06 - 05/9204154.shtml.
② 现代汉语词典.分类［M］.北京：商务印书馆，2013.
③ 段哲哲，马冀，郑振清.时间可以改变台湾青年对大陆学生的偏见吗？台湾研究集刊［J］（CSSCI），2019（2）：20 - 30.
④ 张楠.成都市高校电子竞技运动开展现状与对策研究［D］.成都：成都体育学院，2014.
⑤ 刘韵潮.新媒体环境下高校电子竞技运动发展与前景研究［D］.长沙：湖南大学，2016.

将电子竞技分为对战类、休闲类和体育模拟类①。

从形式来看，张楠、刘韵潮都将电子竞技游戏分为第一人称射击类（FPS）、即时战略类（RTS）、角色扮演类（RPG）、体育运动类以及棋牌类五大类。其实，不同分类标准下的内容是有重叠之处的，对战类电子竞技游戏中就包含第一射击类、即时战略类和运动模拟三种电子竞技游戏类型②。从比赛和活动的举办形式上看，电子竞技可以分为线上和线下两种③，线下比赛和活动指的是参赛选手在同一个场地中通过局域网或互联网进行比赛和活动，通常线下比赛有现场观众，选手可以在场地中相互交流；而线上比赛则是电子竞技较其他体育项目而言较为特殊的形式，由于电子竞技本身就是以电子设备作为平台。因此，这项运动可以在线上以互联网联机的形式进行比赛和活动（但正规比赛仍需要有赛事方的裁判在场）。因此，在新冠肺炎疫情期间，其他体育项目纷纷停摆，唯独电子竞技项目依然在线上如火如荼地进行，保持了大量的观众，为疫情期间的大众运动娱乐提供了"避风港"。

在电子竞技运动的发展状况虚拟化和虚构化的基础上，从竞技能力主导因素角度可以将虚拟化电子竞技运动分为智能类、技能类以及智能技能结合类（将虚构化电子竞技运动分为技能和智能技能结合类）④⑤。除此之外，从虚拟和现实间的关系，电子竞技运动可以分为三种类型：有现实原型且虚拟化程度低、有现实原型但虚拟化程度高、无现实原型且虚拟化程度高⑥⑦⑧。不同学者的分类方法各异，但划分标准过多可能会使读者或玩家无所适从。因此，从电子竞技定义的方向出发对电子竞技游戏种类进行划分依然是最实用的角度。然而需要指出的是，这种分类会在比赛形式和日常活动形式上有所区别，在下面的分类中，主要是以比赛为情境来进行分类，也会就一部分日常

---

① 项贤林. 我国部分高校大学生参与电子竞技研究 [D]. 上海：上海体育学院，2011.
② 隋晓航. 电子竞技运动探析 [J]. 百色学院学报，2006 (3)：88-90.
③ 冯宇超. 对电子竞技发展的初步探讨 [J]. 浙江体育科学，2003 (5)：49-52.
④ 薛建新. 我国电子竞技运动发展研究 [J]. 体育文化导刊，2015 (1)：69-72.
⑤ 李宗浩，王健，李柏. 电子竞技运动的概念，分类及其发展脉络研究 [J]. 天津体育学院学报，2004 (01)：1-3.
⑥ 何威. 电子竞技的相关概念与类型分析 [J]. 体育文化导刊，2004 (5)：11-13.
⑦ 陈晨. 我国电子竞技运动现状和发展的研究 [D]. 徐州：中国矿业大学，2015.
⑧ 李凡凡. 我国电子竞技运动发展现状和对策研究 [D]. 济南：山东大学，2014.

活动情境进行讨论。

一、系统分类

对于电子竞技的产业和职业而言，使用电子竞技广义上的分类对于推广产品和产业发展较为有利，而对于学术研究来说，将电子竞技的分类严格化，更有利于明确电子竞技运动与其他电子游戏的异同，为电子竞技运动的正名和在教育上的认知提供基础。

从广义上看，我们可以把电竞游戏定义为使用电子信息平台进行人与人之间对抗的活动，也就是说电子竞技包括电视游戏、电脑游戏、网络游戏、手机游戏和其他平台（例如街机）上关于人与人之间对抗的游戏种类。从狭义上来说，目前的电子竞技仅包括即时战略游戏、体育竞技游戏、第一人称射击游戏、卡牌对战类游戏、多人在线战术竞技（MOBA）游戏等数个仅在电脑客户端、手机客户端以及一小部分体育竞技游戏所运行的电视客户端上的竞技类游戏，排除了街机（拳皇和街霸等武术对抗形式的街机、电视游戏有相关赛事，但之前一直未能有更大的影响，该种类游戏在2021年才得到亚运会的吸纳，其形式和特点也符合狭义上对电子竞技的定义）、模拟器、大部分电视游戏、互动式游戏平台、VR游戏等平台。因此，如果从狭义上的角度分类，其参照就是电子竞技中的竞技和公平因素。电子竞技的竞技和公平因素可以分成：选手（人数和选手类型）、游戏系统本身（包括系统环境、人物属性、人物装备、随机因素等数字因素）、主要机器和外接设备、游戏环境等。根据这些因素所体现的不同可以分为：非电子竞技游戏、类电子竞技游戏、带有电子竞技特点的网络游戏以及较为严格定义下的电子竞技游戏。

1. 非电子竞技游戏

非电子竞技游戏是指不具备完全竞技因素的并带有网络游戏性质的，以时间和金钱、运气等非运动性质作为主要提升结果手段的游戏。与真正的电子竞技游戏相比，非电子竞技游戏的外部影响因素繁多。一部分是以网络游戏为代表的，具有一定对抗和竞技性的游戏，但为了吸引玩家、赚取利益等原因，开发者和运营者会制造以金钱和投入时间为代价的游戏数值和能力的增长，因而游戏的公平性和公正性受到了很大影响。另一部分游戏则并不具备对抗性，没有竞技的因素，是玩家自己个人的游戏体验，不与其他玩家产生互动，以 PVE（player versus environment）为主要游戏内容。一般的网络游戏和大部分的电视游戏都属于非电子竞技游戏，例如角色扮演（RPG）类游戏、养成类游戏。

2. 类电子竞技游戏

由于对电子竞技的严格定义分类，类电子竞技游戏被单列出来，它介于非电子竞技游戏和电子竞技游戏之间，与前者相比，类电子竞技游戏具有更完整的规则，更明显的对抗和竞技，但与电子竞技游戏相比，类电子竞技游戏通常随机因素过强，这种随机性对于双方而言并不相同，且对比赛胜负有局定性影响。《QQ飞车》道具赛和《绝地求生》等游戏就属于随机性较强的一种。

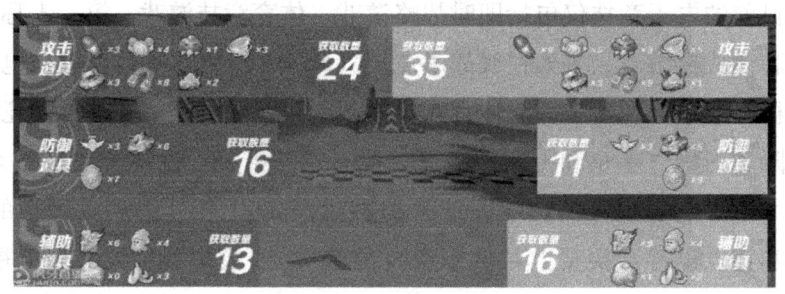

图1.2　2021QQ飞车手游S联赛春季总决赛 RSG vs RNG. M 道具赛第一场双方道具获得汇总[①]

由图1.2可以看到，在这场比赛中，双方获得的道具总数和各种类中不同道具的数量均不相同，而这种不同是系统本身造成的。随机性让比赛变得更为有趣，但过大的随机性则会影响比赛的公平。尽管体育比赛中也有很多项目有运气成分存在，但这种运气更应该被称为意外，而非系统所造成的运气，且对双方都公平。而同样游戏《QQ飞车》的另一个模式竞速赛则更接近较为严格的电子竞技游戏比赛。

---

① 虎牙直播QQ飞车手游，RSG vs RNG. M_道具赛1_2021QQ飞车手游S联赛春季总决赛（8分30秒截图）[EB/OL].［2021-09-06］. https://v.huya.com/play/525090175.html.

除此之外，类电子竞技游戏的系统外因素也会影响游戏的比赛进程和结果，例如《炉石传说》和《穿越火线》。以《穿越火线》为例，为了提高游戏的胜率，玩家可以花费金钱购买武器或通过其他非运动性质的手段提升自我，这一点在比赛中影响微乎其微，但对于普通玩家在平时的活动来说这是不太公平的事情。

3. 网络游戏中的电子竞技部分

另外有一些游戏，其主体部分是网络游戏（参见本书电子竞技与网络游戏的区别），以等级、战斗力、PVE等为主要特点，但在这些游戏中，有一部分的内容是带有电子竞技特征的，或者以其某一个部分内容进行竞技性的比赛。

如2003年由著名游戏公司暴雪娱乐（Blizzard Entertainment）出品的跨时代3D网络游戏《魔兽世界》（World of Warcraft），在游戏中，玩家可以进行竞技场模式，在已有装备等级的情况下，进行相似战力或天梯①等级的匹配，与较为接近的选手进行PVP的比赛。另外在最近几年，暴雪在相关平台上还组织了副本计时赛，由不同工会和队伍来进行同一个副本的通关比赛，用时少者获胜，也是一种类似电竞的样式。这种网络游戏中的电子竞技成分，让该游戏更具竞技性，提高了玩家的游戏乐趣和积极性。但是从大局上看，这种电子竞技成分中的重要影响成分——玩家的装备，依然来自网络游戏的系统当中，需要时间或者金钱来进行交换。因此，只能说网络游戏中的这一部分内容，采用了电子竞技的形式，带有电子竞技的主要性质。

4. 电子竞技游戏

与非电子竞技游戏相比，电子竞技游戏中的随机因素很少，且这些外部因素并不会影响电子竞技游戏的公平性和体育性，且随机对于比赛双方而言是平等的，仅为增加比赛的观赏性和游戏的乐趣而存在。因此，每个玩家主要还是通过磨炼和提升自我技术来提升游戏的胜率。

---

① 天梯（Ladder Tournament），指的是排名对战系统，根据玩家的水平进行匹配竞技，是电竞游戏的重要组成要素，天梯积分随着玩家与玩家之间的竞技结果变化，胜利则获得一定的天梯分，失败则扣除。系统会匹配天梯积分相近的玩家来进行竞技，以保证玩家处在一个较为平等的水平段进行竞技。

但有一些电子竞技游戏也存在有轻微的金钱换取游戏数值的情况，例如，在日常生活中许多玩家玩《王者荣耀》时会购买游戏皮肤，这不仅增加了游戏的美观程度，还增加了游戏的攻击力。虽然这种非技术做法会影响游戏的公平性，但影响程度较小，攻击力影响在 5%～6%，且在正式的比赛中由于选手都会选用皮肤，也就将这一方面的影响消除了。

较为严格电子竞技游戏应当是游戏系统的随机因素，不对游戏轨迹产生重大影响，游戏比赛外的因素对游戏本身没有影响。例如 1999 年由 Valve 公司开发的最早的第一人称射击游戏《反恐精英》（Counter Strike），玩家的游戏金钱完全来自于游戏内，同一阵容的枪械完全一致，人物除外貌不同之外没有任何数值上的区别（某些射击类电竞游戏会存在人物模型大小不一致，这在射击游戏中是非常重要的不公平因素），游戏系统不存在任何随机因素，是非常标准的电子竞技游戏。另外最近十年引领 MOBA 类游戏的《DOTA2》，同样由 Valve 公司开发以及由腾讯 100% 控股的美国游戏开发公司拳头（Riot Games）开发的《英雄联盟》，也是标准的电子竞技游戏。两款游戏均有人物皮肤，但皮肤对游戏数值没有影响，玩家等级对游戏竞技也没有影响。《英雄联盟》原本是有类似网游的设定的，例如玩家需要提高游戏账号的等级才能解锁符文系统和召唤师技能，但在几年后的一次版本大更新中，官方取消了这一设定，使得所有等级的玩家都拥有同样的天赋库及技能选择。

需要指出的是，MOBA 游戏并不是不存在随机因素，例如《DOTA2》定期刷新的河道符文，《英雄联盟》随机刷新的水火土风四种远古亚龙（玩家们俗称小龙），这些因素会对游戏进程产生一定的影响，但对双方而言，这种随机是公平的，不会出现 A 队刷新的是火龙，B 队刷新的是风龙。或者 A 队刷新的是急速符，B 队刷新的是双倍攻击符。而前文提到的《QQ 飞车》道具赛，同一个道具获得点其随机是 A 队得到的是火箭，B 队得到的是护盾，因此这两种随机并不相同。另外，MOBA、即时战略、体育竞技等类型的游戏存在由于不同角色、不同种族等相互的数值平衡的公平问题，这些问题会由游戏开发者和运营者在游戏存在的时间内不端修改和平衡，以达到动态平衡的效果。

二、内容分类

狭义的电子竞技游戏是以对战类为代表的竞技游戏，这主要源于电子竞技中"竞技性"的核心特征。对战类电子竞技游戏也叫经典电子竞技游戏。从游戏的内容种类来分，电子竞技游戏目前包括第一人称射击类（FPS）游戏、即时战略类（RTS）游戏、多人在线战术竞技（MOBA）游戏、体育竞技类游戏（SPG），以及还需要讨论的其他种类。

1. 第一人称射击类游戏（FPS）

传统的第三人称射击类游戏需要玩家操控屏幕中的虚拟人物来进行游戏，而第一人称射击类游戏FPS是玩家以主观视角，"置身"于游戏当中。在游戏效果上，相比于第三人称射击类游戏，第一人称视角更具视觉冲击性，且其游戏的真实感、主动性、代入感也更高。正是因为这样，玩家能体验在第三人称射击类游戏中体验不到的紧张感和刺激感。早期第一人称射击类游戏带给玩家更多的是屏幕光线的刺激，但随着信息技术和硬件的不断发展，其剧情、画面和音效也在不断丰富化、优质化。在游戏自由度上可以分为封闭式和沙盒式，封闭式类型下玩家的活动范围相对有限，游戏地图和路线也比较简单，此类代表游戏有《反恐精英》《守望先锋》《使命召唤》等，正是由于其地图的固定，规则公平，因此是较为严格意义上的电竞游戏。而沙盒式类型下玩家的自由发挥程度高，且其具备更复杂的路线和武器，在此类游戏中，玩家一般要完成指定任务才能进行下一个关卡，这类游戏的代表作品有《孤岛危机》《绝地求生》《闪点行动》等，但这几个游戏在竞技性上均有不足，是否能被纳入严格的电竞游戏行列，还需要探讨。第一人称射击游戏最大的问题在于，它通常是"枪战"游戏，而在中国，枪支是极端暴力的代表，对于青少年的教育而言，第一人称射击游戏的暴力因素饱受诟病。怎么样让第一人称射击游戏不那么暴力，能够获得一定的认可，游戏厂商们也正在努力。

2. 即时战略类游戏（RTS）

RTS属于策略游戏，指游戏是即时进行的而不采取回合制度。在此类游戏中，玩家经常会扮演将军角色，通过调兵遣将、采集资源并摧毁敌人来获胜负。著名的即时战略电子竞技游戏有《红色警戒》《魔兽争霸》《星际争霸》等。即时战略类游戏几乎就是为电竞而生,由于其高强度的对抗性和可操作性,即时战略游戏在新世纪之后的世界各类电竞大赛中均是最核心的项目,选手们眼花缭乱的操作和精彩的大局意识博弈,为电竞获取了最早的一批忠实观众。单纯从身体和头脑的结合情况来看,即时战略游戏是电竞游戏中最具有体育特征的类别。但正是由于其操作的复杂性,导致即时战略游戏门槛相当高,APM 在 200 左右的玩家也只能勉强应付最基本的对战。因曲高和寡,现在即时战略游戏已经逐渐退出了电子竞技游戏的核心位置,失去了它原有的高光。

3. 多人在线战术竞技游戏(MOBA)

MOBA 也叫动作即时战略(ARTS)游戏。这类游戏下,玩家通常会被分为两队,两队在固定的游戏地图中相互竞争,优先摧毁另一方基地的一队获胜。跟 RTS 不同的是,MOBA 游戏下每个玩家都有一个 RTS 风格界面,玩家不仅要控制好自己的角色,更要与团队配合好,这样才能最大限度地取得游戏胜利,因此这类游戏更加侧重团队合作。代表游戏作品有《英雄联盟》《DOTA2》《王者荣耀》等。在即时战略游戏没落之时,MOBA 类游戏逐渐取代其成为电竞游戏的新宠。MOBA 类游戏最大的优势在于其保持了电竞游戏传统的高对抗性,又非常贴近传统体育的团队竞技,操作也不复杂,一般玩家也能有精彩的表演。MOBA 类游戏对于培养人的团队意识非常有利,和篮球一样,团队的配合在 MOBA 类游戏中至关重要,因此它可以很好地成为教育的助力。

4. 体育竞技类游戏(SPG)

SPG 是以现实体育赛事为蓝本,玩家通过控制或管理游戏中的角色(一般是运动员)来模拟体育比赛的一种对抗类游戏。代表游戏作品有足球游戏《FIFA》系列、《实况足球》系列,篮球游戏《NBA2k》系列、拳击武术类游戏《拳皇97》《拳皇98》等系列。SPG 最大的特征是,它是现实体育在虚拟世界中的表现,因此从这方面而言它的体育性是最让人称道的。但数字化让其中的一些成分,例如投篮是否命中、球员的能力等,变成了数值和概率,普通玩家需要用大量的时间或是金钱来提升这些数值,让它带上了网络游戏的特征,所幸在现实比赛中并不会有这样的问题。这对该类别游戏在电竞路上的发展是不利的。而《拳皇》系列游戏由于受众相对较少,且也需要精密的操作,因此发展一直不温不火。

但是体育竞技类游戏极有可能是电子竞技未来最重要的发展方向,尤其是当虚拟技术进一步发展之后。然而完全的沉浸式虚拟装备(类似日本动漫《刀剑神域》中的头盔设备,直接连接脑电波意识,让人可以在完全虚拟的场景内进行各种活动)就算开发出来,会使电子竞技失去身体运动这方面的内容,这对于一项运动而言,会引起更大的非议。除非人类最后生活在完全虚拟的世界中,否则完全的虚拟游戏方式对于电子竞技而言不一定未来良好的发展方向。因此,电子竞技最光明的未来应该是人可以在虚拟的场景中用自身身体的动作传递信号来进行运动,比如可以在自家的电竞运动房间内以真实地挥汗如雨,相关设备和网络可以传递你的动作,让你与千里之外的朋友们一起线上打一场虚拟的真实篮球。到了这时,电子竞技与传统体育就会融合在一起。传统体育近年来也不断地引入电子化来为其升级服务,前文提到的 AI 裁判,足球、篮球的视频回放,羽毛球、网球的鹰眼技术,击剑的电子判定等,都让传统体育在吸收电子的元素,双方在不断相互靠拢。

无论怎么分类,真正的电子竞技游戏一定要具备以下特征:首先,要具备电子性和竞技性的特点,这是电子竞技游戏的标志;其次,公平性和平衡性是电子竞技游戏顺利开展的保证;最后,要具备可挖掘度和可延展性,并对玩家展开积极健康的引导[1],这也是电子竞技游戏范围界限的前提,是区分电子竞技与其他网络游戏的界限所在,是家长和社会舆论的混淆所在。

第四节 电子竞技与网络游戏的异同

2021 年 8 月 30 日,国家新闻出版署印发《关于进一步严格管理切实防止未成年人沉迷网络游戏的通知》,对未成年人网络游戏的时长、实名制情况作出了严格的规定,要求加强对游戏企业的监督,呼吁家庭学校一起行动,为保

---

[1] 腾讯游戏. 什么样游戏才是真正的电子竞技 [EB/OL]. https://games.qq.com/a/20110617/000363.htm.

障未成年人的健康成长而努力①。这里的网络游戏是什么概念和范围,文件中并没有明确,而之前社会上攻击电子竞技运动时,经常把电子竞技和网络游戏混淆在一起,拿网络游戏的弊端来否定电子竞技,这从学术上来说是让人疑惑的。但是,同属电子游戏的范畴,电子竞技的确与网络游戏有很多接近的地方。因此,本节重点叙述电子竞技与网络游戏的异同,明确两者之间的关系,在学术上继续对二者进行研究,教育上对二者的态度和行动以及之后规则政策的进一步完善,都有积极的作用。

电子竞技与网络游戏的异同

1. 起源与性质的异同

(1) 起源

论述电子竞技的异同,要从二者的源头开始,电子竞技运动起源于单机版游戏。最早是人机对战的电子游戏,随着信息技术、数字技术和网络游戏的不断发展。电子游戏已不再是简单的人机对抗,而逐步发展成为具有现代竞技体育内涵与精神的一种人与人之间的电子网络博弈活动。由此现代竞技体育中又增加了一位新成员——电子竞技运动②。当电子竞技还处在萌芽之时,有迹可循的赛事是于1972年在斯坦福大学举办的《Space War》(太空大战)比赛,这便是世界上最早的电竞比赛。这场比赛严格意义上并不能算为一种赛事,参赛者仅是由斯坦福大学的几位同学组成,奖品也仅是一年份的《滚石杂志》,但他们为此次的比赛建立了一个完善的比赛机制,并且把比赛分为了5人大乱斗和团队竞技的模式③。这便是现代电子竞技运动的雏形。

网游游戏同样也以此为起点,世界上最早的网络游戏也被认为是1969年Rick Blomme 为PLATO 系统编写了一款名为《太空大战》(Space War)的游

---

① 新华网客户端. 坚决防止未成年人沉迷网络游戏新举措出台 [EB/OL]. (2004-01-12) [2021-4-24]. http://baijiahao.baidu.com/s?id=1709508505385232997&wfr=spider&for=pc.

② 李宗浩,王健,李柏. 电子竞技运动的概念、分类及其发展脉络研究 [J]. 天津体育学院学报,2004 (1):1-3.

③ 搜狐网. 你知道最早的电竞游戏是什么吗?扒一扒电竞的起源与发展 [EB/OL]. https://www.sohu.com/a/307258565_120099885,2019-04-11.

戏。游戏以八年前诞生于麻省理工学院的第一款电脑游戏《太空大战》为蓝本，而支持两人远程连线让它具备了网络游戏的雏形。

最早的网络游戏与现在的样式有一定的差别。近代网络游戏的鼻祖是一款诞生于1997年9月24日的名为《网络创世纪》（Ultima Online），简称UO。这款游戏可以支持千人同时在线游玩，并创造了现代网游一直沿用的装备体系、职业体系、物品道具体系等①。但由于这款游戏没有在大陆运营，普及度较低。国内玩家比较有记忆的早期网游代表有：2001年发行的《传奇》、2002年在大陆上线的《奇迹MU》以及暴雪的《魔兽世界》。

电子竞技和网络游戏起源的相同点是都和《太空大战》这一游戏有关。但不同点是网络游戏后续的发展伴随着的是互联网和信息技术的发展。随着互联网技术的发展，网络游戏的场景不断地丰富，玩法多样，支持着越来越多人同时在线，这一切离不开技术的支撑。

而电子竞技自出现以来，便具备着"竞争"这一核心特性。公平的规则，双方的竞争是电子竞技后续发展的重要因素。由于参与人数仅为2~10人，电子竞技在相当长一段时间内并不非常依赖网络技术的发展，而沉浸于局域网对战的模式中，直到类似Battlenet（战网）的天梯平台出现，电子竞技才逐渐重新回归大互联网技术的怀抱。

（2）性质

由于起源相同，且后续发展都是基于电子游戏技术的更新，电子竞技和网络游戏在性质上有一个重要的相同特征，就是电子。

《网络游戏管理暂行办法》中对网络游戏的描述如下：网络游戏是指由软件程序和信息数据构成，通过互联网、移动通信网等信息网络提供的游戏产品和服务②。网络游戏也属于电子游戏的其中一种，是一种依托于互联网，由多名玩家在虚拟的环境下对人物角色及场景按照一定的准则进行操作以达到娱乐和互动目的的游戏产品集合。吴晓彤（2018）在《电子游戏的著作权保护研

---

① 迅游网. 听过《UO》没？这款1997年开始运营的网游鼻祖要停运了［EB/OL］.（2014-06-28）［2023-03-01］. http://www.yxdown.com/news/201406/129013.html.

② 中国政府网. 网络游戏管理暂行办法［EB/OL］.（2010-06-22）［2021/9/2］. http://www.gov.cn/flfg/2010-06/22/content_1633935.htm.

究》一文中认为，游戏是建立在游戏的道具和规则上，由人主动的参与，有明确的目标，在进行过程中包含竞争和娱乐为目的活动。然而当道具和规则的构建需要借助电子设备的时候游戏就演化成我们今天所见到的电子游戏[①]。

结合前文电子竞技的特征与网络游戏的定义性质进行对比，可以发现两者都是以虚拟的电子内容作为游戏的体系，人的活动也都会转化为电子信号，传输到电子设备端，进行虚拟的游戏活动。

电子性质上的相同，更多的是平台设备和呈现形式而最核心的是从另外一个特征上来说，电子竞技与网络游戏就有较大的差别。电子竞技的另外一个核心是竞技，而网络游戏的另外一个核心是娱乐。电子竞技的活动都是围绕竞技来构建的，在电子竞技的活动中，是一定会有获胜和失败的一方；而网络游戏的核心目标是为了让人付出时间和金钱，获得足够快乐的游戏体验，只要所付出的东西足够，就没有失败的一方。这个性质的区别，将在后文中详细展开。

2. 内容与组织参与的异同

虽然电子竞技与网络游戏同出一源，其平台设备和呈现形式有很大的类似，但是从具体游戏内容上来说，由于其所围绕的核心不同，因此构建起的游戏内容也有很大的区别度。

电子竞技游戏性质的核心是竞技，因此其内容组织都会围绕电竞来构建，这些内容都要体现游戏的对抗性和公平性；网络游戏性质的核心是娱乐，因此网络游戏的内容要以此为中心来建立，游戏内容要让人产生满足感和愉悦感。用经典网络游戏 Blizzard 暴雪公司的《魔兽世界》和同样有角色扮演性质的电竞游戏 Riot 拳头公司的《英雄联盟》来进行简单比较。

从表 1.1 中我们可以简单看出网络游戏和电竞游戏在内容上的区别。首先，在游戏目标上，网络游戏的目标通常是获得装备、打倒 boss、提高角色等级，部分有竞技特点的网游还有打败对手的目标；其次，电子竞技游戏的目标则就是打败对手，并且获得自身更好的技战术素养。因此，网络游戏的游戏目标在一个版本中是相对固定的，但同时却又是没有上限的，因为游戏开发商会

[①] 吴晓彤. 电子游戏的著作权保护研究 [D]. 济南：山东大学，2018.

不断更新版本，更新道具，产生新的游戏目标。但电子竞技的目标则一直是固定的，那就是对抗中的胜利，然而这个目标的达成却是不固定的，因为胜利不仅取决于自身水平，还要看对手的水平。因此，电子竞技游戏基本都有一个匹配机制，这个机制让水平比较接近的玩家能够在一起游戏，这样可以让玩家更有可能达成游戏目标，在获得更好的技能和战术之后，挑战更强的对手，而网络游戏在内容上则没有这种安排。

表1.1　　　　　《魔兽世界》与《英雄联盟》内容的比较

比较项目	《魔兽世界》	《英雄联盟》
游戏目标	打倒更强的Boss 获得更好的装备 提高角色的等级 打败对手（pvp模式）	打败对手 获得更好的技战术
游戏装备	通过特定条件获得 不重置 具有相对独特性、差别性和随机性	具有选择性和针对性 每一局游戏重置
游戏等级	需要长时间练级 有满级（随版本提升） 等级对游戏内容有影响	可以练级 等级对游戏内容无影响
游戏积累	装备积累 熟练度积累	经验积累 操作积累

从游戏装备上来看，网络游戏的装备是通过特定条件获得的，例如《魔兽世界》是要通过打败boss，通关地下城，或者游戏内玩家之间的买卖得到。玩家在网络游戏中所获得的装备是不会被重置的，将会一直保留在玩家的账号上，这让网络游戏基本具有收集的性质。网络游戏的装备，为了体现玩家在时间和金钱投入上的差别，具有相对的独特性和差别性，一部分游戏可以直接用金钱购买装备，另一部分类似《魔兽世界》则需要投入时间跟工会一起活动，赚取DKP（Dragon Kill Points，直译为屠龙点数，意思是参加工会活动赚取的积分，用来分配战利品。金团出现之后，《魔兽世界》的装备也可以用游戏币和现金直接购买。玩家可能需要耗费数个月来参与工会活动来换取极品装备，或者花费大量的游戏币和金钱直接购买。一些游戏还有官方的现金与游戏币的

兑换渠道，而不用投入足够时间和大量金钱的玩家则无法获得这些装备，与其他玩家形成差异。同时，大部分由 boss 和地下城而获得的装备是随机的，并不是打倒 boss 或地下城通关之后就一定能获得，根据某网络游戏对装备的爆率公示，获得装备总共的概率是 10%，90% 是无用的其他累计项目用于保底，而这 10% 的装备中，最高的装备概率是 3%，最低的仅有 0.3%①（见图 1.3）。《魔兽世界》的装备还有职业区分，不是自己的职业是无法使用的。玩家需要反复"刷"同一个地下城，击杀同一个 boss 或者反复"氪金"（购买抽卡）来获得想要的装备。这也是印发《关于进一步严格管理切实防止未成年人沉迷网络游戏的通知》中要对未成年人在网络游戏中的时长和金钱消费进行严格限制的主要原因。

图 1.3 《无尽的拉格朗日》加密技术档案（抽卡）概率公示截图

电子竞技的游戏装备为了体现竞技的公平性，每局游戏的装备是每个玩家都一样的，玩家通过累计本局游戏中所获得的游戏币来兑换适合自己角色的装备来进行对抗，在这局游戏结束之后，装备就会清零，下一次的对局将从零开始。但从更长的过程来看，目前部分电子竞技游戏也开始进行类似抽卡的活动，带上了网络游戏的部分特征，这一点将在后文进行叙述。

从游戏等级上来说，网络游戏的等级对游戏内容有极大的影响，等级不够

---

① 无尽的拉格朗日加密技术档案概率公示（游戏内部信息），2021 年，详情请进入游戏后在蓝图研究中点击加密技术档案的右上角"i"键查看。

则无法进入高等级的地下城，打不过高等级的怪物。因此，大多数网络游戏玩家都会耗费大量时间在练级的过程上。部分游戏有满级，但这个满级的上限会随着版本而提升，每一次版本提升都会让玩家继续练级，且练级的速度会越来越慢。电子竞技游戏也有部分带有等级系统，例如《英雄联盟》的账号是有等级的，但这个等级对于游戏内容基本没有影响，游戏内角色的等级与装备一样也会重置，升级和对抗是结合在一起的，是竞技的一部分，并不会让玩家花费大量时间在升级上。

从游戏的积累上来说，电竞是养人，而网游是养号。网络游戏的积累大部分体现在游戏账号的装备、等级上，小部分体现在玩家对于游戏的熟练度上。部分网络游戏并不是完全没有操作性，例如《魔兽世界》，玩家依然需要熟练地操作角色的技能释放，躲避怪物和boss的攻击机制，与同伴进行配合等。电子竞技游戏则正好相反，电竞游戏对于游戏的积累大部分体现在玩家自身的能力积累上，玩家在竞技的对抗中熟悉各种角色和位置，锻炼操作的技术和团队意识，以个人或团队的方式赢得胜利。这些经验和操作的提升是玩家自身的提升，换一个账号，对玩家造成的负面影响有限，对比赛选手则没有任何影响，很多电竞比赛为了保障公平公正，会给选手提供比赛账号，让所有人的装备角色等都相同。《魔兽世界》也有组织官方平台的团队竞速赛等，但其装备、角色依然是使用玩家自己所培养的账号。

从组织参与方面来看，电子竞技的组织方式分为赛事组织和玩家平时的游玩。电竞赛事组织机构主要分为两大模块"电竞赛事运营管理机构"和"电竞赛事竞赛组织机构"。通常赛事竞赛机构分为四大部分秘书联络处、竞赛处、场地器材（设备）处、宣告颁奖处[①]。总体来看，电竞赛事的组织有着一套成熟完整的组织管理架构，这与传统体育相似。同时相对正规赛事组织，玩家平时游玩的门槛要低很多。当满足足够的人数，拥有合适的设备和网络再制定一个参与的时间便可以组织一场对抗，玩家们也可以通过官方的匹配机制来进行游玩，通过排位机制来进行水平的认可和提升。

网络游戏的组织则主要是玩家自发性的一种行为，缺少相应的条理和方

---

① 鲍银彬.《竞说·赛事7》电竞赛事组织流程简介 [EB/OL].（2019 – 06 – 07）[2023 – 03 – 02]. https: //baijiahao. baidu. com/s? id = 1635664294056869339&wfr = spider&for = pc.

法，缺少官方的管理而自由度较高。近年来，在电子竞技游戏的热潮下，很多网络游戏也开始进行一些赛事的组织，但并不像主力电竞游戏那样有联盟化和较为成熟的俱乐部化组织。

3. 心理满足与盈利方式的异同

前文也已经提到关于愉悦感的问题，从根本上来看，电子竞技和网络游戏的愉悦感或者说心理的满足主要来自"我很强"和"我比你强"，前者是自我认同和自我效能的自我认知部分，后者是人与人之间比较所获得。自我认同和自我效能在电子竞技和网络游戏的参与动机中排名非常靠前[1][2]。因此，电子竞技和网络游戏心理满足感的差别，在于这种心理满足感的来源。由于所围绕的核心不同，电子竞技的心理满足来源于竞技，当玩家能够在对抗中完成精彩的操作，能够战胜匹敌的对手时，产生了电子竞技的自我满足和比较性满足，这种满足主要立足于自身；而网络游戏的心理满足则主要来源于角色及物品的获得，当玩家通过活动击败 boss 或者满足一定条件之后，就会获得更好的物品、更高的等级，同时这种物品是别人没有的，比别人好的，等级比别人高，数字上的差别性给玩家带来了心理的满足感。因此，电子竞技的满足感主要是基于质化的满足，而网络游戏的满足感主要是基于量化（数字化）的满足。需要指出的是，电子竞技并非没有基于量化的满足感，在一局比赛中得分更多，同样会带来心理的满足；而网络游戏与电子竞技游戏由于其文化性和虚拟性，均会有艺术上的满足感，如不同的皮肤、不同的造型等带来的愉悦。

这种心理的满足感的差别也造就了电子竞技游戏和网络游戏不同的盈利方式。网络游戏的盈利手段主要有时间收费、物品和等级收费、概率抽卡收费、外观收费等。网络游戏的游戏内容设置主要目的是延长玩家的游戏时间，因此一方面，网络游戏会根据玩家游玩的时间来进行收费，例如《魔兽世界》，这种收费有小时制的，也有包月、包季制；另一方面，一些游戏也会

---

[1] 王云. 高校学生电子竞技参与动机、自我认同以及电竞行为的关系研究［D］. 上海：上海体育学院，2020.

[2] 薛倩莲. 网络游戏参与动机、自我认同和网络游戏成瘾的关系研究［D］. 上海：上海交通大学，2018.

抓住玩家想要缩短某些游戏进程的心理，提供付费缩短等待时间的项目。物品和等级收费指的是玩家用现金直接购买虚拟物品和角色等级，来增加自己游戏账号的强度。然而随着网络游戏的发展，这种明码标价的盈利不再能够提供足够的利益，于是为了让玩家们付出更多的金钱来获得物品，并且有可能付出金钱也无法获得想要的物品，网络游戏厂商开发出了更具不确定性和差别性的概率抽卡收费，玩家不再能够直接购买到自己想要的虚拟物品，而是要通过付出金钱去进行抽卡，这个抽卡所获得的物品是有概率的，而且能获得自己想要的物品概率极低，能抽到的玩家被称为"欧皇"，抽不到的则被称为"非酋"（意为脸黑），营造了更加激烈的差别性，促使玩家们"氪金"（购买抽卡所用的游戏币）。更有甚者，网络游戏公司会专门雇人成为"官托"，在公共频道里炫耀自己抽到的高级物品，有时甚至通过辱骂其他玩家，挑起攀比[1]。因此，在2016年文化部发布的《文化部关于规范网络游戏运营加强事中事后监管工作的通知》中明确要求网络游戏公司在这种概率抽卡中公布，对这种游戏模式进行监管[2]。另外，网络游戏也有为玩家提供更美观的造型向玩家收费的项目，这些不同的造型带来更多美的享受，但同时也价格不菲。

电子竞技游戏与网络游戏的盈利方式有所不同，除了外观收费等之外，电子竞技游戏通常还有购买角色和物品，购买游戏主体收费，游戏联赛和俱乐部运营收入等。有的电竞游戏需要购买角色，例如《英雄联盟》《王者荣耀》等，可以选择用金钱购买英雄角色，也可以购买相应的物品，但这些物品不会影响到竞技的公平性（因此部分购买物品会影响公平性的游戏，其电竞的程度则需要探讨了）。一部分的电竞游戏是需要付费购买主体的，以此作为游戏厂商的重要收入，例如《守望先锋》《CS：GO》（之后变为免费）。外观收费是电竞游戏的重要的组成部分，《英雄联盟》厂商美国的拳头RIOT公司，在2018年为一位癌症患者圆梦一起设计了死兆星科加斯皮肤，该款皮肤、图标、

---

[1] 搜狐网. 游戏中的托是什么样的群体［EB/OL］.（2019-06-24）［2023-03-06］. https://www.sohu.com/a/322528685_120099894.

[2] 文化部. 文化部关于规范网络游戏运营加强事中事后监管工作的通知［EB/OL］.（2016-12-06）［2021-09-08］. http://www.gov.cn/xinwen/2016-12/06/content_5143968.htm.

表情等总销售额为 610 万美元①。（拳头公司将这笔钱全都捐给了世界各地的慈善机构），而《英雄联盟》目前有一千多款皮肤，还在不断推陈出新，由此可见皮肤的销量和带来的收入规模。

　　电子竞技的高度发展已经逐渐形成了一个完整的产业链，具有多样的盈利方式。首先，电竞比赛的直播和赛事是电子竞技盈利方式的主要来源。2017年中国电竞游戏市场收入为 2036.1 亿元，其中腾讯占 48%，网易占 18%，二者市场规模合计占比达到 66%②，在其他电竞链条中，电竞直播、电竞赛事分别拥有整个产业 38% 和 30% 的份额③。其次，大量赞助商的涌入和商业活动的举办也会带来不小的利润。2021 年 1 月 7 日，英雄联盟职业联赛赛事官方微博公布 2021LPL 春季赛的合作伙伴，有 15 家品牌成为新赛季的赞助商，分别为梅赛德斯奔驰、莫斯利安、Nike、哈尔滨啤酒、联想拯救者、娃哈哈、肯德基、战马、OPPO、苏宁易购、TT 语音、猎聘 APP、Razer 雷蛇、AutoFull 傲风电竞椅、英特尔④。品牌数量的多和领域的广，彰显了电竞产业的巨大经济效益。最后，奖金、选手交易、直播收入、政府补贴等都是电子竞技的盈利方式。需要指出的是，电竞俱乐部的盈利，在很大程度上是与俱乐部的比赛成绩相关的，这也是竞技体育的重要标志，成绩优异的俱乐部会积聚起人气，拥有更多的粉丝和赞助商；而成绩不佳的俱乐部会出现粉丝流失、赞助商较少等问题，不利于俱乐部盈利。

　　从图 1.4 可以明显看出各个俱乐部赞助商数量的区别，第一幅图是数次 LPL 赛区冠军、全球总冠军 EDG 俱乐部，第二幅图是 S8 全球总冠军 IG 俱乐部，这两家俱乐部队服上的赞助商数量非常多，几乎盖满了队服；而第三幅图是新成立的 TT 俱乐部，由于成立时间短，也没有拿出足够证明自己的成绩，

---

　　① 玩加电竞 LOL，死兆星科加斯销售额超 610 万美元，全部筹款将捐赠给慈善机构 [EB/OL]. (2018-09-04) [2021-09-08]. https：//weibo.com/wanpluslol? refer_flag = 1001030103_&is_all = 1&is_search = 1&key_word = %E6%AD%BB%E5%85%86%E6%98%9F%E7%A7%91%E5%8A%A0%E6%96%AF#_0.

　　② 朱茜. 十张图让你看清电竞行业现状与前景俱乐部、赛事乘风而起 [EB/OL]. (2018-06-14) [2021-09-14]. https：//www.qianzhan.com/analyst/detail/220/180614-0fd3d4db.html.

　　③ 融界. 电竞产业迎爆发游戏市场空间巨大 [EB/OL]. [2021/7/18]. https：//baijiahao.baidu.com/s? id = 1617050494177490115&wfr = spider&for = pc.

　　④ 陀螺电竞. 2021LPL 春季赛官宣 15 家合作伙伴：新品牌入局背后的商业逻辑 [EB/OL]. 腾讯新闻，[2021-09-08]. https：//xw.qq.com/cmsid/20210111A04CQN00.

因此并不受赞助商青睐。

图 1.4 英雄联盟俱乐部 EDG、IG、TT 队服赞助商图标对比[①]

4. 体育精神的异同

由于电子竞技是一项体育运动，必须具备相应的体育精神。这种体育精神是竞技体育不可或缺的一部分，除了比赛的输赢，双方在电子竞技比赛或者活动中展现体育精神，是这项运动重要的目的。电子竞技运动有很多体育精神的潜规则，同样官方也会制定规则来保护这些体育精神的弘扬。

《魔兽争霸》《DOTA2》《星际争霸》等游戏，在比赛开始时会以"GL"（Good Luck 祝好运）、"HF"（Have Fun 享受游戏）等开场白向对手致以问候，比赛结束时，输的一方会向赢的一方打出"GG"（Good Game 精彩的对局）来向胜利者祝贺。《英雄联盟》等比赛之后，获胜的一方会走到失败一方的竞技台，以握手（疫情之后改为对拳），这个传统一直流传到现在，就好像是中国传统武术中抱拳表示"承让"，击剑运动中举剑对立、挥剑致意等，体现了对对手的尊重。在一些 MOBA 类的比赛中，有时会出现偷塔的行为（越过兵线

---

① 图片来源：1. LPL 赛事没品图，微博［EB/OL］.（2021 - 08 - 26）［2021 - 09 - 14］. https：//weibo.com/7040062020/KvhstdXpm? type = comment#_rnd1631584642743.

直接攻击防御塔和基地），这种情况受到了很多选手和玩家的非议，认为这违背了体育精神，有非正大光明之嫌，后来官方在游戏版本更迭的时候，加入了一些机制，如无兵线时增加塔的护甲或回血，让偷塔变得不那么容易，在保证这种策略竞技性的同时，也保护了体育精神。而在一些电子竞技选手违反体育精神时，也会受到观众和媒体的指责，甚至受到官方惩罚。一些选手在比赛中被击败后心态受挫，出现卖光装备①、放弃抵抗、拒绝握手②、假赛③等行为，甚至在平时游戏的排位赛中出现挂机④、不文明用语等情况，玩家和观众均会对此表示否定，俱乐部会对此表示道歉，官方甚至会对其和所在俱乐部进行处罚⑤，处罚包括罚金、停赛、禁赛、取消俱乐部参赛资格等。玩家在平时游戏中，也可以举报其他玩家违反体育精神的行为，例如挂机、消极游戏等。

而网络游戏则对于体育精神没有要求，网络游戏的目的是娱乐，除了使用外挂进行游戏之外，网络游戏的运营商对于玩家在游戏中的精神面貌并没有什么要求。玩家可以举报其他玩家的违规行为，例如辱骂、反动言论等，运营方的相关监督者会对这一部分玩家进行处罚。相对而言网络游戏在精神面貌上的要求是道德和法律底线，而电子竞技对玩家和选手的精神面貌要求则是更高的体育精神。

5. 电子竞技的"网游化"

电子竞技从 1v1 的竞技对战模式起步，逐渐增加了 5v5 的团队模式，在这之中，局域网一直扮演着重要的角色。但随着互联网的进一步发展，互联网以及相关的延伸理念又回到了电子竞技发展的重点上，尤其是对于游戏开发和运营企业而言，互联网及其相关发展，是企业盈利的关键因素。因此，电子竞技

---

① 游戏百事达．"××××气到卖光装备"RA 惨遭 LNG 零封，微笑：提前恭喜 WE［EB/OL］．腾讯网，（2021 - 09 - 04）［2021 - 09 - 09］．https：//new.qq.com/rain/a/20210904A0ANWZ00.

② 贝塔看比赛．输了比赛又输人品？ *** 被 SN 暴打后，新上单拒绝握手引众怒［EB/OL］．腾讯网，（2021 - 01 - 28）［2021 - 09 - 09］．https：//new.qq.com/omn/20210128/20210128A0EZ1800.html.

③ 陈彬．"电竞假赛"的巴尔干火药桶，炸了［EB/OL］．微博，（2021 - 01 - 28）［2021 - 09 - 09］．https：//weibo.com/ttarticle/p/show?id=2309404630908702687267#related.

④ 游戏抢鲜看．LPL 又有 AD 出事， *** 违规被 SN 上单举报，恐遭官方处罚［EB/OL］．腾讯新闻，（2021 - 04 - 28）［2021 - 09 - 09］．https：//xw.qq.com/cmsid/20201213A0EI1300.

⑤ 英雄联盟赛事．关于部分选手不文明用语的处罚公告，［EB/OL］．微博，（2020 - 07 - 16）［2021 - 09 - 09］．https：//weibo.com/ttarticle/x/m/show/id/2309404527261520141528?_wb_client_=1.

游戏开始出现网游化的特征。

网游的装备可以直接用钱购买，且这种装备会影响玩家游玩时的公平性，且就是为此而设计的。某电竞射击游戏的道具枪也可以直接用金钱购买，且数值超过其他普通的同类道具；某电竞游戏的皮肤可以增加角色的能力。这些对于比赛并没有影响，因为比赛服务器和客户端可以做成所有参赛选手都拥有该道具或者皮肤，但对于平时游戏的玩家而言，则充满了金钱带来的不公平（尽管不大），也就降低了竞技性特征，向网游的性质靠拢。

部分网游有随机抽卡功能，抽卡概率极低，且有的网游还通过大数据有一套深层算法，故意降低你所需要的道具抽到的概率。某些电竞游戏也开发了这种抽卡功能，并且通过贩卖抽卡和抽卡相关道具来进行盈利。所幸这种功能在电竞游戏中对竞技性影响并不大，但的确是网游化的一种体现。

另外还有一些电竞游戏和类电竞游戏，在版本的不断更迭中修改了游戏中的机制，使得随机的成分增加，或者是游戏制作不平衡性太大，角色、队伍等要素之间这也让其游戏中对抗的竞技性降低。

作为电子竞技的开发厂商和运营公司，盈利是天经地义的，国际知名的体育赛事联盟和体育组织，也都以盈利为重要目标。然而开发商和运营公司需要考虑的问题还应该包括，如何保持游戏的电竞特点，以保证电子竞技游戏不会丧失其竞技性。例如腾讯的《英雄联盟》在这一方面就是一个相对值得借鉴的样板，这种思考对于电竞长远的发展更为有利，这一项具有强大生命力的新生体育项目，能否成为传统还需要各方面的努力。除了网游化之外，电子竞技还面临着许多的问题，本书将在后续章节进行分析和探讨。

第五节　电子竞技的功能

电子竞技作为一种体育项目，传统体育项目所具有的功能，电子竞技基本都有，除了目前讨论不是很充分的身体锻炼功能之外，电子竞技也具有娱乐功能、经济功能，同时还具有竞技体育较为特殊的政治功能以及互联网特色的社交功能。

一、娱乐功能

电子竞技娱乐功能指使受众者感到喜悦、放松，分为对受众者和参与者两种。当比赛中有精彩的操作出现时，电竞观众同样会像传统体育观众看到高难度动作一样热血沸腾。当参与者与队友完成一次默契的配合赢得比赛后，也会互相分享成功的喜悦。电子竞技所包含的多种娱乐元素，成为了当代年轻人群中的一种新的娱乐方式以及休闲娱乐的重要组成部分，从电子竞技的参与和观赛人数中就能够得到直观的感受。以英雄联盟中国职业联赛为例，在2020年中国职业联赛赛区赛事直播观赛人次超过218亿，赛事内容观看量超过1000亿[1]。去年十月就算在全球疫情的大环境下，还是有6000余位幸运的电竞观众抽到现场观看英雄联盟S10全球总决赛的机会[2]。此外，全球还有4500万人选择在网上观看直播，这一场比赛的观看总量大致相当于6场2020年NBA总决赛，网络和电竞的双重特性，让电竞粉丝规模已经开始逐步超越NBA的粉丝规模[3]。电子竞技的比赛为大量的电竞观众带来了身心的愉悦，且这种愉悦的质量是建立在竞技体育"更高、更快、更强"理念上的正向娱乐，其质量较高，副作用也较小。

二、经济功能

电子竞技不仅是竞技，同时也是"经济"，自从电子游戏、电子竞技、网络游戏这些不同的游戏载体出现后，整个游戏行业也在其之上进入了快车道的发展。

近年来，我国整体电竞行业快速发展。据环球科技报道由艾瑞咨询发布的

---

[1] 新京报. 2021英雄联盟春季赛开幕去年职业赛事内容观看量破千亿 [EB/OL]. (2021-01-09) [2023-03-13]. https://baijiahao.baidu.com/s? id=1688422966131746338&wfr=spider&for=pc.

[2] 澎湃新闻. 全国粉丝齐聚上海！S10观众：电竞改变观念，父母都支持我 [EB/OL]. (2020-11-01) [2021-09-15]. https://baijiahao.baidu.com/s? id=1682118676271821859&wfr=spider&for=pc.

[3] 电竞世界. 电竞粉丝数量超越NBA？这只是刚刚开始而已 [EB/OL]. (2021-04-09) [2023-03-06]. https://new.qq.com/omn/20210409/20210409A0ED0Y00.html, 2021-04-09.

《2020年中国电竞行业研究报告》报告预测，截至2021年，中国电竞整体市场规模可能达到1600亿元以上，年增长率超过17%，其中端游电竞市场规模占20%左右，移动电竞市场占约44%，电竞生态市场占33%。电竞生态市场占比逐年扩大，端游市场占比逐年缩小[①]。

在用户方面，由于Wings、IG、FPX、PSG·LGD等战队接连在世界级赛事中夺冠或取得优异成绩，推动着电竞知名度的不断扩大，导致关注电竞、喜欢电竞、从事电竞运动的人越来越多，2019年我国电竞用户高达4.7亿人，在2021年将达到5.5亿人[②]。我国电竞行业庞大的市场背后，是一条黏连度极强的电竞产业链。电竞行业的迅猛发展带动了硬件、直播、服务等多种行业的发展。截至2021年，北京、西安、成都、深圳、杭州以及苏州六个大中型城市开设了LPL战队的主场，足以体现电子竞技对于数字经济、新经济以及动城市文化周边产业发展的推动作用。

游戏产业是一种生态绿色朝阳产业，电子竞技也同样具有这样的特点，电子竞技并不会产生生态环境污染，也不会破坏生态平衡，同时以中国互联网人和游戏社区为中心的生态建立也诞生了与其就业相关的各类职业和就业机会，为我国提供了更多更好的第三产业就业机会，缓解就业的巨大压力[③]。

三、政治功能

电子竞技作为一项在全世界具有广泛影响的社会文化和娱乐活动，其发展程度和国家文化软实力密不可分。因此电子竞技在其赛事的举办和运行时，会带有一定的政治性，这种政治性以国家荣誉、爱国热情、文化和意识形态的传播等方式体现出来。

电子竞技作为国家批准的体育项目，战队和选手们在国际赛场中的表现为国家带来了荣誉。在WCG的历史上，中国选手数次身披国旗站上领奖台：被

[①②] 艾瑞咨询. 中国电竞行业研究报告［R/OL］.（2020）[2021-09-15]. http：//report.iresearch. cn/wx/report. aspx? id=3573.

[③] 孙钦泉. 大学生网络游戏现象研究与教育引导对策［D］. 济南：山东师范大学，2008.

玩家们尊称为"人皇"的SKY李晓峰、PJ沙俊春、INFI王诩文等,均向世界展示了中国电竞的实力,让全世界的电竞玩家看到一个冉冉升起的东方大国。在2018年雅加达亚运会的《英雄联盟》和《王者荣耀》的表演赛项目上,中国代表队都夺得了金牌;2018年中国战队IG和2019年中国战队FPX的夺冠,进一步树立了中国在国际上电竞强国的形象。国旗的升起,中国队伍的捧杯,激起了每一个电竞爱好者的民族自豪感。在2007年的WCG赛场上,PJ、SKY和FLY100%陆维梁,为中国台湾选手获得季军之后的不当庆祝行为向WCG赛事委员会提出严正抗议,坚定地维护了"一个中国"的原则,体现了中国电竞人深切的爱国情怀。

英雄联盟电竞在其海外官方网站公布LPL(大陆最高水平的英雄联盟职业比赛)夏季赛的观看数据,其中观众人数相较上年增长近两倍,展现了LPL在海外观众群体中持续扩大的影响力,在2020年,LPL在原有的英语频道之外还增加了越南语、法语和韩语三种外语语言的播出,将海外播出的总语言种类提升到四种。在JDG对阵TES的夏季总决赛中,四个海外直播的最高同时在线网络观众量已经达到31万人,这个数据均比上年的夏季赛总决赛提升了188%;在观看比赛视频时间方面,这次比赛的总观看时间(每个观众观看的时长总和)已经超过了1000万小时,比上年增加351%,开创了新的纪录①。也就是说,一场中国大陆赛区的电子竞技比赛,在几个小时之内,就向几十万海外观众展现了中国电竞的风貌,又在后续的1000万个小时之内,持续不断地宣传着中国电竞的面貌。英雄联盟的主题歌和宣传曲目,一直以来都是英文歌曲,但随着中国电竞队伍的崛起,在S10的宣传曲目《MORE》中,创作者加入了韩文和中文歌词,东方文化开始打破西方语言和文化的垄断,开始影响电子竞技的文化。通过电子竞技的比赛,不但让我国成为电竞大国强国,同时也推动中国朝着更大影响力的文化大国的方向前进。

同时游戏作为一个文化的重要载体,其中本身可能蕴含着很多潜在的文化特色,这种特色和设计安排,在体现文化的同时,也带来了政治上的感受。著名网络游戏GTA的彩蛋之一——在一项和空军有关的任务完成将敌

---

① 玩家赛事.LPL海外影响力再扩大夏决海外观众人数增近两倍[EB/OL].(2020-11-02)[2023-03-01]. http://www.myzaker.com/article/5fa010698e9f0925fd4a70ef/,2020-11-02.

机全部击落的成就之后，机上电台会自动转跳美国空军电影《壮志凌云》主题曲《Danger Zone》，让人热血澎湃，玩家在这个过程中会不自觉地体会到游戏所输出的基于文化价值观的政治感受（美国空军在电竞方面的参与度很高，甚至是英雄联盟北美赛区 Cloud9 的赞助商）。可惜的是，国产电竞游戏极少有这一类的设计，有部分带有文化历史特征的《王者荣耀》，也在媒体、家长和社会的干预下，默默地将原有的部分历史设定，转为了虚拟设定。因此，如何让游戏玩家、电竞参与者，能够在电竞游戏中体会到属于中国的文化，体会到属于中国的正向政治感受，国产电竞游戏还需要继续努力。

四、社交功能

由于带有网络的特征，团队竞技体育又需要大量的交流，电子竞技也成为一个重要的社交平台。从事电子竞技运动既有社交的动机，又能够得到社交需求的满足。

人是一种社会性生物，电子竞技的社交需求动机在所有动机占据非常主要的地位。国内已有的部分研究显示：小学生和青少年参与网络游戏的主要动机除了享受乐趣之外，排第二位的就是人际交往动机[1][2]，有趣的是研究者在调查小学生和青少年参与网络游戏的时候，将部分电子竞技游戏也定义为网络游戏（使用的是较为过时的分类方法和认知，简单地将使用到网络的都归为网络游戏）。因此，这个调查也可以当作是电子竞技和网络游戏在小学生和青少年中社交功能的一种体现，同时，单纯对于电子竞技的研究同样也显示了电子竞技玩家对于社交的需求[3]。

社交是网络的重要部分，因此公会是网络游戏很重要的配置之一，每一个公会就是一个社交群落，玩家们在那里进行游戏和生活的交流，找到一个暂避

---

[1] 严懿伦. 小学生网络游戏行为研究 [D]. 上海：上海师范大学, 2021.
[2] 才源源. 青少年网络游戏者的心理需求研究 [D]. 上海：华东师范大学, 2007.
[3] 刘寅斌, 肖智戈. 电子竞技活动的消费者参与动机研究：基于自我决定理论的视角 [J]. 上海管理科学, 2019, 41 (5)：50-57.

现实烦恼的港湾。《魔兽世界》可谓是公会最成熟的网络游戏之一,在专访中工会会长表示,整个公会既相亲相爱又鸡毛蒜皮,从线上发展到线下①,其社交的功能得到了非常直观的体现。而电子竞技游戏则通常没有如此大的社交群落,电子竞技的线上社交主要通过即时语音平台来实现,无论是自带的语音系统还是其他软件的语音交流系统,都能让电子竞技的玩家体验到与人交流的乐趣。一起游戏的朋友们会相互介绍得到自己实力认可的伙伴认识,学校里的同学们也因为电子竞技而获得了更多的话题,网络上的玩家因为俱乐部的成绩呐喊助威或相互拌嘴,身心疲惫的上班族在夜晚能够和客户端另一头的玩家友好互动,这些都是电子竞技社交功能的体现。

然而,同样因为网络匿名性等特征,电竞的社交并不总是正向的,而少数电竞玩家和选手的粗鲁言行,会给其他玩家和整个电竞环境带来负能量的社交效果,其本身的文化素养还需要提升,这一点,本书将在后续章节中提出。

---

① 魔兽世界微信公众号. 会长专访:致我们终将逝去的青春,给最特别的你们[EB/OL].(2021-09-07)[2021-09-08]. https://mp.weixin.qq.com/s/IJTxoWo3a0QEkE1qDZTybg.

第二章

电子竞技运动的发展和问题

电子竞技亦被译作 electronic sports——电子运动,有时亦被称作 eSports,其他较常见的名称为 competitive gaming、cybersports、cyber athletics 或 V – Sports[①]。单单是英文名,就经历了一系列的发展过程。作为时代发展的新兴体育竞技形式,中国的产业界和学术界关于电子竞技的概念更是有过不少说法,并且在不断发展。

电子竞技是从电子游戏发展而来,在包含"电子"元素的同时,它不同于人机对抗的游戏,发展出人与人之间的对抗成分;在包含"游戏"部分元素的同时,它也已经展现了职业化的趋势,发展出一系列全系统的产业;虽然需要依托电脑、手机等使用不当时会对人体产生负面影响的高新技术产物实现对抗,但又有新的研究表明,电子竞技可以促进自闭症、多动症和后天性脑损伤等特定性人群的康复,对人体的平衡能力、协调能力具有一定的正向改善,电子竞技对人脑认知功能的作用已经被研究所证实[②]。可见电子竞技从它诞生开始,它本身的形式特质,以及对它的研究观点讨论等就一直处在发展变化中,本章主要叙述电子竞技发展的简要过程,提出它在发展至今所产生的问题和值得探讨的议题。

[①] 周昪,余斌. 论电子竞技运动的起源与概念 [J]. 现代交际,2012 (6): 5 – 6.
[②] 杜长亮,季朝新. 电子竞技对脑可塑性影响的研究进展 [J]. 天津体育学院学报,2020,35 (2): 141 – 148.

第一节 电子竞技的涨潮之刻

一、电子竞技运动概念的发展

1. 电子竞技自身的发展

然而电子竞技的概念并不是一开始就是相对明确,从电子竞技的源头电子游戏的诞生开始,电子竞技的概念经过了很长时间的演化,随着技术和时代的推进不断更新。从过去的发展历程中大致可以总结出,电子竞技概念的发展经历了"电子游戏"——"对抗"——"比赛"——"竞技"——"电子竞技"——"电子竞技运动"概念的发展。而在这几个概念之中又穿插了单机、局域网和互联网三个阶段的发展。

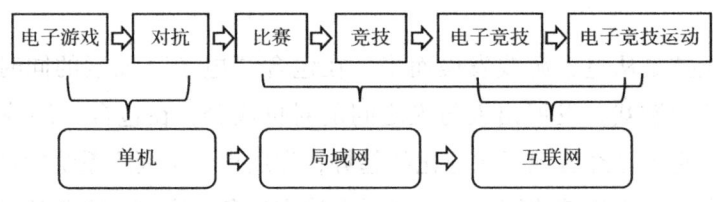

图 2.1 电子竞技运动概念的发展

最初,萌芽阶段的电子竞技因为技术力上的不足以及理论上的缺失并没有今天那么广大的范围,在最初的阶段,只有电子游戏这一概念,电脑游戏虽然诞生得更早,但传播范围非常狭窄,并没有为大众所熟知。

1983 年,任天堂公司推出了 Family Computer,简称 FC,也就是俗称的红白机[①],开始将电子游戏推向大众,电子游戏的概念才开始传播开来。

随后,电视游戏、街机上出现了以《街头霸王》为代表的一些对抗性游戏,慢慢把对抗的概念发展起来。到了 1991 年,随着互联网的推广和以《街头霸王》等竞技类游戏为主要载体而进行的一些对抗比赛的出现才形成了最

---

① 新浪游戏. 任天堂 FC 三十周年:136 张封面纪念童年经典 [EB/OL]. 新浪游戏(2013-07-15)[2021-08-18]. http://games.sina.com.cn/t/n/2013-07-15/1649718747.shtml.

早的一批游戏社群①。但这个时候由于互联网还未得到普及，因此这种对抗性依然主要以线下单机游戏互联的形式出现。

到了 1995 年，技术上实现了人与人之间的同场竞技，依托于此的即时战略类游戏开始兴起，世界上的一系列发达地区出现了相关的赛事，这些游戏从单一的娱乐性开始融入了真正的竞技性，电子竞技的范围又从最初街机、掌机上的格斗类游戏拓展到了即时战略类游戏。几年后，多人网络对战被逐步实现，第一人称射击游戏也随之兴起并加入了电子竞技的行列。这时竞技游戏已经摆脱了单机时代，开始以局域网的形式在网吧迅速发展。

到了 2000 年前后，韩国机缘巧合中成为推动电竞发展的重要国家，将电子竞技由竞技类游戏推向了真正的职业运动②，基于互联网的天梯模式开始成为电子竞技运动的重要组成部分。

十年后，随着信息技术进一步突破，时下相当热门的多人在线战术竞技类游戏 MOBA 登上历史舞台，《DOTA2》《LOL》的各项世界级赛事举办时都有高光亮眼的表现③。

2. 学术圈定义的演进

电子竞技运动本身的发展影响到了学术界对它的判断，简单列举几种一步步推进的观点④：

（1）电子竞技运动是高科技软件 + 硬件信息设备 + 人与人之间的智力对抗运动。

（2）电子竞技运动是数字电子产品 + 虚拟环境 + 人与人之间的体力、智力对抗运动。

（3）电子竞技运动是数字电子产品 + 数字平台 + 信息技术 + 公平公正环境 + 人与人之间的竞技和对抗。

（4）电子竞技是信息技术 + 体育规则 + 人与人之间的对抗 + 锻炼智力和身体素质。

---

①② 周昇，余斌. 论电子竞技运动的起源与概念 [J]. 现代交际，2012（6）：5 - 6.

③ 人民网. 国家体育总局：电子竞技与网游的三大差别 [EB/OL].（2015 - 06 - 10）[2021 - 07 - 02]. http://culture.people.com.cn/n/2015/0610/c172318 - 27132804.html.

④ 李宗浩，王健，李柏. 电子竞技运动的概念、分类及其发展脉络研究 [J]. 天津体育学院学报，2004（1）：1 - 3.

（5）电子竞技运动是信息产品＋体育规范＋人与人之间的竞赛＋提高选手身心素质水平的体育活动。

从简单的学术界对电子竞技定义的总结可以看出，从学术界认为电子竞技是一项体育运动开始（当然在此之前，有很多学术界的研究者认为，电子竞技不是体育运动，这种观点一直到现在还依然存在，但大多数的年轻学者和研究者们已经开始愿意接受电子竞技是一项能与传统体育相提并论的竞技体育项目），首先，学术界认为电子竞技是电子加竞技的组合，在电子方面，学术界首先认为电子竞技是电子软件和电子硬件的组合，随后在此基础上加入了信息平台，接着他们意识到电子社群在电子竞技活动中的重要性，到目前生态环境的电子竞技与社会其他方面交往的要素，也被越来越重视；其次，在竞技方面，人与人之间的对抗是竞技体育的必要因素，但是学术界长期以来一直认为电子竞技是智力对抗运动，随后才出现了一些声音，认为电子竞技也包括体力的对抗，因此电子竞技应当是一个体力与智力对抗的综合体，能同时锻炼一个人的智力和体力，然后学术界发现，由于电子竞技是一项竞技体育，因此它通过体育精神对一个人也有非常明显的心灵和精神方面的锻炼效果，这也使它成为一项更有意义的，可以与教育结合的竞技体育运动；最后，学术界在一开始并没有意识到公平环境对于电子竞技的重要性，随后在针对定义的争论中，为了与网络游戏的并不完全公平环境的电子游戏区别开来，学术界在对电子竞技的论述中着重加入了公平环境这一要素，进一步为了符合竞技体育的身份，加入了对体育规则的论述。

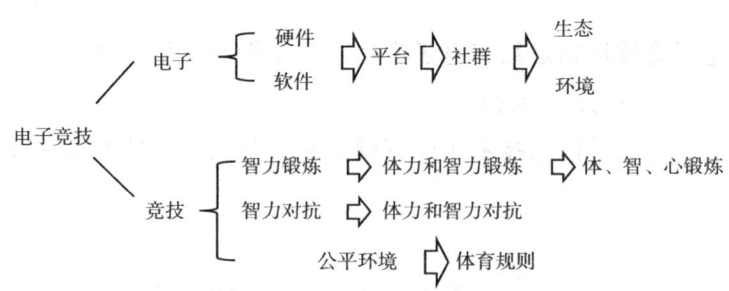

图 2.2　学术界电子竞技认知的发展

从智力对抗运动，到体育和智力的对抗运动，电子产品到信息产品，从提高身体素质到提高身心的素质等，学术界对于电子竞技的讨论，随着电子竞技本身的发展以及产业状态、社会环境、国内外舆论的发展而缓慢更新。

3. 社会认知的变化

近年来，越来越多的电竞游戏涌现，不论是地区的还是国际的，越来越多各个年龄段的人加入电子竞技之中，电竞还将展示更加蓬勃的生机与活力。而随着研究对电子竞技同传统体育之间相互关系的深入挖掘，电竞入奥也将拥有从理想成为现实的可能。

而随着电竞的不断演进，人们对电子竞技的认知也在不断更新，在2000年前后，电子竞技的发展经历了一系列波折，2002年6月16日的蓝极速网吧事件①这一恶性纵火事件导致了网吧整顿潮，促使游戏的线下游玩服务升级换代，在淘汰一大批黑网吧的同时，也给专门的电子竞技场所提供了思路。但同时，人们对于网吧这项事物产生了强烈的负面认知，认为它是肮脏的聚集地，是不务正业的人混迹社会的场所。2000年5月9日刊登在《光明日报》上的《电脑游戏瞄准孩子的"电子海洛因"——由一位母亲控诉引出的暗访》②一文引发了大批家长对电脑游戏的激烈批判。由于舆论的引导，许多人视电子竞技若洪荒猛兽，尤其是教育界人士，老师、学校、专家都认为电子竞技就是电子毒品，是孩子学习差的直接原因，从业于电子竞技就是玩物丧志是对自己不负责的体现。

2004年4月12日出台的《关于禁止播出电脑网络游戏类节目的通知》③使电视上的电竞节目销声匿迹，使得电子竞技只能在互联网上传播，而登不上"大雅之堂"。当然，在互联网发展的今天，大雅之堂换成了网络，由于流量大多掌握在互联网中，传统电视的收视反而变得弱势，这个禁令也就无关痛痒了。

随着资本不断注入，相关产业链不断发展，职业电竞选手已经有了足够的经济支持，退役后也可以转型做主播获得相当可观的收入，电子竞技成为电

---

① 史江伟. "蓝极速"网吧放火案审理始末 [J]. 法庭内外, 2018 (5): 28-33+1.
② 夏斐. 电脑游戏 瞄准孩子的"电子海洛因" [N]. 光明日报, 2000-05-09 (Z02).
③ 央视国际. 保护未成年人 国家禁播电脑网络游戏类节目 [EB/OL]. (2004-05-31) [2021-10-28]. http://www.cctv.com/teleplay/special/C12312/20040531/101150.shtml.

产业的热门，对电竞的认知也在不断扭转。2015 年国家体育总局发表了一篇名为《电子竞技与网游的三大差别》的文章，着重指出电子竞技属于传统体育项目，而网络游戏只是娱乐游戏①。现在的电子竞技已然与体育挂钩，电竞申奥的浪潮一浪高过一浪，2022 年的亚运会也将有电子竞技的身影②。

目前，电子竞技已然发展趋于成熟，人才不断涌现，相关产业链不断衍生并进一步发展壮大，玩家、资本的涌入为电子竞技的长远发展提供了坚实的基础。现在的电子竞技甚至被认为是第九艺术，也已经可以与传统体育相提并论，很多人认可这是个正当职业，一份可以成为明星的好工作。随着电子竞技在世界范围内认可程度的不断升高，未来的电子竞技会变得更加体育化、规范化、市场化③，并成为各国经济增长的重要推力，甚至可能取代当下传统体育的位置。

二、电子竞技的起源与早期发展

1. 潮起——电子竞技的最初起源：欧美

当下的电子竞技强国中，韩国是一个发展较为成功的典范。他们借助一场经济危机把"电子竞技"真正打造成了一套完整成熟的产业，当下已然发展出了成熟的赛事体系并由 KeSPA（韩国职业电子竞技协会）进行监督管理，政府也颁布了一系列促进电子竞技产业健康发展的法律法规，电子竞技在韩国已然发展得有声有色④。

但是电子竞技却并非是在韩国诞生的，而是源于欧美。不少运动脱胎于早期人类的狩猎活动以及战争，电子竞技最初则是脱胎于电子游戏。1962 年，麻省理工学院的几位学生设计了一款名为"*Space War*"的双人射击游戏⑤。当

---

① 人民网. 国家体育总局：电子竞技与网游的三大差别［EB/OL］（2015 - 06 - 10）［2021 - 07 - 01］. http：//culture. people. com. cn/n/2015/0610/c172318 - 27132804. html.

② OCA. OCA announces titles for Hangzhou Asian Games esports competition［EB/OL］（2021 - 09 - 08）［2021 - 10 - 28］. https：// www. ocasia. org/news/2313 - oca - announces - titles - for - hangzhou - asian - games - esports - competition. html.

③ 任晶晶. 电子竞技产业未来发展趋势［N］. 中国社会科学报，2019 - 11 - 21（12）.

④ 孙勤燕，刘才金. 韩国电子竞技发展的特点及其对我国的启示［J］. 体育科技文献通报，2020，28（6）：120 - 121 + 124.

⑤ 搜狗百科. Spacewar［EB/OL］.（2017 - 03 - 15）［2021 - 07 - 02］. https：//baike. sogou. com/v10709904. htm? fromTitle = spacewar.

时有人提出以此为项目举办一场比赛的想法，并在之后机缘巧合拉到了一笔赞助，于是在1972年，一场名为"*Intergalactic Space War Olympics*"的竞赛拉开了帷幕①。自此，世界上有了第一场电子竞技比赛，也诞生了第一批因为电子竞技而获奖的人②。也正是在这一年，诺兰·布什内尔（Nolan Key Bushnell，创立了第一家电脑游戏机公司并被称为电脑游戏之父）创立了传奇的雅达利公司（早期电子游戏领域巨头，甚至苹果的两名创办人乔布斯及沃兹尼克曾在此参与过项目制作）。这家公司在1980年以另一款街机射击类游戏《太空侵略者》成功举办了名为"*The space Invaders Championship*"的大型游戏竞技比赛，吸引了大批观众，这次比赛的成功以及雅达利公司后续在电子游戏上的投入在之后数十年间对促进电子竞技产业的发展发挥了巨大的作用③。在这一时期电子竞技积累了一批最初的受众，但当时电子信息技术仍处于起步发展阶段，电脑仍然以数字计算机的高贵身份在实验室或高等学府中发挥着学术研究作用，第一场电子竞技的比赛 *Intergalactic Space War Olympics* 使用的电脑设备就是来自大学实验室，而手机在当时亦是一种还远未普及，甚至大哥大（手提电话）都是在1973年才得以问世，更不用说今天这种方便快捷的智能手机了。因而最初的电子竞技项目并不像是当前最广为人知的LOL、王者荣耀这般通过电脑、手机享誉世界。而是以街机、家用电子游戏机等载体逐渐为他人所知。在这一过程中，游戏厂商为提高自家产品竞争力而做出的不断努力促进了硬件设施的更新迭代，街机、家用游戏机在这一过程中出现并不断更新，而局域网技术的不断发展又为大型电子竞技赛事的举办提供了可能并最终拉开了时代的大幕。

1990年，任天堂为宣传其生产的FC（全称Family Computer亦被称为红白机）在全美29个城市举办游戏比赛④。作为历史上比前期影响力最大的世界电子竞技大赛（WCG）还早10年诞生的第一个正式的电子游戏比赛，它凭借

---

① 李猛. 电子竞技起源研究［J］. 商情，2020（4）：92.
② 网竞教育. 电竞即将出征亚运会，电子竞技的前世今生你可知道？［EB/OL］.（2018 - 08 - 22）［2021 - 07 - 02］. https：//m. sohu. com/a/249323022_100167074.
③ 游戏怪布偶. 48岁的电子竞技：从雅达利到任天堂 从一路坎坷到遍地开花［EB/OL］.（2020 - 05 - 21）［2021 - 07 - 02］. https：//www. sohu. com/a/396738280_100298030/.
④ 电玩部落Septem. 任天堂世界锦标赛全记录25年间快乐不变［EB/OL］.（2015 - 06 - 16）［2021 - 10 - 27］. https：//games. qq. com/a/20150616/063529. htm.

一年前任天堂参与制作并成功大卖的电影《小鬼跷家（The Wizard）》所起到的宣传作用以及任天堂当时在游戏业界的霸主地位收到了广泛的关注并确实起到了极佳的宣传效果，比赛期间所使用的卡带至今仍被大部分游戏向的收藏家视若珍宝。在这场"电子竞技"盛会过后，虽然任天堂在游戏界的地位逐渐被索尼（Sony Corporation）取代，但它所开启的时代终究带来了电子竞技新一轮的辉煌 PS（PlayStation），PC（Personal Computer）平台的出现及普及以及一场突如其来的经济危机又为电子竞技的进一步发展插上了翅膀。

2. 潮涨——电子竞技的早期发展：韩国

1997 年，发生在亚洲的一场经济危机极大地摧残了社会经济，却在同时为电子竞技的进一步发展起到了关键作用。在当时的韩国，经济危机造成的损失极其惨重，GDP 增速倒退、韩元贬值、股市暴跌[①]。以上种种乱象沉重打击了韩国经济，摧残了韩国社会，迫使韩国政府调整现有经济结构。韩国注意到了他们国家经济的产业结构存在缺陷，支柱产业（如汽车、电子产品等）均以出口为主，因此容易受外界环境变化影响的问题。且文化产业等软实力不足，于是韩国政府针对这一方面开始了改革，电影电视产业、游戏动漫产业作为这场产业结构调整中的受益者开始得到政府的扶持并快速发展。其中，电子竞技产业作为一支国民经济的生力军也得到了巨大的发展契机[②]。电子竞技进一步发展所需的资本不断涌入，相关产业链迅速形成。

以当时的视角而言，《星际争霸》就是一款相当成功的作品。作为 RTS（即时战略游戏）游戏史上的一代传奇，它不仅在当时收获了大量关注，也成为一代玩家的青春回忆；以一款电子游戏的身份斩获了许许多多的荣誉（同家园、塞尔达、超级马里奥等一同出现在《Edge》评选的"史上百佳游戏"中[③]），同时以一款竞技游戏的身份在全球范围内获得了巨大成功；更是直接参与了韩国经济的复兴之路，促进了韩国经济复苏[④]。它也开启了一个属于电

---

① 郑庆薰. 韩国 1997 年金融危机和 2008 年金融危机比较［D］. 北京：中央财经大学，2010.
② sc2p. 韩国星际如何走向真正的电子竞技产业［EB/OL］.（2010 – 06 – 21）［2021 – 10 – 28］. https：//www. gamersky. com/news/201006/161208. shtml.
③ 雨乔. 知名游戏杂志《EDGE》评选出 100 款最优秀游戏［EB/OL］.（2015 – 09 – 29）［2021 – 10 – 28］. http：//www. a9vg. com/article/11147.
④ 万丰游戏，Neo_ly1983. 为什么韩国的星际成为真正的电竞产业［EB/OL］.（2010 – 06 – 22）［2021 – 10 – 28］. https：//games. qq. com/a/20100622/000177_1. htm.

竞的时代，经济危机带来了大批赋闲在家的失业人员，而一款横空出世的好游戏则正好吸引了一批本应忙于工作的普通人，再加之当时韩国特有的国情，相关人员、机构马上瞄准了这颗冉冉升起的新星，相关电视节目、战队、俱乐部如雨后春笋般涌现。KeSPA（韩国职业电子竞技协会）随之迅速成立，大批量的游戏玩家、高质量的游戏品质、KeSPA 的监督支持[1]、政府的支持加之这一时期由政府开启的宽带加速计划（这一计划促使韩国成为了网速最快的国家之一）[2]。偶然的历史机遇和正确的发展政策成就了今天韩国电竞大国的地位。随着韩国电子竞技行业发展的不断深入，相关产业体系日趋完善，逐步形成了韩国一门特有的"国技"，电子竞技产业不断在韩国迸发出强劲的发展潜力。

同时，韩国政府在电子竞技不断壮大的同时还颁布了一项特殊的政策：电竞选手可以延期参加兵役，而在此之前，若无特殊贡献，兵役对所有人一视同仁。韩国在《星际争霸》上的成功经验不断积累同时也不断辐射到其他电竞领域，在诸多电竞领域，都建立起了相当完备的电竞选手培养模式[3]，选手要经历层层淘汰才能进入俱乐部，俱乐部和战队也会对其进行包装和营销。以 Boxer 为例，作为生在星际时代并在《星际争霸》上取得卓越成就，被无数粉丝视作人族皇帝的优秀电竞选手，他在当时的韩国甚至就是国民偶像，被无数韩国国民追捧传颂，甚至为了平息粉丝在 Boxer 服役后看不到他比赛的愤怒，军队中还专门为 Boxer 设立了一支战队以便让 Boxer 穿着军装打比赛，在 Boxer 退役后，该战队随之解散[4]。

之后，不论是魔兽时代的 Moon，还是 LOL 时代的 Faker，在许多电竞领域中占有重要地位的电竞项目中，韩国都有卓越的选手涌现。相关电竞体系不断成熟，使当下的韩国电竞在诸多热门电竞领域占据了重要地位，韩国选手在《英雄联盟》《星际争霸2》等电竞领域不断取得突破，也引来了其他许多国家

---

[1] 孙勤燕，刘才金. 韩国电子竞技发展的特点及其对我国的启示 [J]. 体育科技文献通报，2020，28（6）：120-121+124.

[2] 栗青，谢其安. 韩国电子竞技产业体系对我国的借鉴与启示 [J]. 国际公关，2021（1）：147-148.

[3] 常任琪，薛建新. 美国和韩国电子竞技产业发展及启示 [J]. 体育成人教育学刊，2020，36（2）：56-59.

[4] 搜狐. 韩国电竞第一人，不是李哥而是他？军方为了他组建一支电子战队！[EB/OL]. (2019-08-05) [2021-10-28]. https://www.sohu.com/a/331643655_120099893.

的模仿借鉴,甚至不惜重金聘请韩援来增强战队实力,2014年中国英雄联盟俱乐部皇族率先引进韩援——Zero与Insec①,而后二人随队征战,拿下了S4英雄联盟全球总决赛的亚军。在此后的S5赛季,英雄联盟职业联赛大陆赛区LPL掀起引援大潮②。

可以说是《星际争霸》成就了当下韩国电竞,韩国也通过星际争霸成就了如今的电子竞技,在1998年的历史节点世界上并无明确的"电竞"概念③,是韩国以星际争霸为起源的引出的一系列发展探索才有了当下电子竞技发展的盛况。

三、电子竞技的成熟与不断完善

时至今日,电子竞技已然从一个微不足道的小众产业发展成为一颗冉冉升起的明日之星。它的成熟与发展体现在群众参与度、政策法律与学术、职业赛事、产业链条、比赛技术等方面。

电子竞技融入了广大人民群众特别是青少年的生活并为人们带来情感共鸣,热爱电子竞技的人数也越来越多。自早期的《星际争霸》《反恐精英》"DOTA"发展到当下的《王者荣耀》《英雄联盟》,玩家入门电子竞技的门槛变得越来越低,越来越广大的人群能够接触电竞,参与电竞,体会电竞带来的快乐与满足。

2020年全球电子竞技观众人数已经达到4.95亿,全球电竞爱好者人数达到2.23亿④,电竞爱好者们已经成为一个相当庞大的群体。同时,根据一份调查显示,西方的电竞观众年龄层覆盖广泛,参与者亦有各种职业,自小学生至退休人士均有涉及,在所调查的对象中绝大部分人每周至少都会关注一次电竞⑤。

---

① 腾讯游戏. 皇族引进韩国KT教练及inSec、Zero两名选手 [EB/OL]. (2014-06-04) [2021-07-02]. https://games.qq.com/a/20140604/024124.htm.

② 腾讯体育. 曾记否S5大韩援时代? S9国产00后小将或将开启LPL新篇章 [EB/OL]. (2019-04-08) [2021-07-02]. https://sports.qq.com/a/20190408/002166.htm.

③ 王也. 以星际为鉴,可知电竞得失 [J]. 电子竞技, 2017, 4 (22): 16-19.

④ 智研咨询. 2021-2027年中国电竞行业产业运营现状及战略咨询研究报告 [EB/OL]. (2021-06-24) [2021-10-28]. https://www.chyxx.com/industry/202106/959252.html.

⑤ Hamari, Juho, Sjoblom, et al. What is eSports and why do people watch it? [J]. Internet Research Electronic Networking Applications & Policy, 27 (2): 211-231.

随着电竞玩家群体的不断扩大，随着相关产业的不断完善成熟，越来越多的国家和学者也开始介入其中，韩国电子竞技政策的落实和电子竞技的蓬勃发展，西班牙政府为推动电竞发展也已走上了电竞立法之路[①]。越来越多学者针对电子竞技同体育的论述研究也弥补了电子竞技作为新型体育在理论方面的不足。研究者们从定义开始，一直到电子竞技的功能、产业和经济效益，对电子竞技进行全方位的研究，甚至已经有脑科学和神经科学学家开始介入电子竞技对人的影响的研究中，形成了一部分的实证成果（详情请见第三章国外学者对电子竞技的研究）。

从最初的一无所有走到今天，欧美许多国家都已拥有了不少历史悠久的战队，在许多游戏领域有了职业的电子竞技联赛，也拥有了不少全规模的全球性赛事，例如《DOTA2》的TI赛事，《英雄联盟》的S系列全球总决赛。电竞比赛的设计，组织与举办，都开始趋于成熟，无论是在赛事项目的数量还是在赛事的形式、类型、规模、质量等都得到了长足的发展。

从产业链上来看，例如韩国作为电子竞技起步较早的一批国家，至今已有了一套成熟完善的政府规划及产业链条，不论是人才培养模式还是职业的赛事体系，都有不少可以借鉴的地方。中国也在强大经济实力和市场的支持下迎头赶上，除了与校园接轨和电竞游戏开发较为薄弱之外，从人才到资金，从商业运行到职业赛事，从政府政策规划到行业协会发展，整个电竞的生态环境在向着蓬勃的方向发展。

在技术运用上，电子竞技比赛有其独到的优势与理念，比如在选手的比赛设备上，超高刷新率、极速的响应时间为电竞选手，尤其是FPS类的职业选手提供了更广阔的施展空间；在比赛公平性上，时空裂隙技术的使用可以最大限度保证出现意外状况后双方队伍的公平；在转播技术上，AR增强现实技术的大量使用极大地丰富了观众的视听体验，《英雄联盟》S7总决赛鸟巢上空模拟出的巨龙更是代表电子竞技第一次斩获了传统体育圈的艾美奖[②]；值得一提的是，全球性的线上赛事，OWL在疫情影响的逼迫下得到了突破性的进展使

---

① 西班牙政党公民党提案为电竞立法 [J]. 电子竞技，2018（4）：9.
② 腾讯体育. 厉害了我的LOL! S7直播获第39届体育艾美奖 [EB/OL]. (2018-05-09) [2021-09-31]. https://sports.qq.com/a/20180509/024797.htm.

跨洋的线上比赛成为现实,最后由中国上海的龙之队以 4∶0 的成绩夺得冠军①。

第二节　电子竞技的中国之路

一、电子竞技的传入和发展

今天的电子竞技取得了十分辉煌的发展,但电子竞技在最初传入国内后的一段时间内却有一段曲折发展的时期。前文提到,在韩国,因为经济危机的迫切需要,和政府政策的导向,电子竞技受到了来自政府和资本的正向关注,与国内电竞发展步履维艰形成鲜明对照的是韩国电竞的一帆风顺。在韩国,因为经济危机的挑战,电子竞技的发展与"国家政策""经济发展"等字眼挂上了关系,获得了更加正当合理有效的发展契机②。在那时的韩国,甚至因电子竞技而成名的职业选手有了堪比顶流明星的国民地位。Boxer(韩国最著名星际争霸职业选手)、Moon(魔兽争霸 3 职业选手)、Faker(英雄联盟传奇选手)已然成为两代人的青春回忆。

在中国,改革开放后日渐强大的综合国力和广阔的国内市场使得经济危机带来的破坏远没有韩国严重,也正因此中国电子竞技很长时间以来并没有如韩国受到政策和资本的照顾,如今中国电子竞技经历了数十年的发展,行业内都还存在着人才缺口巨大③,职业化程度低及相应职业选手人才培养模式不足的弊病④,更不用说大陆电子竞技发展早期还面临着主流舆论的偏见。

1. 电子竞技的传入

中国早期的电子竞技在 2000 年左右获得了快速发展,但与韩国不同的是

---

① 石翔. 观点 | 赛季结束了,希望疯狂就此而止 [EB/OL]. (2021 - 09 - 27) [2021 - 09 - 31]. https://mp.weixin.qq.com/s/4s - is8yE7mp5x_9bmES9yA.
② 吴艳萍,熊焰,张强,等. 韩国电子竞技运动的实践探索与启示 [C] //第十一届全国体育科学大会论文摘要汇编. 2019.
③ 马中红,刘泽宇. "玩"出来的新职业——国内电子竞技职业发展考察 [J]. 中国青年研究,2020 (11):20 - 28.
④ 吴茵. 电子竞技运动面临的问题和发展对策研究 [J]. 文体用品与科技,2021 (15):4 - 5.

中国早期电子竞技的出现同"青少年""网吧"等字眼息息相关，电子竞技在青少年群体中大受欢迎，城市青少年大量接触互联网和电竞游戏，上网吧打游戏让他们成为国内第一批电竞爱好者①。

中国电子竞技的早期发展并没有获得来自资本、政府、社会的高度关注，反而因为部分青少年上网吧玩游戏以致荒废学业的现象，让电子竞技和电脑游戏一起有了"电子鸦片"的称呼，受到了许多的负面反馈。在绝大部分家长的看法中和主流观念中，电子竞技是运动是标准的玩物丧志，在中国文化中，游戏一直是一个非常负面的词语。因此，在电子竞技刚进入中国时，教育界对于电子竞技的态度是非常负面的，这种状况甚至到现在，在义务教育段和高中阶段都没有好转。

在这一时期，《星际争霸》充当了当时电子竞技的主要载体。1999 年，随着奥美电子拿到《星际争霸》在中国的代理权，《星际争霸》在网吧中得到了广泛的流传。其后，玩家有了可供对战的电子竞技平台，各大 IT 厂商也纷纷介入，才有了电子竞技的逐渐兴起。但正如新事物从传入到被接受总有一个过程，这个过程也经常是反复的，电子竞技在其后也受到了巨大的思想和认知上的挑战：2000 年 5 月，光明日报刊登了一篇题为《电脑游戏瞄准孩子的"电子海洛因"》的文章，在国内引发了对游戏的热议，在那时，曾有人提出效仿韩国将《星际争霸》职业化，但正是因为这一时间舆论的激烈抵制，导致《星际争霸》职业化这一构想最终不了了之②。

这一时期，中国电子竞技经历了低谷也到达了一座小高峰，不少选手在 WCG（世界电子竞技大赛）上实现突破，马天元 "MTY"（大陆《星际争霸》早期选手）在 2001 年和韦奇迪 "DEEP"（星际争霸选手）参加 WCG《星际争霸》双打项目并夺得冠军。陈迪 "Cndi"（2002 年 WCG 中国区《FIFA》项目冠军）夺得 2002 年 WCG 中国区《FIFA》项目冠军。在《魔兽争霸 3》领域，SKY 李晓峰于 2005 年 World Cyber Games（世界电子竞技大赛）WCG《魔兽争霸 3》项目夺得世界冠军并且在之后又获得了数次冠军，创造了中国电竞

---

① 刘朔飞，唐兴华. 中国电子竞技发展及其对策研究 [J]. 武术研究，2020，5（12）：150 - 153.

② 夏斐. 电脑游戏 瞄准孩子的"电子海洛因"[N]. 光明日报，2000 - 05 - 09（Z02）.

历史上最具里程碑意义的成绩,其身披国旗走上世界舞台的身影激励了一代少年的电竞梦①。《CS》领域,被誉为中国《CS》项目第一人的Alex卞正伟也在2005年拿下了WEG《CS》项目的世界冠军,在那一时期的《CS》领域,他就如同SKY一样让电子竞技在国内被大众了解,被大众逐渐认可②。《星际争霸》《魔兽争霸》《CS》等项目在各大网吧流行起来,玩家群体不断增加,影响力不断扩大。但是电子竞技依旧得不到社会主流的认可。原国家信息产业部相关司局发起中国电子竞技大会,希望让电子游戏通过电竞成为大众娱乐中的一环;国家体育总局也将电竞列为体育运动项目,催生了2004年由中华体育总会举办的第一届全国电子竞技运动会,在国内积极推动电子竞技运动发展的同时,也秉承着向国际上推广电子竞技的目的。

2004年原广电总局发布《关于禁止播出电脑网络游戏类节目的通知》③给逐渐有了起色的电子竞技行业带来了重大打击,曾由央视制作的电竞节目《电子竞技世界》于2004年6月4日停播,电视上有关电子竞技的节目逐渐销声匿迹,直到今天这一纸禁令仍未解除。值得庆幸的是,虽然广电总局发布的《关于禁止播出电脑网络游戏类节目的通知》结束了电子竞技在传统有线电视方面传播的可能,但是后续发展起来的数字电视和网络媒体却为电子竞技的传播提供了另外的渠道。GTV和游戏风云这两大电视频道在之后的一段岁月里大放异彩并成为一大批电竞人的青春回忆。PLU游戏娱乐传媒在网络电视直播领域开创了电竞赛事的网络直播,作为国内最早的电子竞技制作方之一在中国互联网迅猛发展的特殊时期将电子竞技推向了更广大的群体,随着它的成功,NEOTV、PTV、QQLIVE等一大批电竞媒体平台如雨后春笋般出现④,不断有电竞相关视频以各种各样的形式被上传到视频网站上供观众们观看,电子竞技借助着互联网的东风,向全国迅速传播。

随后,在相关人士和政府部门的支持下,以WE、TYLOO为代表的我国一

---

① 经济观察报.中国电竞第一人SKY李晓峰:做职业选手的"最强王者"[EB/OL].(2019 – 09 – 27)[2021 – 10 – 28]. https: //baijiahao. baidu. com/s? id = 1645816429386032760&wfr = spider&for = pc.
② XD. 中国电竞名人堂[EB/OL]. (2020 – 08 – 22)[2021 – 07 – 12]. https: //news. znds. com/article/48309. html/.
③ 国家广电总局连发禁令叫停网络游戏节目[J]. 玩具世界, 2005 (5): 67.
④ 恒一, 查天奇. 电子竞技发展史[M]. 北京: 机械工业出版社, 2019 (9): 83 – 86.

批职业俱乐部顺利建立起来，以此为标志我国电子竞技运动职业化得到了进一步发展[1]，在曲折与挑战中，中国的电子竞技取得了进一步发展。2005年4月，中国电子竞技史上第一个职业俱乐部——World Elite（WE）成立。这一年，WE俱乐部成员Sky李晓峰，在新加坡WCG世界总决赛中一举夺得《魔兽争霸3》冠军（并且在之后陆续获得数次世界冠军，开启了中国《魔兽争霸3》的黄金时代），《魔兽争霸3》在当时是最具代表性、影响力巨大的电子竞技项目之一，因而，全世界都记下了他的名字——WE.IGE.SKY，这身披国旗走上颁奖台的少年振奋了许许多多的国人，也让越来越多的中国人知道，电子竞技不只是游戏。

随着以马天元为代表的第一批中国电子竞技先驱的不断摸索，像李晓峰、卞正伟、陈迪这样一批应时而生的英雄人物的不断突破，早期电子竞技能在中国生根发芽并壮大至今，在这些传奇中，李晓峰甚至在2008年作为火炬手参加了圣火传递，这也是主流体育界对于电子竞技的一种肯定的表现。在早期的创业阶段之后，资本介入，社会认可程度有所提升，电子竞技才能够尽早步入发展正轨。可以说，他们经历过"CN"电子竞技最黑暗的时代（那时在世界比赛中，中国选手的ID前面常常会加上"CN"来表示自己是中国人），却也在这段艰难的初创期里取得了巨大的成就并把中国的电子竞技推上新的高峰。

2. 中国电竞的发展

时至今日，电子竞技在中国已经经过了一段时间的发展，这20多年的时间的发展历程基本可以归纳为四个阶段，分别是：1998～2008年的探索期；2008～2013年的发展期；2013～2017年的增长期；2018年至今的爆发期。

从1998～2008年的探索启蒙时期开始，中国电竞有了第一批电竞游戏和最早的电竞俱乐部，一部分政策也在那时影响起了电子竞技的发展。

在2008～2013年，我国电竞经历了一段最初的发展期，在这一时期，中国电子竞技出现了一种新的产业形态——基于互联网平台的电子竞技，在中国电竞史上占据重要地位的《星际争霸2》《英雄联盟》也在这一时期进入中国，随着电子竞技愈发高涨的热潮，LGD、IG、皇族等声名显赫的电子竞

---

[1] 单一飞.我国电子竞技运动职业化发展现状及对策［J］.韶关学院学报（自然科学版），2006，4（12）：139－142.

技俱乐部都在这一时期成立，不少电竞相关企业在这一时期办起了电子竞技赛事，在2009年，还出现了以大学生为主要参赛对象的全国高校电子竞技联赛。

2013~2017年，中国电子竞技迎来了喜人的增长期，这一时期，虽然遭受了WCG停下脚步的冲击，但是以LPL代表的各个项目的联赛却走上了时代的舞台，而且，随着科技的进一步发展和互联网技术运用的不断成熟，斗鱼、虎牙等直播平台在大陆范围内扩散起来，同时，电子竞技的传播获得了更好的媒介，手机在这一时期逐渐成为电子竞技的又一载体，王者荣耀作为这一时期的现象级游戏把更广阔范围内的人拉向了移动电竞。越来越多的人开始关注并参与起了电子竞技。

2018年至今，电子竞技仍旧处于一个爆发增长的时期，疫情当前，数字体育在传统体育乏力的情况下展现出了无与伦比的活力，中国俱乐部在《英雄联盟》S8、S9比赛中接连夺冠，引来了一波又一波国人的电竞热潮；"电子竞技员""电子竞技运营师"成为官方承认的新职业；自走棋类游戏成为人们休闲娱乐的又一去处。电子竞技更是迎来了又一轮崭新的艳阳——2019年，在国家统计局发布《体育产业统计分类（2019）》中，电子竞技被归为体育竞赛项目[①]，与传统体育中发挥重大影响力的足球、篮球、排球同列。同样是2019年，光明日报再次发表了一篇关于电子竞技的报道，不过有趣的是，这次的题目变成了《电竞产业：世界在提速，我们要赶上》[②]。

二、电子竞技发展的现状

1. 产业与行业的发展

发展到今天，电子竞技已经迎来了发展的黄金时期，历届《英雄联盟》的世界总决赛、《DOTA2》的TI（DOTA2国际邀请赛）一经播出便会引来大量关注。同时，《王者荣耀》《炉石传说》《梦三国》《DOTA2》《FIFA》《和

---

① 艾瑞咨询. 中国电竞行业研究报告 [R/OL]. (2020) [2021-09-15].
② 李苑. 电竞产业：世界在提速，我们要赶上 [N/OL]. (2019-09-06) [2021-10-28]. https://m.gmw.cn/baijia/2019-09/06/33139654.html.

平精英》《英雄联盟》《街霸》等电竞项目将在2022年杭州亚运会上成为正式比赛项目，共产生八块金牌①。

随着资本，人才的不断涌入，在不断扩大中国电子竞技市场规模的同时，也使电子竞技的蛋糕越做越大。2017年，中国电子竞技市场规模已经达到了655亿元，归功于《英雄联盟》联赛LPL的联盟化改革以及MOBA类游戏在市场运营和推广上的优异表现，2019年电竞整体市场规模突破1000亿元，让中国超越美国成为游戏第一大国②。

在电子竞技产业发展日新月异，规模不断壮大的同时，电竞人们也在进行着一系列提升电竞形象的行动。禹景曦Misaya若风（前英雄联盟WE战队职业选手，游戏解说），PDD（电子竞技选手）等知名主播和选手参与支援母校建设，组织建设小学③；FPX选手，教练组为疫情捐款④；LPL和壹基金合作，成立了子品牌LPL Cares并致力于儿童关怀与发展领域⑤，都体现出电子竞技相关人士高尚的社会责任意识。

同时，电子竞技还同传统体育进行着良性接触，而并不是与之分割。英雄联盟方面，2018年《英雄联盟（League of Legends）》北美赛区LCS效仿NBA正式实行联盟制，NBA豪门金州勇士队已成为队伍的赞助商⑥，美国空军也宣布赞助C9⑦（北美老牌电竞俱乐部Cloud9），勇士队的股东Peter Guber与助理Kirk Lacob都是作为投资人在电竞战队（Team Liquid）中持有股份，可见《英雄联盟》在美国的影响力。而在《DOTA2》方面，法甲豪门巴黎圣日耳曼也与国内知名电竞俱乐部LGD走到了一起，2018年4月，法甲豪门巴黎圣日耳

---

① 国家体育总局. 杭州亚运会将产生482枚金牌，8个电竞比赛项目公布[EB/OL]. (2021-09-10) [2021-09-18]. http://www.sport.gov.cn/n316/n338/c1004090/content.html.

② 艾瑞咨询. 2020年中国电竞行业研究报告[EB/OL]. (2021-04-31) [2021-10-28]. https://www.iresearch.com.cn/Detail/report?id=3573&isfree=0.

③ 电竞大事件esports. 若风PDD希望小学，小苍回报母校，这才是电竞圈的榜样！[EB/OL]. (2018-05-11) [2021-10-28]. https://www.sohu.com/a/231243250_548161.

④ Sona. 玩加专访FPX俱乐部：疫情当下 严格管理 回馈社会[EB/OL]. (2020-03-03) [2021-10-28]. http://www.wanplus.com/article/282913.html.

⑤ 腾讯电竞. LPL×壹基金 一起来做一点温暖世界的事情吧[EB/OL]. (2019-09-08) [2021-10-28]. https://new.qq.com/omn/20190908/20190908A0FV2100.html.

⑥ 金丝猴大白兔. 打篮球也玩跨界！NBA金州勇士将进军《英雄联盟》[EB/OL]. (2017-10-13) [2021-07-02]. https://www.ali213.net/news/html/2017-10/325049.html.

⑦ 美国空军成Cloud9电竞俱乐部赞助商[J]. 电子竞技，2018 (15)：8.

曼冠名国内知名电竞俱乐部 LGD 的《DOTA2》分部，以 PSG.LGD 的名义，打响了进军中国电竞市场的第一枪①。《炉石传说》方面，2020 年 5 月，巴塞罗那足球俱乐部正式成立《炉石传说》分部，签约了一批职业选手并积极参与相关赛事②。

在电子竞技蓬勃发展之时，也带动了一批相关行业的发展。相当多的一批职业选手在退役后走上了做主播、创业等道路，比如前文提到过的 SKY 李晓峰在退役后转型创业，创办了上海钛度智能科技有限公司；前 IG 战队选手刘志豪（Zz1tai）退役后转型做主播，凭借其极具特色的口才已然成为一代人气主播；孙一峰（F91）（中国著名星际争霸虫族选手）在结束星际争霸的征程后和黄旭东、周宁组建"星际老男孩"，在斗鱼的直播生涯亦是有声有色更是被粉丝称作"大哥"。此外，还有更多优秀的电竞人走入其他行业，推动了许多电竞衍生产业乃至实业的不断发展。

2. 政策的发展

一系列由电竞带领发展起来的文化娱乐产业迅速发展，中央到地方的各级政府部门也开始重视电子竞技及游戏产业的发展。原文化部在《文化部关于推动文化娱乐行业转型升级的意见》中明确提出了以下一系列的政策规划：

鼓励游戏游艺设备生产企业积极引入体感、多维特效、虚拟现实、增强现实等先进技术，加快研发适应不同年龄层，益智化、健身化、技能化和具有联网竞技功能的游戏游艺设备。

鼓励游戏游艺场所积极应用新设备、改造服务环境、创新经营模式，支持其增设上网服务、休闲健身、体感游戏、电子竞技、音乐书吧等服务项目。

鼓励歌舞娱乐场所利用场地和设备优势，依法提供观影、演出、游戏、赛事转播等服务，办成多功能的文化娱乐体验中心。

鼓励在大型商业综合设施设立涵盖上网服务、歌舞娱乐、游戏游艺、电子竞技等多种经营业务的城市文化娱乐综合体。顺应"互联网+"发展趋势，

---

① 体育产业生态圈. 海外豪门如何打开中国市场？大巴黎用电竞战队提供了一条新思路 [EB/OL]. (2018-10-22) [2021-07-02]. https://www.wanplus.com/article/179040.html.

② 体育产业生态圈. 巴萨牵手《炉石传说》，开启一场体育与电竞融合的时代狂飙 [EB/OL]. (2020-07-21) [2021-07-02]. https://new.qq.com/rain/a/20200721A0W1X000.

鼓励娱乐场所与互联网结合发展，实现场内场外、线上线下互动，增强娱乐场所体验式服务，不断拓展新型文化产业业态。

支持以游戏游艺竞技赛事带动行业发展。支持中国文化娱乐行业协会和地方各级行业协会、生产企业、娱乐场所等合力打造区域性、全国性乃至国际性游戏游艺竞技赛事，并依托赛事平台开展其他衍生业务，以竞技比赛带动游戏游艺产品的研发推广、经营业态的转变和行业形象的提升。

各级文化行政部门应当结合实际，引导和扶持各种竞技比赛与游戏游艺行业融合发展。[①]

这份政策文件为促进企业自主研发提供了政策上的指引，也允许和肯定了电竞向多领域、多年龄段的扩展延伸，为电竞场所扩展提供了政策依据，还使得电竞同其他领域结合，共同促进电竞衍生业务乃至整个行业的发展成为了可能。其中，还有了以赛事推动电竞形象提升的意图，说明电竞在中国正受到越来越多的关注及认可，和以往不同的是，这种认可是在政策层面的认可。

除了部委的政策文件之外，各个地方也出台了自己对于电竞产业的鼓励性政策，其中以上海和广东最为典型。

（1）上海市

2017年12月，中共上海市委、上海市人民政府印发《关于加快本市文化创意产业创新发展的若干意见》，指出将上海建设成为全球电竞之都[②]。

2018年7月，上海市闵行区发布《闵行区加快推进文化创意产业发展若干意见》（以下简称"闵行文创20条"），其中就包括了电子竞技相关产业的推动[③]。

2018年11月，上海市文化和旅游局发布全球电竞之都建设相关工作规划，率先出台《上海市电子竞技运动员注册管理办法》[④]。

2019年，《上海市静安区促进电竞产业发展的扶持政策（试行）》进一步

[①] 文化部. 文化部关于推动文化娱乐行业转型升级的意见 [EB/OL]. (2016-09-21) [2021-07-02]. https://www.mct.gov.cn/whzx/bnsj/whscs/201609/t20160921_751961.htm.

[②] 上海市市委，上海市人民政府. 关于加快本市文化创意产业创新发展的若干意见 [EB/OL]. (2017-12-30). http://www.mwcx.org.cn/newsdetail.asp?NewsID=696.

[③] 闵行区区委，闵行区人民政府. 闵行区加快推进文化创意产业发展若干意见 [EB/OL]. (2018-07-12). http://www.mwcx.org.cn/newsdetail.asp?NewsID=705.

[④] 上海市实行电竞运动员注册制 [J]. 电子竞技, 2018 (22): 14.

提升静安区电子竞技产业发展的能级和聚集地①。

2019年6月,上海市出台了《促进电子竞技产业健康发展20条意见》,旨在对上海的电子竞技产业进行优化,尤其是在发展环境产业链方面②。

2019年7月,上海市杨浦区举行促进"电竞+影视网络视听"产业发展政策发布会,发布了杨浦区促进电子竞技产业发展"23条"政策③。

2020年2月26日,上海市新冠肺炎疫情防控新闻发布会上发布《上海市全力防控疫情支持服务企业平稳健康发展若干政策措施》,提出对受疫情影响的电竞产业给予政策、资金上的扶持,包括办好2020年英雄联盟全球总决赛等重大赛事,并且开始进一步的引进国际著名赛事落户上海④。

2020年,上海市静安区又发布《静安区关于促进电竞产业发展的实施方案》,进一步推进电竞产业发展,建设电竞生态圈,营造电竞发展的良好环境⑤。

2021年6月,上海市静安区发布《静安区关于促进影视、电竞产业发展的实施意见》,具体指导对电竞企业贷款进行贴息,并对境外上市的电竞企业进行本地扶持⑥。

(2) 广东省

2020年11月,广州黄埔区出台电竞游戏"双10条",主要内容包括打造

---

① 上海市静安区发展和改革委员会,上海市静安区商务委员会. 关于印发《上海市静安促进电竞产业发展的扶持政策(试行)》的通知 [EB/OL]. (2019-01-24). https://www.jingan.gov.cn/ggfw/008003/008003005/20190204/e2b869fe-87cb-4ce5-b774-130f660c18b4.html.

② 中共上海市委宣传部,上海市文化和旅游局,上海市体育局. 关于促进上海电子竞技产业健康发展的若干意见 [EB/OL]. (2019-05-20). http://www.ssme.sh.gov.cn/policy/knowledge! knowledgeDetail.do? id=2c91c28d6b08559a016b4ad1e2b219fc.

③ 上海市杨浦区人民政府. 我区发布"电竞+影视网络视听"产业发展政策 [EB/OL]. (2019-07-05). https://www.shyp.gov.cn/shypq/xwzx-ypyw/20190705/333826.html.

④ 上海市人民政府. 上海市人民政府关于印发上海市全力防控疫情支持服务企业平稳健康发展若干政策措施的通知 [EB/OL]. (2020-02-07). https://www.shanghai.gov.cn/nw48835/20200826/0001-48835_64455.html.

⑤ 静安区商务委员会. 关于印发《静安区关于促进电竞产业发展的实施方案》的通知 [EB/OL]. (2020-01-16). https://www.jingan.gov.cn/ggfw/008003/008003001/20200122/c54aee9a-714e-4c63-8299-d8b0dcd649f8.html.

⑥ 上海市静安区人民政府. 静安区关于促进影视、电竞产业发展的实施意见 [EB/OL]. (2021-08-27). https://www.jingan.gov.cn/govxxgk/JA0/2021-09-06/70f5ed18-a737-4bcf-bc00-4cf0645c694d.html.

原创精品集聚地,支持企业加强创新,对游戏软件开发最高奖励1200万元,构建电竞产业集群,对落地的电竞企业给予最高1000万元落户奖励,率先在黄埔区开展电竞人才认定,建立电竞游戏产业人才认证服务体系①。

2021年1月,广州市天河区出台《广州市天河区关于扶持游戏产业健康发展的实施意见》,支持重大电竞产业项目落地天河。奖励对天河区经济发展具有重大效益的电竞产业项目最高500万元,电竞馆建设500万元,大型赛事、俱乐部落户等20万元奖励②。

2021年1月,深圳市南山区发布《深圳市南山区关于支持电竞产业发展的实施意见》《深圳市南山区关于支持电竞产业发展的若干措施》,目标是打造顶级电竞赛事举办地、中国电竞产业总部基地、粤港澳电竞产业中心等,从品牌、主体、空间、人才、服务等方面,给予政策引导和资金支持③④。

2020年12月,佛山市出台南海区电竞产业扶持政策,在电竞赛事、电竞产业园区、电竞专业场馆、引进电竞产业人才、电竞培训基地和人才培训、电竞游戏产品和平台研发、电竞俱乐部、电竞企业上市等八个方面给予相应的资金扶持,补贴从100万~1000万元⑤。

据《2020年广东电子竞技产业发展报告》显示,广东省电子竞技产业收入占全国的绝大部分⑥,包括腾讯在内的广东电子竞技企业,佛山GK,深圳V5等俱乐部等,让广东的电竞产业呈现出卓绝的活力,这与广东省的政策扶

---

① 广州市黄浦区人民政府. 广州市黄埔区广州开发区广州高新区促进电竞游戏产业发展若干措施[EB/OL]. (2020-12-01). http://www.hp.gov.cn/gzjg/qzfqzfwhgzbm/qzfbgs/xxgk/content/post_6941764.html.

② 广州市天河区人民政府. 广州市天河区关于扶持游戏产业健康发展的实施意见[EB/OL]. (2021-02-04). http://www.thnet.gov.cn/gzjg/qzf/thkjygwh/tzcy/yhzc/content/post_7067664.html.

③ 深圳市南山区人民政府. 深圳市南山区关于支持电竞产业发展的实施意见[EB/OL]. (2021-01-08). http://www.szns.gov.cn/xxgk/bmxxgk/whgdlyty/xxgk/zcfg/zcfgjgfxwj/content/post_8380667.html.

④ 深圳市南山区人民政府. 深圳市南山区关于支持电竞产业发展的若干措施[EB/OL]. (2021-01-08). https://mp.weixin.qq.com/s/IesLawKRLpn7_WqRvK3hPA.

⑤ 佛山市南海区人民政府. 佛山市南海区文化广电旅游体育局关于印发促进电竞产业发展的实施细则的通知[EB/OL]. (2021-02-03). http://www.nanhai.gov.cn/fsnhq/zwgk/fggw/zfgb/content/post_4697978.html.

⑥ 广东省游戏产业协会. 广东游戏产业年会精彩回顾——《2020年广东电竞产业数据报告》[EB/OL]. (2021-03-27). http://www.gegia.cn/newsinfo/1302394.html.

持是分不开的。

（3）成都市

2017年5月，成都市印发《成都市"十三五"文化产业发展规划》，其中重点强调了"电竞+模式"，电竞和周边产业有机结合起来，目标是在一个长期的过程中将成都打造为中国电竞第一城[①]。

2019年9月24日，成都市人民政府办公厅印发《成都市建设世界赛事名城促进体育产业发展的若干政策措施》，鼓励发展包括电子竞技在内的新兴产业[②]。

2020年5月9日，成都市人民政府办公厅印发《关于推进"电竞+"产业发展的实施意见》，提出电竞多产业融合发展，在电竞发展中融入成都文化，完善电竞生态[③]。

2020年，成都举办大中型电竞赛事31场，本土赛事10场，全国性赛事21场，2020年成都电竞产业规模达到178亿元，同比增长14.8%[④]，更展现了成都在政策支持下电竞的活力和取得的成效。

（4）其他地区

除这几个重点的省市出台了众多有关电竞，或者涉及电竞的政策文件之外，其他的省市也有出台相关的意见。

2019年，海南省发布了6条政策支持电竞产业发展，制定电竞人才的千人计划，对电竞人才引进参照体育和省人才引进政策；对电竞企业进行减税优惠；对外国电竞选手进行入境免签政策，方便他们来海南比赛；简化审批流程，保障赛事场地；拓展直播渠道，主打电竞文化交流[⑤]。

---

① 成都市人民政府. 成都市文化产业发展"十三五"规划 [EB/OL]. (2017-07-06). http://cdwglj.chengdu.gov.cn/cdwglj/c133193/2017-07/06/content_73b46e81a2ac476e8f3c6bba1f66b6b0.shtml.

② 成都市人民政府. 成都市人民政府办公厅关于印发成都市建设世界赛事名城促进体育产业发展若干政策措施的通知 [EB/OL]. (2019-09-24). http://gk.chengdu.gov.cn/govInfoPub/detail.action?id=111368&tn=6.

③ 成都市人民政府. 成都市人民政府办公厅关于推进"电竞+"产业发展的实施意见 [EB/OL]. (2020-05-09). http://gk.chengdu.gov.cn/govInfo/detail.action?id=117553&tn=6.

④ 芦文正. 打造"电竞文化之都"，成都电竞人在行动 [EB/OL]. (2021-07-09) [2021-10-28]. https://baijiahao.baidu.com/s?id=1704806104591689414&wfr=spider&for=pc.

⑤ 海南日报. 我省发布6条政策支持电竞产业发展 [EB/OL]. (2019-06-21). https://www.hiwenming.com/news/2019621/2019621821165650342.htm.

2021年4月27日,苏州市市政府办公室印发《关于促进苏州市电竞产业健康发展的实施意见》,每年在苏州举办1~2个国际知名电竞赛事,汇聚3~5个电竞俱乐部和电竞企业,研发2~3个优秀电竞游戏,重点建设3~4个大型电竞场馆①。

2021年9月,福建发改委印发《福建省促进电竞产业发展行动方案(2021~2023年)》,加快建设国家数字经济创新发展试验区,发展壮大电竞产业,指导强化电竞产品研发制作,完善电竞赛事生态,促进内容传播和衍生场景,培育壮大电竞产业集群②。

这些省市有关电子竞技的发展政策和规划等,一部分是嵌入在文化产业政策中的,也有一部分被归类在体育产业政策中,可见电子竞技在文化和体育方面的归属和作用。同时更多的是专门指导电竞行业和产业发展的政策与意见,这进一步说明中国各级政府目前在电竞方面的重视程度,至少意味着,电子竞技目前和未来一段时间内,拥有相当旺盛的生命力和发展的机遇。不过略显遗憾的是,目前还缺乏有关推进电子竞技在高等教育相关领域发展,尤其是电竞活动进校园,电竞运动纳入高等教育认可的体育项目中等相关政策,高等教育在这方面更加保守,且的确需要一段时间的观察和沉淀,毕竟教育的影响更加深远,且根据混沌理论的观点,教育的影响常常是不可逆的,因此需要更加慎重。

3. 发展中的挑战

电子竞技的发展历程和它的发展成效有目共睹,然而作为一个新兴的文化娱乐产业,电子竞技产业在它还是将面临不小的挑战。

第一,战队、厂商、联赛之间的关系还需要继续理顺。暴雪时期《魔兽争霸》和"DOTA"之间的故事刺激了当今的游戏厂商,目前主要电子竞技项目的主导权被掌握在有雄厚资本的电子竞技运营、生产商手中。随着电竞产业的深入发展,随着这些厂商运营、生产经验的不断积累,这些厂商在各自的电竞游戏领域内近似形成了一种垄断。由于享有电子竞技游戏的开发权

---

① 苏州市人民政府.《关于促进苏州市电竞产业健康发展的实施意见》[EB/OL](2021-01-21).
② 福建省发展和改革委员会.福建省发展和改革委员会关于印发《福建省促进电竞产业发展行动方案(2021—2023年)》的通知[EB/OL].(2021-09-18). http://fgw.fujian.gov.cn/zfxxgkzl/zfxxgkml/yzdgkdqtxx/202109/t20210918_5691354.htm.

和经营权，所以厂商或代理商的一些行为会影响到竞赛的规则和公平性以及赛事的发展①。以《英雄联盟》为例，2018年王思聪组建的IG战队以3∶0战胜对手夺得2018年度英雄联盟全球总决赛冠军，国内沸腾。但作为《英雄联盟》代理运营商的腾讯随后未能按惯例妥善处理在游戏内应给予冠军队包括冠军皮肤、之后销售收入分成在内的福利并直接引发了一场论战。

第二，社会主流价值观对电子竞技的认可程度依旧不高。虽然过去数年间国内电子竞技取得的成就带给了大批玩家以强烈的荣誉感、自豪感。不少媒体也进行了相关报道，但是仍旧有大批家长将家庭教育的失败归咎于孩子玩游戏。

同时，虽然有不少体育组织已经与电竞圈接触，仍旧有不少国际体育组织至今也并未认可电子竞技是一项体现"公平竞争"的赛事运动。虽然亚洲奥林匹克理事会全体大会批准电子竞技作为正式项目入选2022年杭州亚运会。但就在2018年12月8日，在国际奥委会第7次会议上电子竞技作为奥运项目的申请才刚被拒绝，电子竞技是否拥有作为奥运项目必需的公开公平公正以及电子竞技背后的商业因素是否会违背奥运精神仍旧存疑②。

第三，电子竞技产业的飞速发展，电竞相关体系的建设却仍旧不足。例如赛事投入较高，但盈利体系却还并未健全；电竞人才的培养，总是会占据青少年学习的时间，而这还未被接受；随着国家对于青少年从事网络游戏的严格管控，电竞的人才体系建设受到打击，只能从高校的成年学生处寻找办法，但电竞与高等教育的联系还仍处在谨慎接触的状态；一般电竞选手的出路依然没有保障，尤其是在他们缺乏文化教育的情况下，和其他体育项目不同，他们可能缺少重新进入校园的机会；俱乐部式的人才培养，太过于功利，缺少对选手自身素养的培育，只重视运动能力等。

第四，与传统体育项目相比，电子竞技项目生命周期极其短暂，可能前两年还大火的游戏，过两年就陷入沉寂，不再有人关注。去年还有大量的俱乐部

---

① 王贤波，张焕志. 当下电子竞技产业发展面临的困境及隐忧［J］. 传媒观察，2020，4（9）：45-51.

② 王润斌，肖丽斌. 背景、进程与症结——电竞入奥忧思录［A］. 中国体育科学学会. 第十一届全国体育科学大会论文摘要汇编［C］. 中国体育科学学会：中国体育科学学会，2019（2）：494-495.

入驻，数以百计的战队成立，今年纷纷改名解散。种种社会现实告诉我们，虽然电竞基本摆脱了 21 世纪初"电子鸦片"的偏见，但想走上正轨并获得同传统体育竞技相类似的地位尚任重道远。

电子竞技成熟与完善之路，其实是一条偏见与误会之路，在偏见与误解之中，电子竞技以它顽强的生命力不断自我更新。对电竞的误会与偏见以及电竞在此条件下的发展，详见第四章。

第三节 电子竞技值得探讨的议题

尽管电子竞技运动和产业正在蓬勃发展，学术界、教育界、产业界渐渐地开始合力扭转人们对电子竞技负面看法，随着亚运会、职业联赛、世界赛事等诸多活动的推进，整个社会开始慢慢发现电子竞技的优点和对青少年在教育方面的作用。很多作品对于电子竞技当前存在的问题避而不谈，但是从学术和教育的角度来说，仅仅看到电子竞技的优点是不够的，在厘清定义，讨论范围，比较异同，梳理发展之后，也需要就电子竞技运动和产业等存在的值得探讨议题进行讨论。

这里要讨论的议题，指的是"issue"，而不仅仅是负面的问题，更多的是值得研究和探讨的方面。同时大多是电子竞技运动游戏本体之外的问题，游戏本体之内的问题，例如数据调整，游戏模式，竞技性等应当由产业和行业的相关人士来进行讨论和修正，而本体之外所存在的问题，就会与教育息息相关。

1. 赌博问题

由竞技体育对抗性的属性，竞技体育在其活动的过程中必然有输赢。这种必有输赢的形式，很容易与另一种必有输赢，但是在我国道德跟法律上不被认可的活动相联系起来，那就是赌博。赌博就像是寄生类的植物，紧紧缠绕在竞技体育这棵大树上，许多竞技体育运动项目都深受其害，尤其是市场化程度较高，关注人数较多的项目。为了谋取更多的非法利益，一些人开始把魔爪伸向电子竞技的比赛中，通过收买选手、教练和俱乐部等方式来操纵比赛结果，以求在赌博市场上获利。

2014年在FPS类的代表性项目《CS：GO》比赛中，iBUYPOWER战队在比赛中以不可思议的假赛方式和悬殊的比分输给了对手，后来经由官方调查，Value最终确认了该战队的成员在某平台注册了大量的小号来进行下注，赌自己会输掉比赛，以此来获得巨大的利益①。这个事件导致该战队几乎所有成员都被永久禁赛，这些年轻人的电竞职业之旅也就此告终。

2019年英雄联盟项目的著名战队，杭州LGD打野选手Condi向人杰和俱乐部分部经理、预备队选手等，因为被联盟查明涉及赌博而受到处罚。以抢龙而著称的Condi因为受到赌博集团的威胁而进行假赛被禁赛18个月，一位本有希望站上巅峰的运动员，就这样退出了他的职业生涯②。

2021年，世界总决赛S9冠军FunPlus Phoenix俱乐部的新人打野周扬博因为在次级联赛有影响比赛公平性的不正当行为，并且有协助他人参与有关英雄联盟赛事的违规投注行为，被联盟禁赛4个月③，此时距离他加入FPX战队仅有三个月的时间，此后再也没有在FPX的比赛中看到他的出场。

2021年，六安市金寨县人民法院判处电竞游戏主播滕某"山泥若"等七人开设赌场罪成立，七人分别被判3~7年，追缴违法所得1800万元④。

赌博所造成的最明显的问题就是假赛，而假赛是对竞技体育竞技性和公平性的双重破坏，电子竞技的假赛也对电子竞技运动赛事以及运动各方面的发展危害巨大。电子竞技各项赛事的官方多数对于非法的赌博投注行为一直持零容忍的态度，尤其是在中国赌博行为是非法的。但由于人性和资本的问题，赌博行为一直无法得到根绝，我国目前也没有将电子竞技列入体育彩票的范围，因此大多数的由官方和平台组织的投注行为，基本上属于各自为战，缺乏管理。想要在这个问题上进行改进与发展，需要玩家、俱乐部、企业和赛事组织方的

---

① 探球说爱. 电竞史上的五大假赛事件［EB/OL］. 百度百家号，（2021-01-07）［2021-10-13］. https：//baijiahao. baidu. com/s? id =1688224816773187323&wfr = spider&for = pc.

② 钱江晚报. Condi打假赛被证实被禁赛18个月LGD涉事4人遭全部解约［EB/OL］. 钱江晚报官方账号，（2019-06-18）［2021-10-13］. https：//baijiahao. baidu. com/s? id =1636670451411274240&wfr = spider&for = pc.

③ 英雄联盟赛事公告. 关于近期LPL假赌赛的调查结果和处罚决定［EB/OL］. 英雄联盟赛事公告，（2021-04-22）［2021-10-13］. https：// lol. qq. com/news/detail. shtml? type =1&docid =4060825 67936758400.

④ 新华社微博. 山泥若二审判决来了［EB/OL］. 微博，（2021-10-20）［2021-10-22］. https：//weibo. com/1699432410/KDqQGcZuT? refer_flag =1001030103_.

共同努力。

2. 体育精神缺失的问题

前文我们曾经提到有关体育精神的问题,对于电子竞技而言,体育精神是它文化中不可或缺的部分。体育精神决定了电子竞技与网络游戏的区别,也同样是赢得社会大众和教育界对电子竞技认可的关键。然而在体育精神方面,电子竞技还需要有更多更积极的面对。

目前电子竞技的体育精神缺失问题包括消极比赛,不尊重对手,歧视行为等方面,这些行为对于电子竞技的体育运动属性造成了很大的冲击,尤其是在电竞还不完全被主流认可的当下。

(1)消极比赛

2021年9月,英雄联盟项目LPL赛区的世界赛入选赛最后一轮,在对战LNG的比赛中,另一方战队的一名选手在比赛最后翻盘无望的情况下,选择将自己角色身上的装备全部卖掉,以消极的方式结束了这个赛季最后的征程①。这并不是他第一次在比赛最后将装备卖光,作为一个年轻选手,他很想赢得比赛,觉得队友没有给他更多的支持,这让他的心态出现了巨大的问题,我们理解他作为年轻人的冲动和无奈,但无论是什么原因,这种行为违反了体育精神。

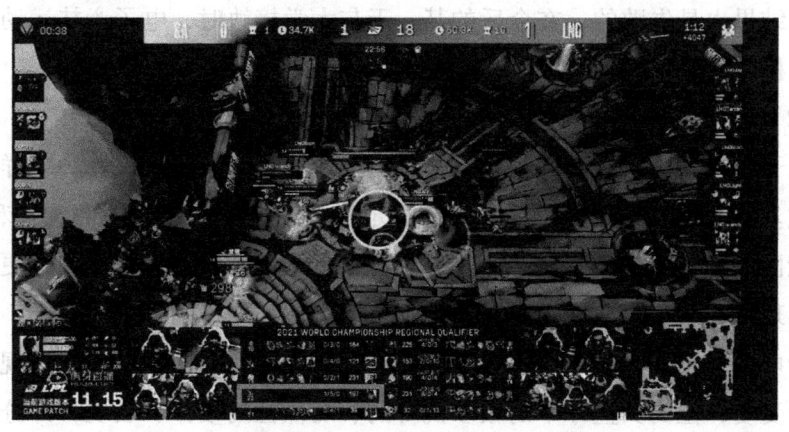

图2.3 选手将角色装备全部卖掉(红色框内)②

---

①② 英雄联盟赛事. LNG vs RA_2_2021LPLS11资格赛[EB/OL]. 虎牙视频,(2021-09-04)[2021-10-14]. https://v.huya.com/play/570044477.html#vfrom=huyaweb.

2021年8月9日,《王者荣耀》项目职业联赛KPL赛事联盟公布了对重庆QGhappy战队的处罚决定,由于在与对手的比赛中消极比赛,进行不符合体育精神的刻意控分行为,重庆QGhappy战队被罚款100万元,主教练、教练,选手被记过警告。但广大网友和观众们普遍认为这个处罚过于轻微,纷纷在网络上表达了自己的不满,尤其是最后QGhappy战队获得了冠军。类似的情况出现在2021年的中国大学生篮球联赛CUBA比赛中,中国矿业大学在首回合获得5分优势的情况下,明明可以利用规则罚球不中让对手以微弱优势获胜,在小分比较上占据优势而出线,但是矿大的核心球员邬挺嘉依然两罚全中,不愿意用牺牲体育精神的方式获得胜利。尽管最后由于赛制和其他原因,中国矿业大学没能走到最后,但这一战也让全国的篮球球迷和大学生的记住了中国矿业大学和邬挺嘉。体育比赛不仅只有胜利,从教育的层面而言,除了身体上的锻炼,体育精神的锻炼更是体育比赛和体育运动的最关键之处,正如北京大学前校长蔡元培提出的育人理念"完全人格,首在体育"。在体育不断职业化的今天,我们还是应当始终牢记,大学是教书育人的地方,育人始终是面对学生时的第一核心,无论职业体育如何发展,如何与大学接轨,大学都不应当忘记自己的使命和职责,牺牲、忽略、缺少了体育精神,对于大学体育而言,所获得再好的结果也是失败的。在今后的某一天与大学接轨时,电子竞技运动同样要面临这样的问题。

(2) 不尊重对手

电子竞技是一个可以搭载多种文化的平台,它通常呈现出一种多样性的表现形式。这里所讲的对于对手的不尊重定义的理解是基于中国的文化和教育,有可能国外或者其他地区对于一部分不尊重行为的理解会更宽松或者更紧。这种不同理解在跨文化交际中会被更广泛接受,然而在中国高等教育中,却很容易成为电子竞技受到排斥的原因。就好比街头篮球在中国已经有相当规模的受众和接受度,但街头篮球中的很多挑衅的、贬低性的动作和表现,部分家长和老师很难接受孩子和学生做这些动作是跨文化能力的表现。这对于电子竞技来说也是一样的,而且在电子竞技不长的发展历史中,国内和国外基本上形成了一套具有共识性的对于这个问题的看法。

在电子竞技的比赛中不尊重对手的情况大致分为比赛中和赛场外两类,比赛中通常有轻视对手、嘲讽对手等。例如，在《英雄联盟》的比赛中，在比赛毫无悬念和马上要获得胜利的情况下，将对手围堵在泉水中，被称为"虐泉"。"虐泉"通常被认为是一种败人品的行为，程度较轻的可以被认为是娱乐效果，或者是在下一局之前打击对手士气的做法，但程度较重的话，就很明显会被认为是不尊重对手的行为。2019年俄罗斯英雄联盟联赛LCL加入了一支全由女子组成的VS战队Vaevictis Esports，由于实力不足，这支战队在对阵VEG的比赛中，被堵在泉水里疯狂虐杀，最后比分为2∶52①。随后俄罗斯联赛官方对VEG进行了处罚，理由是他们故意延长了比赛时间，以不尊重对手的方式获取更多的分数，是一种缺乏体育精神的表现。在之后的比赛中，VEG担心再次被处罚，于是以最快的速度击败了VS，用时仅仅13分钟，创下了英雄联盟正式比赛的最短时间的纪录②。

外媒The Score Esports在2009年评选了电子竞技职业赛领域中10大不尊重对手的名场面，其中包括《英雄联盟》项目北美赛区著名的ADC（AD carry，在《英雄联盟》项目中指的是下路物理输出的核心）选手Doublelift和时任TSM战队的ADC选手Zven，前者在比赛中拿到5杀团灭对手之后，在赛后采访中嘲讽所有人全是垃圾，后者在北美英雄联盟联赛LCS春季赛的决赛开场式中，对对手当众做了一个嘲讽其个子矮小的手势③。在竞技体育中放狠话，飙垃圾话不算罕见，有的时候它甚至成为一种亚文化，中国赛区的选手也渐渐地学会了在赛前向对手放狠话来获得节目效果。然而这样的行为始终有底线存在，在比赛之后嘲弄所有人都是垃圾，这已经不再放狠话的范围之内了，而是一种典型的不尊重对手的行为。而当众用不雅的手势嘲讽对手的身高，将不尊重对手上升到了人格的层面，连外媒都会认为这样的方式并不符合体育精神。

（3）歧视行为

前文中的VEG战队被LCL联盟认为有性别歧视的行为，是表现在比赛的实际操作行为中，而近几年发生在各种比赛和练习中选手的种族和民族歧视行

---

①② Radoslav. N. K. , LCL teams are taking the piss on Riot Russia, and rightfully so ［EB/OL］（2021 - 02 - 23）［2021 - 10 - 15］. https：//www.vpesports.com/leagueoflegends/riot - russia - vaevictis - debacle.

③ The Score Esport. The Top 10 Bad Manner Moments in Esports ［EB/OL］. ［2021 - 10 - 15］. https：// m. youtube.com/watch？v = 0IZSYmNtqUs.

为，让人不得不反思电子竞技职业化在这一方面需要做的改进。

歧视行为，无论是种族歧视、民族歧视、国家和地域歧视行为，是最严重的违反体育道德和体育精神的行为，甚至是违法行为，它不会被任何主流社会所接受，更不用说被高等教育所接受。电竞的运营商和各大联赛均有针对歧视行为的规定，尽量约束选手，不在公开场合进行这些行为。但因为电子竞技与网络的结合，使其具有高度的信息化状态，同时也汇聚了五湖四海的选手和玩家，想要完全避免这种行为的出现，恐怕只有进行更严格的规定，规范和处罚，不仅约束选手，同时也要约束玩家，营造一个良好的电竞社区氛围，这也是在这个问题上电子竞技被高等教育接受的最重要途径。

3. 饭圈化的议题

饭圈不等于娱乐圈，也不等于追星的群体，饭圈通常指的是为了追星，为了追捧自己喜欢的队伍而不择手段，放弃道德，采取不礼貌行为攻击他人的集群。本书在这个问题上为避免被引入饭圈的话题中，因此在这里不做针对性举例，仅进行一般性的论述。

娱乐的饭圈化具有强烈排外属性，对于一个个体的喜欢，通常意味着对其他个体的排斥，哪怕他们是一个团体也不例外，若不在同一个团体中，这种排斥会更加强烈。电子竞技的饭圈化也不例外。在电子竞技比赛的直播中，我们经常可以看到在直播平台上，观众们相互指责相互辱骂的场景。甚至饭圈中的一些攻击手段也被引入电子竞技的观赛中，冒充对手的粉丝进行引战，明知故问地提一些愚蠢的问题来"钓鱼"，给对手和对手的粉丝起一些侮辱性的名称等。另外在同一队的队员中，饭圈化会让比赛的总结变得无序而混乱，广大的粉丝，队伍某位成员的喜爱者，并不是按照电竞的方式来总结比赛，而只是想着给自己喜欢的人推脱责任——这通常是通过指责其他人来做到的。

不在乎成绩，只在乎个人也是饭圈化在电子竞技中的表现。饭圈的最基本的逻辑是流量逻辑，但是电子竞技的最基本逻辑是竞技体育逻辑。是当一个选手表现不好的时候，以电子竞技的逻辑应当是对他进行批评的，哪怕是最坚定的支持者，也会爱之深责之切；但是饭圈化之后的电子竞技却并不是这样，以饭圈的逻辑来处理这件事，应当是对这个选手进行百般呵护，因为饭圈只看个人，而不在乎他们的电子竞技成绩，与篮球足球中的部分球迷是看重球员的外表是否靓丽，而对他们的球技并不太在意有很大的类似。相对于电子竞技的逻辑而言，饭圈的逻辑更在乎选手除比赛之外的表现，例如饭圈最喜欢的组 CP，就是把两位选手像情侣一样配对，以此来造成话题，形成夸奖。然而从电子竞技的角度而言，对这样的事情是非常反感的，FPX 的辅助选手 Crisp 刘青松就在他自己的超话中表示，拉 CP 的见一个拉黑一个[①]。电子竞技最终还是以实力说话，对于竞技体育而言，成绩是观众对队伍和选手的喜爱不可缺少的原因，在第三章中，本书将提到关于代入性享受的内容，这是竞技体育最重要的标志。

　　饭圈化的基本逻辑是流量的逻辑，在这个问题上，众多电竞的企业、运营商和俱乐部也会有不可推卸的责任。为了获得更多的流量，俱乐部有时会故意利用饭圈的手段来进行宣传。在英雄联盟项目中国赛区中，也有队伍曾经在获得好成绩试图把自己的选手打造成男子天团的样子，但这并没有为他们获得更多的关注，反而随着俱乐部成绩的进一步下滑，成为一支极普通的队伍，但后来随着队伍在俱乐部建设、引援和积极风貌的影响下，在赛区内敢打敢拼，又重新获得了大家的关注和认可。一些联赛的运营商，电竞的运营商也在积极地利用流量逻辑获利，例如开通打赏、排行榜、粉丝贡献榜（以打赏的钱作为依据），在这样的以流量为依据的排行榜上，我们可以发现排在前面的选手并不都是成绩和表现优异的，也会出现本身成绩和表现并不好，但依然获得更多关注的选手。

　　但需要指出的是，网络平台所体现出的这种混乱存在"幸存者偏差"的现象，大部分恪守道德和坚守自我修养的网友不太在网络平台上进行这样的发言或者他们一般会把弹幕关掉，不参与到这样的无序的争吵中。因此，我们在网络平台的弹幕发言中看到的，大部分都会是不礼貌的负面行为。因此我们不能一概而论，以偏概全，就认为电竞圈目饭圈化的状况异常严重，已经到了无法挽回的地步了。它仍然可以通过法律法规，道德约束和玩家们自发的行为来对游戏开发和运营厂商、电子竞技俱乐部、电竞相关社群的运营者和玩家群体进行约束和修正。

[①] 野狼电竞. 电子竞技"饭圈化"的利弊，是否还是实力说话？[EB/OL]. 百度百家号，(2019-11-08)[2021-10-18]. https://baijiahao.baidu.com/s?id=1649634834228493623&wfr=spider&for=pc.

从另外一个角度来看，可以认识到，流量逻辑和竞技体育的逻辑并不完全冲突，我们并不完全排斥流量逻辑，只不过有的时候互联网的平台让这种流量逻辑变味。电子竞技作为一项新兴的体育运动，的确需要大家的关注。那么从根本性上的结合来说，将这二者联系起来，让表现和成绩更好、人品更加出色、比赛练习更加努力的选手能获得更多的流量，不断营造正面的优质偶像，用真实的成绩和表现代替人设，可以营造出更好的流量环境。这不但对电子竞技本身的发展有利，同时也能让电子竞技，在高等教育和整个教育环境中更容易被接受，甚至成为流量逻辑代表的互联网各种现象中的模范。

4. 过度的商业化议题

如果说饭圈化是电子竞技观众所引起的，对电竞本身执着的偏离，那么过度的商业化和资本化的运作，则是这个产业所引起的，对电子竞技的偏离。饭圈化更在乎流量，而商业化在乎的就是赤裸裸的金钱。电子竞技本身是一项竞技体育，但在商家眼里它就是一门生意。我们需要商业化，它是电子竞技作为一门新型体育而言不可或缺的生存条件。没有商业的运作相关产业和职业就无法获得更高的报酬，整个职业体系也无法完善的建立起来。但是，过度的商业化对于竞技体育而言，会产生一定的损害，这种损害不仅体现在俱乐部上，还同时会对整个产业造成影响。在互联网中，对电竞商业化的益处和未来发展前景提得很多，但是对商业化有可能带来的负面影响却不那么重视。因此，还是需要从竞技体育和教育的角度，为这方面的观点降温。

在中国电竞的发展中，并不是现在才出现商业化的弊端。2015年，Neso2015全国电子竞技大赛出现了弃权风波，另外一些强队则以近乎假赛的方式输掉比赛，离开大赛①。有观点认为，这是因为过于迅猛的商业化浪潮，让整个行业的价值观失控了，明星签约费身价暴涨，网店的额外收入，直播平台的分成，让只有8万元的比赛奖金变得过于微小②。对于小俱乐部而言，活下来不容易，许多的小俱乐部都尝试着通过商业化的方式来让自己存在下去。就

---

① Tgbus. NewBee 弃权 NESO 官方公告 一线队集体消失 [EB/OL]. 52pk 游戏网，(2015 – 11 – 06) [2021 – 10 – 18]. https：//dota2. 52pk. com/xinwen/6578676. shtml.

② 多玩游戏. 周期性雪崩 中国电竞如何去除病灶？[EB/OL]. 人民网转载自多玩游戏，(2015 – 10 – 25) [2021 – 10 – 18]. http：//game. people. com. cn/n1/2016/1025/c210053 – 28806336. html.

2019年新京报的报道来看,国内近9成的俱乐部处在"无收入无粉丝无赞助"的三无状态他们通常会选择频繁的线下赛、商城活动、和商家合作拍搞怪短片宣传战队甚至是把俱乐部变成办个工作室,以陪玩的方式来赚取经费,支持俱乐部的运营。这看似是商业化不足所引起的,但实质上,这种不足是结构性的,导致的结果也是过度商业化所导致的急功近利引起的。事实上《英雄联盟》S9冠军FPX战队在成立之初,也缺乏赞助和关注,但依然有企业上门洽谈合作,虽然金额不多,但企业愿意通过养成的方式进行支持,在获得利益的同时也助力整个产业和行业发展[1],但这样的情况现在可能越来越少。

S8世锦赛上,LPL春季赛冠军、夏季赛冠军、季中邀请赛冠军、德玛西亚杯冠军RNG战队在八强赛中负于不被外界看好的欧洲战队G2,引起了电竞观众们的反思,他们发现,世界赛之前,RNG的队员们频繁参加各种品牌的广告拍摄,参加了很多综艺节目充当嘉宾,这是他们无法保障有规律的训练,保障高强度的竞技水平的重要原因[2],最后是充分训练和准备的IG获得了冠军。把商业当成战队的主业,那战队的成绩一定会受到影响。2021年,又一次获得季中邀请赛冠军之后,RNG战队明显减少了这方面的活动,而是继续专注于比赛中,再一次进入世界赛并小组出线,是又一次对于电竞核心理念的考验。

品牌化风潮的确在电子竞技产业中兴起,但品牌化并不是将电竞做成商业,这个品牌的支撑,依然是电竞队伍的赛事成绩。无论怎么做,竞技体育项目、俱乐部和赛事方都离不开这个核心。中国某些运动项目的运动员,出了一点成绩就去参加娱乐节目,的确赚得盆满钵满,但世界比赛上状态糟糕,国家队输得莫名其妙,同样会被球迷们严厉批评,唯有痛定思痛,认真训练比赛,才能重新获得认可和关注。电子竞技和其他运动项目有所不同,它基于互联网,可以有自己的盈利方式,也可以在其他方面创造商业价值,但想成为竞技体育,就必须遵循竞技体育的核心逻辑。

---

[1] 新京报. 电竞"火"与变现"难":俱乐部商业突围 [EB/OL]. (2019-11-29) [2021-10-18]. https: //baijiahao. baidu. com/s? id=16514739926986913 47&wfr=spider&for=pc.

[2] 游戏资讯大玩家. IG战队走上RNG老路? 过度商业化的电子竞技,真的好吗? [EB/OL]. 知乎(2020-11-26) [2021-10-18]. https: //zhuanlan. zhihu. com/p/107289861.

同样，想让电竞被教育界接受，就必须遵从教育的核心逻辑。从教育的逻辑上来说，过度的商业化造成的重要损害，就是让一切变得功利，这不仅仅是对电子竞技而言，对整个高等教育来说也是一样。教育的初心是将人培养成一个更出色的人，培养他各方面的素养和素质，而不仅仅关注他最后能赚多少钱。在当下这个时代，可能坚守这样的初心，变得越来越困难，高等教育自身有多少还在坚守这种初心已经需要反思，但它依然是国家和社会长远发展的核心坚守。

5. 版权和垄断议题

作为新时代体育的产物，电子竞技从这个角度来看是一系列知识的创作和发展。因此，很少有体育项目是有知识产权的，但电子竞技却是其中最典型的一个。

2019 年，腾讯旗下的电竞品牌：腾讯电竞开始向各大赛事进行授权活动。授权主体包括《英雄联盟》《王者荣耀》《和平精英》《穿越火线》《QQ 飞车》《FIFA online》《跑跑卡丁车》《欢乐斗地主》等，2020 年第三季度向被认为是电竞项目《英雄联盟》授权 20 场，《王者荣耀》25 场，《和平精英》12 场，在公告中腾讯电竞表示，为了保证授权赛事的公正公平，这些比赛必须遵循对应项目的标准化通用规则[①]。总体来看，所授权的电竞赛事基本上是由公司和较大的组织团体举办的电竞比赛，但事实上想要获得腾讯的授权并没有想象中的门槛那么高，其中发现 2020 年 9 月到 10 月，温州的一所大学（腾讯公告中的名称为"温州职业大学"，然而温州并没有这所大学，经查询应是协办单位温州职业技术学院）电竞社向腾讯申请了 2020 年百度贴吧新生电竞赛，也获得了通过，而且各学校和电竞社团也可以通过腾讯赛事的选拔赛和自己学校的电竞比赛相结合来进行相关的对接。

腾讯在维护版权方面一直进行着卓绝的努力，2019 年 11 月，腾讯对一家未经其授权许可的互联网公司提出了诉讼，要求终止侵害腾讯公司的知识产权，并对使用腾讯游戏进行直播的主播也提出了诉讼，要求其在未授权的第三方平台上停播《英雄联盟》，最后获得了胜诉[②]。在腾讯游戏许可及服务协议

---

① 腾讯电竞. 腾讯电竞授权赛事名单公示（2020 年第三季度）[EB/OL]. 搜狐网，（2020 - 11 - 26）[2021 - 10 - 18]. https：//www.sohu.com/a/434520608_120754697.

② 中关村在线. 未经授权直播游戏也违法？腾讯状告头条获胜诉[EB/OL]. 百度百家号，(2019 - 07 - 25)[2021 - 10 - 18]. https：//baijiahao.baidu.com/s？id = 1639995119916376781&wfr = spider&for = pc.

第 4.2 条中规定：您在使用腾讯游戏服务过程中不得未经腾讯许可以任何方式录制、直播或向他人传播腾讯游戏内容，包括但不限于不得利用任何第三方软件进行网络直播、传播等①；在 7.1 条中规定经腾讯事先书面同意，您不得以任何方式将腾讯游戏（包括但不限于腾讯游戏整体、游戏内所包含的所有美术、音乐、文字作品和其他游戏构成要素、组成部分，以及腾讯游戏运行呈现的连续动态画面）进行商业性使用或通过信息网络传播腾讯游戏内容②。其他的电子竞技公司也有类似的服务协议。

这是电子竞技区别于传统体育的一个非常明显的方面，很难想象学校要举办一场篮球赛，需要得到某个单位就篮球这项运动的开展进行授权，也不会因为这场篮球赛有转播商在转播，就不允许在场的观众用手机进行拍摄，体育赛事不太可能涉及著作权，只涉及作者权。因此，电子竞技的版权议题，会影响到这项运动在教育中的开展，幸好在腾讯的协议中，主要还是针对商业行为，但不排除一些公司会进行更严格的版权规定。对于电子竞技而言，版权保护是必要的且符合产业发展规律和方向的，但在电子竞技的发展过程中，当有一天电子竞技与教育产生了更多的联结，因为教育的公共属性和它对国家的巨大作用，电子竞技不可能在于教育的碰撞中成为主宰的一方，那么就要更多的思考，如何处理两者之间的关系，尤其是在知识产权、版权等方面，它应当可以通过更多的更深层次的合作来进行。然而同产教融合一样，不论产业与教育如何合作，如何更深层次的推进，教育依然是主导的那一方。在近期，如果希望更多地看到电子竞技在教育中的发展，在没有商业行为或是非盈利的情况下，应该得到更多在版权上的支持。

知识产权保护和版权的依法保护等问题，对于中国的电子竞技发展而言，是一件不可忽略的正向举措。但如果从教育和文化发展的方面来，这件好事的前提是，中国的电子竞技自身有足够强大的知识产权上的实力，如果没有，那么会遭受到垄断和霸权。当前的现实状况来看，现实可能并不如意。西方在电子竞技开发行业中的垄断超乎想象，从本书对于电子竞技的定义来看，从 21 世纪初到现在，市面上比较典型的国际电子竞技游戏比赛项目，没有一项是由

---

①② 腾讯游戏. 腾讯游戏许可及服务协议 [EB/OL]. 腾讯游戏，[2021-10-18]. https：// game. qq. com/contract. shtml.

中国公司开发的。《星际争霸》《魔兽争霸》系列由美国公司暴雪娱乐 Blizzard Entertainment 开发；《反恐精英 CS》系列、《DOTA2》由美国公司 Valve 开发（前者与 Hidden Path Entertainment 合作，后者与 Icefrog 合作）；《英雄联盟》的开发公司拳头 Riot Games 尽管是腾讯控股企业，但依然是独立开发和创作的美国企业，公司的主页上也只字未提它是腾讯旗下的企业；体育模拟项目《FIFA》《NBA2K》系列，由美国企业艺电 Electronic Arts 开发，著名的口号是 EA Games，challenge everything。中国目前唯一能够稍成气候的类电子竞技产品，也只有腾讯游戏开发的《王者荣耀》，在中国和亚洲的部分地区成为一款受到众多玩家欢迎的大众手机游戏，虽然它在国际电竞界上的影响力远不及《英雄联盟》和《DOTA2》，但仍然是中国电竞原创 IP 的最佳表现和希望，由此可见西方在电子竞技的开发和创意方面对这个领域的垄断程度。

造成西方在这个方面的垄断原因有很多：国家政策支持力度不足、过度商业化所导致的公立环境、教育界对电子竞技的歧视和误解、中国传统文化的保守、相关法律法规框架的缺失等，都让中国在电子竞技和游戏产业在创新创意上的发展并不如意，反而套壳和抄袭成了主旋律。对电子竞技认知的不足，也让一部分开发者们自认为开发出了优秀的电竞游戏，但实际上只是打着电竞旗号的网络游戏，只要充钱就能随意打破其中竞技的公平性和公正性，这样的游戏作为电竞的项目是无法获得长久的发展。从教育的角度来看，尽管这两者类似，游戏和电子竞技的意义是完全不同的，无论是输入进入教育界还是教育界输出进入产业界。

6. 手机平台的介入

相对于传统体育而言，电子竞技由于其便利性为更多人，在更方便的情况下一起进行电子化的运动提供了方便，这既是它受到诟病的原因，也是它能够普及的重要因素。但随后出现了一种比电脑客户端的电子竞技更加便利的平台，那就是手机平台，这种便利甚至便利到让人觉得它不像是一种运动。

2015 年，当《英雄联盟》正在进行如火如荼的职业化，各区联赛和世界大赛都已经基本建立了框架和规则的时候，腾讯天美工作室群开发出了一款可以在手机端上进行的电子竞技游戏。《王者荣耀》以中国文化的英雄人物和其他文化中的著名人物为主要背景，其他的游戏方式和内容基本与《英雄联盟》

类似。正是由于它在手机平台上的优异表现,《王者荣耀》迅速成为广大游戏爱好者的首选,它立刻成为青少年游戏的主要选择,毕竟拿一个手机进行游戏,要比有一台配置良好的电脑来进行游戏更加方便,家长为了孩子们的学习,也许不会给他买一台1万元的电脑,但是父母的手机一定能够运行《王者荣耀》。紧接着《王者荣耀》的职业化、联赛等一系列的附加产业马上兴起,也即将正式进入杭州亚运会成为比赛项目。

通过前文的叙述可以发现,相比起电子竞技会造成的危害,似乎电子竞技在身体方面锻炼不足的问题更难以解决。但当电子竞技在手机平台上呈现的时候,它的这个问题就被更加放大了。原本使用两只手的电子竞技变成了使用两只手指的电子竞技,这种规模的缩减似乎是一种质变。而使用数据说话的量化研究,在考虑进行电子竞技究竟会消耗多少能量的实验中,可能不需要考虑手机游戏的消耗会比电脑游戏消耗高的问题,即使它可以这样假设。于是手机游戏成为一些传统体育界的保守人士攻击电子竞技的新起点,而为电子竞技辩护和进行研究的人在这方面也基本无能为力,只能从另外的方面来进行道路的重新建设。

手机游戏到底能不能算是电子竞技游戏?因为电子竞技并不以平台来进行判断,目前已有的针对电子竞技的定义,也没有强调一定要在身体的能量付出上达到多少的标准,因此非要将手机游戏排除在电子竞技之外,恐怕需要更多更细致的依据和标准。但是不得不指出的是手机游戏的操作不精确,游戏内容进一步简化,以及之前所提到的,在体能消耗方面的进一步降低,会削弱其电竞的性质(电视游戏使用的手柄,卡牌类游戏更低的 APM,都会造成这种问题)。

本研究认为,手机平台可以被看作电竞发展到移动端的一种延伸,从学术的角度来看,手机游戏的电竞性相对不足,它更多注重的是游戏性。在沉浸式游戏出现之前,电子竞技游戏的发展可能还需要经历较为成熟的互动型 VR 和 AR 技术阶段,那个时期将会是电子竞技发展的又一次黄金时代,这个黄金时代会随着虚拟性的进一步加强而衰退,并随着更新的技术,例如跨星球投射技术而再次兴起下一次高潮。

第三章

国外电子竞技文献综述

第一节 电子竞技概念的起源

首先需要开宗明义指出的是电子竞技是脱胎于电子游戏的,电子游戏是电子竞技最直接的载体。给特定形式的联网对抗的电子游戏赋予一套体系化的规则之后才有了如今认知中的电子竞技。外国的电子游戏产业的起步对比中国而言更早,相对于中国伴生于互联网的游戏产业,外国的电子竞技 IP 更多地依托于局域网起步。

电子竞技模式起源于欧洲北部的瑞典。作为北欧的高福利国家局域网(Local Area Network)技术和游戏行业起步都较早,现如今被很多人称为圣地的位于斯德哥尔摩的"Inferno Online"的网吧曾举办过多次世界电子竞技大赛(WCG)并且于此诞生瑞典乃至世界第一代的电子竞技选手和俱乐部。甚至今仍是许多电子竞技俱乐部指定的训练场所,以一种文化的形式存续下来。

在电子竞技这一概念最初的形成过程中鲜有游戏是为了"公平对抗"理念而设计的,可以说这一概念本身就是由单机游戏的联机玩家所提出的。将特定的游戏置于公平竞技的规则之上就诞生了最早的电子竞技模式,最初的项目就有暴雪娱乐 Blizzard 的《星际争霸》(StarCraft),《魔兽争霸》(Warcraft);Westwood 娱乐的《红色警戒》(Command & Conquer:Red Alert);Valve 公司的《反恐精英》(Counter - Strike),这些公司和工作室经过发展合并等,目前依然活跃在塑造电子竞技项目的舞台上。

在电子竞技这块全新的自由的土壤上，欧洲的玩家和观众们倾注了大量的热情同时也带来了资本的涌入。即使是面对现如今拥有完整发达的电子竞技俱乐部体系欧美电子竞技市场，欧美学术界对于电子竞技是否应当被认定为体育运动仍然存在争议。但不可否认的事实是，在电子竞技的联赛等方面，很多职业联盟已经按照传统体育的发展模式形成了一套完备的规则体系。较为著名的有世界电子竞技大赛 World Cyber Games（WCG），电子竞技世界杯 Electronic Sports World Cup（ESWC）和职业电子竞技联盟 Cyberathlete Professional League（CPL）。Kalle Jonasson 和 Jesper Thibörg 的文章举例表明在 2008 年局域网时代的就已经存在奖金为 20 万瑞典克朗（相当于 2000 欧元）的比赛了，并指出电子竞技的生命力与其强大的赞助吸引能力密不可分[①]。从商业项目的角度来看，电子竞技和传统的俱乐部体育竞技项目拥有类似的对抗节目观赏性和观众吸引力，电子竞技项目也确实遵循着一套与传统体育项目类似的经营模式。

第二节 电子竞技的归属与定义之争

2003 年电子竞技成为中国体育总局承认的第 99 个正式体育项目（后改为第 78 个），这是中国电子竞技发展史上具有里程碑意义的事件。让人意外的是，尽管电子竞技起源于西方，且电子竞技项目的开发运营最初由西方垄断，到现在东方国家也仅有中国开发的王者荣耀等极少数项目活跃在电子竞技比赛上。然而在东西方社会体制的差异影响下，反而是中国更早以行政手段的方式将电子竞技吸纳为了体育运动。从内容上来说，对于电子竞技体育运动化的实践，西方是要早于中国的，然而欧美国家并没有给予电子竞技明确的归属和定义，因为在西方的学术界对于电子竞技能否成为传统意义上的体育运动仍然存在着较大的争议，然而事实上现如今大多数学者还是自发地用包容的态度展开论述。

---

① Jonasson, K. and Thibörg, J., Malmö University, Sport Sciences & School of Teacher Education, Electronic sport and its impact on future sport [J]. Sport in Society, 2010, 13 (2): 287-299.

在中国的学术界和相关行业规范中涉及以下的定义。首先从电子竞技的发展形式上来说，它是"以互联网平台为依托、借助电子设备为运动器械进行的人与人之间的智力对抗[①]"。如果从其传播媒介上来说，电子竞技则是"以网络为平台，各种软硬件设备为运动器械，在一定竞赛规则统领下，人与人之间进行的体智力全面对抗运动[②]"。陈东在他的论文研究中也提出了类似观点，"电子竞技是在信息时代条件下，借助和利用各种高新科学技术的软件和硬件设备作为平台，按照公平规则进行的，在人与人之间开展的娱乐型体力或智力对抗活动[③]"。而尹珩的看法虽然表现内容有所不同，但是根本上具有相似性："电子竞技运动是以电子信息设备为载体，以竞技类电子游戏为基础、信息技术为核心、软硬件设备为器械，在信息技术营造的虚拟环境中，在竞赛规则以及在规则保障下公平进行的对抗性电子游戏比赛[④]"。从其发展过程来看，刘一鸣，吕旭涛在《我国电子竞技职业化建设路径探析——以英雄联盟为例》一文中表示："电子竞技脱胎于私密性极高的互联网时代，其本质是匿名化的高速交流[⑤]"。从本质上来说，电子竞技被定义为"利用信息技术为核心的软硬件设备作为器械进行的、在体育规则下实现的人与人之间的对抗性运动"。

在对比研究中西方电子竞技定义探讨之前，需要指出的是中国的电子竞技的起步条件事实上是要高于西方的。西方的网络游戏和电子竞技是同时独立发展的两种电子娱乐模式，而中国的电子竞技则是在单机电子游戏和网络游戏市场高度成熟之后才有所发展的。因此，电子竞技在西方世界诞生之初就作为一种新兴体育的姿态而被学者所讨论，在相关文献中引起了关于"竞技体育"这一概念的外延之争。

[①] 王钢. 哈尔滨地区高校电子竞技社团现状的研究 [D]. 哈尔滨：哈尔滨师范大学，2016.

[②] 宋瑨. 自组织理论视角下上海市高校电子竞技社团发展现状及对策研究 [D]. 上海：上海体育学院，2017.

[③] 陈东. 中国电子竞技产业发展研究（1996～2015 年）[D]. 济南：山东大学，2015.

[④] 尹珩. 休闲体育幅度下新兴产业的发展境况——以电子竞技为例 [J]. 当代体育科技，2016，6（18）：132-133.

[⑤] 刘一鸣，吕旭涛. 我国电子竞技职业化建设路径探析——以英雄联盟为例 [J]. 辽宁体育科技，2020，42（2）：34-37.

Allen Guttmann[①]定义了（现代）体育运动是有组织的对抗性的竞赛（play），此定义区分了自发性的体育活动和现如今提及的"体育运动"；有组织的体育活动又可分为对抗性的和非对抗性的；对抗形式又存在智力和身体对抗的分别。Tiedeman 认为，体育活动就是人类在文化领域中主动寻求与他人建立的特殊联系，目的是提升自己的能力和水平（abilities and accomplishments）[②]。遵循他们的标准显而易见的是电子竞技在形式上完全符合"有组织，有对抗，旨在提升自我能力"的体育运动。然而在一些场合还存在着对电子竞技体能方面对抗的质疑，然而在智力和反应速度方面的对抗则是毫无疑问的，在中国智力运动作为体育运动是比较为大众所接受的，电子竞技自然容易被中国社会认同为体育运动（当然也有极端的论调认为智力运动不是体育运动）。除此之外，关于体育运动的定义还有另外的一些理论，Jonasson 和 Thibörg 认为，体育运动除了应当是一项身体上的、竞技性的活动之外，还应当有制度化的评判标准并且包含在科学的世界观当中[③]，即是我们能够客观地去判断胜利和差距，并且能够得出一套科学的训练体系和战术决策从而达成比赛中的获胜目标。即电子竞技的参与者在虚拟的舞台上是通过更优秀的决策和操作来获得胜利的，换言之这一种竞技并不存在现实意义上的"虚拟性"。

例如在传统运动项目中，我们追求的"更高、更快、更强"等目标就必须要由实际上的距离测量和读秒等计量手段来准确量化。大多数对抗性的电子竞技项目都可以符合这一定义。对于电子竞技职业选手手部精细操作的能力一般用 APM（actions per minutes）来量化，普通人一般是 50 左右，一般玩家可以通过训练提升，职业电子竞技选手甚至可以到 400 以上[④]。在此之上，这种操作不能是无意义的简单操作，而是带有明确目的的精密操作。以 FPS（第一人称射击）项目为例，其在本质上就是通过一系列的操作手段利用游戏中模

[①] Guttmann, A., Sports spectators [M]. Columbia University Press, 1986.

[②] Tiedemann, C., Sport (and culture of physical motion) for historians, an approach to precise the central term (s) [C]. Paper presented at the IX international CESH – Congress, Crotone, Italy, 2004.

[③] Jonasson, K. and Thibörg, J., Malmö University, Sport Sciences & School of Teacher Education, Electronic sport and its impact on future sport [J]. Sport in Society, 2010, 13 (2): 287 – 299.

[④] Lewis J., Trinh, P., and Kirsh D., A corpus analysis of strategy video game play in starcraft: Brood war [C]. Proceedings of the Annual Meeting of the Cognitive Science Society, 2011, 33 (33).

拟的弹道击败对手的过程，其中所要求的手眼配合和精密操作是可以符合这一定义的。Reeves、Brown 和 Laurier 的文章就以反恐精英（counter - strike）为例，指出在这一项目中，竞技的核心又不仅仅是鼠标点击的精确性，他们进一步指出选手不能将地图中的地形障碍作为静态的场景知识来理解，必须要进行和自身操作的战术相符的动态考量①，而这一竞技能力则是需要大量的训练和培养的，这一过程鲜明体现了操作选手的智能对抗。

想法比较前卫的学者例如 Michael Wagner 就直接将电子竞技纳入了体育的一部分，他认为"eSports is an area of sport activities in which people develop and train mental or physical abilities in the use of information and communication technologies②（电子竞技是依托于现代信息技术的发展训练人体力、智力、能力的体育活动）"。这是西方学术界关于电子竞技较早的直接定义，也受到过很多的补充和批评。Roger 和 Taylor 等就认为电子竞技和传统体育不是简单的从属关系，因为电子竞技不是简单的身体行为，还包括了一套独有的术语，思考参与方式和游戏热情，其自身就代表了一个巨大的文化领域，而不是如传统体育一样是被"传承下来"的③。

电子游戏的发展日新月异，依托于日益发展的电子游戏技术在将来或许会诞生超越我们目前对于"竞技"的理解的新规则。以竞技规则和俱乐部体系都相对成熟的电竞游戏《英雄联盟》为例，运营者在每一次版本更新除了要进行平衡性的调整之外还需要引导玩家以更具观赏性的比赛节奏进行对抗，会对于有效但是无聊的战术进行规则上的"打压"，这样一来对于参与者来说除了在对获胜的追求之外，还附加了对于观赏性的美学追求。

这样的追求是否符合体育运动定义的初衷？运营者夹带这样的目的是否能够维持稳定客观的规则？我们是否还应当以保守不变的眼光去审视竞技的定义？

---

① Reeves, S., Brown, B., & Laurier, E. Experts at play: Understanding skilled expertise [J]. Games and Culture, 2009, 1 (4): 205 - 227.

② Wagner, M., On the Scientific Relevance of eSports [M]. Krems, Austria: Danube University Krems, 2016: 18 - 182.

③ Rogers, R., Understanding Esports - An Introduction to the Global Phenomenon. 1 ed [M]. London, United Kingdom: Lexington Books, 2019: 3 - 13.

Taylor, T., Raising the stakes: E - sports and the professionalization of computer gaming [M]. Cambridge: MIT press, 2014.

传统体育在当今的变革，也给了我们这方面的启示。乒乓球从小球变为大球①，篮球三分线的扩大②，排球改为每球得分制，射箭、射击引入更多对抗的因素，世界田联的跳远规则改为决胜一跳③，径赛的抢跑规则改为一枪即罚下等，为了增加对抗观赏性都进行了改变，甚至国际羽联为了能让赛事具有更多的观赏度和市场吸引力，还做出过要求女运动员都穿短裙参赛，否则就罚款的改变④。可见，传统体育也在进行平衡性和观赏性的改变，只不过电子竞技项目改变得更频繁一些，然而频繁的改变和电子竞技更新换代的速度，成为电子竞技运动申奥的重要短板。

第三节 对于电子竞技的相关评价

电子竞技在现有的文献中确实是一个具有争议的话题，然而从宏观的角度来把握，早期的文献和相关新闻报道往往带有定义不明确论证不充分的缺陷，近几年来针对批评电子竞技时存在的刻板印象的文献数量有所上升，一些观点主张的提出也更加缜密和科学。

电子竞技对于参与者身心健康的影响则是一个最具争议的话题。电子竞技本质上还是在电子游戏的平台上进行的。电子游戏的容易成瘾和沉迷电子游戏带来的危害在国内外的文献和报道中都往往有提及。

诸多研究表明长时间进行电子游戏的操作并不是健康的生活方式，久坐和荧屏对眼睛的伤害都是会直接对人体的健康产生影响的。不同于传统体育运动对户外活动的鼓励是符合人体的生理规律的，电子竞技的固有属性让人怀疑是否应当在当代进行推广。很多学者批评与电子竞技伴生的是一种久坐（seden-

---

① 新材料乒乓球启用 国乒不惧新球实力依旧［R/OL］. （2014-4-11）［2022-3-10］. http：//zonghe.tiqiu.com/pingpangqiu/14662.html.
② FIBA 新规则：三分线扩大 0.5 米 回线违例有新规定［R/OL］. （2008-4-27）［2022-3-10］. http：//sports.sina.com.cn/cba/2008-04-27/00283625154.shtml.
③ "决胜一跳"赛制即将亮相钻石联赛 众多选手"吐槽"不断［R/OL］. （2020-8-23）［2022-3-10］. https：//baijiahao.baidu.com/s?id=1675802953165015349&wfr=spider&for=pc.
④ 国际羽联新规定出台 女运动员必须穿短裙上场比赛［R/OL］. （2011-3-8）［2022-3-10］. http：//www.badmintoncn.com/newsm-view-12894-1.html?PageSpeed=noscript.

tary）的生活方式，认为电子竞技运动需要人们长时间地坐在电脑前，缺乏肢体锻炼，给身体健康造成了巨大威胁，同时长时间地盯着屏幕也会造成视力的下降、眼睛过度疲劳等问题。尤其是上班族或学生，经常在夜晚玩游戏，会导致眼睛对光线的感应能力下降，同时熬夜减少睡眠时间，影响内分泌系统的正常运作，且经过高度紧张的游戏状态会导致用户难以快速进入睡眠状态，从而影响第二天的工作和学习。现实实践中我们也可以看到，很多电子竞技的职业选手也饱受手部和腰部的职业病困扰[1]。

另外，电子竞技，电子游戏的负面社会影响也是不可忽视的一部分。Grossman 和 DeGaetano 在较早的著作 Stop teaching our kids to kill：A call to action against TV，movie 和 video game violence（《不要再教我们的孩子怎样杀人：一则对于反对影视产品和游戏中暴力的呼吁》）中就尖锐地批评了游戏中的暴力情节对青少年教育所带来的负面影响[2]，这一负面评价在电子游戏行业刚刚起步的我国也受到了许多的认同。与之类似的也有利用量化分析样本分析得出电子游戏对青少年暴力行为有促进作用的文献[3]。虽然电子竞技的参与者受电子游戏中的行为本身影响较小，但电子竞技仍存在另一方面的问题：电子竞技联网所带来的社交属性会带来全新的挑战。Salonius – Pasternak，Dorothy 和 Gelfond 就系统地论述了和互联网电子游戏普及带来的玩家沉迷网络，攻击性上升和社交封闭的问题[4]。在文章中作者还提到了电子游戏因为互联网的发展还会进一步提升吸引力，因为在联网的环境下与其他玩家的竞争性会进一步提高游戏的用户黏性。然而这里所论述的电子竞技正是与联机游戏伴生的，其竞

---

[1] Scharrer, Erica & Zeller, Adam, Active and Sedentary Video Game Time [J]. Journal of media psychology, 2014, 26 (1): 39 – 49.
Janssen, I., Estimating Whether Replacing Time in Active Outdoor Play and Sedentary Video Games with Active Video Games Influences Youth's Mental Health [J]. Journal of adolescent health, 2016, 59 (5): 517 – 522.

[2] Grossman, D., & DeGaetano, G., Stop teaching our kids to kill: A call to action against TV, movie & video game violence (1st ed.) [M]. 1999, New York: Crown.

[3] Boxer, p., Groves, C., & Docherty, M., Video Games Do Indeed Influence Children and Adolescents' Aggression, [J]. 2015, Prosocial Behavior, and Academic Performance: A Clearer Reading of Ferguson [J]. Perspectives on Psychological Science, 2015, 10 (5): 671 – 673.

[4] Salonius – Pasternak, Dorothy E. & Gelfond, Holly S., The Next Level of Research on Electronic Play: Potential Benefits and Contextual Influences for Children and Adolescents [M]. Human technology, 2005, 1 (1): 5 – 22.

争性也是联机游戏的魅力所在,因此电子竞技的成瘾性就成为一个不可忽视的议题。James Ash 的文章论述了在对抗游戏过程中参与者对于时间感知的敏感度下降的现象,也从一个方面印证了电子竞技这一活动的成瘾性问题[1]。电子竞技可以说是对抗类电子游戏的提炼和升华,然而在这一过程中电子竞技是否仍然保留着电子游戏的潜在危害,这个问题就像是传统体育活动中的对抗受伤一样是活动进行者需要设法避免的。各种运动项目的运动员受伤退役的例子不在少数,甚至致残致死的例子也经常发生,与之相比似乎电子竞技的负面影响就如同久坐在办公桌前工作所造成的手指手腕以及腰部损耗一般要轻得多。

  以上只是对于电子游戏负面评价有限的一方面,然而在大多数中国的家长眼中以及在中国社会的主流认知中电子游戏的危害性往往是被等同于电子竞技的负面效果被放在第一位的,这是有失偏颇的。与之相反的是在外国文献中也不乏有发掘电子游戏生理性益处的资料。在国外文献中,对于电子游戏的研究最初是从神经科学的方面入手的,不仅给予了科研工作者研究人类神经功能一项非常有用的工具,还在探索人脑功能方面给了很多的启发。电子游戏和人类视觉感官的研究一直是领域内非常热门的话题,总体来说电子游戏对于人类视觉能力的锻炼都是积极正面的,在视觉搜索,动态视力和视觉注意力方面,电子游戏的参与者都是能得到正向的锻炼的[2]。Green 和 Bavelier 从 2006 年开始在人类认知行为领域的相关期刊上发表了数十篇相关文章系统论述了电子游戏对于人类学习能力、视觉捕捉能力、手眼协调能力、反应能力等诸多能力上的促进作用。文章采用的是非常细致的量化研究方法,对电子游戏参与者的各项生理指标进行监测并得出一系列严谨

---

[1] James, A., Technology, Technicity, and Emerging Practices of Temporal Sensitivity in Videogames [J]. Environment and planning. A, 2012, 44 (1): 187-203.

[2] Chisholm, and Kingstone, Improved top-down control reduces oculomotor capture: The case of action video game players [J]. Atten Percept Psychophys, 74: 257-262.

Greg et al., Visuospatial experience modulates attentional capture: Evidence from action video game players [J]. Journal of Vision, 8 (16): 13, 1-9.

Joshua et al., Extensive video-game experience alters cortical networks for complex visuomotor transformations [J]. Cortex, 2010, 46 (9): 1165-1177.

的结论①。两位作者及其合著作者的文章将"电子竞技"和人的感官能力相对照进行考察,成为进一步研究开展的基石,而不仅仅是"电子游戏"和人感官之间的联系。高水平的电子竞技不仅要求玩家进行视觉听觉的反应速度提升的训练,还需要多感官的协同反应能力。同领域的学者还关注了在电子竞技活动中多感官协调能力的培养:例如 Donohue 等就在 Green 和 Bavelier 的研究基础上在 2010 年一篇相关的量化分析文章中,重点关注了参与者在同步处理视听信息的能力,并得出了电子竞技的参与者往往拥有更好的多感官联合反应的能力的结论。

除此之外,Hallmann 和 Giel 提供了一个较为独特的政治学和社会学角度论述了定义电子竞技为体育运动的困难:"国家的职责决定了其要对于体育事业进行补贴和赞助,草率地将电子竞技作为体育运动来看待将会对财政和经济带来相当大的影响。"② 从这一个角度去思考,我国虽然已经将电子竞技纳入了国家承认的体育运动项目列表中,但我们是否要将其放在和传统体育同等的地位上还有很多值得探讨的问题。电子竞技与电子游戏绑定的固有属性决定了其在推广的过程中必然需要投入大量的教育成本,以商业化手段必然会促使市场本身的缺陷暴露,即产业和资本的原始属性在个人问题上凸显,例如过度利用游戏成瘾性获取用户黏性,规则改动过度讨好市场需求,然而这些需求可能是庸俗的并且与体育精神相违背。

中国的相关文献恰恰有很多是围绕着这个忧虑所展开的。当今社会对电子

---

① Donohue, Woldorff and Mitroff, Multisensory benefits of playing video games [J]. Journal of Vision (Charlottesville, Va.), 2010, 9 (8): 720.

Bavelier, D. and Green, C. S. Expertise and generalization: Lessons from action video games [J]. Current Opinion in Behavioral Sciences, 2018 (20): 169 – 173.

Green, C. S, & Bavelier, D. Enumeration versus multiple object tracking: The case of action video game players [J]. Cognition, 2006, 101 (1): 217 – 245.

Green, C. S, & Bavelier, D. Learning, Attentional Control, and Action Video Games [J]. Current Biology, 2012, 22 (6): 197 – 206.

Bavelier, D, & Green, C. S. Enhancing Attentional Control: Lessons from Action Video Games [J]. Neuron (Cambridge, Mass.), 2019, 104 (1): 147 – 163.

Dye, M. W. G, Green, C. S, & Bavelier, D. The development of attention skills in action video game players [J]. Neuropsychologia, 2009, 47 (8 – 9): 1780 – 1789.

Matthew W., Green, C. S., & Bavelier, D. Increasing Speed of Processing with Action Video Games [J]. Current Directions in Psychological Science: A Journal of the American Psychological Society, 2009, 18 (6): 321 – 326.

② Hallmann, K. & Giel, T, eSports – Competitive sports or recreational activity? [J]. Sport management review, 2018, 21 (1): 14 – 20.

竞技的认可度、识别度、忠诚度等都存在明显的不足。直到今天，对于电子竞技的属性，大众还未明确，它究竟是属于娱乐活动、竞技活动、表演项目还是兼具以上各种特点为一体的活动，还无法界定。从电竞项目本身来看，它只是热门游戏，是典型的娱乐活动，然而从竞技活动来看，它又是一种新兴的竞赛性质活动。此外，作为一项竞技体育运动，电竞因其严重的商业性与体育精神又有一定的不同，学者朱罗敬撰文指出："如在电子竞技大赛中过分宣扬高额奖金，凸显金钱利益，这与奥林匹克体育精神相去甚远"。作为一个娱乐项目，其可能给参与者带来的"沉迷""博彩""暴力"等负面影响。同时电竞运动员的缺乏体系性的选拔体制，运动员的职业发展道路不明确，没有很好的人生规划[1]，同时运动员退役后的生活没有保障，使大众对于职业选手的未来规划是充满担忧的。

学者对电竞从业者的整体职业规划表达了担忧，而与之相对的却是电子竞技行业专业人才仍然存在着十分大的缺口。2019年1月，人力资源和社会保障部拟推出的15个新职业岗位中就包括电子竞技运营师和电子竞技员。同时围绕电子竞技产业运营的相关专业人才更加缺乏，如裁判员、电子竞技赛事运营人员等，最重要的是这些新的岗位还缺少相应的人才培养体系[2]。

最后电子竞技的核心资源和利润都被少数电子竞技游戏运营商或生产商掌握比如腾讯、网易云等资金雄厚的运营商，再加上整个电子竞技产业链条都被垄断在少数企业集团手中，一旦垄断资源的一方改变规则或者遇到其他风险，将会对电竞这个行业产生直接的破坏[3]。

第四节 对于电子竞技赛事的相关研究

在上一节中本书讨论了电子竞技在形式内容上与传统体育竞技相似的部分，对于参与者来说电子竞技能否成为和传统项目同样的体育项目还有待争论，然而其作为体育赛事被观赏的基础是毋庸置疑的，甚至有超越传统体育赛事的吸引力。本节关注了电子竞技项目为什么能够更好地满足当代人的精神需

---

[1] 王贤波，张焕志. 当下电子竞技产业发展面临的困境及隐忧[J]. 传媒观察，2020（9）：45–51.

[2][3] Ibid.

求并且承载起一个巨大的市场。

产业化的研究方面,对于商业化运作潜力极其敏感的西方社会在这一部分的研究是相对领先的。众多学者从学术层面对电子竞技赛事和传统体育项目进行了比较研究指出其具有吸引力的原因,认为电子竞技产业本质上承袭了传统体育的开展模式,运用了现代电子科技并且在此之上赋予了深厚的人文背景,既符合传统的审美评判,又有更深层次的人文愉悦追求。正如本书一直试图论证的一样,电子竞技是融合了现代信息技术后对传统体育的升级,因此同时具有现代电子游戏和传统体育运动的特征。

对于传统体育竞技观众的研究,学者的理论方向可以归纳为以下几个部分。观众在观看体育赛事的过程中可以产生"替代成就",这是最直接的观看体育赛事的共情基础,即满足人类"对于竞争带来的快感"的天性,是一种"间接参与"的过程。这对所有竞技项目来说都是共通的,因此在电子竞技的观赏过程中可以利用和传统体育相同的认识模型。例如电子竞技赛事的美学欣赏(appreciation of the aesthetic aspects of eSports),对于电子竞技选手的技能欣赏和比赛本身戏剧性(dramatic)的追求;对于项目本身知识的获取;对于积极社交互动的需求都是影响观众选择观看电子竞技赛事的重要原因。同时电子竞技还具有其独有的迎合现代社会人情感需求的特征,在传统体育竞技观赏之上的是电子竞技独有的优势是更加丰富的、多层次的、更新快速的知识获取和对当代社会距离主义(escapism)的回应。

(1)替代成就

在对传统体育的观赏研究中,一批早期的学者提出了"替代成就(vicarious achievement)"的概念[①],认为对于体育赛事的观众来说,和参与者以及参

---

① Cialdini, R. B., Borden, R. J., Thorne, A., Walker, M. R., Freeman, S. and Sloan, L. R. *Basking in reflected glory: three (football) field studies* [J]. Journal of Personality and Social Psychology, 1976, 34 (3): 366 – 375.

Krohn, F. B., Clarke, M., Preston, E., McDonald, M. and Preston, B. *Psychological and sociological influences on attendance at small college sporting events* [J]. College Student Journal, 1998, 32 (2): 277 – 288. Smith, G. J. *The noble sports fan* [J]. Journal of Sport & Social Issues, 1998, 12 (1): 54 – 65.

Trail, G. T., Anderson, D. F. and Fink, J. S., *A theoretical model of sport spectator consumption behaviour* [J]. International Journal of Sport Management, 2000, 1 (3): 154 – 180.

Wann, D. L., *Preliminary validation of the sport fan motivation scale* [J]. Journal of Sport & Social Issues, 1995, 19 (4): 377 – 396.

与者团队的共情往往是观赏比赛的重要动机,也是竞技体育的吸引力所在,是观众在观赏的过程中赋予了体育竞技美学追求。除此之外,与团队的共情在现行的俱乐部体育竞技模式之下给予观众群体社群性。情感动机一直是行为学领域对于电子游戏分析的一个重要方面。其中关于情感动机,观众在观赏电子竞技赛事时的心态和于电子竞技的关联已经由 Cheung 和 Huang 的相关文献讨论[1]。Hamari 和 Sjöblom 认为在此基础上,电子竞技相较于传统体育的优势在于观众的共情距离更小,电子竞技职业选手与观众之间可以通过网络形成更为深层次的关联,从而给予观众更大的参与感[2]。当所支持的选手有了较好的发挥,这种替代成就就会显得更加强烈。

结合以上的理论研究,可以作进一步探讨。在当代中国的直播行业繁盛的背景下,电子竞技选手大多都同时承担了俱乐部给予的直播任务,成为网络主播,特色的弹幕互动,礼物应援模式就是在形成这种关联的过程。在电子竞技赛事的观赏过程中,这种替代成就的达成和传统体育项目又有所不同,这种积极的反馈往往是及时且丰富的。观众的忠诚度往往是一个项目能够赖以发展和保证[3],传统体育的发展模式是经由此,电子竞技俱乐部的存亡兴盛对于观众的支持的依赖性则更大,直播行业很大的流量也是由职业选手带来的。

从赛事对于关中市场的反作用来说,职业选手的影响对于整个项目的影响是巨大的,以网络游戏英雄联盟为例,在 2018 年举行的 S8 全球赛中,在 IG 战队和 G2 战队的比赛中,IG 的 Theshy 选手使用了游戏中的"暗裔剑魔"角色为全球观众留下了敢打敢拼的深刻印象,从而改变了整个游戏大环境对于该角色的操作风格,在游戏社交圈内有玩家的一句评价流行一时:"在 S8 之后再也没有过怕死的剑魔"。本节援引此事例来提出以下假设:在电子竞技领域观众(其中大部分是玩家)很容易将自己代入竞技环境以达成前文所述的替代成就。因为电子竞技职业选手的能力指标是多元化的:操作能力、大局观、协

---

[1] Cheung, G. and Huang, J., *Starcraft from the stands: understanding the game spectator* [C]. *Proceedings of the 2011 Annual Conference on Human Factors in Computing Systems (CHI)*, ACM, New York, NY, pp., 2011: 763 – 772.

[2] Hamari, J. and Sjöblom M., *What is eSports and why do people watch it* [J]. *Internet Research*, 2017, 27 (2): 211 – 232.

[3] Funk, D. C. and James, J. D., *Consumer loyalty: the meaning of attachment in the development of sport team allegiance* [J]. *Journal of Sport Management*, 2006, 20 (2): 189 – 217.

作能力等,而这其中的每一项都可以或单独或综合地与观看者产生共鸣,这是电子竞技在某些方面的吸引力能够超越传统体育竞技项目的基础所在。

(2) 美学欣赏

对于传统体育项目的美学欣赏和对于电子竞技的美学欣赏是相通的,在大类上可以简单归于对于电子竞技选手的技能欣赏和比赛本身戏剧性(dramatic)的追求。相关领域的研究可以追溯到第二次世界大战后和平年代对于现代体育竞技研究的时代,与本书的相关性较小在此仅作简单的总结:体育运动竞技性本身对于人们的吸引;职业运动员的高水平操作;对抗比赛中戏剧性的转折;特定项目固有的美学赏析成分(水上芭蕾,花样滑冰)都是体育美学的研究门类。

本书认为遵循传统的动机分析方式,电子竞技的比赛同样包含着戏剧性转折,在各个项目的大型比赛中常有令人记忆犹新的经典画面。在英雄联盟 S3 赛季冒泡赛中,韩国选手 Faker 与对手都选择了同一角色"劫"(游戏设定中为操控影子战斗的忍者)进行了忍者大战,并凭借高超的操作完成了劣势反击。场面之经典以至于现在的玩家和观众有一句流行语称"没有人会记得第二名除非你是岳伦"。这也说明了电子竞技的观赛动机就是建立在竞技性上的,然而在竞技性之外选手本身也是故事的书写者。正如 Seo 所指出的那样,电子竞技的观赏是一种更加全面的(holistic)审美活动[1]。此外,Seo 和 Buchanan - Oliver 的著作也对电子竞技本身的叙事性进行了论述和采访研究,通过的青少年的采访分析指出叙事性是电子竞技具有独特魅力的一大重要原因。尽管电子竞技的本质可以抽象为利用电子设备进行一些心理博弈和精密操作,然而从实际操作上来看对抗仍然是发生在某款电子游戏的叙事视角之下的,参与者既是在通过一系列操作和数据达成游戏的规则目标,也是在带领自己的"英雄"等角色参与了故事的讲述[2],这个过程也是前文所指出的人文背景赋予的过程。

---

[1] Seo, Y., *Electronic sports: a new marketing landscape of the experience economy* [J]. Journal of Marketing Management, 2013, 29 (13 – 14): 1542 – 1560.

[2] Buchanan - Oliver, M., Seo, Y., *Play as co - created narrative in computer game consumption: The hero's journey in Warcraft Ⅲ* [J]. Journal of Consumer Behaviour, 2012 (11): 423 – 431.

也有学者认为在现有的叙事体验模式下,电子竞技是不能够成为大众接受的体育项目的。在电子竞技项目之外的"游戏社区"内,电子竞技应当从一开始的"玩家主导(user-led)"开始,逐渐转变为一个由专业人士组成并且不断扩展的成熟文化产业。Aoyama和Hiro就认为这样的由玩家主导小众发展模式是不符合市场规律的,电子竞技产业需要更多的结合大众的审美需求,将开发交由专业从业者和艺术家来进行①。电子竞技是一种相对后现代的"体验经济(experience economy)",即消费者的消费动机是精神需求,就如同电影行业一样是一种文化领域的消费②。这一观察视角更加强调电子竞技作为文化产业的固有属性,电子竞技本身需要文化产品(电子游戏)作为载体,运营过程中以来用户建立的文化圈,消费内容是文化产业与体育产业相结合。因此,其具有文化产业和体育产业复合的美学追求,但目前仍然存在着受众少争议大的问题,需要进一步纠正人们的刻板印象和20世纪所遗留的错误认识,挖掘更广大的受众群体才能够发挥出电子竞技文化圈强大的生命力,这一过程又正是需要教育介入的。

(3)知识获取

不论是传统体育竞技还是电子竞技比赛的观赏,都有相当一部分观众抱有知识获取的动机。对于传统体育的研究,许多学者提出了观看体育比赛的目的就是直接的对项目的学习或者是谋求能够与同好分享交流的信息③。在传统体育中,Wenner和Gantz的文章提出了知识建构(knowledge construct)是指对于赛事队伍和参赛选手的认知获取,知识建构是观看体育赛事非常重要的反馈④。因此社交媒体软件和视频应用的相关板块就伴随着电子竞技产业的发展而兴起——例如早期的个人视频上传和现在的直播产业。这也是非常符合直觉的论述,在观看体育比赛的过程中观众自然可以模仿应用比赛中出现的技术动

---

① Aoyama, Y. and Hiro I. *User - led innovation and the video game industry* [C]. Submitted to IRP Conference, London, 2008.

② Borowy, M. *Pioneering E - Sport: The Experience Economy and the Marketing of Early 1980s Arcade Gaming Contests* [J]. International Journal of Communication, 2013 (7): 2254 - 2274.

③ Karp, D. A. and Yoels, W. C., *Sport and urban life* [J]. Journal of Sport & Social Issues, 1990, 14 (2): 77 - 102.

④ Wenner, L. A. and Gantz, W., *Watching sports on television: audience experience, gender, fanship, and marriage* [M]. Wenner, L. A. (Ed.), *MediaSport*, Routledge, London, pp., 1998: 233 - 251.

作和战略战术以获得更好的竞技水平；电子竞技比赛的评判和分析就和传统体育赛事一样是赛事的重要组成部分。甚至我们可以认为电子竞技赛事中所出现的新的战略和技术更容易为观众所模仿因为传统体育运动的"高水平竞技"门槛更高，对于参与者的先决条件要求更多（在身体素质方面），电子竞技的知识是更加容易复现和实践的。

基于相关的研究，我们可以延伸至电子竞技领域提出如下假设：消遣性和娱乐性是促进人们观看电子竞技赛事的原因，在观看电子竞技赛事的过程中是伴随着知识构建的，具象的知识包括游戏操作知识和游戏理解这些技术性的知识；同时也包含了团队配合，游戏规则的理解深化之类的抽象性知识的理解。可以看出，参与电子竞技所需要的知识是多元的，这种知识不仅包括参与者对游戏本身的理解，对于操作技能的掌握这些方法技能层面，同时还包含了参与者的情感态度价值观。电子竞技的观看者不仅在寻求精神上的共情，同时也在验证和获取知识，这个过程具有非常深刻的互动性，并且对于人的塑造是多方面的。

电子竞技作为信息时代的体育运动模式在信息丰富程度上具有传统体育项目无法竞争的优势，其本身的复杂性为电子竞技带动一个巨大的产业提供了客观上的可能性。电子竞技需要的人才同样也是多元的，除了前文所提到的专业开发人才，也需要相关人才为选手提供支持例如数据分析、健康管理等。相应地，对于赛事举办者来说管理人才和市场运营人才也尤为重要。

（4）距离主义（escapism）

在大量外国的文献中都有提及距离主义和电子游戏（video game）之间的关系，在论述电子竞技的观赛动机时间，Hamari 和 Sjöblom 就提出假设认为人们观看电子竞技的意愿是和当代的距离主义之间呈正相关的关系[①]。

本书经过对相关文献的整理认为学术界暂时还没有 video game 和 escapism 分别形成一个较为精确的定义，也已经有学者关注到了这一问题，当我们在批评"电子游戏"的时候是不应当泛泛而谈的[②]。尽管"靶子"是什么尚没有达

---

① Hamari, J. and Sjöblom M., *What is eSports and why do people watch it* [J]. Internet Research, 2017, 27 (2): 211-232.

② Macey J, Hamari J. *Investigating relationships between video gaming, spectating esports, and gambling* [J]. Computers in Human Behavior, 2018 (80): 344-353.

成明确的共识，大量的文献却自然而然地提出"电子游戏和逃避主义显然是相关联的"或者"电子游戏满足了人们逃避主义的需要"[1]。为了使本书后续的论述更具说服力，在此对这两个概念进行前置的定义是必要的。

中西方社会从一开始对于"电子游戏"的理解就是不一样的。因为与西方社会不同的是，中国的游戏是随着互联网一同兴起的，中国的游戏市场的"家用机时代"是特别短暂甚至说是跳过了这一个步骤的。"video game"这一概念在以美国为代表的发达资本主义国家通常意义上是指家用游戏机平台上的电视游戏，例如曾经的雅达利和红白机，如今 Xbox 和 Play Station 平台上的游戏，经典的代表形象就是坐在电视机前手握游戏摇杆的孩子。而在中国提到电子游戏则更多的让人联想起家用电脑端的网络游戏例如传奇、梦幻西游等。由此，可以认为尽管在电子游戏发展的早期中西方媒体都在批判"游戏"带来的"逃避现实"，两者的内涵实质上是不同的。西方的游戏被批判的是游戏的内容本身，类似于批判20世纪的学生沉迷于武侠小说，沉迷游戏的玩家拒绝与外界接触，实质上逃避主义这一词本身也更加符合西方社会的这一现象。此外，不能否认的是西方存在部分游戏是以成人市场为目标制作的，存在着涉黄涉暴的情节以提供一些庸俗的感官刺激。与之相对地，中国的游戏被批判的是游戏占用参与者的时间和游戏提供的虚拟社交，"80后"和"90后"大多数有在游戏的"公会社交"经历。本书已经论述了电子游戏与电子竞技的不同，显然电子游戏在竞技化之后已经不应当再草率地与"逃避主义"相关联，电子竞技强调的就是电子游戏之上的"竞技"，本质上是人与人的互动和博弈，既不是单机游戏的故事剧情，感官刺激也不是网络游戏的社交属性和副本挑战。

关于"escapism"，字面上可以翻译为"避世主义"或者"逃避主义"，如果就此望文生义，那么这个概念就天然地带有负面的色彩。正如中国的早期舆论对电子游戏的批评一样，在早期的外国报刊上也常有文章批评电子游戏让

---

[1] Hesselle et al., *The associations between Big Five personality traits, gaming motives, and self-reported time spent gaming* [J]. *Personality and Individual Differences*, 2021: 171.
Bulik and Snyder, B., *Despite recession, video-game industry shows massive growth; Entertainment value, wide audience appeal, escapism may be why* [J]. *Advertising age*, 2008, 79 (20): 6.

玩家沉迷于虚拟世界①，早期西方社会也存在着对电子游戏营造的虚拟世界的担忧。然而在学术领域这个概念的定义和运用则更加的精确和谨慎，或者说事实上媒体滥用了这个概念。

回到这个词语本身，人类文化研究学者认为逃避是人心理上的一种天性，简单来说就是"天性地趋向自己兴趣所在"②。逃避的对象可以是抽象的繁忙的工作，疲惫的应酬，枯燥的学业。趋向的对象可以是传统意义上的娱乐场所，现实生活中的爱好，电子游戏亦只是现代生活中的一项选择。如此一来，有关"现实"的定义是否就随之模糊了呢？电子游戏存在着一个预设的剧本和程序，正如电影和小说一样。在 Muriel 将电子游戏作为文化范畴来研究的先驱性专著中有一个采访例子，受访者认为"对我而言游戏只是一个半虚拟的世界，我既享受游戏的世界，也通过这个世界去发现更大的现实世界"。更大的现实世界在受访者原本的意思里指的是他可以与现实好友有更多的话题，放到中国特色的互联网中也可以理解为是以游戏为平台的更广阔的社交空间，由此 Muriel 指出在 escapism 之上的是共情和身份构建（empathy and identification），人们追求的不是逃避现实，而是在信息时代人们有了全新的对于"现实"的理解③。对于电子游戏的理解尚存在着争论，对于电子竞技本书认为应当秉持更清晰的态度。

需要再一次强调的是电子竞技与电子游戏的关系是形式上的利用，对于电子竞技来说电子游戏这个"虚拟的平台"是必要的，就如同足球比赛中的球一样，至于这个球的颜色尺寸和大小则并不会决定比赛的规则和内容。电子竞技追求的是与对方反应速度、应变能力的对抗而并非单纯感官满足，包含了积极向上的价值观。电子竞技是否是消极的？逃避的？答案显然应当是否定的。电子竞技弘扬追求的品质恰恰是积极的，正如 Hemmelstein 所指出的，优秀的

---

① Schiesel, S., *Even Escapist Fare Can't Escape Some Real - World Questions* [N]. *New York Times* (1923 - Current file), p. C3, 2008.

Anon, *Children's Express: The Internet and video games: Addictions or innocent escapes?* [N]. *New York Amsterdam news* (1962), 1998.

Schiesel, S., *Finding Escapism in the Minutiae of Daily Life* [N]. *New York times*, 2009.

② Tuan Y F. *Escapism* [M]. JHU Press, 2000.

③ Muriel, D. and Crawford, G., *Video games as culture: considering the role and importance of video games in contemporary society* [M]. 2018, Routledge, 117.

电子竞技参与者必然拥有一系列优秀的品质：成功的电子竞技参与者应当拥有精深的游戏素养；富有策略性的思考决策能力；拥有向上的精神；能够区分日常生活和游戏演出；保持专注；能够应对骚扰①。

因此，本书将 escapism 在研究电子竞技的语境中译为距离主义，即电子竞技的参与者在物理上存在着一定的距离。电子竞技的参与和赛事观赏更加能够满足当代人的更高层次的精神和社交需求，简单的批评电子竞技是虚拟的这个观点并不足够有力，逃避更多的是指参与者可以改变或者隐藏自己的真实状态，能够不受一些体育运动先决性的限制，但电子竞技的本质是与真实世界与他人的互动。

第五节 电子竞技的产业优势讨论

在上一节中本书对西方关于电子竞技赛事观赏的研究的相关文献进行了简单的分析，讨论了现有文献对电子竞技理解存在的一些误区，认为电子竞技本质上是人与人的互动，和体育运动同样能够为参与者和观赏者带来积极向上精神满足。除此之外还提出了电子竞技相较于传统体育项目的产业优势，从商业角度来看，电子竞技更符合体验经济爆炸式增长的潮流，并更能挖掘粉丝经济的潜在市场；从个人角度来说电子竞技更符合现代人更高，更多元的智力挑战追求。

电子竞技的市场正在以日新月异的速度扩大并逐渐构建起了一块专门的市场，有学者指出这是体验式经济的一种表达模式②，这是电子竞技市场的研究的起步。当这种新兴经济模式被社会所认可，研究者就将更多的精力放到了电子竞技市场中的消费动机研究，消费者的社区构建探索和相关营销策略的设计

---

① Himmelstein, D., Liu, Y. & Shapiro, L., *An exploration of mental skills among competitive League of Legends players* [J]. International Journal of Gaming and Computer-Mediated Simulation, 2017, 9 (2): 1-21.

② Seo, Y., *Electronic sports: a new marketing landscape of the experience economy* [J]. Journal of Marketing Management, 2013, 29 (13-14): 1542-1560.

之上①,即相关文献都是从商业运作的角度来分析电子竞技背后的市场的巨大潜力,不乏学者抱有相当乐观的态度认为电子竞技和游戏行业一起,在宏观的整个产业上只会日益兴盛并在未来融入主流的社会生活方式。

最直观的变化就是各大赛事赞助商的参与力度。最初的电子竞技赛事赞助大多数是由设备相关的企业例如罗技、雷蛇等电脑硬件厂商承担的,规模也相对较小(承担奖品或赛事奖金等),并不将赛事本身作为自身品牌重要的广告推广机会来使用②。正如第一节所提到的早期的电子竞技赛事的举办很大程度上依赖于玩家的自发性,是同好者的聚会。然而现如今电子竞技市场已经有相当大程度的资本涌入,梅赛德斯—奔驰③、耐克等传统意义并上不将电子竞技受众群体作为目标用户的品牌也通过大额赞助电子竞技赛事的方式进一步提升自己的市场影响力。对电子竞技赛事进行赞助事实上已经成为传统市场连接新

---

① Borowy, M., & Jin, D., *Pioneering eSport: The experience economy and the marketing of early 1980s arcade gaming contests* [J]. International Journal of Communication, 2013 (7): 2254 - 2274.

Chikish, Y., Carreras, M., and Garci, J., *eSports: A new era for the sports industry and a new impulse for the research in sports (and) economics* [J]. Sports (and) Economics, 2019: 477 - 508.

Kemp, C., Pienaar R., Rae E., *Brace yourselves: esports is coming* [J]. South African Journal of Sports Medicine, 2020, 32 (1): 1 - 2.

Lehnert, K., Walz, A., and Christianson, R. *The booming eSports market: a field day for fans* [J]. Journal of Business Strategy, 2020.

Scholz M., *Deciphering the World of eSports* [J]. International Journal on Media Management, 2020, 22 (1): 1 - 12.

Lee, D., & Schoenstedt, L., *Comparison of eSports and traditional sports consumption Motives* [J]. ICHPER - SD Journal of Research, 2011 (6): 39 - 44.

Lokhman, N., Karashchuk, O., & Kornilova, O. *Analysis of esports as a commercial Activity* [J]. Problems and Perspectives in Management, 2018 (16): 207 - 213.

Sweeney, K., Tuttle, H., & Berg, D., *Esports gambling: Market structure and biases* [J]. Games and Culture, 2019, 16 (1): 65 - 91.

Lee, D., Schoenstedt, J., *Comparison of eSports and traditional sports consumption motives* [J]. The ICHPER - SD Journal of Research in Health, Physical Education, Recreation, Sport & Dance, 2019 (6): 39 - 44.

Telling, O., *Is esport now a better investment than real sport?* [J]. Investors Chronicle, 2021: 14.

② Nordman, S., *How advertising in esports is changing: dotesports.com* [EB/OL]. 2019. https://dotesports.com/general/news/how - advertising - in - esports - is - changing.

③ Britta 在采访中提到过 "Esports gets us into a dialogue with young people, especially those with an affinity to technology."; ESL 指 "electronic sports league", 即电子竞技联盟 Seeger, B., Mercedes - Benz Expands Partnership with ESL [EB/OL]. http://esports - marketing - blog.com/mercedes - benz - expands - partnership - with - esl/, 2018.

兴消费群体的桥梁之一。

根据 Scholz 的相关研究，他认为如今的电子竞技市场结构以观众为中心服务对象，由联赛、游戏开发商、职业队伍和选手作为服务提供方，吸引商业赞助，政府投入和媒体资本等作为补充从而获得良性发展[①]。此外，根据 NewZoo 的相关数据显示，全世界范围内的电子竞技观众体量仍然在进一步扩大，预计在 2020 年整个电子竞技市场会进入 2000 亿美元的规模[②]。粉丝经济是支撑这一产业发展的最重要支柱，一切商业化的运营都是建立在这一基础之上。

中国的学者已经提出在我国电竞产业蓬勃发展的大环境下，规范化的电竞产业是未来可期的。首先，我国拥有庞大的电竞市场和潜在用户，作为消费主力军的青年市场就目前而言是非常广阔的；其次，我国部分互联网产业较为发达，或者在相关产业由发展规划的地区对于电竞产业的政策扶持是相当有利的[③]。可以预见的是以观众为中心的电子竞技产业市场主旋律在一定时期内不会改变。

国内的学者在大学生这一消费群体上也有丰富的研究，指出以电子竞技为纽带的社交和消费已经融入了当代大学生的现实生活。共同喜欢的电竞战队、电竞选手，从而拥有了共同的话题，并由此可以产生线下的共同观赛的行为，进一步促进了人与人之间的交往。同时电子竞技运动一般以团体对战的形式进行，团体内部成员之间需要培养高度的默契，这样的默契训练能够更加促进人与人之间的交流，提高自身的人际交往能力。电竞文化自身也涵盖了多种文化类型，如体育文化（以竞技为核心）、技术文化（以网络技术为核心）、大众文化（以消费为核心）等，促进了传统文化的"转型"，为旧文化注入了新的血液，也为更多的新兴文化业态的生成了提供了广袤的场域和新的发展方式[④]。

参与电子竞技活动也能使玩家与同龄人建立更加密切的社交关系。在游戏

[①] Scholz, T., *eSports is Business - Management in the World of Competitive Gaming*. 1 ed. ［M］. Siegen, Germany：Palgrave Macmillan, 2019.

[②] NewZoo, Global Esports Market Report 2021 ［EB/OL］. NewZoo Market Analytics, 2021.

[③] 兑浩建. 中国电子竞技运动的发展模式研究——基于中韩对比的视角［J］. 四川体育科学, 2020, 39（1）：13-17, 22.

[④] 李少多, 刘玉堂. 从对峙到汇融：电子竞技文化的"罪论"与突围［J］. 武汉体育学院学报, 2019, 53（12）：17-22.

过程中,不仅需要人机互动,更多的是玩家间的互动。一方面过程中需要分工协作、相互交流,另一方面游戏结束后,玩家也会根据过程内容进行文字、语音或者面对面的讨论交流,从多个角度影响了人际交往关系。通过游戏社交,青少年们能随时随地与网络上和现实上的朋友进行社交活动,这也让他们的社交关系更加密切①。网络游戏过程能够加强现实中的人际关系,借助游戏进行人际互动②。网络游戏为青少年塑造的娱乐空间,也为他们构建了一个探索自我的虚拟舞台,拓宽了他们参与社会互动的渠道③。

由此我们不难得出猜想,观众群体决定了未来电子竞技产业发展的走向,当代大学生的电子竞技参与和电子竞技在中国未来的发展息息相关。因此,本书特别重视作为中国电子竞技观众的主力军也就是高校学生,电子竞技与高等教育关联的研究是尤为迫切需要的。

第六节 西方电子竞技研究总结

1. 西方电子竞技文献概况

即使是在游戏行业起步更早的西方社会,学术界对于电子竞技的质化研究也是较为缺失的。正如之前章节所提及的相关文献中存在着电子竞技定义不明确的问题,本节将先对与电子竞技关联性较大的文献进行简单的梳理。从前几章节参考的文献来看,目前所查阅的文献可以分为以下几个门类:

(1) 自然科学领域

大多数西方学者着眼于"电子游戏"与行为学和神经科学等学科的量化关系研究并且提出了相关的前沿假设和理论,这一些理论为本书的一些论点的建立提供了相当一部分的生理学依据,例如:关于电子竞技需要参与者需要怎样的能力;电子竞技中的行为学探讨;电子竞技对人产生了怎样的生理影响

---

① 王喻, 覃国航, 余秋雨. 对青少年网络游戏社交的分析 [J]. 市场周刊, 2019 (4): 124 - 126.
② 宋湘勤. 体育运动与大学生心理健康教育的关系探讨 [J]. 心理月刊, 2019, 14 (15): 58.
③ 黄少华, 朱丹红. 网络游戏对青少年的负面影响及其引导策略 [J]. 中国德育, 2017 (12): 30 - 33.

等问题。

（2）社会科学领域

西方社会的电子竞技赛事和项目的商业化起步早、程度高，社会资本已经先于学术一步进行了规范市场的实践和创新，因此相关的文献以分析商业活动为主并且提出了一些营销策略。与之相伴的还有关于"电子游戏"的诸多文献，而事实上支持电子竞技的学者往往对于电子游戏的本质和发展前景都持有相当乐观的态度，认为"电子游戏"会成为未来社会具有主导地位的文化产业。这也是本书认为需要着重区分和探讨的内容。

此外还有一些关于知识产权法律和电子竞技本身的战略战术分析等并不在此书的研究范围内或是说服力尚浅因而在此略作提及。然而这些研究是中国的电子竞技产业进一步发展后又必须要面临的问题。当代中国的电子游戏产业并不领先于西方，在后续的发展中势必要优质的国产游戏才能成为电子竞技发展的土壤，对于知识产权的保护的重要程度这会日渐上升。优质国产 FPS 游戏《大秦悍将》的悲剧就是中国电子竞技的一个重大损失。

（3）对电子竞技文化形成的认识

这一小段的内容严格意义上来说仍然包括在社会科学领域的范畴之内，而不同之处在于，Muriel 立足于更高的视角，在著作中指出，电子游戏应当被理解成为一种后现代社会的文化和经验的表达[①]。尽管原本的论述对象是整个游戏文化，但 Muriel 的著作还是为我们提供了一条检视电子竞技的新道路：在信息时代的社会背景之下，竞技文化的表达方式必然是电子竞技，这也是电子竞技能和传统体育竞技有如此之多的共同性的原因。

2. 西方电子竞技文献批判

整体来说，电子竞技产生于西方，相对而言西方的学术界对电子竞技的研究起步也较早，且使用的研究方法等较国内研究较为科学和严谨。在电子竞技相关研究的一开始和国内文献同样存在着不能够明确区分电子竞技产业和游艺电子游戏产业的问题，同样存在很多为了迎合舆论而提出的缺乏足够证据

---

① Muriel, D. and Crawford, G., *Video games as culture: considering the role and importance of video games in contemporary society* [M]. Routledge, 2018.

原文是"Video game therefore understood as an expression of life and culture in late modernity."。

的批评。

值得注意并加以参考的在国外的文献资料中有大量的有助于电子竞技市场规范化的研究，而在国内则缺少这方面的研究。国外文献的研究方向大致可以归结为商业分析，体育科学，信息技术科学，人类认知科学，法律，媒体技术应用和社会学方面的工作。根据 Reitman[①] 等的研究，研究电子竞技的文献数量从 2005 年开始缓慢增长，到 2016 年左右则呈现出多样、丰富的特征。

西方的电子竞技文献还体现出一个明显的倾向就是过于重视量化分析。应当指出的是量化研究毫无疑问的是我们理解和认识客观世界的重要乃至于是最主要的工具，在电子竞技的研究领域这一工具仍然发挥着重大的作用，例如在之前章节提到的 Green 和 Bavelier 的相关生理学研究成果正是电子竞技对人能够起到独特的锻炼效果的理论依据，这些论据也大量地被引用于论述电子竞技乃至于全体的电子游戏对参与者的积极影响。El - Nasr，Drachen 和 Canossa 的著作也让我们用一种非常科学的视角去剖析游戏[②]。对于西方研究片面重视量化研究的问题，本书认为电子竞技的认识在质化研究的方面有所欠缺，即电子竞技研究不仅是一种纯粹的人脑与电子游戏的互动，电子竞技对人的心理和情感教育等方面的影响也应当是一个重要的部分，本书将从中国高校社团的案例出发阐述践行这一观念。此外，本章已经考察了中国和西方社会"电子竞技"这一概念形成的不同路径，应当注意到的是，西方学者进行研究的同时不可避免地会受到西方社会文化背景的影响，这些经验和研究成果是否能直接运用于对中国电子竞技的认识是存在疑问的。西方的文献中每个学者往往有自己鲜明的研究立场，所有的论述和研究为了自己的立场（研究资金来源等影响因素）所服务，这也是上文所提及的量化研究的思维带来的负面影响。

以简·麦戈尼格尔（Jane McGonigal）著名的畅销书著作《游戏改变世界》为例，她就将"游戏"（此处是泛指了一切电子游戏）摆在了一个非常高的地位，此书前三节分析了游戏对人类的意义，现代游戏取得的发展和现代游

---

① Reitman, G. J., *Esports Research: A literature Review* [J]. Games and culture, 2020, 15 (1): 32 - 50.

② El - Nasr, M., Drachen, A., & Canossa, A. Game analytics: Maximizing the value of player data [M]. New York, NY: Springer, 2013.

戏已然深刻改变了现代人生活方式的原因,在第四章分析了"游戏化"的生活方式对于现代社会的重大意义,并且贯穿全文地提出了"游戏化是对现实世界的修补"。她的观点在很大程度上符合学术界认知,然而有关于"修补"的论断却显得过于绝对化。著作中提出了很多和现实世界有着良性互动的电子游戏的案例,认为所有游戏都能够通过某种方式"寓教于乐"。然而实质上这一想法是非常理想化的,强行与现实活动的价值取向接轨的游戏在市场中一定会被抛弃。游戏的核心竞争力是无法被"模拟"和"伪装"的。事实是此书仍然受到了国内外大量互联网从业者的追捧,这也从一个侧面反映了这种乐观的声音并非个例。

3. 西方电子竞技文献中的启示

本书关注到,在与教育特别是高等教育相结合的方面只讨论了电子竞技作为体育运动对体育教育的意义。在中国社会现如今电子竞技产业蓬勃发展的大背景下,当代大学生作为电子竞技参与者支持者的主力军,决定了教育对整个行业的渗透和引导是非常有必要的。不仅是高校的电子竞技专业需要为电子竞技市场不断提供人才,在学生的参与过程中不能够让资本主义和享乐主义掌握唯一的话语权,这是本书重点关注的主题之一。

电子竞技是现代社会的产物,它是多项产业融合发展产生的自然具有非常多的固有特征,从而不能给出非黑即白的定论,本书作为一项质化研究重视这一多元性,对于电子竞技的认识不能够过于乐观和狂热,我们追求电子竞技产业的健康发展而不是将其打造成包治百病的良药。中国的电子竞技已然形成了一套中国经验,在相当一部分领域的实践是要超前于西方社会的。因此,代表中国声音的电子竞技研究也显得尤为重要。总体来说西方的学术视角仍是将视角过分局限于电子竞技的商业价值和商业应用,这也是电子竞技能够在当代社会生根发展的重要基础。关于电子竞技本身的研究又陷入了过分重视量化研究的困局因而缺乏对整个行业的本质性把握。我们需要基于中国的文化背景、经济状况、参与群体的受教育程度、中国人的认知等来研究电子竞技。

第四章

冲突与正名

在电子竞技运动发展的过程中,无时无刻不在被"污名"问题影响,误解和偏见成为电子竞技运动发展的一大主题。与此同时,化解、改变这些误解和偏见,也成为电子竞技运动在其发展过程中一直努力想要达到的目标。本章以电子竞技运动发展中的冲突与证明的过程为主要关注点,着眼于电子竞技运动在人们心中观念的改变,讨论这些改变更深层次的原因,同时还主要关注与教育相关的议题,试图缓解教育界对于电子竞技运动正名的担忧,也在一定的原则基础上提出化解教育界与电子竞技运动冲突的方式。

第一节 对电子竞技运动的误解与偏见

在"万般皆下品,唯有读书高"的教育思维中,对于体力地位重要性的认知常常不及对脑力的认知,其他体育运动也经历过一个被轻视和偏见的过程。在20世纪,教育界对于体育的重视容易局限于对专业运动员的培养:在部分"80后"的印象里,体育老师会经常生病,英语和数学老师会来代替体育老师上课;而只有成绩不好的学生,才会去读体校,从事和体育相关的职业。这种观念也是到了21世纪才有所改变,随着全民健康概念的进一步发展,体育开始发挥它越来越重要的作用,人们开始逐渐认可体育作为"育"的概念出现在教育和生活的方方面面。

从更广泛的角度来看,体育也是游戏的一种,对于体育本质理解的缺失成为中国体育发展长久以来的桎梏①。而电子竞技被误解和偏见,首先因为它是另一种形态的游戏。在游戏成为教育手段的概念被广泛接受之前,许多教育者还在吟诵着"业精于勤而荒于嬉"的古训,尽量控制游戏的时间,让青少年把更多的精力放在狭义的学业上,这种观念成为绝大多数教师和家长们的选择。可以说,电子竞技的"原罪"就是游戏属性。因为它是游戏,所以就算有再多的好处,也被认为是挤占正当学习的时间——这个概念成为电子竞技运动无法绕开的核心冲突点,因为毕竟电子竞技的确来源于电子游戏。但是作为一项体育运动,电子竞技运动却无法逃避这个问题,因为电子竞技运动的误解与偏见,起始于游戏,但将终结于"育人"。一旦试图逃离这个问题,脱离了"育人"的概念,电子竞技运动将只剩下娱乐的作用,而不会被教育所重视。

在对电子竞技的误解与偏见中,可以简单按照人群划分为社会、教育和学术三个层面来进行论述。社会大众的误解偏见最为广泛,但大多只是停留在表面,其中很有代表性的是新闻媒体等对于电子竞技的污名化,其主要原因是对电子竞技的不了解,但也存在新时代新闻媒体对于流量的突破职业道德底线的渴求,随着电子竞技自媒体和有代表性的官方媒体的发展逐渐改善。教育界对电子竞技的误解与偏见最为深刻,由于教育是以学生为本的(应然上来说),在教育界认知中,他们所认为的对学生学习有所损害的事情,是被最痛恨的。学术界对于电子竞技的误解和偏见是最难改变的,由于学术的特性,一些涉及理念的东西改变较为缓慢,尤其是在当前对电子竞技的实证研究非常缺乏的情况下,想要改变要付出更多的努力。但从硕士研究生开始的新研究者们,已经开始着手从更广泛的角度来研究电子竞技。

一、社会大众的误解与偏见

对电子竞技带有误解与偏见态度的社会大众数量不少,本节将列举一些相对比较有代表性的例子,来展示电子竞技在其诞生和发展过程中所受到的社会

---

① 杨韵. 西方哲学游戏论视域下的体育本质解释 [D]. 南京:南京师范大学,2015.

大众的误解和偏见。较为有代表性地呈现传统体育运动员的疑问、体育互联网人士的表态以及新闻媒体的报道等。

1. 体育界的疑问

2003年11月，电子竞技在中国正式成为体育项目，电子竞技虽然包括在国家体育计划中，但很长一段时间里都是一个被忽视的计划。电子竞技作为一项新兴的体育运动项目，其产生和发展一直都饱受争议。2013年3月，参加第四届亚洲室内和武道运动会的电子竞技国家队由体育总局发文组建。而随后，拿过多次世界冠军的中国国家某运动队的一位运动员在其微博上对该消息的评论，他表示他们的训练非常辛苦才有一点成绩，玩游戏也能拿奥运冠军是不公平的①。消息一经发布，就引来无数玩家的质疑，引发了"电子竞技算不算体育"的争论。随后他又发表了一系列的相关言论，认为电子竞技就是电子竞技，和体育是两种不同的概念，还表示要反对他的网友分清楚了再说。最后该运动员为此事态度诚恳地开口道歉，也希望电子竞技发展得越来越好，但是的确也代表了体育圈人们对电子竞技最初的认识：电子竞技就是玩游戏，它不需要努力训练，电子竞技不是体育。

不仅是运动员，一些互联网体育产业的相关人士也加入了反对电竞的行列，2021年1月，一则"某网络平台体育板块CEO称电竞不算体育"的新闻登上微博热搜。在1月12日第五届中国体育产业嘉年华的论坛环节之中，作为某网络公司体育业务部门的首席执行官Y在论坛发表了自己的言论，他表示反对电子竞技是体育，且不会因为电竞比赛项目进入亚运会就有所改变，只有健康积极向上的才能被称为是体育。从表述来看，他认为体育是积极健康和向上的，他反对电子竞技是体育的理由就是他认为如今的很多电子竞技类游戏都是不健康、不积极、不向上的②。电竞人士对此也发表了自己的看法，知名解说黄旭东认为，该平台体育板块中就有电竞这一栏，事实证明这种反对自相矛盾；中国电竞运动员的代表任务SKY李晓峰也表示，这种言论让人不适，

---

① 网易体育，××曾讽电竞：玩游戏能拿奥运冠军？我们真白干了［EB/OL］.转引自：中安在线，（2016-08-17）［2023-02-10］. http://sports.anhuinews.com/system/2016/08/17/007438478.shtml? nhfbtmpvhvhyufku.

② 鸭嘴兽陪你聊电竞，***体育CEO Y**怒批电子竞技：这根本不算体育！［EB/OL］.（2021-01-14）［2023-02-10］. https://cloud.tencent.com/developer/news/757817.

而且电竞是否是体育这个问题，也无法由某个人是否认可来定论①。

时至今日，电子竞技也没有进入奥运会的大家庭，那位认为电子竞技不是体育的运动员，最终也很遗憾地发挥失常没有能拿到奥运会冠军，但体育界与电子竞技的碰撞，却还在继续。

2. 新闻媒体的报道

社会信息传播最重要的组成部分——新闻媒体，在电子竞技运动诞生之际，由于对电子竞技概念的模糊，缺乏相关知识和研究，将网络游戏等同于电子竞技运动进行了大量负面报道，特别是其造成的负面影响事件，进行了频繁的曝光。随着网络媒体和自媒体的发展，尤其是一些缺乏职业道德操守的自媒体，在毫无根据和证据的情况下，为了骗取点击率，刻意编造电子竞技的危害案例，用"犯罪""毒品"等极端负面形容词来吸引眼球，借此引发矛盾、骂战，制造流量来为自身牟利，让社会大众对电子竞技的态度更加消极。

这里需要指出的是，新闻媒体对一项事物的报道，类似于一次完整的研究，需要有规矩的流程和新闻逻辑，然而一部分新闻媒体在报道时却并没能遵循这样的规则，导致其报道的信效度极低。对于电子竞技的误解与偏见除了来自流量逻辑下的功利思维外，更多的还是对于事物发展多方面认知的不足以及对科学的逻辑的论述能力缺乏，主观和客观两方面的原因导致了一些新闻媒体在对电竞负面情况的报道中出现了偏颇和失实的情况。

二、教育界的误解

在教育界对电子竞技误解中，以家长和教师这两个群体最为典型。由于学生（在这里包括从小学到大学各个阶段的学生）是电子竞技运动的重要群体，同时也是网络游戏等其他电子游戏的重要玩家组成来源，家长和老师与电子竞技的冲突也是最激烈最深刻的，这种冲突不仅存在义务教育阶段，同样存在于高中和大学阶段。

---

① 搜狐新闻，人皇 sky 强势回应 *** 体育 CEO：电竞不是体育？你说了不算 [EB/OL]．(2021 - 12 - 14) [2023 - 02 - 10]．https://www.sohu.com/a/508163436_120099885．

1. 家长的反对

家长是反对电子竞技的最大群体，最主要的原因是他们认为，电子游戏影响了孩子们的学业，同时教坏了孩子。大部分家长不了解电子竞技这个概念，和大多数社会大众一样，他们认为网络游戏、电子竞技、手机游戏等都属于同一种事物。

2014 年浙江一位家长控诉孩子玩英雄联盟，原来懂事孝顺的孩子居然学会了撒谎骗家长的钱去买皮肤[①]。

2018 年，一位高三老师推荐了电子竞技相关专业给学生报考，遭到家长们的怒斥，称之为老师是误人子弟，并表示电子竞技就是打游戏[②]。

2019 年，一位家长通过自己孩子的聊天软件，进入了孩子所加入的游戏群，控诉其他玩家把自己初二的孩子带坏了，并顺带教育了这些玩游戏的人要重视生活目标[③]，让人啼笑皆非。

2021 年，一位家长将腾讯游戏告上法庭。这位家长同样表示自己的孩子成绩优异，但接触游戏之后出现严重幻觉，家人不给充值，就对父母使用暴力，最后还放火烧了房子。然而记者在找到了相关同学之后，才发现这位家长的儿子并不是来自某大学附中本部，而是某大学附中分校，成绩也谈不上优秀。且这所学校给予应试压力巨大，初中学生每天就要写作业到凌晨。《三联周刊》针对这个事件做出过专题的报道，指出孩子有明确的心理疾病阿斯伯格症（Asperger syndrome），而家长在隐瞒众多关键信息的同时，也对此却鲜有作为[④]。

这些例子代表性地展现了一部分家长在面对孩子学习下降时的主要推卸责任方式——将孩子不学习的责任推给了游戏、推给电竞、甚至是跟他一起玩游戏的玩家。但事实上，孩子成绩下降、道德品质问题、性格问题等，往往由多

---

① 浙江在线，初中生为买游戏装备向家长虚报 6000 多元生活费 [N/OL]．(2014-11-13) [2023-02-11]．https://www.chinanews.com.cn/edu/2014/11-13/6772612.shtml．

② 加辣，老师课堂介绍电竞行业遭家长不满，怒斥主播就是不学无术 [EB/OL]．(2018-05-05) [2023-03-12]．https://baijiahao.baidu.com/s?id=1599551443503055231&wfr=spider&for=pc．

③ 搜狐网，家长进游戏群控诉，孩子沉迷游戏究竟谁之过？[EB/OL]．(2019-02-18) [2023-03-12]．https://www.sohu.com/a/295459039_117369?_f=index_select_10．

④ 三联生活周刊，×× : 网瘾少年××× [EB/OL] [2023-02-11]．https://weibo.com/ttarticle/p/show?id=230940×××659506739．

种因素引发，而最主要的因素却是家长自己①。尽管家长的这种逻辑从内因决定事物发展的角度来看是让人惊讶的，但却是众多家长们在认知孩子玩游戏、从事电子竞技运动这些事情上的共识。

对此，网友们的看法却值得深思，在报道这件事情的三联周刊微博下面，最高热度的网友们的留言可以展示家长们在这件事情上的问题所在：

"孩子天生有病，行为怪异欺负小朋友，却说游戏太坏了；父亲丧偶式育儿，自己躲起来，却说游戏太坏了"；

"游戏太坏了，互联网太坏了，电影太坏了，动漫太坏了，现在的人太坏了，都应该禁了，这类家长难怪把小孩教育成这样"；

"一个奇怪的现象是，在家庭以外，孩子大部分时候是个有礼貌的孩子，暴力仅仅针对父母，所以父母是真不懂还是假不懂啊？"②

（为保护未成年人隐私，本案例的标题和出处经过特殊修改）。

2. 教师的思考

教师群体也是与电子竞技冲突的主力，因为教育界是误解和偏见的主战场，教师同样对占据学生学习时间的事物有天然的敌意，而且在电竞兴起的阶段中，大多数的老师是没有电子竞技的相关经验的，因此他们的反对声浪尤其高涨。但随着时间的推移，也有许多老师也有了对电子竞技的相关认知，或者说对教育有了更深刻的认知，对电子竞技的态度也发生了一些变化。

最著名的事件是2017年，杭州一位中学的老师蒋某，发表了一篇名为《怼天怼地怼王者荣耀》的文章，对班级里学生玩王者荣耀这款电竞游戏的现象痛心疾首。时至今日，原始文档已难以找到，但通过转载的媒体报道，依然可以看到文章的内容。文章认为老师在教学中无法得到孩子的关注度而指责游戏占据了学生的注意力，列举了未成年人玩王者荣耀的危害，其中包括游玩人数巨大；王者荣耀不是好游戏因为它被人民日报批评过内容设定尴尬；游戏系统防沉迷手段不足；王者荣耀皮肤销售量巨大（因此孩子在游戏中胡乱消

---

① 马冀. 为电子竞技正名：在教育中应如何对待电子竞技 [J]. 创新教育研究, 2018, 6 (6): 442–451.

② 三联生活周刊, ××: 网瘾少年××× [EB/OL] [2023–02–11]. https://weibo.com/ttarticle/p/show? id=230940×××659506739.

费);十岁孩子因为被打断玩手游而飞踹妈妈(文章作者甚至不知道这手游是不是王者荣耀)。文章中还出现了更多似是而非的伪科学证据,包括孩子钻被窝玩手机导致性早熟等。文章还指出欧美、日本永远不鼓励自己的老百姓玩游戏,都用来出口;美国的教育有严格的校规约束,澳洲学生来访三天里都不玩手机,只是默默阅读纸质书;乔布斯对自己孩子使用科技产品进行了限制;游戏产业不是为了帮助孩子产生的。尽管中间的误解和偏见显而易见,孤例和表象被不断用来证明自己对王者荣耀的痛恨;没有依据的道听途说成为论据;夸大一些事实,让他们看起来符合自己的观点;游戏、电子游戏、电子竞技等概念被混淆在一起。但该老师却在最后指出了她对于孩子沉迷王者荣耀的反思:家长和老师都必须反思,是否关注了孩子玩什么聊什么,是否给孩子一个合适定位的立项,除了游戏和分数,是否关注了孩子的人格教育。

当然,也有更激进的教师们向电子竞技发泄着自己的不满情绪。2018年,IG代表中国大陆赛区在世界总决赛上夺冠,这是中国电竞英雄联盟项目历史上第一次获得全球总决赛的冠军,打破了韩国的垄断,大学生们欢呼雀跃,但也有教师在自己的朋友圈发表了言辞激烈的批判,他认为这种行为是屌丝的狂欢,认为是不读书、不思考、瞎折腾的人,学校应该清退这些没出息的东西①。这条消息被诸多平台和新媒体转载,被广大电竞爱好者批判。

但并不是所有的老师都只是用一种感性的方式来理解电竞,部分老师对电竞的理解和电竞与教育的交集进行了较为理性的思考和判断,同样是杭州的老师,2021年,青蓝小学六年级班主任魏榕,通过拜访俱乐部,了解了电竞行业的相关情况,向学生们传递真实的信息和情况,帮助他们去了解这个行业和职业,她认为电竞选手这个职业竞争压力大、运动寿命短、训练量巨大、非常辛苦,最后她还是劝导孩子们选择相对简单的学习的道路②。上文中也有高三老师向同学们介绍有关电子竞技专业报考的相关信息,以一种相对中立和平和的态度来对待电子竞技运动和相关产业。随着电子竞技运动和产业的不断发展

---

① V5电竞.大学老师发文批判电竞爱好者屌丝遭反怼:可以不理解但请尊重[EB/OL].(2018-11-08)[2023-02-12]. https://www.bilibili.com/read/cv1478723/.

② 潇湘晨报.这事比考北大清华还难!凌晨3点,杭州小学老师给学生写了封信!家长群炸锅了[EB/OL].(2021-02-09)[2021-12-20]. https://baijiahao.baidu.com/s?id=1691222137517901126&wfr=spider&for=pc.

壮大，越来越多的人，开始能够以平和的心态和正确的认知来对待电子竞技，这也同样得益于越来越多愿意思考和交流，真正愿意对学生负责，而非对学生分数负责的教师的出现。

在前文一个案例所在城市的学校心理健康教育指导中心的赵晶主任这样提醒家长，在游戏中，孩子能得到足够的满足感和成就感；而在现实中，他们通常面对的是家长98分不够，非要100分的要求，把分数作为唯一的标准，这样是不利于孩子脱离游戏的[1]，同样这也适用于提醒教师们。

三、学术界的混淆与争论

学术界对电子竞技的争论开始较晚，其争论的程度也相对较为平和。学术研究需要以逻辑和事实作为基础，但这并不代表学术界对于电子竞技的评价会更加正面，在针对电子竞技的学术研究和讨论中，部分学者对电子竞技也同样充满了误解，以偏颇的视角论述电竞。

2013年，一所中国著名大学的教授发文请相关部门不要被网游企业牵着走，其中开篇就表示：所谓电子竞技，就是我们常说的网络电子游戏[2]。电子竞技和网络游戏的混淆同样成了学术界对于电子竞技争论的开端。

2014年，在青少年体育月刊上，一位学者从体育发展轨迹和方向的差异角度入手，认为电子竞技与体育不同源，全面推广可能性极小，对身体体质的发展没有好处，相关部门是受到商业利益的裹挟，因此电子竞技不是体育[3]。

2019年，一位学者的文章引起了电竞圈和玩家们的不满。在文章《中国电子竞技十大问题辨识》中，作者试图从根本上否定电子竞技的运动属性。文章作者强调电竞是手脑的用力，基本上不是身体能力的较量；其竞技性也无法构成体育的充分条件。在从体力运动这个层面否定电子竞技作为体育项目的

---

[1] 浙江在线. 初中生为买游戏装备向家长虚报6000多元生活费 [N/OL]. （2014-11-13）[2023-03-03]. https://www.chinanews.com.cn/edu/2014/11-13/6772612.shtml.

[2] 张鸣. 电子竞技是福是祸请三思 [EB/OL]. （2013-04-03）[2023-03-03]. https://opinion.huanqiu.com/article/9CaKrnJzV4Q? w=280.

[3] 王晓冬. 体育与电子竞技发展"殊途"，岂能"同归"？[J]. 青少年体育，2014 (9)：28-30.

同时，为了否定电子竞技，其将棋类等非奥体育项目也都排除出体育的行列，认为其只是"智力竞技"①。对此有学者认为棋类运动应当属于竞技体育，可以被划为智能类项目，而电子竞技则被划为结合类项目②。单纯以身体技术和体能狭隘地定义体育，将手脑协调和思考判断能力排除在身体能力之外，从学术的角度来看是值得进一步讨论的。

学术界由于其研究的特点，对电子竞技的认知更新较慢，学者们对电竞这项事物的不了解，导致他们有时无法从核心角度看问题，并容易将类似的事物混为一谈。例如，2005年有学者认为网络游戏和电子竞技的区别是互联网和局域网的区别，认为网络游戏重点在于虚拟社会，而电子竞技侧重于人与人的对抗③。有学者用鸦片毒品来形容电子竞技，但文章中所举的例子却都是电子游戏、电视游戏对人的损害，例如，暴力电子游戏对人认知的损害，WHO中对游戏成瘾的定义等④。2009年，有学者在论述电子竞技和网络游戏成瘾的议题时，引用了美国某大学的研究，而该研究的论述实际上是针对人们沉迷网络原因的分析⑤。这种混淆是一种学术能力的问题，但更多的时候，是学术界对电子竞技的研究和讨论尚不充分的体现。

然而无论是对电竞持有何种观点的学者，有一点却是学术界对电竞争论的共识，那就是电子竞技运动在涉及教育层面时，必须要防沉迷。无论是认为电子竞技就是网络游戏，会对青少年造成重大危害的学者，还是认为电子竞技可以发展其教育功能，或者利用电子竞技的相关内容，对青少年进行教育的学者，都赞同在电子竞技与教育产生交集的时候，都必须考虑适度的问题——这同样也是体育运动在与教育产生交集时的重要考量。

四、从冲突走向正名

从前文中，尽管篇幅有限及资料信效度的问题，只能举出一些有代表性的

---

①④ 易剑东. 中国电子竞技十大问题辨识 [J]. 体育学研究，2018, 1 (4): 20.

② 吴桥. 对"电子竞技应当回归游戏的本质"的若干问题的质疑 [J]. 体育科技文献通报，2007.

③⑤ 马冀. 为电子竞技正名：在教育中应如何对待电子竞技 [J]. 创新教育研究，2018, 6 (6): 442–451.

案例来进行呈现，但仍可以看出在电子竞技的发展过程中，社会、教育、学术界等对于电子竞技的不理解，这种不理解来自对电子竞技定义和范围的误解，对自身利益受损的情绪表达、对教育的迷茫、对事物的固执看法、不够充分的数据资料以及不专业的能力和逻辑等原因。电子竞技在这种冲突中所收到的阻力是显而易见的。

但这种阻力随着电子竞技的发展，出现了一定的缓解，这得益于电子竞技行业和产业的发展，全球性的赛事，越来越多的观众和玩家，更多的盈利让它成为重要的文化产业，同时拥有优质的赛事和俱乐部体系，让电竞运动员、裁判、赛事策划管理，俱乐部运营等职业的待遇越来越好，分支产业和相关产业链条更加完善，同时提供了大量的就业岗位，让政府和教育界不得不开始正视这个新兴的产业。同时，更多经历了电竞时代，喜欢电竞的年轻人走上工作岗位，他们成为老师、成为研究者、成为电竞的从业人员。他们更了解电竞，更喜欢电竞，也更有勇气提出自己的观点来合理地阐述电竞，这给电子竞技走上正轨以及获得正名创造了条件。

第二节　电子竞技运动的正名之路

对电子竞技误解的运动员，最后向电竞道歉和祝福；对孩子放弃学业成为电竞选手而暴躁不已的妈妈，最终选择了支持孩子的梦想，在自己儿子获得全球总冠军时守候在电视机前喜极而泣[①]；一些教师开始把电子竞技作为正当职业对待，无论是运动员还是产业行业从业者抑或是一些教师也意识到，堵不如疏、人格大于分数；专家学者们也开始尝试从各种角度去争论电子竞技，从定义到产业经济，相互批判以求得相互认可。电子竞技的正名之路由此展开。

官方开始对电子竞技进行定义和规范，开始出台相关政策，行业官方开始进行组织的构建，建立权威专业的赛事；教育界尤其是高等教育界开始将电竞视为高等教育的一个对象，设立相关专业；国家新增了电竞的职业认可、技能

---

① 网易．电竞冠军背后的故事：母亲不顾反对全力支持，非所有成功都可复制［EB/OL］．(2021-12-18)［2023-02-12］．https://3g.163.com/dy/article/GRH2C5UM0552QVKE.html.

标准；越来越多的电竞媒体出现，开始和产业行业一起叙述自己的故事。

一、政府和体育组织的正名

2019年11月，在S9比赛结束之后，上海市副市长宗明女士代表上海市政府正式宣布，热烈欢迎第十届英雄联盟全球总决赛正式落户上海，上海市文化和旅游局局长、党组书记于秀芬亲自在S9的赛场接过了比赛举办权的象征①。随后在2020年，在全世界新冠肺炎疫情暴发的背景下，上海依然继续承办了这次比赛，这是中国电子竞技历史上可以被称为是里程碑的表现。这也是电竞历史发展到现在极为罕见的有高级别政府官员代表政府欢迎电子竞技比赛在本地承办，而上海市政府向我们展示了这样的一种态度，尽管它可能并不源于对电子竞技在教育中功能的认可。

20世纪90年代末电子竞技开始进入中国市场。但在开始阶段，电子竞技的定义不明，相关的制度和规定很少，管理也很混乱，随着定义和管理体制的不断完善，我国的电子竞技事业也逐步成熟②。在前面几章内容中，本书介绍了学术界对电子竞技的定义，但从正名的角度来看，官方机构和组织对于电子竞技的定义才是最有权威的。从中国的情况来说，最主要的官方机构包括国家体育总局、教育部以及各地政府部门等，从国际上看则包括亚奥理事会和国际奥委会等官方体育组织。这些官方定义随后被广泛地应用在电子竞技运动的相关管理制度和活动中，成为电子竞技摆脱电子游戏的阴影而成为竞技体育的基石。

2003年11月18日，中国数字体育平台开通仪式在人民大会堂举办，在仪式中体育总局宣布，将电子竞技运动纳为我国正式开展的第99个体育运动项目③（相关文件为体竞字〔2003〕129号《关于同意将电子竞技设立为我国正式开展体育项目的批复》）。在仪式中，体育总局还宣布了第一届中国电子竞

---

① 观察者网. 英雄联盟2020年总决赛落户上海 副市长亲自出镜致辞[EB/OL]. (2019-11-12) [2023-02-13]. https://baijiahao.baidu.com/s?id=1649961337738068763&wfr=spider&for=pc.
② 赵培林. 江西省电子竞技运动污名化问题的研究[D]. 南昌：江西师范大学，2020.
③ 腾讯游戏. 电子竞技被体育总局列为第99个正式体育项目[EB/OL]. (2011-11-21) [2023-03-11]. https://games.qq.com/a/20111121/000252.htm.

技大赛的相关内容，从比赛项目来看，那时的官方对于电子竞技中的一些所谓的"暴力元素"仍然有所顾忌，因此当时的主流电子竞技项目 CS 和星际争霸并没有在此次大赛的比赛内容中，同时此次大赛还加入了联众游戏作为比赛项目，可见在当时，体育总局对于电子竞技的定义还是有所模糊的。

在 2006 年中国电子竞技产业国际高峰论坛中，中国奥委会副主席何慧娴在致辞中说道：

> 认为电子竞技是从网络游戏中脱颖而出的阳光游戏，它是按体育精神、体育规则在网络的虚拟世界里进行的一项体育运动，是有利于开发人体手脑并用的健康智力运动，尤其有利于青少年德智体全面发展。①

这个论述恰好与前文中某互联网体育平台负责人的发言截然相反，这代表中国奥委会认为电子竞技是健康阳光的。同时有许多文献指出在此次论坛中国家体育总局给出了电子竞技的定义是：电子竞技是依托于真实的体育竞技项目设计的，使用 PC 电脑和局域网设备、通过操作实体软件、在一定的比赛时间和规则下进行的公平的人与人之间的智力和心手协调技能的对抗运动。但该定义的直接论述并没有在 2006 年电子竞技高峰论坛中被找到，当时代表官方进行致辞的分别是中国奥委会副主席何慧娴，团中央网络影视中心副主任郝向宏和新闻出版总署音像电子和网络出版管理司司长肖时国②。但是值得注意的是，在当时官方已经将电子竞技与网络游戏进行了区别，在三位官方领导的发言中，已经可以明确地看到对于电子竞技在竞技体育中独立定义的认可，肖时国还表示为了促进电子竞技产业的发展，应当加强法律法规建设，加强对电子竞技的管理，进一步完善赛事规则，加快俱乐部建设以及增强电子竞技的社会责任感，这个观点不但对之后电子竞技在官方发展上面进行了规范，同时也指出了中国电子竞技当时以及现在仍存在的问题，包括版权、垄断、良性发展和社会效益等，时至今日依然有值得思考和努力的效力。

截至 2007 年，政府部门已经颁布了 5 部与电子竞技相关的管理办法，分

---

① 新浪游戏，2006 年电子竞技论坛 中国奥委会副主席何慧娴致辞 [EB/OL]. (2006 – 07 – 26) [2023 – 03 – 11]. http：//games. sina. com. cn/y/n/2006 – 07 – 26/1119160162. shtml.

② 新浪游戏，2006 年中国电子竞技产业国际高峰论坛 [EB/OL]. (2006 – 07 – 26) [2023 – 03 – 12]. http：//games. sina. com. cn/e/zt/gflt/index. shtml.

别是《全国电子竞技竞赛管理办法》（试行）、《全国电子竞技竞赛规则》、《全国电子竞技裁判员管理办法》（试行）、《全国电子竞技运动员积分制度实施办法》（试行）和《全国电子竞技运动员注册与交流管理办法》（试行）。这时从制度上来说，电子竞技已经具有了较为完备的体育竞赛准则，开始真正迈向更完整的体育竞技运动。

2007年，第二届亚洲室内运动会在澳门举行，该运动会首次引入电子竞技为正式比赛项目，澳门特别行政区政府社会文化司司长，后来的澳门特首崔世安还专门赴京与中央电视台签署了有关室内运动会的转播合作合同①，这代表着亚奥理事会开始认可电子竞技作为竞技体育的地位，也为后来电子竞技项目正式进入亚运会打开了局面。

2008年体育总局对各项体育项目进行了整合，将电子竞技运动调整为第78号运动项目，同年的12月27日下午2点，中央电视台第10套科教频道《百科探秘》节目播放了由国家体育总局等部委支持中国青少年网络协会项目部和央视编导等部门精心组织拍摄的电竞专题片《78号运动》②，这已经是央视关于电子竞技的专题节目的第2集，节目中对在宁波举办的电子竞技比赛进行了采访和跟踪拍摄，并且明确地指出了网络游戏与电子竞技的区别，非常专业地介绍了电子竞技的内容和方式。

2010年，时任国家体育总局信息中心副主任杨英在接受人民网记者采访时对电子竞技的定义进行了一次阐述，她表示：

电子竞技是利用高科技软硬件设备作为运动器械进行的、人与人之间的智力对抗运动；电子竞技运动使用以电子信息技术为基础的比赛器材和设备，进行可定量可重复的对抗比赛；经过长久训练，可形成运动技巧和规律；在崇尚"公开、公平、公正"的原则，严格遵守统一的比赛规则的前提下，体现智力运动和技术对抗的本质③。

---

① CEG电子竞技门户，电子竞技成为2007年亚洲室内运动会项目［EB/OL］.（2006-06-08）［2023-03-04］. http://games.sina.com.cn/e/n/2006-06-08/1702154457.shtml.

② CCTV节目官网，78号运动［EB/OL］.（2010-03-24）［2023-03-04］. http://tv.cntv.cn/video/C29189/d7984c32854a4129504e6798b1495cfa.

③ 人民网，专访国家体育总局：中国电子竞技未来之路［N/OL］. 转引自国家体育总局体育信息中心，（2010-01-25）［2023-03-04］. https://www.sport.gov.cn/xxzx/n11032/c671924/content.html.

2015年，在接受记者访问时，时任体育信息中心电子竞技项目部负责人再一次对电子竞技的本质进行了阐述表示：

  电子竞技就其本质来说就是以现代电子技术和电子设备作为运动器械，在信息技术营造的虚拟环境中，采用统一的竞赛规则，在有限时间内进行的人与人之间的对抗，既是智力运动，同时也正成为身心合一的运动。电子竞技运动作为一项体育项目，可以锻炼和提高参与者的思维能力、反应能力、协调能力、抗压能力、团队精神，以及对现代信息社会的适应能力，从而促进其超越自我、全面发展和实现理想①。

  这两次定义的表述有了明显的发展，第1次的定义介绍着重于体育"体"的方面，重点对电子竞技的竞技性以及它是如何符合体育运动特征的方面进行了阐述；而第2次的定义阐释则更多地加入了对于"育"方面的肯定，尤其是电子竞技对于一个人的发展有如何的促进作用，这也让电子竞技与高等教育的交集变成了可能，从这个阶段开始，更多原本在对待电子竞技问题上较为保守的高校渐渐拥有了正式的电子竞技学生社团，电子竞技在高等教育中开始彻底摆脱地下运作的模式，走上正轨社团的道路。

  2015年，国家体育总局信息中心发布电子竞技赛事管理暂行规定②，根据体育总局的相关要求，对电子竞技赛事进行管理规范。这一次的电子竞技赛事管理暂行规定有两个非常重要的阐述：其一是非信息中心主办的赛事，合法的法律主体，可以自行依法举办和组织电子竞技赛事一律不需要审批，简化了行政审批手续，将电子竞技赛事举办的更多自主权交由企业跟社会来进行运营；其二是规范了由信息中心主办或联合主办的国内赛事及国际赛事名称，其他赛事不得使用"中国""全国""国家""中华"等字样，这条规定事实上将电子竞技的官方赛事予以了认证，这也就意味着，电子竞技在进入高等教育时所面临的赛事认证问题得到了解决（尽管有许多高校在实际执行中并不是很到位），凡是带有这些字样为标题的电子竞技比赛，应当被认为是官方所认可的

---

 ① 人民网，国家体育总局：电子竞技与网游的三大差别［EB/OL］. (2015 - 06 - 10) [2023 - 03 - 04]. http://culture.people.com.cn/n/2015/0610/c172318 - 27132804.html.
 ② 国家体育总局体育信息中心，电子竞技赛事管理暂行规定［EB/OL］. (2015 - 07 - 24) [2023 - 03 - 04]. https://www.sport.gov.cn/xxzx/n11032/c671903/content.html.

正式电子竞技比赛，可以被授予与传统体育比赛相同的认可地位。

2016年5月，国家体育总局与完美世界等公司合作，发布DPL职业联赛，并宣布电子竞技项目开展运动员注册管理①，对于运动员的注册管理极大地规范了整个行业，也从运动员的方面给予了电子竞技以竞技体育的身份，这意味着坐在电脑面前进行比赛的这一群人，不再以玩游戏的人的身份出现，而是以职业运动员的身份参赛。

2016年，国家体育总局发布《体育产业发展"十三五"规划》，其中提到"以冰雪、山地户外、水上、汽摩、航空、电竞等运动项目为重点，引导具有消费引领性的健身休闲项目发展"，该文件从国家体育总局的层面，将电竞列为有消费引领性的健身休闲重点运动项目，这也是中国电竞第1次在国家级的分规划中被提及②。同年教育部宣布在高等职业学校增设"电子竞技运动与管理"专业，专业代码670411，隶属于教育与体育大类的体育类③，2019年，山东体育学院正式获批成为首批设立电子竞技运动与管理本科专业的高校④。国家发改委发布了《关于印发促进消费带动转型升级行动方案的通知》，鼓励举办全国性或国际性电子竞技运动游戏游艺赛事活动⑤。三个对电子竞技而言相当重要的部门，在同一年对电子竞技从政策和执行上给予了重大的推动，从体育教育和经济的角度，充分肯定了电子竞技目前的发展及以后的前景。

2017年11月，国际奥委会官方宣布认证电子竞技运动为正式的体育项目⑥。

---

① 国家体育总局体育信息中心，国家体育总局体育信息中心发布DPL职业联赛，电子竞技项目开展运动员注册管理[EB/OL].（2016-05-12）[2023-03-04]. https://www.sport.gov.cn/xxzx/n11032/c724055/content.html.

② 国家体育总局，体育产业发展"十三五"规划[EB/OL].（2016-07-13）[2023-03-04]. https://www.sport.gov.cn/n10503/c733612/content.html.

③ 中华人民共和国教育部，关于做好2017年高等职业学校拟招生专业申报工作的通知[EB/OL].（2016-09-02）[2023-03-04]. http://www.moe.gov.cn/s78/A07/A07_sjhj/201609/t20160907_277984.html.

④ 闪电新闻，山东体育学院专业巡礼（九）电子竞技运动与管理[EB/OL].（2019-07-28）[2023-03-04]. https://baijiahao.baidu.com/s?id=1673443411464984022&wfr=spider&for=pc.

⑤ 中华人民共和国国家发展和改革委员会，关于印发促进消费带动转型升级行动方案的通知[EB/OL].（2016-04-15）[2023-03-04]. https://www.ndrc.gov.cn/fzggw/jgsj/zhs/sijudt/201604/t20160426_973746.html?code=&state=123.

⑥ 中国体育报，体育化助推电子竞技运动产业蓬勃发展[N/OL].（2018-01-16）[2023-03-04]. https://www.sport.org.cn/industry/2018/0116/165231.html.

自此电子竞技走完了从电子游戏到体育项目的路程，在不断波折中前行，从中国到亚洲再到世界最权威的体育组织，正式被人类认证为体育项目。尽管民间对于电子竞技是否是体育项目的争论还在继续，但实际上从官方来看电子竞技是否是体育项目，已经不再是这项运动发展中的核心问题了。剩下的问题是应该如何规范这项运动的发展，对教育来说，就是如何在教育中发挥电子竞技的作用，减轻它的弊端，让它适应教育，成为育人的一部分。

2018年，第十八届亚运会在印度尼西亚首都雅加达举行，这届亚运会取消了板球、滑板和冲浪三个项目，增加了保龄球，武术、桥牌等项目，其中电子竞技成为这届亚运会的表演赛项目，中国电子竞技队在本次比赛中发挥出色，尤其是在英雄联盟的比赛中击败了强大的韩国队获得冠军。

2019年，上海出台了促进电子竞技产业健康发展20条意见，提出要在3～5年内全面建成全球电竞之都①。上海一直以来有优秀的电竞传统，汇聚了大量的电竞企业和俱乐部，电竞产业链条完整。该意见的出台，从政府的角度对于电竞的发展给了政策上的肯定和扶持，为上海乃至整个中国的电竞发展提供了框架性的指引。

2020年12月16日，在阿曼苏丹举办的第38届亚奥理事会全体大会，批准了在接下来的2022年杭州亚运会上保持40个大项不变的前提下，增设电子竞技、霹雳舞两个项目②。电子竞技由此正式登上了世界上除奥运会之外最大的区域性体育盛会。

2021年，上海静安区针对影视和电竞两大文创产业研究出台了"十四五"期间的专项政策——《静安区关于促进影视、电竞产业发展的实施意见》。此次发布的九条支持举措中包括支持电竞、游戏作品创作和运营能力提升；支持影视、电竞和文旅消费融合发展等促进电子竞技与游戏游艺行业融合发展③。作为中国地方性政府专项电竞发展实施意见，这一类政策是真正最终落地的政

---

① 国家体育总局体育信息中心. 上海发力建设全球电竞之都[EB/OL]. (2019-07-15)[2023-03-05]. https://www.sport.gov.cn/xxzx/n11032/c917302/content.html.

② 李顺奇. 电子竞技正式进入亚运会对我国电竞产业的影响研究[J]. 缔客世界，2020(7)：160.

③ 上海静安（上海市静安区），静安区关于促进影视、电竞产业发展的实施意见[EB/OL]. (2021-06-13)[2023-03-05]. https://baijiahao.baidu.com/s?id=170240091/687975467&wfr=spider&for=pc.

策，对于电竞的实际发展而言具有极大的促进作用，进一步促进了上海电竞之都的建设，静安区也成为上海电竞之都的心脏。

2021年2月，中华人民共和国人力资源和社会保障部颁布了包括电子竞技员等在内的13个国家职业技能标准。电子竞技员国家职业技能标准将电子竞技员划分为5个职业技能等级，从五级初级工到一级的高级技师，根据不同职业技能和要求来进行申报和认定，例如其中规定申报一级要求从业者取得二级证后继续从事相关职业4年以上，或取得电子竞技国际赛事奖项。① 电子竞技员从国家层面的标准化，也更加意味着整个电竞行业正逐步走向规范化，标准化的道路。

从官方的定义和政策来看，中国的电子竞技已经基本上完成了正名之路，定义由官方进行优化和完善，从产业到职业进行规范和扶持，电子竞技作为体育项目，也开始进入大型的运动会，随着经济的发展普及度越来越高。除了中国，美国、德国、法国等世界上重要的国家也相继开始承认电子竞技作为竞技体育的地位。德国电子竞技协会在2017年成立，2018年德国将电子竞技视为一项正式的体育运动②；在拳头（RIOT）公司的不懈努力之下，美国移民局已承认英雄联盟选手为职业体育运动员，英雄联盟的选手可以拿到运动员的P1签证③；法国政府于2015年11月8日修改了数字及产品管理法，将电子竞技列入正式认可的体育项目④。可以看出电子竞技目前在世界重要国家均处于政府开始认可并促进发展的阶段，但依然值得提出的是这种认可和支持主要来源于经济方面，但可以期待的是，当电子竞技拥有更多竞技体育地位的时候，他所能获得的育人方面的认可也将大大增加。

二、官方赛事的组织

官方赛事是电子竞技获得认可的重要途径，竞技体育的赛事越丰富，参与

---

① 央广网. 电子竞技员国家职业技能标准出炉 电竞行业走向标准化时代 [EB/OL]. （2021 - 02 - 19）[2023 - 03 - 06]. https：//baijiahao. baidu. com/s? id =16921248249163020758&wfr = spider&for = pc.

② 钱江晚报，德国宣布电子竞技成为正式体育项目 [EB/OL]. （2018 - 02 - 12）[2023 - 03 - 06]. https：//baijiahao. baidu. com/s? id =15921751520261297511&wfr = spider&for = pc.

③ 新浪游戏，BBC 报道选手签证：美国承认 LOL 为职业体育身份 [EB/OL]. （2013 - 07 - 24）[2023 - 03 - 06]. http：//games. sina. com. cn/e/n/2013 - 07 - 24/1019720800. shtml.

④ 佚名. 法国政府正式承认电竞为正规体育项目 [J]. 电子竞技，2015（21）：1.

的人越多，竞技体育的影响力就越广泛，所受到的民众和官方的认可也就越多。对于竞技体育运动员来说，在官方赛事中获得优异的成绩，是他们体育生涯中奋斗的终极目标，并且他们在官方赛事中的成绩越优异，所获得的认可就越多（当然也需要体育精神的支撑）。

电子竞技的官方赛事分为两种类型：其一是电竞开发公司或者赛事公司所运营的本游戏或者本公司游戏的官方比赛，例如 Dota2 的 Ti 系列比赛、英雄联盟的 S 系列世界赛；其二是由体育组织或者授权赛事方、政府官方所举办的综合类赛事，例如非常著名的 WCG（World Cyber Games），由国家体育总局信息中心主办的 NEST（National Electronic Sports Tournament）等。前者商业气息较为浓重，但由于是开发和运营该游戏的公司主办，因此在专业性上得到保障，无论是赛事组织、参赛队伍、裁判和服务团队等方面都力求精益求精；后者相对而言，专业性上不如前者，但由于是较有影响力的体育组织（例如亚奥理事会）或者政府官方所组织的综合类赛事，在区域内影响较大，也更容易获得认可，同时由于其综合类的特性，更类似是电子竞技的嘉年华，深得不同游戏类型玩家们的喜爱。

1. 公司官方赛事

电子竞技运动的重要比赛项目基本都有属于自己的顶级官方赛事，其中包括联赛和锦标赛两种类型。较为热门和大型的电子竞技运动项目，会在世界的不同区域设立联赛，以营造职业化的环境，促使电子竞技运动成为成熟且可靠的职业，例如英雄联盟中国大陆赛区 LPL，韩国赛区 LCK，王者荣耀中国联赛 KPL，而被玩家们所熟知的 S 系列赛或 Ti 系列比赛属于官方世界性的锦标赛，由本地区优秀俱乐部，受邀请俱乐部等战队参加（不同赛事的入选标准不尽相同，但大体上是选拔全世界不同区域最优秀的队伍参加赛事），是该项目年度最隆重的赛事。

公司官方赛事的奖金相当丰厚，这是吸引各俱乐部参赛的重要原因，同时高额的奖金也让这些赛事获得了高度的关注，玩家和观众在赞叹奖金之高的同时，也就将更多的电竞认知带入了社会。

2011 年，第一届 Dota2 全球赛事 Ti1 在德国科隆举行，夺冠的 NAVI 战队获得了 100 万美元的奖金，赛事总奖金为 160 万美元；到了 Ti7，冠军奖金已经达到了电竞游戏历史上前所未有的 1086 万美元①，2021 年举办的 Ti10 的赛事总奖金高达 4001 万美元，冠军奖金为 1820 万美元②。如此高额的奖金来自玩家购买游戏内道具等收入的 25%，对于赛事和选手而言，高额的奖金加上广泛的关注度，是赛事能够良好发展的重要条件。

同样是 MOBA 类重要的电竞项目，英雄联盟世界赛同样奖金丰厚。在 2011 年的全球总决赛，冠军奖金仅有 5 万美元，2012 年，英雄联盟世界赛第 2 赛季（简称 S2）的赛事投入达到 500 万美元③，冠军奖金为 100 万美元；2018 年中国队伍 IG 获得世界赛冠军，最终获得的奖金约为 241 万美元，2019 年的世界赛 S9，中国战队 FPX 最终获得冠军，所获得的冠军奖金约为赛事总奖金 225 万美元的 37.5%（约为 84 万美元），加上与全球总决赛相关数码产品销售利润的一定比例，这些数码产品包括冠军皮肤，世界赛相关的道具等④。前文中提到的英雄联盟皮肤销售的业绩来看，两者相加能够为获胜俱乐部带来非常可观的收益，尤其是中国队伍获得冠军之后，中国玩家购买皮肤的热情持续高涨，也将为电竞选手和俱乐部带来收入。

高额的奖金、精彩的比赛，让这两个大型比赛的观赛人数达到一个惊人的数量，DOTA2 的 TI10 比赛巅峰同时观赛人数为 274 万人，由决赛中国战队 LGD 对战 TS 创造，平均每场的观赛人数在 85 万人左右，总观赛时长超过 1 亿个小时⑤。英雄联盟 S11 比赛巅峰同时观看人数超过 400 万人，由决赛中国战队 EDG 对战韩国的 DWG 创造，平均每场观赛人数达到 129 万人，总观赛时长达到 1 亿 7 千万小时。而且这两个比赛的数据仅是海外观众的数据，不包括中国大陆地区，加上中国赛区的观赛人数，英雄联盟 S11 每分钟观众数达到

---

① Ti7 赛事介绍，The International DOTA2 Championships［EB/OL］．(2017 – 08 – 01)［2023 – 03 – 07］．https：//www.dota2.com.cn/international/overview/．

② Ti10 赛事介绍，The International DOTA2 Championships［EB/OL］．(2021 – 10 – 01)［2023 – 03 – 07］．https：//www.dota2.com.cn/international/2021/overview．

③《英雄联盟》运营团队，《英雄联盟》宣布 500 万美元总奖金打造世界级联赛［EB/OL］．(2011 – 08 – 16)［2023 – 03 – 07］．https：// lol.qq.com/webplat/info/120/436/1018/201108/110971.shtml．

④ 赛事全场回顾，2019 年全球总决赛规则 – 2 参赛资格和奖金［EB/OL］．(2019 – 10 – 08)［2023 – 03 – 07］．https：//lol.qq.com/news/detail.shtml? docid =979117385483389438．

⑤ Esportscharts．Statistics［EB/OL］．(2021 – 10 – 17)［2023 – 03 – 07］．https：//escharts.com/tournaments/dota2/international – 10．

3000万以上，观看人数巅峰值达到 7386 万①，中国赛区仅一个大的观赛平台赛事直播总观看人数就超过 10 亿次，有超过 32 所高校的电竞社，发起了总决赛线下观赛活动②。

另外，由于公司的官方比赛相对更加专业，有专业的赛事平台和公司进行常规化的运营，大量联赛比赛的锤炼，也让整个赛事的组织变得更为流畅，在主持、解说、导播、裁判、采访、应急、会场布置、技术支持、商业合作、宣传等方面，均有非常优异的表现。在英雄联盟 S7 的总决赛中，Riot 公司在电视直播中制作了一条环绕全场的远古巨龙，凭借出色的转播画面获得了第 68 届艾美奖的体育节目最佳直播画面设计奖项，战胜了 NBA 全明星周末，NBA 总决赛等众多传统体育项目节目③。这不仅意味着至少有 50% 以上的全美用户收看了英雄联盟 S7 的总决赛（艾美奖的评奖条件），还代表着美国主流文化和观众对于电子竞技体育的认可。

2. 综合类赛事

综合类赛事相比公司的官方赛事，最大的不同就是综合类赛事会有许多比赛项目。上到亚运会，下到大型的赛事组织机构举办的比赛，都会有大多数主流电子竞技项目参与。一般而言，综合类赛事可以分为商业赛事和官方赛事两种，在这里官方赛事指的是由国家地区或者大型体育组织所举办的赛事。但不论是前者还是后者，都对电子竞技运动的推广和发展起到了重要的作用。

世界上非常著名的电子竞技商业赛事包括 Cyberathlete Professional League（CPL）职业电子竞技联盟、World Cyber Games（WCG）世界电子竞技大赛、Electronic Sport World Cup（ESWC）电子竞技世界杯等，均是在电子竞技世界中有着巨大影响力的赛事。

（1）CPL

Cyberathlete Professional League（CPL）职业电子竞技联盟诞生于 1997 年，

---

① 英雄联盟（微博官方号）. S11 收视数据新高［EB/OL］.（2021 - 11 - 22）［2023 - 03 - 08］. https：//s. weibo. com/weibo? q = %23S11%E6%94%B6%E8%A7%86%E6%95%B0%E6%8D%AE%E6%96%B0%E9%AB%98%23.

② 腾讯新闻. S11 观赛数据再创新高，斗鱼观赛人次突破十亿！［EB/OL］.（2021 - 12 - 01）［2023 - 03 - 08］. https：//view. inews. qq. com/a/20211129A0CGEM00.

③ LOL 官网. S7 全球总决赛成功举办，让 S10 全球总决赛再次回到中国！［EB/OL］.（2018 - 11 - 02）［2023 - 03 - 08］. https：//lol. qq. com/news/detail. shtml? docid = 13995966387043198373.

是世界最早的职业电子竞技比赛之一。CPL 的创始人 Angel Munoz，想要创造一个专注于电子竞技和电视游戏的比赛组织，自从在美国达拉斯举办之后，CPU 在美国、欧洲、拉丁美洲、澳洲和亚洲举办了多次赛事，总共发放了大约 300 万美元的奖金。另外值得一提的是，为了符合相关法律，CPL 是第一个把参赛选手年龄限制在 17 岁以上的大型赛事①。

2008 年，CPL 被沙特阿拉伯联合酋长国的一家公司收购，暂时停止运营，在 2010 年又被新加坡的一家公司收购，随后渐渐地淡出了大型综合赛事。

（2）WCG

World Cyber Games（WCG）世界电子竞技大赛诞生于 2000 年，由当时的电竞强国韩国 International cyber marketing（ICM）公司发起，由三星和微软提供赞助而举办②，由于其项目众多，覆盖面广泛，参赛国家众多，是电子竞技综合赛事一年一度最大的盛会，被称为电子竞技的奥运会。第一届 WCG 比赛就吸引了来自 37 个国家的 430 名参赛者，到了第七届比赛，在美国举办时，已有来自 75 个国家的近千名参赛者参与了这场赛事，2019 年第 14 届 WCG 在西安举办，报名参赛国家超过 110 个，报名选手超过 4 万名③，赛事举办地包括韩国、美国、新加坡、意大利、中国很重要的电竞国家。在 2020 年由于疫情原因改为线上进行。

与其他比赛不太相同的是，WCG 是以国家为单位参赛的，因此中国的相关部门对 WCG 也非常重视，也正是由于有国家集体荣誉的情况存在，WCG 深受中国电竞玩家的喜爱，尤其是中国与韩国的电竞恩怨，成为每一届 WCG 的重要看点。在韩国经济无以为继的情况下，中国连续几年举起了承办 WCG 的大旗，昆山、成都、西安等城市连续举办了该项赛事。中国电竞发展前期的重要成就，均来自该项赛事。在前面几章中所提到的魔兽争霸选手 SKY、INFI、TH000，星际争霸选手 PJ，以及圈外人士不太熟知的 Storm、Legend（LX）、LoveTT 以等即时战略游戏选手以及众多集体项目的中国队伍，均来自那个百

---

① Liquipedia. Cyberathlete Professional League Events［EB/OL］.（2020 – 10 – 27）［2023 – 03 – 09］. https：//liquipedia. net/warcraft/Cyberathlete_Professional_League.

②③ 百度百科. 世界电子竞技大赛［EB/OL］.（2022 – 03 – 10）［2023 – 03 – 09］. https：//baike. baidu. com/item/%E4%B8%96%E7%95%8C%E7%94%B5%E5%AD%90%E7%AB%9E%E6%8A%80%E5%A4%A7%E8%B5%9B/3567247？fromtitle = WCG&fromid = 6705&fr = aladdin#3_14.

花齐放的电竞年代。

WCG可以说是最早塑造电竞文化的赛事，除了象征着集体荣誉，颁发给赛事中获奖最多国家的国家奖杯外，WCG还有自己的主题歌。2004年，WCG出品了自己赛事的主题歌，名字叫《Beyond the Games》（超越游戏），这在当时是一件非常罕见的事，而超越游戏本身也是电子竞技的重要内涵。2020年由于WCG在线上举办，赛事方设计了比赛口号"Connected"（连接世界），也深刻体现了电子竞技的重要作用。

（3）ESWC

Electronic Sport World Cup（ESWC）电子竞技世界杯，起源于欧洲，前身是电子竞技赛事Lan Arena（局域竞技场）。最早开始的电子竞技项目基本以局域网的形式出现——由法国公司Ligarena SA首席执行官Matthieu Dallon创建，发起理事国包括中国等11个国家①。随后由于私人赞助的电子竞技比赛模式受到当时全球经济危机的负面影响，导致赛事临时停办，2010年，ESWC被Jean-Marie Coutant接管，开始走大型综合类赛事的道路，2011年与Oxent公司合作，2012年由Oxent全权制作，2016年，Oxent开始将ESWC发展为更符合市场发展和电子竞技性质的大型活动，即"电子竞技世界大会"②。2016年Oxent被国际媒体集团Webedia收购。截至2018年，ESWC已经在全球三大洲举办过比赛，但其比赛运营重心依然为欧美发达国家。

这些世界级别的电子竞技赛事奖金比不上公司官方赛事，但却是电子竞技运动员所追求的顶级荣誉，因为通常这些赛事的冠军代表了选手所在国家电子竞技的实力和荣誉。这极大地扩展了电子竞技在全球的影响力，不但让更多的人认识电竞，接触电竞，而且更让电子竞技成为一种竞技体育的文化现象，并且为电子竞技融入了更多的精神内涵——也只有这样电子竞技才能被更多的人所接受、理解和认可。

3. 中国官方赛事

相对而言，电子竞技在国外被接受的时间比在国内稍早一些，而要转变国内许多群体的认知，仅有电子竞技行业这一方的努力是不够的，相比企业，许

---

①② ESWC. About ESWC［EB/OL］.（2022-03-10）［2023-03-08］. https：//www.eswc.com/index.php/page/about-eswc.

多群体更相信政府。除了政府的相关政策之外,由中国政府官方所指导的电子竞技官方赛事是最好的正名途径。

10年来,国家体育总局与各地方体育局以及各有关部门共同努力,创办了一些大型赛事,如:由华奥电竞承办的全国电子竞技大赛(NEST);由NEOTV承办的全国电子竞技公开赛(NESO),国际赛事义乌国际电子竞技邀请赛(IET)①;中国大学生体育协会官方授权的校园电竞专属赛事2016年中国大学生电子竞技联赛(UCG),2018年与腾讯合作举办的中国大学生电子竞技联赛(UCL)等。

其中NEST作为中国官方所主办的最大的电子竞技综合类赛事,不但填补了国内大型赛事的空白,更是创造了对于电子竞技大量的关注度,其年均观赛人数达到3.5亿人次,媒体曝光量更是接近30亿次,可以说是电子竞技的全运会②。同时作为国家体育总局官方赛事,NEST还更多地关注体育方面的探索,虚拟体育和智能设备的体育项目被更广泛地推进,促进了电子竞技与传统体育的融合③。在文化方面,NEST更是书写了一部中国电竞的历史,2013~2021年,NEST分别设立了"破冰""跨界""整合""延伸""扩展""升级""硬核""突破"八个主题,通过每一年变化的主题阐释了中国电竞的发展④。

除了这些较为大型的持续性赛事,国家体育总局还与其他单位合作,举办了一些杯赛性质的国家级电子竞技比赛,例如2016年的国家杯电子竞技大赛等。

在国家体育总局和中国大学生体育协会这样的官方体育组织的推动下,电子竞技在中国获得了长足的发展。尽管这些官方的大型综合类赛事在专业程度上还有所欠缺,规模和影响力也尚未真正达到"全运会"的层次,但是这些

---

① 人民网. 国家体育总局:电子竞技与网游的三大差别 [EB/OL]. (2015-06-10) [2023-03-09]. http://culture.people.com.cn/n/2015/0610/c172318-27132804.html.

②④ 百度百科. 全国电子竞技大赛 [EB/OL]. (2021-11-10) [2023-03-09]. https://baike.baidu.com/item/%E5%85%A8%E5%9B%BD%E7%94%B5%E5%AD%90%E7%AB%9E%E6%8A%80%E5%A4%A7%E8%B5%9B/9192281?fromtitle=NEST%E5%85%A8%E5%9B%BD%E7%94%B5%E5%AD%90%E7%AB%9E%E6%8A%80%E5%A4%A7%E8%B5%9B&fromid=14921526&fr=aladdin#reference-[9]-6127075-wrap.

③ 中国新闻网. 2020 NEST全国电子竞技大赛总决赛在杭州开赛 VG战队摘得桂冠 [EB/OL]. (2020-11-23) [2023-03-09]. https://www.chinanews.com.cn/business/2020/11-23/9345028.shtml.

赛事却为电子竞技在教育中的发展提供了依据。但遗憾的是，当前还缺少由相关部委所发布的认定电子竞技在高校中的体育地位的文件或通知。因此，在大多数高校，电子竞技的地位还未达到传统体育的标准。

三、行业与产业的正名之路

对于电子竞技而言，行业与产业本身的正名之路起步最早，在企业、运动员、从业人员和相关人士的不断努力之下，电子竞技从行业的角度逐渐走向正规、正式和繁荣。有一个广阔前景的市场，有更多关注和从业的人员，有完整的职业体系、正规的赛事和保障，有更多与社会其他方面的联系，这就是行业与产业对电子竞技的正名。

电子竞技运动本身就涉及很多产业的发展，电子竞技的软件开发、新媒体直播行业、互联网技术、宽带技术、硬件设备、物流产业等多个领域。电子竞技运动所带动的经济发展也成为社会的热点，促进相关经济产业的快速发展，电子竞技运动成为一个火热的话题。产业界也在通过把不同的方式使电子竞技运动被更多的人所接纳。在各地政府出台的相关政策中，无论是打造电竞之都，还是建设电竞小镇，聚集电竞资源、完善电竞布局、推动"电竞+"融合发展、营造电竞特色文化，深入挖掘市场价值成为指导电竞产业发展的新方向[1]，在这些类似的政策支持下，全国各地的电竞产业开始蓬勃向上。产业的发展不仅是硬实力的发展，更包括一些制度性的、文化性的发展，正是这些软实力的发展和成熟，让电子竞技产业和行业拥有更多的话语权。联盟化制度的不断完善，让电子竞技的行业变得越来越正规，运动员的前景越来越光明；与高校的不断合作尝试，让没有电子竞技专业的高校也渐渐接触到电子竞技行业的魅力，让电子竞技成为青年人教育的重要方面；加上电子竞技原本就有的高流量特色，参与到其他文化产业之中，与其他行业进行友善的互动，都让电子竞技获得更多的支持和喜爱。

---

[1] 成都市人民政府办公厅.《成都市人民政府办公厅关于推进"电竞+"产业发展的实施意见》[EB/OL].（2020－05－07）[2023－03－09］. http：//gk.chengdu.gov.cn/govInfo/detail.action?id=117608&tn=6.

1. 电子竞技运动联盟化体制不断完善

相比起一年一度的锦标赛，联赛才是电子竞技行业与产业的主战场。前者虽然奖金和热度较高，但由于持续时间短，参赛人数少，规模上不足以支撑起行业与产业的发展；各地区的电子竞技联赛的发展才是电子竞技运动员正规化的主要推动力。如果一个地区拥有像 NBA 那样的成熟商业联赛，那么无论是运动的发展、运动员的待遇还是运动的知名度和认可度，都会有强力的支撑。

2017 年 4 月 30 日，英雄联盟正式公布了联盟化、主客场制度化等电竞改革计划，宣布将在 2018 年英雄联盟的比赛中进行主客场制度的比赛模式，开始向电子竞技线下发展的道路进一步迈进①。随后之前集中在上海的多家俱乐部宣布了自己的新主场，例如成都（OMG）、杭州（LGD）、苏州（LNG）、西安（WE）、北京（RNG、JDG）、深圳（V5）等，俱乐部开始寻找最适合自己的城市落户，让电子竞技运动的俱乐部实体扩展到全国各个重要城市，在更多人的认知中扎根。2019 年腾讯和拳头公司在英雄联盟中国赛区成立了腾竞体育，接手英雄联盟中国大陆赛区 LPL，腾竞体育董事叶强生表示，未来英雄联盟将要引领大众的潮流，推进以电竞为中心的新娱乐生活②。同时，联盟化的体制让开发公司、赛事运营公司、联赛本身获得了更好的发展，这与单打独斗的赛事不同，联盟化让整个行业链在发展中形成合力，在内部形成良性竞争，以更完善的规章制度约束运行，以更专业的方式运营和推广赛事。

在联盟化运营的推动下，英雄联盟开始尝试其他电竞项目比赛少有的主客场制，俱乐部和选手开始拥有自己真正的基地；爱好电竞的人们有了观赛的主场，且逐渐开始有了自己的支持主队，赛事文化也由此迈上了一个新的高度；地方政府发现，电竞战队的主场可以带动消费、创造财富、营造互联网文化，于是开始摒弃成见，积极吸纳各个战队落户自己的城市作为主场，争取走在互联网文化娱乐经济发展的前列，甚至可以认为，从某种程度上来说，还没有电子竞技战队主场的城市，在互联网文化娱乐经济方面是处于落后地位的。联盟

---

① ESPTV 电竞世界.《英雄联盟》将成为历史上最伟大的电竞游戏 [EB/OL]. (2017 - 09 - 06) [2023 - 03 - 10]. http://www.sohu.com/a/190181065_827543.

② 官方赛事中心（英雄联盟）. 腾竞体育来了! 将专注于推动电竞产业发展 [EB/OL]. (2019 - 01 - 10) [2023 - 03 - 10]. https：//lol.qq.com/news/detail.shtml? docid = 3604238598984742614.

化运动给了地方政府一个重视和促进电子竞技行业发展的正当理由和良好机遇，通过联盟和政府的良性互动，在实质上从行业领域给予了电子竞技重要的正名。

2. 建立深化与高校的合作

在国家政策的扶持下，中国在电子竞技运动项目上开始寻找出一条合适的人才培养道路，很多本科学校也开设起电竞专业，还为学生提供专业的课程服务、专业教材、电子竞技专业教师。学校是电子竞技运动受众人数最广的地方，同时也是电子竞技行业与产业的人才输送地，与高校建立起人才培养模式，稳定人才的输出、人才培养的系统化、方向的专业化、职业发展的贯通化是电子竞技未来发展的必然途径，通过国家和政府的不断的探索和研究，未来电子竞技运动人才的培养模式会越加丰富。培养产业行业人才是电竞与高校的硬合作，是电子竞技参与到高等教育的起点。而作为电竞与高校之间的软合作，继续提高电竞在高等教育中地位的主要表现校园为电竞联赛、学术研究和课题发布等方面。

2018 年，中国大学生电子竞技联赛，由腾讯和中国大学生体育协会联合举办，赛事持续了整整两个月，汇聚了包括北大、清华、复旦、同济、武大等多所知名高校在内的 32 所高校参赛，总奖金达到 135 万元人民币，比赛项目包括《英雄联盟》《王者荣耀》等 5 类时下热门的电竞项目[①]。2020 年 6 月 25 日，第二届 SUPERFIRST 全国高校电竞联赛在江苏南京启动，将近有 200 所高校队伍参赛，覆盖了全国 41 所高校 104 万大学生[②]。这一类面向全体大学生的电竞赛事，可以极大地促进电竞运动在校园中的发展，尤其是中国大学生体育协会这样的官方组织，其举办的赛事落地校园，不断地向高校的管理者们呈现电子竞技发展的现状，展现电子竞技运动的活力，也让他们看到大学生对电子竞技的热爱，让他们意识到电子竞技运动和网络游戏的区别以及相关的教育引导是一个不容回避的话题，具有极大的正名意义。

---

① 体育大生意. 腾讯联手大体协! 走进千万学子打造中国高校标杆电竞赛事 [EB/OL]. (2018 - 05 - 09) [2023 - 03 - 10]. https：//baijiahao. baidu. com/s? id = 1600000122058363548&wtr = spider&for = pc.

② 江苏体总 family. 第二届 SUPERFIRST 全国高校电竞联赛暨长三角电竞嘉年华活动在江苏南京启动 [EB/OL]. (2020 - 06 - 28) [2023 - 03 - 10]. http：//sports. jschina. com. cn/ztjx/jstzfamily/ywjj/202006/t20200628_6703240. shtml.

除了与高校合作的校园赛事之外,相关的学术研究深入和电竞课题发布等,也是电子竞技行业与高校合作的重要体现形式。为了更好地服务上海电竞之都的发展规划,上海高校智库华东师范大学电竞产业发展研究中心已连续发布了几届电竞产业发展研究专项课题。中国大学生体育协会等机构也会发布电竞相关的课题供老师们申请和研究。2021年9月26日,为促进电竞产业健康发展,北京大学体育教研部健康电竞运动发展中心正式成立,希望通过产学研的结合,促进电竞运动的健康发展[①]。这些研究中心和研究课题可以鼓励和吸引更多的高校教师研究者对电子竞技的相关内容进行研究,这更加深化了电子竞技与高校的合作。相关的学术研究对于电子竞技的发展而言至关重要,可以提供更多理论方面的支撑,以非功利的角度去针对电子竞技进行论述和探讨。但目前总体上而言,针对电子竞技的学术研究,还停留在经济产业层面,主要针对的话题依然是经济的话题,并非教育的话题,这是未来一段时间内需要更加关注的发展点。

3. 电竞题材影视作品的出现

随着电子竞技为热门,文化产业也开始有更多电竞题材的作品出现,这些2008年,卢正雨执导了以"中国电竞第一人"李晓峰(sky)为原型的电影《电竞之王》,讲述了男主人公在电竞事业上一路奋斗,最终打败韩国选手获得世界冠军的故事,这部作品最终获得了2亿元人民币的票房,同时也打开了电竞题材影视作品的大门。2014年左右,以电竞为题材的网剧、网络电影开始出现,随着电竞的继续热门,许多影视剧创作者把创作的灵感聚焦在电竞上。近几年,涌现了许多电竞题材影视剧,如李现、杨紫主演的《亲爱的,热爱的》,杨洋、江疏影主演的《全职高手》,电视剧《你微笑时很美》《你是我的荣耀》等,其中由腾讯出品、《王者荣耀》官方授权的电视剧《你是我的荣耀》,累计播放量超过30亿[②],其流量的价值已经得到了足够的体现。同时以电竞为题材的网络小说层出不穷,其中的一些优秀的作品也受到了网友们的

---

① 北大体育教研部. 促进电竞产业健康发展,北京大学体育教研部健康电竞运动发展中心正式成立 [EB/OL]. (2021-09-22) [2023-03-11]. http://pe.pku.edu.cn/info/1019/10013.htm.

② 邓思远.《你是我的荣耀》后,脱下甜宠剧外衣,电竞题材剧还能怎么走?[EB/OL]. (2021-08-29) [2023-03-11]. https://k.sina.com.cn/article_2832970743_a8dbb3f701900xu9f.html?sudaref=www.baidu.com&display=0&retcode=0.

喜爱。以影视作品、文学为代表的文化产业在产生作品的同时，也向社会大众传播了电竞的理念，一部分作品还展现了电竞选手的风采，突出表现了他们勇敢拼搏的精神和爱国情怀，让更多的人看到电竞选手和从业者的真实模样。

然而就目前来看，文化产业与电竞的融合还不够充分，这其中除了受到一些政策的阻力之外，影视剧行业本身对电竞的不了解让电竞题材经常受到热爱电竞观众的抨击。有一些作品仅仅把电子竞技当成是时下热点，作品中只是披着电子竞技外壳的恋爱甜番，与电子竞技关系不大，甚至许多内容和表现，背离了电子竞技的核心和体育精神。一些电视剧甚至出现了主人公为讨好女主角公然假赛的场景，不仅没有起到为电子竞技正名的作用，反而让电子竞技受到了更多的攻击①。因此，电竞和文化产业还需要更多的融合，有更多更深地了解，才能让电影电视剧、文学等文化产业形式在传播中帮助电子竞技，促进电子竞技的发展和被认可。

当然电子竞技在产业方面的正名之路还远不止这些，但总体而言其作用的方式大同小异，除了本书重点关注的教育领域（也就是与高校的合作），其他领域的发展主要还是扩大电子竞技本身的影响力。产业的健康发展、横向及纵向的连接和推广，让电竞为社会更多人所熟知，展现电竞的真实面貌，提升电子竞技所带来的经济和文化效应，从而为电子竞技带来正名的效果。其他的产业和行业也看到了电子竞技能够带来的热点和效益，主动融入电子竞技产业中，寻求共赢和发展。在其他游戏方面，五菱宏光就将自己的车型放入网易的竞速类手游②《王牌竞速》中，走上类似《极品飞车》系列游戏的合作道路。而目前电子竞技方面，这主要还是以广告赞助为主，相关接近产业的企业还会以购买组件俱乐部等形式来参与到电子竞技方面，例如《哔哩哔哩》《TT语音》等。

---

① 芦文正. 你微笑时很美》完结了，但"黑红也是红"式的蹭流量需警惕[EB/OL]. (2021-01-11) [2023-03-12]. https: //m.thepaper.cn/baijiahao_13998158.

② 尽管还是要再次强调手游对于电子竞技作为运动地位的削弱，一本书的观点，最终是否能将手游完完全全的认定为电子竞技运动，还需要更多的讨论。因此在论述产业方面的问题时，本书依然善意地尽量依照出品厂家对游戏的定义来进行分类。在《王牌竞速》的官网中，我们并没有发现关于电子竞技认定的字样，因此还是以类电竞的游戏出现。

总 结

随着电子竞技正名之路不断前行,社会各界对电子竞技的认可度在不断提升。更多的家长对于电竞开始表示接受,在各种新闻媒体的采访和报道中,能够看到有越来越多的家长对孩子从事电竞行业这一种选择表示尊重①。众多电竞自媒体的迅速崛起,让电子竞技不再受制于存在偏见和误解的媒体报道的钳制,开始在鱼龙混杂的媒体信息中,大声、主动地宣传电子竞技的观点和动态。他们向整个社会宣传了一个真实的电竞面貌,向家长、老师、学生们展现了电竞真正的魅力和残酷,让电竞这个江湖不再神秘,为更多人所知晓②。

但是在电子竞技不断发展并且不断被证明的道路上,依然能看到一些问题,例如,国家体育总局体育信息中心的电子竞技信息发布,自 2019 年 7 月 15 日之后就没有再更新等。电子竞技想要全面发展,需要得到各个部门的支持,然而到现在为止,各个部门之间没有产生良好的化学反应,国家体育总局、教育部、文化部、广电总局等部门对于电子竞技的态度各不相同。每个部门都可以单独对电子竞技进行限制,但想要促进电子竞技发展,却需要所有部门的共同支持。截至目前,电子竞技的相关比赛依然不被允许在电视平台上播出;所有的电子竞技赛事转播依然以网络平台为核心;职业体系和联赛依然有可见的缺陷,缺少了完整的职业体系支持;家长和老师对于电子竞技的感官依然有相当一部分存在疑惑甚至是敌意;已有的学术研究还不足以完全支撑电子竞技在学术界的竞技体育地位,学术界也缺乏相关的重大研究成果来对电子竞技进行深入的研究;高校对于电子竞技的支持有限,目前基本仅能做到不反对,甚至部分高校对电子竞技的活动依然以主观判断对其进行重重限制等。

对此本书依然坚持这样的一种观点,电子竞技想要获得与传统体育近似的正名,其核心应当要从教育入手。要从教育的角度,将电子竞技与网络游戏以

---

① 现代金报. 电竞列为第 78 个体育项目 大神转会费超千万 [EB/OL]. (2015 - 09 - 22) [2023 - 03 - 12]. https://sports.qq.com/a/20150922/034740.htm?t=1487208052903.

② 体育蓝皮书. "第 78 号运动":真实的电竞江湖 [EB/OL]. (2017 - 08 - 22) [2023 - 03 - 12]. https://www.sohu.com/a/166477068_499971.

及其他的电子游戏区分开来,围绕着教育来对电子竞技进行尽量严格的定义,并从各种角度参与促进教育的发展。已经有一些俱乐部和选手正在进行这种教育社区的活动,例如去大学发表演讲,进行类似支教的公益活动等。尤其是在高等教育方面,在目前一些规章制度无法打破的情况下,电竞与高等教育的互动就变得尤其重要,高等教育中的电竞元素需要更多的支持,例如高校中的电竞社团(本书将在第六章中对此进行详细的呈现和论述)。就如传统体育无法拒绝其部分元素的电子化一样,电子竞技所受到的热爱和发展是大势所趋,这是高等教育难以拒绝的。因此,从高等教育的角度来说,对电子竞技进行研究和探讨,并尝试进行实践与引导,是高等教育无法回避的趋势。

第五章

电子竞技对大学生的影响

在前文中提到，当前对电子竞技在高等教育中发展的研究缺乏实证，想要说服高等教育界更多地接受电子竞技，扭转学术界的一些偏见和误解，仅靠国外的研究数据和国内的理论论述性研究是远远不够的，需要在中国本土，以中国大学生作为样本进行实证的调查研究。本研究团队为此进行了大约一年的准备和调查研究工作，对主体为宁波市大学生的群体进行了问卷调查（问卷亦有省外的学生填写），主要调查电子竞技活动对从事这项运动的大学生群体在校园生活人际交往和学习方面所造成的影响，并且以网络游戏作为对照组。

本章将通过四个部分来对研究的情况进行展示，第一节主要介绍问卷的相关情况以及基本信息的结果；第二节主要展示问卷中有关电子竞技及网络游戏对大学生生活及人际交往方面的影响；第三节主要展示问卷中有关电子信息及网络游戏对大学生学习方面的影响；第四节主要以因子分析、主成因因子分析与回归分析对数据进行进一步的探讨和验证。

本章的问卷数据来自2019~2020年马冀科研启动课题发放的问卷。量化信效度和因子分析、主成因分析由2020年宁波工程学院挑战杯赵琳团队中来自理学院的蔡洪成、马聪婕负责完成。其他部分的量化分析在成书时由作者重新进行统计运算。描述性统计部分与赵琳、陈怡、戚浩瑾、马冀的《电子竞技对大学生参与校园学生组织影响的实证研究》有部分重复[1][2]。

---

[1] 赵琳、陈怡、戚浩瑾、马冀．电子竞技对大学生参与校园学生组织影响的实证研究[J]．体育科学进展，2021，9（2）：180-187．

[2] 描述性统计与赵琳团队挑战杯文本亦有重复之处，但不影响本书作者对数据和分析的知识产权。

第一节 问卷及基本信息

问卷分为三个部分共四十三题：第一部分为基本信息部分，问题包括目前的年级、性别、学科、对电子竞技的认知、平时从事的电竞项目、从事电竞的年限、每天从事电竞运动的时间地点、家庭收入、生活费状况、从事电竞运动的开销等。

第二部分为学业情况部分，包括GPA、学习满意度、课外学习时间、挂科情况、奖学金情况、专业课及选修课成绩、专业排名。

第三部分为生活状态和发展部分，内容包括大学生活总体满意、从事电竞时对他人的打扰、参加学生组织的状况、网络和游戏成瘾的自我判断、恋爱状况、朋友类型状况、从事电竞的方式、电竞带来的正向和负面影响、未来职业选择等。

调查问卷分为网上问卷与纸质问卷两种，在时间点内共发放问卷700份，随后对问卷进行审核，去除无效问卷（未填或错填），去除填写时间为3分钟以下的问卷，去除经人工审核认为典型的非正常结果问卷，确认问卷有效后，将获取数据信息录入，共回收有效问卷647份，问卷有效率92.42%。

研究方法上主要使用量化统计的方法，具体方式包括描述性统计、相关性分析，独立样本T检验，单因素ANOVA检验，因子分析与公因子分析等。

一、问卷信效度

1. 量化信效度分析

（1）信度分析

信度即可靠度，它指的是采取同样的方法对同一对象的重复测量时，其所得结果相一致的结果。

以下是进行可靠性统计得到的信度系数表：

表 5.1　　　　　　　　　　　个案处理摘要

	个案数	%
个案有效	647	100
排除	0	0.0
总计	647	100.0

表 5.2　　　　　　　　　　　可靠性统计

克隆巴赫 Alpha	基于标准化项的克隆巴赫 Alpha
0.694	0.711

信度系数：任何测验或显表的信度系数如果在 0.8 以上，则该测验或显表的信度非常好；信度系数 0.7 以上都是可以接受的；如果在 0.6 以上，则该量表应进行修订，但仍不失其价值；如低于 0.6，则量表需要重新设计。而表 5.2 是去掉基本信息后剩余的 30 项变量进行的可靠性分析，得到的信度系数为 0.711，说明该表的信度较好，见表 5.1、表 5.2。

（2）效度分析

效度也称为测量的有效度或准确度。它是指测量工具或测量手段能够准确测出所要测量的变量的程度。效度越高，即表示测量结果越能显示其所要测量的对象的真正特征。本研究对问卷在 SPSS 中进行了 KMO 和巴特利特检验，见表 5.3。

表 5.3　　　　　　　　　KMO 和巴特利特检验

KMO 取样适切性量数	0.748
巴特利特球形度检验近似卡方	747.874
自由度	10
显著性	0.000

一般情况下，KMO>0.9 非常适合因子分析；0.8<KMO<0.9 适合；0.7 以上尚可，0.6 时效果很差，0.5 以下不适宜作因子分析。

该问卷的 KMO 为 0.748，并且该问卷 Sig（显著性）小于 0.05，所以问卷具有效度，且适合做因子分析。

2. 质性信效度分析

（1）信度保障

为了保障本次问卷的信度，本研究在问卷填写人员、问卷设计、问卷排除等方面进行了设计。在问卷发放时，主要渠道为各班级线上联系群组，面向大学生开放的信息交换平台等，以保证填写者为大学生群体，避免其他人群掺杂进其中；同时，本研究还委托各个高校的电子竞技负责人，向学校特定学生群体进行完全发放，避免过多的既不了解电子竞技运动也不经常玩游戏的同学填写该问卷。

在问卷设计方面，为了保证信度，本研究设计了一些专业性的电子竞技相关问题，例如对擅长电子竞技种类的填写；另外还对受调查者对电子竞技和网络游戏的认知进行了调查，以便在数据分析时将两者区分开来。

在问卷排除方面，为了保障问卷的可信度，研究团队对问卷进行了筛选，筛选的内容包括问卷填写时间、选项连续异常度、填写内容异常度等。通过人工审核，填写时间在3分钟以下的问卷被视为无效填写问卷进行排除；较为明显的选项连续相同问卷，例如全部选择或在问卷的某一部分中全部选择A或D的视为无效问卷，对其进行排除；较为明显的胡乱内容填写，例如在GPA中填写500，在专业排名中填写50万等，视为无效问卷，对其进行排除。

（2）效度保障

由于本研究除了对大学生是否参与了其他社团，GPA是多少等可以绝对量化的问题调查之外，还针对他们在从事电子竞技运动中对所要调查内容的感官和态度进行询问，有相当一部分自陈式的问题，为了保证问卷的效度，本研究采用"李克特式5分量表"，对相对模糊的概念进行量化，以相对有效的方式来进行统计。同时也对无法进行量化的部分进行优化，部分选项采取多选的方式，还采取了一部分排序题的方式进行调查。

二、基本信息描述性统计

基本信息的描述性统计分为两个部分：第一部分为个人信息部分，包括受调查者年级、性别、所属学科、家庭收入情况、每月生活费；第二部分为电子竞技相关基本信息部分，包括从事电子竞技运动或网络游戏的年限、每周游玩的天数、每天游玩的时间、在电子竞技或网络游戏中的花费、对电子竞技作为自己职业发展的态度等情况。

1. 个人信息部分

表5.4　　　　　　　　　　　　　　受调查者年级

年级	频率	百分比
一年级	326	50.4
二年级	147	22.7
三年级	108	16.7
四年级	31	4.8
研究生及以上	35	5.4
总计	647	100.0

表5.4显示,本次问卷的受调查者数量最多的是大学一年级的同学,达到326人,占总人数的50.4%,二年级和三年级分别占22.7%和16.7%,四年级和研究生及以上仅有31人和35人,比例分别为4.8%和5.4%。

表5.5　　　　　　　　　　　　　　受调查者性别

性别	频率	百分比
男	279	43.1
女	368	56.9
总计	647	100.0

表5.5显示,本次问卷受调查者女性占56.9%,男性占43.1%。这与传统刻板印象中,男性学生从事电子竞技和网络游戏的人数较多有所不同。

表5.6　　　　　　　　　　　　　　学科

学科	频率	百分比
文科	206	31.8
工科	186	28.7
理科	136	21.1
其他（商科、医科、农科等）	119	18.4
总计	647	100.0

从表5.6学科分布的情况来看,接受调查的文科学生最多,占31.8%,工科学生其次,占28.7%,理科和其他类的学生各占21%和18.4%。这与性别

方面的人数比例结果较为统一。

表 5.7　　　　　　　　　　家庭年收入情况

家庭收入	频率	百分比
100 万元以上	41	6.2
30 万~100 万元	84	12.8
15 万~30 万元	213	32.4
15 万元以下	319	48.6
总计	647	100

从表 5.7 家庭年收入情况来看，年收入 100 万元以上占到 6.2%，30 万~100 万元收入的家庭占到 12.8%，15 万~30 万元的占 30.4%，15 万元以下的占 48.6%，其比例与当前的现实情况较为接近，小康水平的家庭占到大多数。根据国家统计局的调查，2021 年，我国居民人均可支配收入为 35128 元，三口之家约为 10 万元[①]。浙江省 2021 年的人均可支配收入为 27541 元，城镇居民为 68487 元[②]，宁波市的人均可支配收入为 65436 元，三口之家为 15 万~20 万元[③]，相对而言也证明了本次调查的信效度。

表 5.8　　　　　　　　　　每月生活费

生活费	频率	百分比
1000 元以下	74	11.4
1000~1500 元	260	40.2
1500~2000 元	203	31.4
2000 元以上	110	17.0
总计	647	100

表 5.8 统计了受调查学生每月获得生活费用的情况，其中大多数同学的生

---

① 国家统计局. 2021 年居民收入和消费支出情况 [EB/OL]. (2022-01-17) [2022-08-06]. http://www.stats.gov.cn/tjsj/zxfb/202201/t20220117_1826403.html.

② 国家统计局. 浙江省人均可支配收入 [EB/OL]. (2022-01-17) [2022-08-06]. https://data.stats.gov.cn/search.htm?s=%E6%B5%99%E6%B1%9F%E7%9C%81%E4%BA%BA%E5%9D%87%E5%8F%AF%E6%94%AF%E9%85%8D%E6%94%B6%E5%85%A5A5.

③ 新京报. 人均 GDP 反超杭州，宁波到底有多富 [EB/OL]. (2022-03-29) [2022-08-06]. https://baijiahao.baidu.com/s?id=1728628915507260461&wfr=spider&for=pc.

活费用在 1000～2000 元，共计 71.4%，低于 1000 元的占 11.4%，高于 2000 元的占 17%，这与网上的一些调查基本相符，腾讯网的统计显示，浙江省大学生的平均生活费为 1601 元[①]，与本调查的结果基本相同。

2. 从事电子竞技运动或玩网络游戏的情况

表 5.9　　　　从事电子竞技运动或玩网络游戏的年限

年限	频率	百分比
0～1 年	160	24.7
1～2 年	131	20.2
3～4 年	148	22.9
5～6 年	85	13.1
7 年及以上	123	19.0
总计	647	100

从表 5.9 调查的结果来看，从事电竞运动和玩网络游戏的年限分布相对来说比较均匀，其中刚开始接触电竞和网游的人比例最高，占 24.7%，除了 5～6 年的人群外，其他年限人群均在 20% 左右。

表 5.10　　　每周从事电子竞技运动或玩网络游戏的天数

天数	频率	百分比
0～2 天	266	41.1
3～4 天	169	26.1
5～6 天	115	17.8
7 天	97	15.0
总计	647	100

从表 5.10 可以看出，每周从事电子竞技运动或玩网络游戏天数在 4 天以下的占大多数，接近 70%，随后随着时间的变长而递减，每天都玩网络游戏或进行电子竞技运动的同学占 15.0%，这与刻板印象中从事电子竞技运动或玩网络游戏很多人成瘾，每天都必须玩游戏的看法并不相同。

---

① 腾讯网. 大一新生每月多少生活费才够花？全国各地大学生生活费排行出炉［EB/OL］. (2021-09-18)［2022-08-06］. https://xw.qq.com/amphtml/20210918A02VKQ00.

表 5.11　　每天平均从事电子竞技运动或玩网络游戏的时间

时间	频率	百分比
0~1 小时	166	25.7
1~2 小时	257	39.7
3~4 小时	154	23.8
5~6 小时	40	6.2
7 小时以上	30	4.6
总计	647	100

根据表 5.11 每天从事电子竞技或玩网络游戏时间的调查，接近 90% 的同学每天玩游戏或进行电子竞技运动的时间少于 4 个小时，65% 的同学少于两个小时，在 5 个小时以上的同学占 10% 左右，从总人数的上来看，每天过度进行电子竞技运动或玩网络游戏的同学比例并不高，大多数同学的游玩时间在可接受范围内。

表 5.12　　自大学以来在电子竞技运动和网络游戏中的花费

花费	频率	百分比
2000 元以下	379	58.6
2000~4000 元	83	12.8
4000~6000 元	41	6.3
6000 元以上	49	7.6
其他	95	14.7
总计	647	100

表 5.12 的统计显示，自大学以来同学们在电子竞技运动和网络游戏中的花费 2000 元以下的占 58.6%，除了显示超过一半的同学花费也不算太多之外，还有可能与表一中所显示的，大多数受调查者来自大一的同学们有关。但也需要看到的是，依然有不小比例的同学在游戏中花费不少，相对于一般传统体育运动而言，电子竞技运动和网络游戏的游玩金钱花费相对较多（但许多日常体育运动需要支付高额的学习训练费用，电子竞技在这方面尚未形成大规模的培训体系，但已发展有针对主播等高段位玩家的训练营）。

表5.13　　　　　是否愿意把电竞当成自己的职业发展

意愿	频率	百分比
不愿意	439	67.8
看情况	149	23.1
愿意	59	9.1
总计	647	100

表5.13显示本研究还对大学生是否愿意将电竞当成自己职业发展进行了调查，结果显示大部分的同学不愿意将电子竞技作为自己的职业发展，只有9%左右的同学愿意把电竞当成自己的职业，23.1%的同学表示可以看情况。从调查结果来看大多数同学只是把电子竞技当成一项普通的运动和休闲手段，并没有进行进一步职业发展的考虑，这也符合大多数传统体育项目的状态。

表5.14　　　　　对电子竞技的总体看法

看法	频率	百分比
弊大于利	159	24.6
利大于弊	233	36.0
与我无关	255	39.4
总计	647	100

表5.14在对电子竞技总体看法的调查中，认为电子竞技弊大于利的同学占24.6%，认为利大于弊的占36%，另外还有接近40%的同学认为这与自己无关。对电子竞技持正面判断态度的同学比持负面态度的同学人数多出近50%，但值得注意的是，也有相当一部分同学认为电子竞技存在负面的影响，在从事电子竞技运动比例最高的大学生群体尚有25%左右的比例对电子竞技呈负面判断，那么在教育领域其他团体中，这个比例应当会更高。

表5.15　　　　　是否认为自己有游戏成瘾

评分	频率	百分比
1	199	30.8
2	180	27.8
3	164	25.3
4	70	10.8
5	34	5.3
总计	647	100

表5.15展现了在自陈式的问卷中,受调查的同学对自己是否有游戏成瘾的认知情况,采用"李克特式5分量表",1分为完全没有成瘾,5分为成瘾严重。结果显示有30.82%的同学认为自己完全没有游戏成瘾,有接近84%的同学认为自己没有严重的游戏成瘾,只有16.1%的同学认为自己有游戏成瘾的状况。

第二节 电子竞技对大学生校园生活与人际交往的影响[①]

一、文献探讨与假设

在对电子竞技提出负面影响观点的研究中,除了认为对学习产生影响之外,很重要的一部分论述在于电子竞技由于其运动场所的特性,会对学生的日常生活,尤其是校园人际交往产生负面影响,从而对学生的精神成长不利。因此,研究团队在设计问卷中也对这方面进行了调研。电子竞技是体育运动与互联网的结合,因此,首先从文献中可以找到互联网和体育运动是否对大学生的人际交往产生影响。

(一) 互联网对大学生人际交往的影响

互联网明显降低了人际交往的成本,让人与人之间的交流能够跨越空间,同时也拓展交流的范围,这些优点同样作用于大学生身上。网络人际关系消除了大学生人际交往障碍,让交流变得更为主动和积极,从而达到自信和满足的心理效果。同时,网络可以让人际交往更轻松,以便释放压力[②]。

研究也显示大学生对网络的依赖,会影响他们的人际交往。首先,网络让人与现实世界隔离,网络交流的顺畅,不代表现实中社交能力的发展,反而会

[①] 本节内容曾被研究团队作为宁波工程学院第七届"崇本·挑战杯"大学生课外学术科技作品竞赛作品《电子竞技对大学生校园人际交往影响的调查研究》,学生主持人为赵琳,导师为马冀,成员包括陈怡、魏丹阳、蔡洪成、马聪婕、陈璇、竺晨露、张广林、郑凯文、沈振权。宁波工程学院电子竞技协会亦对本研究的调查和分析有所贡献。部分数据和内容在本书写作过程中进行了重新统计和论述修改。

[②] 孙婷. 互联网对大学生人际交往的影响研究 [J]. 现代交际, 2019 (8): 2.

让人丧失现实社交的能力，形成社交障碍①；其次，网络社交身份的虚拟性会与现实造成反差，产生自我认知与环境认知的冲突，可能会造成心理和人格方面的问题②；最后网络的匿名性和虚拟性让个人责任变得淡化，这与现实中的人际交往关系准则是相冲突的③④。

（二）体育运动对大学生人际交往的影响

体育运动对于大学生人际交往的影响主要通过运动时的交流以及改善消极心理来实现。从直接的表现形式来看，体育运动通常以团队的方式进行，尤其是大学中的体育运动。这种团队合作的模式，需要团队的参与者相互配合，相互交流，才能够使运动顺利地进行下去，这种团队的运动方式可以促进大学生的人际交流，培养他们的合作精神⑤。同时体育运动的团队成为大学生人际交往的空间，共同的兴趣爱好成为话题，这对于大学生的人际交往而言非常有利⑥。

同时体育运动对于大学生心理健康的正面影响也被广泛地论述和肯定。体育运动对于大学生培养良好人格，树立健康的心理有正向的作用，这主要源于体育运动时大脑分泌的内啡肽，以及身体合成的血清素和多巴胺⑦，也有研究对一万多名青少年进行调查后发现，他们的心理健康发展程度与从事体育运动的程度呈正相关⑧。还有观点认为体育运动能够治疗心理疾病，缓解、焦虑抑郁等心理问题⑨。更正向的心理状态是良性人际交往互动的一种保证，因此体育运动对于大学生的人际交往而言，其巨大的正向作用不可忽视。当然体育运动的团队中人与人之间的互动也并非完全是正向的，竞技体育的特征也会导致大学生在从事这些运动的时候形成一定的挫败感，但总体上而言，体育运动对

---

① 刘伟. 关于体育运动促进大学生人际交往能力提升的探讨 [J]. 当代体育科技, 2020, 10 (16): 216-217.

② 张俊杰, 姚本先. 网络对大学生人际交往的影响 [J]. 高校辅导员学刊, 2009, 1 (2): 5.

③ 孙婷. 互联网对大学生人际交往的影响研究 [J]. 现代交际, 2019 (8): 2.

④ 张悦, 徐颖. 互联网对大学生人际关系的影响研究 [J]. 校园心理, 2013 (6): 407-408.

⑤ 宋湘勤. 体育运动与大学生心理健康教育的关系探讨 [J]. 心理月刊, 2019, 14 (15): 58.

⑥ 杜世磊. 集体和个人运动项目对初中学生社会适应能力的影响研究 [D]. 北京: 首都体育学院, 2020.

⑦ 曹鹏飞. 体育对青少年心理健康的影响 [J]. 拳击与格斗, 2018 (9): 1.

⑧ 吴家舵, 吴红权, 朱超群. 体育锻炼对青少年心理健康影响研究 [J]. 吉林体育学院学报, 2008, 24 (4): 114-115.

⑨ 倪才勇. 体育运动对初中生人际关系的影响：自卑感的中介作用 [D]. 扬州: 扬州大学, 2019.

于大学生的人际交往影响是正向的。

(三) 电子竞技运动对大学生人际交往的影响

既然电子竞技是体育运动,那么体育运动所带来的对大学生人际交往的正向影响应当可以在电子竞技运动中体现。大学生参与电子竞技基本是以团队的形式进行的,且大多是友伴性的,这有利于人与人之间的交流和沟通,同时也是这项运动非常注重的方面[①]。为数不多的实证研究也在调查中印证了这方面的内容,在针对合肥市大学生的调查中,34.7%的大学生采取与朋友同学一起的方式来进行电子竞技运动,且大部分人很享受团队协作中的相互交流[②]。这与体育运动的调查结果基本一致,且电子竞技也同样可以带来共同话题,共同喜欢的战队和选手,对于大学生扩大人际交往圈有所帮助,这还包括各个学校中如火如荼的电子竞技社团,也同样可以为大学生电子竞技爱好者们提供团队协作能力锻炼的平台——对于教育来说更容易接受的平台。然而针对电子竞技这方面的实证研究依然太少,相当一部分的文献阐述的是网络游戏在人际交往和互动中的作用,这里本书就不再赘述了。

在有限的电子竞技对大学生人际交往影响研究中,也有提到对于电子竞技促进大学生心理健康方面的内容,除了游戏所带来的心灵慰藉和积极互动之外,电子竞技由于其竞技体育的属性,还能够锻炼人的意志力,同时帮助大学生放松身心,缓解压力,获得归属的认同[③]。

但和许多标志性的体育团队运动不同,电子竞技的网络属性既给大学生的人际交往带来了诸多便利(包括跨越空间的人际联系等),也带来了负面影响,这是电子竞技自身特性所不可避免的。这其中包括前文所论述的互联网所带来的虚拟性,与现实的反差,也有专家学者使用网络游戏的例子来批判和论述电子竞技会使青少年在网络成瘾和暴力色情等方面对他们的人际交往产生负面作用,但这些负面的作用依然需要国内的实证研究来进行进一步的证明。

---

① 宋顺,宋睿. 山西省高校电子竞技运动发展特征研究 [J]. 体育科技文献通报,2019,27 (3):24-25,32.
② 徐喆. 高校电子竞技运动开展现状及对策研究——以合肥市高校为例 [J]. 中国学校体育 (高等教育),2018,5 (11):23-28.
③ 李少多,刘玉堂. 从对峙到汇融:电子竞技文化的"罪论"与突围 [J]. 武汉体育学院学报,2019,53 (12):17-22.

然而电子竞技还存在于网络游戏不甚相同的负面影响点,这其中就包括电子竞技运动胜负所带来的挫败感,以及电子竞技激烈竞争环境中的语言和虚拟行为攻击等,这对大学生的人际交往会产生不利的影响,这一点本书将在第七章电子竞技与育人的内容中做更加详细的论述。

(四)假设

通过上述三类文献的综述,研究做出的假设为:

电子竞技对于大学生校园生活与人际交往同时具有正面和负面的影响,但正面影响更大。

二、描述性统计

本节的描述性统计针对大学生校园生活人际交往方面的情况(其中包括部分心理状态问题),其中包括:每天平均睡觉时间、玩游戏时是否会打扰室友、是否会通过电子竞技或网络游戏排解不愉快、朋友类型数量、进行电子竞技的方式、从事电子竞技运动的原因以及电子竞技带来的正面影响。

表 5.16　　　　每日平均睡眠时间与对应游戏类型交叉

平均睡眠时间	对应游戏类型			总计	百分比
	网络游戏	电子竞技	两者兼有		
5 个小时以下	9	19	7	35	5.4
5~7 个小时	76	147	54	277	42.8
7~9 个小时	67	162	64	293	45.3
9 个小时以上	9	23	10	42	6.5
总计	161	351	135	647	100

从表 5.16 的交叉统计可以看出,绝大部分的同学睡眠时间是在 5~9 个小时,占 88.1%,有 5.4% 的同学每天睡觉 5 个小时以下,属于睡眠不足的情况,还有 6.5% 的同学睡觉,每天达到 9 个小时以上。从对于游戏类型来看,玩网络游戏的同学睡眠在 5~7 个小时的比例要高于从事电子竞技运动和两者兼有的同学,在 7~9 个小时区间则低于另外两类。但总体比例来看,与现有高校的学业作息时间相对吻合。

表 5.17　　游玩时是否会打扰室友与对应游戏类型交叉

是否会打扰	对应游戏类型			总计	百分比
	网络游戏	电子竞技	两者兼有		
会	11	20	12	43	6.6
有时会	41	98	27	166	25.7
不太会	96	209	90	395	61.1
一个人住	13	24	6	43	6.6
总计	161	351	135	647	100

从表 5.17 来看，仅从描述性统计无法看出对应游戏类型与是否会打扰室友有更多的关联，总体上来看，有 25.7% 的同学认为自己打游玩时有时会影响室友；而更多的人则认为自己不太会打扰室友，这个比例占 61.1%；而且有 6.6% 的同学觉得自己会打扰到室友。

表 5.18　　是否会通过电子竞技或者网络游戏排解不愉快

通过什么方式排解	对应游戏类型			总计	百分比
	网络游戏	电子竞技	两者兼有		
通过电子竞技	14	196	13	223	34.5
通过网络游戏	85	45	44	174	26.9
两者都不考虑	62	110	78	250	38.6
总计	161	351	135	647	100

文献综述中有关于体育运动可以帮助排解学习生活中不愉快情绪的论述，而在表 5.18 中可以清楚地发现相比起网络游戏，更多的人选择通过电子竞技来排解不愉快，占总人数的 34.5%，而选择用网络游戏来排解不愉快的同学占 26.9%。当然更多的人选择了"两者都不考虑"。

表 5.19　　朋友类型数量排序交叉

朋友类型排名（平均值）	对应游戏类型			总计
	网络游戏	电子竞技	两者兼有	
电竞伙伴	4.18	3.50	3.85	3.74
网游伙伴	3.37	3.60	3.54	3.53
同班同学	2.12	2.01	2.05	2.05
学生会、社团朋友	3.09	3.12	3.01	3.10
学习组织朋友	3.69	3.92	4.01	3.88
其他	4.57	4.84	4.59	4.73

表 5.19 显示了同学们各种朋友类型的数量多少排序，平均值越低，代表该类型的朋友排序越靠前，平均值越高，代表排序越靠后。可以看到，朋友数量最多的类型是同班同学，除掉"其他"这一类型，朋友数量最少的是学习组织类型。而从研究较为关注的网游和电子竞技部分来看，除了从事电子竞技运动的同学，电竞伙伴数量要多于网络游戏之外，其他的类型数量排名没有太大的区别。

表5.20　　　　　进行电子竞技的方式频率（多选）

进行电子竞技的方式	个案数	个案百分比
一个人玩	359	54.6
和同学朋友一起玩	455	69.3
电子竞技社团	85	12.9
战队和公会	110	16.7
院校比赛	56	8.5
职业半职业等更高级别比赛	49	7.5

问卷还调查了大学生进行电子竞技的方式，表 5.20 显示，有 54.6% 的同学平时会一个人来进行电子竞技运动。而更多的人也会选择和同学朋友们一起玩，选择了该学校的同学占到 69.3%，另外还有 16.7% 的同学是通过线上的公会和战队来进行电子竞技运动，12.9% 的同学，会和电子竞技社团的朋友们一起运动。从表 5.20 中可以看到，电子竞技运动的确为大学生的人际交往提供了平台，让他们能够更多地与其他人交流。

表5.21　　　　　从事电子竞技运动的动机（多选）

为什么会从事电竞运动	个案数	个案百分比
就是热爱	290	44.1
喜欢这种方式的运动	232	35.3
受同学朋友邀请	295	44.9
逃避显示或疗愈自己	144	21.9
跟随潮流	104	15.8
为了融入周围同学朋友	98	14.9

在前文中，本书曾经提到已有文献中对于从事电子竞技运动的动机的结果

的调查，在表5.21中，研究对此进行了实证。调查结果显示有44.9%的同学的选择结果中有"受同学朋友邀请"这一项，有14.9%的同学也有因为要融入周围同学朋友这一原因而从事电子竞技运动，同时还有15.8%的同学选择了跟随潮流。这个结果意味着，从事电子竞技运动，不仅能够为同学们提供交友的平台，同时电子竞技也是人际交往的一种结果，从事电子竞技运动巩固了人与人之间的人际关系。

表5.22　　　　电子竞技给你带来了什么正面影响（多选）

电竞给你带来了什么正面影响	个案数	个案百分比
良好的人际关系	308	47.6
快乐的体验	464	71.7
友情爱情	186	28.7
体育精神和规则意识	259	40.0
对生活的进一步认知	209	32.3

从表5.22中可以看出，在电子竞技的正面影响调查中，有71.7%的同学认为电子竞技给他们带来了快乐的体验，这对于大学生的正向的心理状态有所帮助；有47.6%的同学认为电子竞技给他们带来了良好的人际关系，40%的同学认为电子竞技培养了他们的体育精神和规则意识，而28.7%的同学认为电子竞技给他们带来了友情和爱情。

通过上述的统计结果可以总结出，电子竞技在大学生生活和社会交往的一些方面，不仅没有过多的负面影响，还有积极正面的影响。调查显示电子竞技并没有过度影响大学生的睡眠质量，也没有让同学们打扰到室友。同时电子竞技还为他们带来了更多的朋友，不仅提供了交友的平台，提供了交流的话题，还提升了他们的人际关系体验。同时电子竞技也带来了一些精神层面的良好影响，例如快乐的精神状态，体育精神的激发，疗愈自己，排遣平时积累下来的负面情绪等。但这里需要指出的是：第一，研究的材料来源于自陈式问卷，虽然经过5分量表进行量化，但是很多问题的本质依然是质化的，人与人之间对满意或不满意的判断不同，自我对外界反馈的认知也不相同，同时信效度也并没有纯量化问卷那么高；第二，本研究的问卷发放主要针对电子竞技和网络游戏的玩家，因此尽管当前大学生进行电子竞技运动或者玩网络游戏的人数众多，在针对电子竞技和网络游戏的调查上仍存在"幸存者偏差",尤其是对电子竞技和网络游戏的态度情感方面的问卷,在对本研究的结果进行参考和分析的时候,需要加入对这一方面的考量。未来的研究应扩大资料收集的范围,将不经常从事电子竞技或游玩网络游戏的学生也加入进问卷之中,可以更多地获得比较性的成果。

三、相关性分析

在经过简单的描述性统计之后,研究对一些要素进行了相关性分析,通过卡方检验等统计方式,来分析要素之间是否有相关性。研究选取了性别与每周游玩时长、游戏类型与每周游玩时长、年级与每周游玩时长、每周游玩时长与打扰室友、每周游玩时长与参与学生组织、每周游玩时长与参与方式、每周游玩时长与是否有男女朋友等方面来进行展示和分析。

表5.23　　每周游玩时长与性别

时长		性别		总计
		男生	女生	
每周游玩时长	1.00	75	155	230
	2.00	60	64	124
	3.00	25	40	65
	4.00	44	45	89
	6.00	27	29	56
	8.00	20	18	38
	9.00	5	7	12
	12.00	7	7	14
	16.00	13	6	19
总计		276	371	647

全部游玩类型组统计

	性别	个案数	平均值	标准差	标准误差平均值
每周游玩时长	男	276	4.0036	3.72363	0.22414
	女	371	3.0836	2.97304	0.15435

全部游玩类型的独立样本 T 检验

		莱文方差等同性检验		平均值等同性 t 检验		
		F	显著性	t	自由度	显著性（双尾）
游玩频率	假定等方差	9.194	0.003	3.493	645	0.001
	不假定等方差			3.381	512.083	0.001

从事电子竞技运动组统计

	电子竞技性别	个案数	平均值	标准差	标准误差平均值
电子竞技每周游玩时长	男	194	4.2216	3.60301	0.25868
	女	157	3.4904	3.08557	0.24626

从事电子竞技运动独立样本 T 检验

		莱文方差等同性检验		平均值等同性 t 检验		
		F	显著性	t	自由度	显著性（双尾）
游玩频率	假定等方差	1.931	0.166	2.014	349	0.045
	不假定等方差			2.047	347.864	0.041

游玩的每周时长数据来自每周游玩的天数乘以每天游玩的小时数。研究对全体的数据进行了独立样本 T 检验。独立样本 T 检验若莱文方差等同性检验为显著，则读取第一行假定等方差结果。结果显示，全体样本检测的 F 值为 9.194，显著性为 0.003，小于 0.05，因此读取第一行假定等方差结果，t 值为 3.493，显著性为 0.001，小于 0.05，因此在所有从事电子竞技运动和玩网络游戏的同学中，性别对他们每周游玩时长有显著的影响。而当把从事电子竞技运动的人群单独拿出来进行相关性分析，得到的结果为莱文方差等同性检验 F 值等于 1.931，显著性为 0.166，大于 0.05，结果不显著，也就是说当人群为从事电子竞技运动的同学时，性别对他们每周游玩时长没有显著影响。

表 5.24　　　　　　　游戏类型与每周游玩时长

游戏类型与游戏每周游玩时长

单位		游戏类型			总计
		网络游戏	电子竞技	两者兼有	
每周游玩时长	1.00	67	98	65	230
	2.00	32	65	27	124

续表

单位		游戏类型			总计
		网络游戏	电子竞技	两者兼有	
每周游玩时长	3.00	14	41	10	65
	4.00	25	51	13	89
	6.00	7	41	8	56
	8.00	6	29	3	38
	9.00	3	6	3	12
	12.00	2	10	2	14
	16.00	5	10	4	19
总计		161	351	135	647

游戏类型与游戏每周游玩时长单因素 ANOVA

	平方和	自由度	均方	F	显著性
组间	137.171	2	68.586	6.238	0.002
组内	7080.207	644	10.994		
总计	7217.379	646			

针对游戏类型与每周游玩时长的单因素 ANOVA 分析显示，F 值为 6.238，显著性为 0.002，这意味着三种游戏类型之间每周游玩时长有显著差异，其中从事电子竞技运动的同学，每周游玩时长要显著高于两者兼有和网络游戏的同学。

表 5.25   年级与每周游玩时长

年级	个案数	平均值	标准差	标准误差
一年级	329	3.6292	3.64037	0.20070
二年级	143	3.2937	2.81303	0.23524
三年级	107	3.1589	3.13877	0.30344
四年级	33	4.3939	3.83193	0.66705
研究生及以上	35	2.8857	2.23306	0.37746
总计	647	3.4760	3.34252	0.13141

年级与每周游玩时长单因素 ANOVA

	平方和	自由度	均方	F	显著性
组间	63.234	4	15.808	1.419	0.226
组内	7154.145	642	11.144		
总计	7217.379	646			

从交叉描述性统计来看，每周游玩时长最高的是大学四年级学生，而研究生以上的每周游玩时长最低。从年级与每周游玩时长的单因素 ANOVA 来看，F 值等于 1.419，结果显示显著性为 0.226，大于 0.05。因此，年级与每周游玩时长之间没有显著的相关性。从平均值来看，大四的同学从事电子竞技游玩网络游戏的每周游玩时长是最高的，这种差异在统计学来看没有显著的区别。

表 5.26　　　　每周游玩时长与打扰室友程度

每周游玩时长	个案数	平均值	标准差	标准误差
1.00	230	2.2957	0.67357	0.04441
2.00	124	2.2903	0.70738	0.06353
3.00	65	2.3846	0.67759	0.08405
4.00	89	2.3146	0.70058	0.07426
6.00	56	2.4286	0.75936	0.10147
8.00	38	2.3421	0.74530	0.12090
9.00	12	2.5000	0.79772	0.23028
12.00	14	2.2857	0.61125	0.16336
16.00	19	2.2632	0.73349	0.16827
总计	647	2.3230	0.69662	0.02739

每周游玩时长与打扰室友程度相关性

		打扰室友	每周游玩时长
打扰室友	皮尔逊相关性	1	0.020
	显著性（双尾）		0.607
	个案数	647	647
每周游玩时长	皮尔逊相关性	0.020	1
	显著性（双尾）	0.607	
	个案数	647	647

从每周游玩时长与打扰室友程度的相关性统计来看，P值等于0.607，大于0.05，因此游玩的频率高低与打扰室友的程度无显著相关性。因此，从统计学上来看，受调查者学生每周游玩时间更长并不会让他们更多的打扰室友。

表5.27　　每周游玩时长与参与学生组织得分

总体描述性统计

	平均值	标准差	个案数
每周游玩时长	3.4760	3.34252	647
参加学生组织得分	2.0696	0.71459	647

总体相关性统计

		每周游玩时长	参加学生组织得分
每周游玩时长	皮尔逊相关性	1	-0.083*
	显著性（双尾）		0.034
	个案数	647	647
参加学生组织得分	皮尔逊相关性	-0.083*	1
	显著性（双尾）	0.034	
	个案数	647	647

注：*在0.05级别（双尾），相关性显著。

电子竞技游玩时长与参与学生组织得分描述性统计

	平均值	标准差	个案数
电子竞技每周游玩时长	3.8946	3.39626	351
电竞参与学生组织得分	2.0171	0.74431	351

电子竞技游玩时长与参与学生组织得分相关性统计

		电子竞技每周游玩时长	参加学生组织得分
每周游玩时长	皮尔逊相关性	1	-0.068
	显著性（双尾）		0.202
	个案数	351	351
参加学生组织得分	皮尔逊相关性	-0.068	1
	显著性（双尾）	0.202	
	个案数	351	351

参与学生组织得分是本研究中调查学生课外社会交往的重要指标，得分越高代表在课外参与学生组织的活动越多。从对于电子竞技和网络游戏的刻板印象来看，从事电子竞技或玩网络游戏时间越长，挤占的课外社交活动的时间就越多，学生的参与组织得分就越低，但从表5.27的总体相关性统计来看，从所有学生样本的情况来看，每周游戏时长和参加学生组织得分之间，皮尔逊相关性系数为 -0.083，显著性为0.034，小于0.05，呈显著负相关，也就是说学生们并没有因为每周玩游戏时间长而导致参与学生组织变少，相反玩游戏时间越长的同学参与的学生组织越多。但是将从事电子竞技运动的数据单独拿出来进行统计时发现，电子竞技游玩的时长与学生参与学生组织的情况没有显著相关性。这两个结果与刻板印象的论述几乎完全相反。

表5.28　　　　　　　　　游玩类型与每周游玩时长
描述性统计

	个案数	平均值	标准差	标准误差
网络游戏	135	2.8741	3.22173	0.27728
电子竞技	351	3.8946	3.39626	0.18128
两者兼有	161	3.0683	3.21350	0.25326
总计	647	3.4760	3.34252	0.13141

单因素 ANOVA 统计

	平方和	自由度	均方	F	显著性
组间	137.171	2	68.586	6.238	0.002
组内	7080.207	644	10.994		
总计	7217.379	646			

从表5.28描述性的统计来看，每周游玩时长最长的是从事电子竞技运动的同学，平均时长达到3.89小时，玩网络游戏的同学平均时长仅有2.87小时。而使用单因素 ANOVA 统计分析的结果来看，显著性为0.002，低于0.05，证明游戏的类型与他们每周游玩的时长显著相关，也就是说从事电子竞技运动的同学，每周游玩的时长要显著多于两者兼有的同学和玩网络游戏的同学。

表 5.29　　　　　　　每周游玩时间与是否有男女朋友

全体描述性统计

	有没有男女朋友	个案数	平均值	标准差	标准误差平均值
每周游玩时长	0	406	3.3522	3.33283	0.16541
	1	229	3.5852	3.29246	0.21757

全体独立样本 t 检验

		莱文方差等同性检验		平均值等同性 t 检验		
		F	显著性	t	自由度	显著性（双尾）
每周游玩时长	假定等方差	0.058	0.810	-0.849	633	0.396
	不假定等方差			-0.852	477.848	0.394

电子竞技组描述性统计

	有没有男女朋友	个案数	平均值	标准差	标准误差平均值
电子竞技每周游玩时长	0	207	3.7633	3.45526	0.24016
	1	134	4.0672	3.37438	0.29150

电子竞技组独立样本 t 检验

		莱文方差等同性检验		平均值等同性 t 检验		
		F	显著性	t	自由度	显著性（双尾）
每周游玩时长	假定等方差	0.102	0.749	-0.800	339	0.424
	不假定等方差			-0.805	288.892	0.422

　　有没有男女朋友是大学生人际交往结果的某一方面体现[①]，从描述性统计的结果来看，全体受调查学生没有男女朋友的每周游玩时长平均值为 3.35，而有男女朋友的平均时长为 3.58。针对全体受调查学生的独立样本 t 检验显示，F 值 = 0.058，显著性为 0.810，大于 0.05，结果不显著，也就是说从全体受调查学生的角度来看，每周电子竞技或网络游戏游玩的时长，对于他们有没

---

① 注：但并不是说大学生一定要交男女朋友。

有男女朋友这一种人际交往结果没有影响。而针对电子竞技组的描述统计,也显示有男女朋友的学生每周游玩的时间要更长。但独立样本 t 检验的结果显示 F 值为 0.102,显著性为 0.749,大于 0.05,结果不显著。也就是说从事电子竞技运动的学生每周游玩时间长短与他们有没有男女朋友没有显著关联。

表 5.30　　　　　　　　游玩类型与男女朋友间吵架

描述性统计

	个案数	平均值	标准差	标准误差
网络游戏	43	3.2093	1.30125	0.19844
电子竞技	134	3.1045	1.18429	0.10231
两者兼有	52	3.2115	0.95664	0.13266
总计	229	3.1485	1.15651	0.07642

单因素 ANOVA 统计

	平方和	自由度	均方	F	显著性
组间	0.625	2	0.313	0.232	0.793
组内	304.327	226	1.347		
总计	304.952	228			

表 5.30 显示在有男女朋友的学生中,研究调查了不同的游玩类型,对他们是否会吵架的影响,平均值得分越低代表吵架越频繁。描述性结果显示从事电子竞技运动的学生平均值得分最低,但与其他两项仅有 0.1 的差别。单因素 ANOVA 统计的结果为 F 值等于 0.232,显著性结果为 0.793,大于 0.05,结果不显著。也就是说在拥有男女朋友的受调查学生群体中游玩类型对他们吵架的频率没有显著影响。

第三节　电子竞技对大学生学习的影响

电子竞技除了在校园生活和人际关系方面受到责难之外,电子竞技所受到最多的负面评价来自于对学习的负面影响。本节首先,将通过文献探讨提出假设;其次,将根据已收集的资料,对电子竞技之余大学生学习的影响进行统计，以回答假设，并且与本书前几章中所提到的对电子竞技，至于学习影响的论述进行探讨和回应。

一、文献探讨与假设

在众多文献和新闻的论述中，电子竞技（有时也被混淆为网络游戏）对于学习的负面影响不言而喻，然而真正通过实证来对此进行探讨的研究却屈指可数，大多数研究只是理论上进行论述和判断，或是引用一些偏颇的新闻、国外的研究结果（甚至是从学术上而言无法进行推导的结果）来对电子竞技在学习上的负面影响进行论述，有一些甚至连研究方法都没有，因果逻辑倒置，资料引用片面，忽略环境和其他根本因素等问题显著存在。

这些研究提出的电子竞技或网络游戏，对大学生学习的影响分为以下几个方面：

1）学习时间减少；
2）注意力不集中或心理沉溺其中（所谓的成瘾[1]）；
3）对学习兴趣减弱；
4）其他影响等[2][3][4]。

由于针对大学生电子竞技对学业影响的实证研究过少，因此探讨将范围扩大到电子竞技或网络游戏对学生影响的实证研究。

郑佳利在其硕士论文中对初中生网络游戏对学业的影响进行了问卷调查和探讨，最终结果显示根据不同的情况，网络游戏对初中生的学业产生不同的显著影响，例如男生获得的积极影响更少，初三学生获得的消极影响最多，学业本身较为优秀的学生，获得的消极影响较少等[5]。

---

[1] 注：本研究即研究者的其他相关研究成果始终认为电子竞技和网络游戏不具备物理上的成瘾性，其心理的所谓成瘾的原因依然需要进一步探讨。

[2] 袁娜，周纯.大学生网络成瘾对学习的影响以及对策研究［J］.山西青年，2020（4）：292.

[3] 苟军霞.手机网络游戏对农村高中学生的影响研究［J］.青春岁月，2019（5）：176–177.

[4] 卢晓玉，柯德森.大学生参与网络游戏情况及对学习的影响调查与分析［J］.科教导刊（上旬刊），2018（1）：190–192.

[5] 郑佳利.初中生家庭环境、网络游戏行为与学业成绩的关系及其干预研究［D］.保定：河北大学，2020.

但是该研究对于初中生学习情况的问卷题目仅有两道自陈式五分量表，分别是"我可以做到学习与游戏时间合理安排""玩网络游戏会使我上课注意力很不集中"（题目的意思可能为玩网络游戏会使我上课注意力很不集中）[1]，这对于一个学生的学习情况衡量是比较不全面的。同时该研究并没有对网络游戏的定义进行详细的描述，也并没有区分电子竞技与网络游戏，且所得出的结果证明了初中生的网络游戏行为在家庭环境和学业成绩关系中起中介作用，从这一方面来看，研究对于网络游戏至于学业成绩是否有直接的影响的论述还需要进行更深的讨论。

针对大学生网络游戏影响的调查中，有一些实证性的研究，例如王海媚对近 400 位大学生发放了问卷调查，对大学生玩网络游戏的现状及影响进行了分析，其研究显示有 61.43% 的学生自陈自己玩网络游戏对学习存在影响，有 20% 的同学发现身边存在逃课玩游戏的现象，但同时当学业与游戏冲突时，放弃学业而去玩游戏的同学仅占 4.76%[2]。卢晓玉、柯德森对约 150 位大学生进行调研，有 63.3% 的同学认为玩游戏会影响自己和他人的学习，但只有 35.3% 的同学认为没有玩网络游戏的同学比玩网络游戏的同学成绩高，只有 40% 的同学，表示成绩的退步会和网络游戏有关[3]。但总体而言，这些实证的调查样本量较少，对网络游戏电子竞技的概念也比较混淆，对学习情况的判断不充分。

针对体育运动对学业影响的调查也发现了体育运动对学业影响的因素包括对时间的占用，商允祥的研究发现对于体校的学生而言，34% 的学生认为缺少学习时间是影响他们学业成绩的重要因素，这些因素同时还包括缺乏兴趣等[4]。但另一个角度的研究显示，适当的体育运动锻炼对于学业有促进作用，白胜超、潘志军、滕海宁的研究显示每周六次、每次 0.5~1 小时的运动对中

---

[1] 郑佳利. 初中生家庭环境、网络游戏行为与学业成绩的关系及其干预研究 [D]. 保定：河北大学，2020.
[2] 王海媚. 针对大学教育者的大学生玩网络游戏调研分析 [J]. 现代商贸工业，2019，40（4）：83–86.
[3] 卢晓玉，柯德森. 大学生参与网络游戏情况及对学习的影响调查与分析 [J]. 科教导刊（上旬刊），2018（1）：190–192.
[4] 商允祥. 体育运动学校运动员文化课学习影响因素分析 [J]. 长治学院学报，2015，32（2）：106–108.

学生的学业有显著的促进作用①。类似的结果也出现在董艳梅、朱传耿在调查研究中,该研究通过"中国教育追踪调查"数据库分析了6000多份样本,结果发现每天运动在60分钟之内的体育运动对学生的学业有显著的正向影响,但如果时间超过120分钟,则会有显著的负面影响②。针对体育运动对学业影响的实证研究样本量较为充足,且使用了合适的统计方法来进行论证,相对于电子竞技或网络游戏,对大学生学习影响的论述而言,更具科学性。从这些调研中可以看出,体育运动对学业影响的关键是在于"度",这同样也是本书在前面几章中所一直提出的观点。

根据这些调查的结果,结合其他文献的论述结果,本研究对电子竞技至于大学生学业影响的假设为:

1. 电子竞技对大学生的学业没有显著负面影响。

2. 如果可以用实证的方式证明电子竞技对学业没有负面的影响,那么也就意味着电子竞技应该获得与体育相同的待遇,而非与其他游戏相同的待遇。

二、描述性统计

针对大学生学习影响问卷调查的描述性统计,内容包括每天课外学习的时间、是否有挂科的情况、是否有奖学金的情况、平均专业课最高得分、平均选修课最高得分、对学习满意度。

表5.31　　　　每天课外学习时间与对应游戏类型交叉表

时间	对应游戏类型			总计	比例
	网络游戏	电子竞技	两者兼有		
1~2个小时	68	156	47	271	41.9
3~4个小时	54	149	63	266	41.1
5~6个小时	27	30	15	72	11.1
7个小时及以上	12	16	10	38	5.9
总计	161	351	135	647	100

---

① 白胜超,潘志军,滕海宁. 中学生体育运动对学业成绩影响的实证研究 [J]. 体育科学,2020,40 (11):9.

② 董艳梅,朱传耿. 青少年课外体育运动对学业成绩的影响研究——兼论非认知能力的中介效应 [J]. 体育学研究,2020,34 (6):52-62.

从表 5.31 中可以看出，大部分受调查学生的课外学习时间（课外学习时间包括完成作业、预习和自学等）在 4 个小时以下，比例达到 83%，有 17% 的同学每天的课外学习时间在 4 个小时以上，而玩网络游戏还是从事电子竞技运动从描述性的统计来看，对每天课外学习时间的影响没有区别。

表 5.32　是否有挂科的情况出现与对应游戏类型交叉

回答	对应游戏类型			总计	比例
	网络游戏	电子竞技	两者兼有		
没有	122	258	105	485	75.0
有	39	93	30	162	25.0
总计	161	351	135	647	100

从表 5.32 是否有挂科的情况调查结果中可以看到，受调查的同学 75% 没有挂科，而 25% 的同学曾经有挂科的情况出现。同样，单纯从描述性统计来看，不同的游戏类型对于是否挂科这一项没有影响。

表 5.33　是否有奖学金与对应游戏类型交叉

回答	对应游戏类型			总计	比例
	网络游戏	电子竞技	两者兼有		
没有	114	248	86	448	69.2
有	47	103	49	199	30.8
总计	161	351	135	647	100

从表 5.33 描述性统计的结果来看，有 69.2% 的同学没有拿过奖学金，30.8% 的同学曾经拿过奖学金。而不同的游戏类型对于学生是否拿过奖学金，也没有太大的影响，除了既玩网络游戏又从事电子竞技运动的同学获得奖学金比例为 36% 之外，玩网络游戏和从事电子竞技的同学获得奖学金的比例都在 30% 左右。

表 5.34　平均专业课最高分与对应游戏类型交叉

类型	平均专业课最高分	个案数	标准差
网络游戏	90.7	93	6.8
电子竞技	91.5	230	6.4
两者兼有	91.4	87	6.2
总计	91.3	410	6.4

表 5.34 显示这里的专业课平均分指的是受调查同学所填写的专业课最高分的群体平均分，由于不是所有受调查者都填写了自己的专业课最高分，因此最后描述性统计的数据仅有 410 个个案数。从受调查者自陈的专业课最高分来看，玩网络游戏的同学平均专业课最高分为 90.7 分，从事电子竞技运动的同学为 91.5 分，而两者兼有的同学为 91.4 分，所有同学的平均分为 91.3 分。因此，从描述性统计的角度来看，这三者并没有区别。另外，标准差反映的是样本数据的离散度，具体到本表中为各个群体专业课最高分的差距，平均标准差为 6.4，玩网络游戏的同学标准差最高为 6.8，从事电子竞技运动的同学，成绩标准差 6.4，而两者兼有的同学，成绩标准差为 6.2，三者并没有很大的区别。

表 5.35   平均选修课最高分与对应游戏类型交叉

类型	平均选修课最高分	个案数	标准差
网络游戏	93.1	85	8.0
电子竞技	93.8	222	6.7
两者兼有	92.8	88	8.6
总计	93.4	395	7.3

表 5.35 显示，由于不是所有受调查者都填写了自己的选修课最高分，因此在这一项的统计中仅有 395 个个案数。从受调查者自陈的选修课最高分来看，玩网络游戏的同学平均选修课最高分为 93.1 分，从事电子竞技运动的同学为 93.8 分，两者皆有的同学为 92.8 分，整个受调查者群体的平均分为 93.4 分。从标准差方面来看，两者兼有的同学标准差最高为 8.6，玩网络游戏的同学成绩标准差为 8.0，比平均标准差 7.3，从事电子竞技运动的同学成绩标准差 6.7 都较高。

表 5.36   对自身学习满意度与对应游戏类型交叉
学习满意度平均值

分类	平均值	个案数	标准差
网络游戏	3.3416	161	0.98809
电子竞技	3.2678	351	0.99546
两者兼有	3.3481	135	1.03893
总计	3.3029	647	1.00203

学习满意度比例

		学习满意度					总计
		1.00	2.00	3.00	4.00	5.00	
网络游戏	数量	9	15	67	52	18	161
	比例	5.6%	9.3%	41.6%	32.3%	11.2%	100.0%
电子竞技	数量	19	45	147	103	37	351
	比例	5.4%	12.8%	41.9%	29.3%	10.6%	100.0%
两者兼有	数量	9	10	61	35	20	135
	比例	6.7%	7.4%	45.2%	25.9%	14.8%	100.0%
总计	数量	37	70	275	190	75	647
	比例	5.7%	10.8%	42.5%	29.4%	11.6%	100.0%

从表5.36学习满意度的平均值来看，全体受调查同学的满意度平均值为3.3，玩网络游戏的同学和两者兼有的同学，平均学习满意度为3.34左右，而从事电子竞技运动的同学，对自己的学习满意度平均值是最低的，为3.26。

表5.37　　　　　　　游玩类型与是否要考研交叉

		是否要考研			总计
		不要	没想好	要	
网络游戏	数量	50	45	66	161
	比例	31.0%	28.0%	41.0%	100.0%
电子竞技	数量	109	94	148	351
	比例	31.0%	26.8%	42.2%	100.0%
两者兼有	数量	33	54	48	135
	比例	24.4%	40.0%	35.6%	100.0%
总计	数量	192	193	262	647
	比例	29.7%	29.8%	40.5%	100.0%

虽然并不是每一个大学生都需要考研，但很多学校都会把考研率作为衡量学生学习水平和学习意愿的一种标准。在本研究的是否要考研的调查结果中（见表5.37），受调查者总体想要考研的比例是40.5%，玩网络游戏的同学想要考研的比例为41%，两者兼有的同学想要考研的比例为35.6%，而从事电子竞技运动的同学，这个比例达到42.2%，是三个类型中最高的。

从描述性的统计结果来看，电子竞技对大学生课外学习时间没有特殊的影响，不同的游戏类型对是否挂科也没有差别，是电子竞技运动的同学中有30%左右曾获得过奖学金，反而是从事电子竞技运动又玩网络游戏的同学奖学金获得比例更高。平均专业课成绩和平均选修课成绩，从事电子竞技运动的同学都是最高的。在针对是否要考研的调查中，从事电子竞技运动的同学想要考研的比例是最高的。这些数据可以从一定程度上，至少证明电子竞技对学习没有过多负面的影响。

三、相关性分析

尽管描述性统计显示，与网络游戏或者是两者兼有的同学相比，从事电子竞技运动对学习没有过多的负面影响，但究竟从事电子竞技运动与玩网络游戏相比，与学习的相关性如何，还需要通过统计来进行证明。

研究主要选择了从事电子竞技运动的强度作为因变量，通过统计的方式来检测其与每天课外学习时间、GPA、最高专业课成绩、最高选修课程、对学习的满意度、是否挂科、是否有奖学金、是否要考研等的相关性，借此来论述从事电子竞技运动对于大学生的学习是否有负面的影响。

1. 从事电子竞技的强度与每天课外学习时间的相关性分析

表5.38　　从事电子竞技和网络游戏的强度与每天课外学习时间的单因素 ANOVA 分析

电子竞技	平方和	自由度	均方	F	显著性
组间	75.239	3	25.080	2.197	0.088
组内	3961.861	347	11.417		
总计	4037.100	350			
网络游戏	平方和	自由度	均方	F	显著性
组间	31.366	3	10.455	1.013	0.389
组内	1620.883	157	10.324		
总计	1652.248	160			

表 5.39　　游玩类型与每天课外学习时间的单因素 ANOVA 分析

	平方和	自由度	均方	F	显著性
组间	63.366	3	21.122	1.349	0.257
组内	10068.854	643	15.659		
总计	10132.219	646			

表 5.39 显示课外学习时间可以说是大学生学习状态的一种重要体现,对于电子竞技批判的一个重要方面使从事电子竞技运动占据了大量的课外时间。从表 5.38 的分析结果来看,F = 2.197,显著性 = 0.088,大于 0.05,结果显示不显著,因此在从事电子竞技运动的同学中,从事电子竞技运动的强度和课外学习时间的长短没有显著相关。而在三种游玩类型与课外学习时间的相关性分钟,F 值为 1.349,显著性为 0.257,大于 0.05,结果显示不显著。因此,从游玩类型的角度来看,是从事电子竞技运动还是玩网络游戏或是两者都玩,对他们的课外学习时间没有显著的影响。

2. 从事电子竞技运动与 GPA 之间的相关性分析

表 5.40　　从事电子竞技运动强度与 GPA 的相关性分析

		从事电子竞技运动的强度	GPA
从事电子竞技运动的强度	皮尔逊相关性	1	-0.097
	显著性（双尾）		0.228
	个案数	157	157
GPA	皮尔逊相关性	-0.097	1
	显著性（双尾）	0.228	
	个案数	157	157

表 5.41　　全体受调查同学从事电子竞技或网络游戏强度与
GPA 之间的相关性分析

		全体同学游玩强度	GPA
全体同学游玩强度	皮尔逊相关性	1	-0.130*
	显著性（双尾）		0.030
	个案数	279	279
GPA	皮尔逊相关性	-0.130*	1
	显著性（双尾）	0.030	
	个案数	279	279

注：*在 0.05 级别（双尾），相关性显著。

表 5.41 显示，由于并非所有的受调查学生都填写了 GPA 的数据，在这一项分析中个案数为 279。GPA 的数据直观地反映了该学生在学校中学习总体情况的表现，一般来说 GPA 越高，该生的学习成绩表现越好。在从事电子竞技运动强度与学生 GPA 之间的相关性分析结果中可以看到，两者的相关性系数为 -0.097，显著性为 0.228，大于 0.05，结果不显著。可以看到在本研究的受调查学生中，从事电子竞技运动的强度与学生 GPA 的表现不显著相关。这与刻板印象和传统论述电子竞技会对学生的学业造成影响甚至是夸大为极大的负面影响的结果有显著的差异。

但是在针对全体受调查同学从事电子竞技或网络游戏强度与 GPA 之间的相关性分析中显示，相关性为 -0.130，显著性为 0.030，小于 0.05，结果显著。也就是说在针对全体同学的调查中，大学生们从事电子竞技或玩网络游戏的强度与 GPA 之间呈现较低的负相关，从事电子竞技或玩网络游戏的强度越大，GPA 的分数会相对越低。虽然是低相关，但依然要指出，对于玩网络游戏的同学或进行其他电脑类游戏游玩的同学而言，依然要注意"度"的问题，过度的沉迷于电脑游戏，对于学业是有不良的影响的。

3. 从事电子竞技运动与专业课、选修课成绩之间的相关性

表 5.42　　　　　从事电子竞技运动强度与专业课
最高分的相关性分析

		专业课分数	每周游玩强度
专业课最高分	皮尔逊相关性	1	-0.170^{**}
	显著性（双尾）		0.010
	个案数	230	230
每周游玩强度	皮尔逊相关性	-0.170^{**}	1
	显著性（双尾）	0.010	
	个案数	230	230

注：** 在 0.01 级别（双尾），相关性显著。

表 5.43　　从事电子竞技运动强度与选修课最高分的相关性分析

		选修课最高分	每周游玩强度
选修课最高分	皮尔逊相关性	1	-0.132*
	显著性（双尾）		0.049
	个案数	222	222
每周游玩强度	皮尔逊相关性	-0.132*	1
	显著性（双尾）	0.049	
	个案数	222	222

注：*在0.05级别（双尾），相关性显著。

表5.43显示，同样并非所有的同学都填写了专业课和选修课最高分，因此在这一项的统计中分别仅有230个和222个数据。在从事电子竞技运动强度与专业课最高分的相关性分析中看到，两者的相关性系数为-0.170，显著性为0.010，在0.01级别相关性显著。因此可以认为，从事电子竞技运动的强度与学生专业课最高分之间有显著的负弱相关，从事电子竞技运动强度越大，学生的专业课最高得分就越低。

在从事电子竞技运动强度与选修课最高分的相关性分析中可以看到，两者的相关性系数为-0.132，显著性为0.049，在0.05级别显著性相关。因此可以认为从事电子竞技运动强度与选修课最高得分之间有显著的负弱相关，从事电子竞技运动强度越大，学生的选修课最高得分就越低。

在相关系统其中一般认为绝对值在0.1~0.3属于弱相关，尽管这两个相关性均为弱相关，但是显著的负相关还是给予了一定的警示。结合前文中对于GPA的分析，研究认为，从事电子竞技运动强度超过一定限度，可能对学生的平均成绩没有影响，但是对学生成绩的上限会造成一些不良的影响，让他们的学习成绩缺少突出点。因此，对于刻板印象以及其他针对电子竞技对学生成绩副作用的论述，研究认为从事电子竞技运动达到一定强度之后，对于学生成绩的影响主要在于会让他们的成绩表现不那么突出，研究推断，造成这种结果的原因是，想要达到成绩的突出而非只是和平均分接近，需要付出更多的时间和精力，而从事电子竞技运动，可能会牵扯到这一部分的时间和精力。更加具体的结果，需要更多的研究来进行实证。

4. 从事电子竞技运动与挂科、奖学金和考研之间的相关性

表 5.44　从事电子竞技运动与挂科情况的独立样本 t 检验

是否挂科	个案数	平均值	标准差	标准误差平均值
否	258	3.6744	3.20059	0.19926
是	93	4.5054	3.84092	0.39829

	莱文方差等同性检验		平均值等同性 t 检验			
	F	显著性	t	自由度	显著性（双尾）	平均值差值
假定等方差	4.769	0.030	-2.032	349	0.043	-0.83096
不假定等方差			-1.866	140.663	0.064	-0.83096

表 5.44 从事电子竞技运动与挂科情况的相关性分析使用独立样本 t 检验的方式进行统计，在 351 个个案中，没有挂科的同学从事电子竞技运动的强度平均值为 3.67，有挂科经历的同学从事电子竞技运动强度平均值为 4.50。在莱文方差等同性检验结果中，F 值为 4.769，显著性为 0.030，小于 0.05，结果显著，因此看第一行决定等方差结果，t 值为 -2.032，显著性结果为 0.043，小于 0.05，结果显著。也就是说，在从事电子竞技运动的同学中，有挂科经历的同学，其从事电子竞技运动的强度要显著大于没有挂科的同学。这个结果同样验证了前文的观点，也就是说是否从事电子竞技运动并不是挂科的显著影响因素，从事电子竞技运动的强度才是挂科的显著影响因素，因此从事电子竞技项目要注意度的问题。

表 5.45　从事电子竞技运动与获得奖学金情况的独立样本 t 检验

是否获得奖学金	个案数	平均值	标准差	标准误差平均值
否	248	4.1169	3.60926	0.22919
是	103	3.3592	2.76127	0.27208

	莱文方差等同性检验		平均值等同性 t 检验			
	F	显著性	t	自由度	显著性（双尾）	平均值差值
假定等方差	7.8558	0.005	1.910	349	0.057	0.75771
不假定等方差			2.130	246.798	0.034	0.75771

表 5.45 描述性的统计显示没有获得奖学金的同学,平均运动强度为 4.11,而获得过奖学金的同学平均运动强度为 3.36。从独立样本 t 检验的结果来看,F 值 = 7.8558,显著性为 0.005,结果显著,因此看第 1 行假定等方差结果,t 值 = 1.910,显著性为 0.057,结果不显著。因此从统计的结果来看,尽管描述性统计显示获得奖学金的同学从事电子竞技运动的强度更低,没有获得奖学金的同学从事电子竞技运动的强度较高,但两者之间的差别从统计学上来看是不显著的。

表 5.46 从事电子竞技运动强度与是否考研的相关性

从事电子竞技运动强度与是否考研的单因素 ANOVA 分析

	平方和	自由度	均方	F	显著性
组间	48.748	3	16.249	1.414	0.239
组内	3988.352	347	11.494		
总计	4037.100	350			

表 5.46 使用单因素 ANOVA 对从事电子竞技的强度与是否考研进行分析,结果 F 值 = 1.414,显著性为 0.239,大于 0.05,结果不显著。这意味着从事电子竞技的强度与学生是否想要考研不显著相关。从某种程度上来讲,学生从事电子竞技运动与他们未来学习努力的意愿之间没有相关性,这从一个方面证明,从事电子竞技运动并不会消磨学生的上进心,或者改变他们在学习上的进取意愿。

5. 从事电子竞技运动的强度与学习满意度的相关性

表 5.47 从事电子竞技强度与学习满意度的相关性检验

		学习满意度	电子竞技运动强度
学习满意度	皮尔逊相关性	1	−0.031
	显著性(双尾)		0.569
	个案数	351	351
电子竞技运动强度	皮尔逊相关性	−0.031	1
	显著性(双尾)	0.569	
	个案数	351	351

玩网络游戏和两者兼有的游玩强度与学习满意度的相关性检验

		游玩强度	学习满意度
游玩强度	皮尔逊相关性	1	0.133 *
	显著性（双尾）		0.022
	个案数	296	296
学习满意度	皮尔逊相关性	0.133 *	1
	显著性（双尾）	0.022	
	个案数	296	296

注：* 在 0.05 级别（双尾），相关性显著。

表 5.47 中两张相关性检验的结果显示，从事电子竞技运动的强度与其学习满意度的相关性结果为 -0.031，显著性结果为 0.569，大于 0.05，结果不相关。这意味着从事电子竞技运动的强度与学生的学习满意度之间没有显著的相关性，两者相互不影响。

而玩网络游戏和两者兼有的游玩强度与学习满意度相关性检验的结果显示，两者之间的相关性结果为 0.133，显著性结果为 0.022，小于 0.05，结果显著。也就是说，玩网络游戏和网游电竞都玩的同学，他们的游玩强度与学习满意度之间存在显著的弱相关。比较合理的解释是，当玩网络游戏比较多的同学认为自己的学习比较令人满意时，就会更多地通过玩网络游戏的方式来进行放松，而电子竞技运动，本书在前文中也提到，它并不完全是一个放松娱乐的游戏，它还会涉及竞争、训练等让人没那么愉悦的因素，这也从一个侧面阐释了电子竞技与网络游戏的不同影响和特质。

第四节 因子分析、公因子分析

在前面几节中，本研究通过描述性统计和相关性统计对于电子竞技以及网络游戏对大学生校园生活和人际交往以及学习的影响进行了探讨。本节将通过因子分析、公因子分析以及回归分析，对一些重点的问题进行验证和讨论。

因子分析法就是从研究变量内部相关的依赖关系出发，把一些具有错综复杂关系的变量归结为少数几个综合因子的一种多变量统计分析方法①。通过因子的提取，可以找出哪些因素对大学生的人际交往或是学习产生了影响，这些影响是否接近，将其提炼为公因子，并且了解这些公因子，对大学生人际交往和学习产生了什么样的影响②。

因子分析与公因子分析

1. 公因子提取

研究首先，选取了问卷中7个与大学生生活相关的问题，分别是：1）总体满意度；2）学习跟上课的快乐度；3）学习的满意度；4）从事电子竞技运动时的快乐度；5）每周从事电子竞技运动或网络游戏的天数；6）每天从事电子竞技或网络游戏的时间；7）从事电子竞技运动或网络游戏的年限。其次，对其进行总方差解释，结果如下：

表 5.48　　　　　　　　　　总方差解释

成分	初始特征值			提取载荷平方和			旋转载荷平方和		
	总计	方差百分比	累积(%)	总计	方差百分比	累积(%)	总计	方差百分比	累积(%)
1	2.584	36.913	36.913	2.584	36.913	36.913	2.387	34.104	34.104
2	1.858	26.548	63.461	1.858	26.548	63.461	2.055	29.358	63.461
3	0.648	9.258	72.720						
4	0.583	8.329	81.049						
5	0.535	7.647	88.696						
6	0.437	6.249	94.945						
7	0.354	5.055	100.000						

如表 5.48 所示，累积方差贡献率为 63.461%，因而影响大学生人际关系的因素可以简化为 2 个因子。从提取的 2 个因子格局旋转平方和载入数据可以明确看出，2 个因子特征值均大于 1。因子 1 的特征值为 2.387，方差贡献率为 34.104%；因子 2 的特征值为 2.055，方差贡献率为 29.358%；利用

---

① 王元，文兰，陈木法. 数学大词典. 北京：科学出版社，2010.
② 注：具体公式及公式解释请详见统计类的参考书目.

提取因子得分对于影响大学生人际关系的各个因素进行分析,得到其综合评价模型:

$$f = \frac{34.104}{63.461}f_1 + \frac{29.358}{63.461}f_2 \qquad (5-1)$$

从上述因子分析综合评价模型公式可大致了解到,因子1、因子2对大学生人际交往均产生了一定的影响,且其影响比较相近。

2. 提取公因子

表5.49　　　　　　　　影响因素旋转成分矩阵[a]

	成分 1	成分 2
Q23_您对目前为止大学生活的总体满意度怎么样?	0.772	−0.035
Q25_您觉得自己每天学习和上课时的快乐度?	0.832	−0.006
Q16_您对自己目前学习的状况是否满意?	0.830	0.002
Q26_您觉得自己每天从事电子竞技运动时的快乐度?	0.632	0.359
Q8_您每周从事电子竞技运动或玩网络游戏的天数?	0.045	0.745
Q9_您每天平均从事电子竞技或玩网络游戏的时间?	0.057	0.821
Q7_您从事电子竞技运动或玩网络游戏的年限?	0.002	0.799

提取方法:主成分分析法。
旋转方法:凯撒正态化最大方差法。
a. 旋转在3次迭代后已收敛。

如表5.49所示,用公因子的提取方法得到旋转后的因子负荷矩阵,根据0.5原则,由此可以看出,因子1在"您对目前为止大学生活的总体满意度怎么样?""您觉得自己每天学习和上课时的快乐度?""您对自己目前学习的状况是否满意?""您觉得自己每天从事电子竞技运动时的快乐度?"这4个变量中有较大的负荷,可以命名为"满意度因素";因子2在"您每周从事电子竞技运动或玩网络游戏的天数?""您每天平均从事电子竞技或玩网络游戏的时间?""您从事电子竞技运动或玩网络游戏的年限?"这3个变量中有较大的负荷,可以命名为"游戏时长因素"。

3. 不同因子对大学生人际交往关系的相关影响分析

通过因子分析,提取出2个公因子,分别为满意度因素、游戏时长因素、为了进一步了解各因子是否对大学生人际交往存在显著差异，通过单因素方差对其深入分析，以便更好地了解到 2 大因素对大学生人际交往关系的影响程度。

（1）满意度因素对大学生人际交往的相关影响情况

1）满意度因素对大学生是否有男女朋友的相关影响情况

表 5.50　满意度因素对是否有男女朋友影响的主体间效应检验

因变量：Q31 是否有男女朋友

源	Ⅲ类平方和	自由度	均方	F	显著性
Q16	1.306	4	0.326	1.522	0.195
Q23	1.579	4	0.395	1.841	0.120
Q25	1.388	4	0.347	1.618	0.169
Q26	1.607	4	0.402	1.873	0.114
Q16 × Q23	2.082	9	0.231	1.078	0.377
Q16 × Q25	2.952	12	0.246	1.147	0.320
Q16 × Q26	3.376	12	0.281	1.312	0.208
Q23 × Q25	3.711	9	0.412	1.922	0.047
Q23 × Q26	2.027	10	0.203	0.945	0.492
Q25 × Q26	2.847	11	0.259	1.206	0.280
Q16 × Q23 × Q25	0.926	6	0.154	0.719	0.634
Q16 × Q23 × Q26	2.697	8	0.337	1.571	0.131
Q16 × Q25 × Q26	0.895	8	0.112	0.521	0.841
Q23 × Q25 × Q26	2.064	8	0.258	1.203	0.295
Q16 × Q23 × Q25 × Q26	0.150	1	0.150	0.699	0.404
误差	101.262	472	0.215		
总计	1328.000	635			
修正后总计	146.967	634			

a. $R^2 = 0.311$（调整后 $R^2 = 0.075$）

由表 5.50 主体间效应检验表可以看出，Q16、Q23、Q25、Q26（即分别为:"您对自己目前学习的状况是否满意?""您对目前为止大学生活的总体满意度怎么样?""您觉得自己每天学习和上课时的快乐度?""您觉得自己每天从事电子竞技运动时的快乐度?")对大学生是否有男女朋友均没有显著影响。

2) 满意度因素对是否打扰宿舍室友的相关影响情况

表5.51　　满意度因素对打扰室友的主体间效应检验

因变量:Q27 是否会打扰室友

源	Ⅲ类平方和	自由度	均方	F	显著性
Q16	2.740	4	0.685	1.555	0.185
Q23	2.905	4	0.726	1.649	0.161
Q25	1.953	4	0.488	1.109	0.352
Q26	1.606	4	0.401	0.912	0.457
Q16 × Q23	1.986	9	0.221	0.501	0.874
Q16 × Q25	6.045	12	0.504	1.144	0.322
Q16 × Q26	5.602	12	0.467	1.060	0.392
Q23 × Q25	1.858	9	0.206	0.469	0.895
Q23 × Q26	7.085	10	0.709	1.609	0.101
Q25 × Q26	3.953	11	0.359	0.816	0.624
Q16 × Q23 × Q25	2.453	6	0.409	0.928	0.474
Q16 × Q23 × Q26	5.278	8	0.660	1.498	0.155
Q16 × Q25 × Q26	4.398	8	0.550	1.248	0.269
Q23 × Q25 × Q26	3.304	8	0.413	0.938	0.485
Q16 × Q23 × Q25 × Q26	3.531	1	3.531	8.018	0.126
误差	207.855	472	0.440		
总计	3712.000	635			
修正后总计	299.742	634			

a. $R^2 = 0.307$（调整后 $R^2 = 0.069$）

由表5.51主体间效应检验表可以看出,Q16、Q23、Q25、Q26(即分别为:"您对自己目前学习的状况是否满意?""您对目前为止大学生活的总体满意度怎么样?""您觉得自己每天学习和上课时的快乐度?""您觉得自己每天从事电子竞技运动时的快乐度?")对是否影响宿舍室友均没有显著影响。

3)满意度因素对是否挂科的相关影响情况

表 5.52　　　　　满意度因素对挂科影响的主体间效应检验

因变量:Q28 是否有挂科

源	Ⅲ类平方和	自由度	均方	F	显著性
Q16	0.564	4	0.141	0.892	0.469
Q23	2.121	4	0.530	3.355	0.010
Q25	0.599	4	0.150	0.948	0.436
Q26	1.116	4	0.279	1.766	0.134
Q16 × Q23	3.457	9	0.384	2.430	0.010
Q16 × Q25	1.996	12	0.166	1.053	0.399
Q16 × Q26	1.948	12	0.162	1.027	0.422
Q23 × Q25	2.866	9	0.318	2.015	0.076
Q23 × Q26	2.304	10	0.230	1.458	0.152
Q25 × Q26	1.148	11	0.104	0.660	0.776
Q16 × Q23 × Q25	0.730	6	0.122	0.770	0.594
Q16 × Q23 × Q26	1.651	8	0.206	1.306	0.238
Q16 × Q25 × Q26	1.744	8	0.218	1.380	0.203
Q23 × Q25 × Q26	1.191	8	0.149	0.942	0.481
误差	74.595	472	0.158		
总计	1115.000	635			
修正后总计	119.685	634			

a. $R^2 = 0.377$（调整后 $R^2 = 0.163$）

由表 5.52 主体间效应检验表可以看出,Q23(即"您对目前为止大学生活的总体满意度怎么样?")对大学生是否有挂科现象存在显著影响。同时 Q16 和 Q23 之间交互影响对大学生挂科现象存在显著影响,由于表的数据过于繁杂,只选取显著性小于 0.05 的数据进行汇总,得到表 5.53。

表 5.53   满意度因素对挂科影响的成对比较

因变量：Q28 是否有挂科

Q16	(I) Q23	(J) Q23	平均值差值 (I-J)	标准误差	显著性 f	差值的95%置信区间 f 下限	上限
1	1	3	0.700	0.303	0.021	0.104	1.296
	1	4	0.700	0.212	0.001	0.283	1.117
	2	4	0.600	0.246	0.015	0.116	1.084
	3	1	-0.700	0.303	0.021	-1.296	-0.104
	4	1	-0.700	0.212	0.001	-1.117	-0.283
	4	2	-0.600	0.246	0.015	-1.084	-0.116
2	1	3	0.627	0.298	0.036	0.041	1.212
	3	1	-0.627	0.298	0.036	-1.212	-0.041
3	3	4	0.229	0.095	0.016	0.042	0.415
	4	3	-0.229	0.095	0.016	-0.415	-0.042
4	1	3	0.513	0.245	0.037	0.032	0.995
	1	4	0.598	0.241	0.013	0.125	1.070
	2	3	0.561	0.173	0.001	0.221	0.901
	2	4	0.645	0.167	0.000	0.318	0.973
5	1	4	0.833	0.291	0.004	0.261	1.406
	1	5	0.598	0.237	0.012	0.133	1.063

基于估算边际平均值

f. 多重比较调节：最低显著差异法（相当于不进行调整）。

由表 5.53 可以看出：

当受调查学生对其目前学习的状况不满意时，大学生活的总体满意度对其挂科现象的影响两两之间存在明显的统计学差异。在当学生对其目前学习的状况不满意的情况下，当对大学生活的满意度比较高时，挂科现象越不会出现；反之当对大学生活的满意度比较低时，挂科现象越容易出现。

而当受调查学生对其目前学习的状况满意时，大学生活的总体满意度对其挂科现象的影响两两之间也存在明显的统计学差异。在当学生对其目前学习的状况满意的情况下，当对大学生活的满意度比较高时，此时其学习效率处于一个极其高的状态，因此，挂科现象会减少；反之当对大学生活的满意度比较低时，相比之下，挂科现象越容易出现。

可以发现，要减少学生在校期间的挂科现象，从学生从事电子竞技运动或是从事网络游戏中入手，可能并不能够得到令人满意的结果。相反，应当从学生对于学习的满意度以及大学生活的总体满意度入手，在这对互为因果的关系中，找到更多可以提升学生学习满意度以及生活总体满意度的方式，才是正确的解决问题之道。

（2）游戏时长因素对大学生人际交往的相关影响情况

1）游戏时长因素对大学生是否有男女朋友的相关影响情况

表 5.54 游戏时长因素对大学生是否有男女朋友影响的主体间效应检验

因变量：Q31 是否有男女朋友

源	III 类平方和	自由度	均方	F	显著性
Q7	1.344	4	0.336	1.485	0.205
Q8	0.942	4	0.235	1.041	0.386
Q9	1.390	4	0.347	1.536	0.190
Q7 × Q8	2.740	16	0.171	0.757	0.735
Q7 × Q9	3.646	16	0.228	1.007	0.447
Q8 × Q9	3.753	14	0.268	1.185	0.283
Q7 × Q8 × Q9	10.381	37	0.281	1.240	0.160
误差	121.932	539	0.226		
总计	1328.000	635			
修正后总计	146.967	634			

a. $R^2 = 0.170$（调整后 $R^2 = 0.024$）

由表 5.54 游戏时长因素对大学生是否有男女朋友的主体间效应检验表可以看出，Q7、Q8、Q9（即分别为："您从事电子竞技运动或玩网络游戏的年限""您每周从事电子竞技运动或玩网络游戏的天数""您每天平均从事电子竞技或玩网络游戏的时间"）对大学生是否有男女朋友均没有显著影响，也就意味着从事电子竞技的强度对于大学生在校期间的爱情人际交往没有显著影响。

2）游戏时长因素对是否影响宿舍室友的相关影响情况

表5.55　　游戏时长因素对是否影响宿舍室友的主体间效应检验

因变量：Q27 是否会打扰室友

源	Ⅲ类平方和	自由度	均方	F	显著性
Q7	3.149	4	0.787	1.736	0.141
Q8	2.180	4	0.545	1.202	0.309
Q9	3.118	4	0.779	1.719	0.144
Q7 × Q8	5.453	16	0.341	0.751	0.741
Q7 × Q9	16.714	16	1.045	2.303	0.332
Q8 × Q9	4.939	14	0.353	0.778	0.694
Q7 × Q8 × Q9	19.113	37	0.517	1.139	0.267
误差	244.449	539	0.454		
总计	3712.000	635			
修正后总计	299.742	634			

a. $R^2 = 0.184$（调整后 $R^2 = 0.041$）

由表5.55 游戏时长因素对是否影响宿舍室友的主体间效应检验表可以看出，Q7、Q8、Q9（即分别为："您从事电子竞技运动或玩网络游戏的年限""您每周从事电子竞技运动或玩网络游戏的天数""您每天平均从事电子竞技或玩网络游戏的时间"）对是否影响宿舍室友均没有显著影响，因此可以阐释为，从事电子竞技运动或是玩网络游戏，对于大学生的寝室人际关系交往没有显著影响。

3）游戏时长因素对是否挂科的相关影响情况

表5.56　　游戏时长因素对是否挂科影响的主体间效应检验

因变量：Q28 是否挂科

源	Ⅲ类平方和	自由度	均方	F	显著性
Q7	0.917	4	0.229	1.296	0.270
Q8	0.585	4	0.146	0.827	0.508
Q9	2.736	4	0.684	3.870	0.004
Q7 × Q8	3.322	16	0.208	1.174	0.284
Q7 × Q9	3.945	16	0.247	1.395	0.139

续表

因变量：Q28 是否挂科

源	Ⅲ类平方和	自由度	均方	F	显著性
Q8 × Q9	3.907	14	0.279	1.579	0.081
Q7 × Q8 × Q9	9.069	37	0.245	1.386	0.068
误差	95.292	539	0.177		
总计	1115.000	635			
修正后总计	119.685	634			

a. $R^2 = 0.204$ （调整后 $R^2 = 0.063$）

由表 5.56 游戏时长因素对是否挂科影响的主体间效应检验表可以看出，Q9（即：您每天平均从事电子竞技或玩网络游戏的时间）对是否挂科有显著影响。因此和大多数文献论述的一样，从事电子竞技运动，玩网络游戏时间过长，会导致大学生学业成绩的下降，体现在最终成绩表现上就是挂科。从事电子竞技运动与从事其他体育运动一样，都要掌握"度"的问题，在度的范围之内，从事电子竞技运动并不会对学习造成过多负面影响，而超过了某个强度，则会造成显著的负面影响。

第五节　总结及研究限制

一、总结

从第二节从事电子竞技运动对大学生校园生活和人际交往的描述性统计和相关性统计中可以回答本节的研究假设，电子竞技对大学生校园生活与人际交往，同时存在正面和负面的影响。从校园生活状态的统计中可以看出，大学生从事电子竞技运动并不会影响他们的睡眠，也有相当比例的同学通过电子竞技或网络游戏来排解校园生活中的不愉快，给人带来快乐的体验。电子竞技运动还能够带来友情和爱情以及有关体育精神和规则意识的增长，这个结果基本符合目前现有的对电子竞技影响正面论述的文献探讨。

从人际交往关系的统计中可以看出，在三个重要的人际交往关系问题：

与室友的关系、参与其他学生组织的情况以及与伴侣的关系中，电子竞技均没有表现出显著负面的影响。从事电子竞技运动并不会打扰室友，而且每周游戏的时间长短与是否打扰室友没有显著的相关性，长时间从事电子竞技运动并不会更多的打扰室友，这个结果可能与室友同样也从事电子竞技或网络游戏有关，或者受调查的学生群体在寝室进行电子竞技运动时产生的噪声和打扰较少，进一步的原因还需要更多质化的研究来进行证明。同时调查也发现，电子竞技并不会对学生参与其他学生组织——"第二课堂"的情况产生显著负面的影响，与刻板印象相反的是，从事电子竞技运动或者玩网络游戏的时间越长，学生参与学生组织的得分越多。这个结果的得出可能与电子竞技或网络游戏本身所营造的学生组织平台有关（例如电子竞技社团），或者可能电子竞技和网络游戏锻炼了学生的社交能力，为他们提供了社交的话题，这使得他们在学生组织中更受欢迎，进一步的结果还需要更多的研究来进行佐证。在与伴侣的关系问题中，统计发现每周进行电子竞技或网络游戏的强度（每周游玩时长）与学生是否有男女朋友没有显著关联，且在有男女朋友的学生群体中，进行电子竞技运动和网络游戏的强度对伴侣之间的关系也没有显著负面的影响。对于刻板印象和一部分媒体信息中所展示的玩游戏或从事电子竞技运动经常导致伴侣之间吵架的结果完全不同，其原因除了所显示的电子竞技运动和网络游戏，并不会造成伴侣之间的负面关系之外，还可能是学生群体的特殊性，类似的兴趣爱好会造成更多的话题和吸引，且该群体没有生活的压力和牵绊。

除了电子竞技不会对学生的校园生活和人际关系带来显著负面影响之外，在一部分的统计中，研究还发现电子竞技对于学生的人际关系带来了正面的影响。例如电子竞技会给学生带来更多相同爱好的朋友，会为他们提供人际交往的平台和话题，电子竞技也能够让学生们融入周围的同学与朋友，并且带来良好的人际关系。但这个结果除了"幸存者偏差"之外，还需要更多详细的分类的统计，以及质化研究的访谈等进行更深层次的探讨。

与电子竞技几乎没有对大学生校园生活和人际交往带来负面影响不同的是，电子竞技运动对于大学生学习的影响受到的批判更多，其研究的结果也相对较为复杂。

本研究对电子竞技在学业方面造成影响的调查分为三方面：第一，时间方面，第二，结果方面，第三，态度方面。首先，从时间来看，从事电子竞技运动的强度对大学生的课外学习时间没有过多的负面影响，无论是描述性统计还是相关性的分析，都支持了这个观点：总体而言从事电子竞技的同学其课外学习时间并不短，而且从事电子竞技运动的强度也不会让他的课外学习时间缩短；同时研究也发现从游玩的角度来看，不同的游玩类型，从事电子竞技运动或是玩网络游戏，对于学生的课外学习时间没有影响。

其次，从学习的结果来看，研究选取了一些较为直观的方面来展示学习的结果，包括是否有挂科、是否有奖学金、专业课最高分、选修课最高分等。从研究的结果来看，在挂科方面，不同游戏类型对"是否挂科"没有影响，但是从事电子竞技运动强度越大，挂科的比例就越大；奖学金方面，从描述性统计来看，获得奖学金的同学，其从事电子竞技运动的强度较低，而没有获得奖学金的同学从事电子竞技运动强度较高，但从相关性统计结果来看，这种差别是不显著的；GPA方面，从事电子竞技运动的强度与GPA的表现不显著相关，但是如果将电子竞技运动和网络游戏放在一起讨论。两者会呈现出显著的弱负相关，游玩的强度越大，GPA会相对越低；专业课最高分和选修课最高分方面，从描述性统计来看，从事电子竞技运动的同学，其平均专业课最高分和平均选修课最高分均超过玩网络游戏的同学，这证明在这方面，电子竞技与网络游戏的影响的确存在不同；但从运动强度的角度来看，专业课最高分与选修课最高分均与从事电子竞技运动的强度呈弱负相关，运动强度越大，则最高分越低。

最后，是否考研的意愿与学习的满意度组成了第3个方面，也就是态度方面。在考研意愿方面，描述性统计的结果显示电子竞技对学生考研的意愿没有负面的影响，而相关性的统计也显示从事电子竞技运动的强度与学生的考研意愿没有相关性。而在学习满意度方面，描述性统计显示从事电子竞技运动的同学学习满意度比玩网络游戏的同学要低，但是相关性的统计显示从事电子竞技运动的强度与学习满意度没有显著相关性，而玩网络游戏的同学在游玩强度和学习满意度相关性的结果上呈显著相关。

表5.57　　　　从事电子竞技运动对学习负面影响的汇总

项目	描述性统计	相关性统计
课外学习时间	无负面影响	无显著负面影响
挂科	无负面影响	有轻微负面影响
奖学金	有轻微负面影响	无显著负面影响
GPA	无负面影响	无显著负面影响
专业课选修课最高分	有轻微正面影响	有轻微负面影响
考研意愿	无负面影响	无显著负面影响
学习满意度	无负面影响	无显著负面影响

综合上述三个方面的结果，研究认为可以回答上文所提出的研究假设，总体来说，从事电子竞技运动对于学习没有显著的负面影响。但是和其他的体育运动以及所有的兴趣爱好一样，过度地从事电子竞技，依然会对学生的学习产生负面影响，这种影响并非电子竞技本身带来，而是人自身同时包括内外因的控制力等多种涉及"度"的问题造成的，如同本书一直强调的那样，尽管从事电子竞技运动对于学生的学习、生活没有负面影响，但这种结论的前提是运动没有超过"度"。

二、研究限制及展望

尽管前文的研究做出了一些实证性的研究，来回应对电子竞技的批判，但在研究中，依然有一些需要质疑的地方，给研究带来了一定的限制。

首先，"幸存者偏差"是一个无法回避的问题，问卷的发放对象只针对有电子竞技或是网络游戏经历的学生，从事电子竞技运动的同学，会不会在心里带有对这项运动的维护，在填写问卷时提升与电子竞技相关的数据。

其次，自陈式的问卷尽管有利于了解学生评价和心理感受等方面的现状，但在例如成绩等方面数据的信效度不如观察和收集的第三方问卷，虽然匿名的形式减少了问卷填写者的顾虑，但其主观性依然存在。

最后，在数据收集方面，由于问卷的数量并不算充分，各层次之间的数据量有时依然会影响整体的信效度。例如GPA的数据，已经毕业的同学GPA数据最准确，而大一大二的同学，GPA 数据的效度最低，但在本研究的研究群体中，大一大二的同学数量是最多的。另外例如从事电子竞技运动和玩网络游戏的同学数量相差较大，填写 GPA、具体成绩等数据的学生数量不足等。

由于本书和量化研究在写作之初没有充足的经费支持，也没有来自教育部门的纵向课题和企业的横向经费支持，虽然在一定程度上保障了研究的中立性，但客观条件的不足，让许多研究手段无法实现，例如无法从有关部门中获取学生的成绩资料，也无法从官方渠道发布问卷，问卷的数量和数据的来源方式等均受到限制。若要进一步对电子竞技，在校园生活和学习方面的影响进行研究，可以从这些方面入手，增加研究的信效度和广泛性。

在未来的研究中，如果要进一步对电子竞技运动至于学生生活、学习的影响进行探讨，还需要弄清楚"度"大约是多少。按照一般体育运动的规律来看，每天运动 60~90 分钟是相对较为合适的时间。一旦弄清楚电子竞技运动的"度"，对于电子竞技运动在青少年中的防"沉迷"也就有了依据，不至于与网络游戏一样被"一刀切"。

同时还有一些问题需要进一步探讨，例如电子竞技对于学生成绩的影响其作用机制是什么；适当的电子竞技运动，或者说经过合理的引导之后的电子竞技运动，是否会对学生的成绩造成正面的影响，或如何让它能够造成正面的影响等，这些问题是仅靠单纯的论述和推导无法解决的，都还需要进一步的实证研究。另外，还需要更多的质性研究，来对电子竞技造成负面影响的个案进行更深层次的剖析，研究到底是什么原因造成了这种负面影响，家长、老师、学生、社会、环境、思维、心理等方面的因素在这样的负面影响个案中扮演了怎么样的角色，这不仅是为了给电子竞技正名，同时也是为了让那些从事电子竞技运动的孩子能有更美好的未来。

第六章

高校电竞社团个案研究

作为电子竞技最重要的群众基础,专科、本科、研究生不同层次高校的学生,在电子竞技活动中扮演着重要的角色,他们既是观众,又是参与者,还是组织者,同时高校学生还是电子竞技产业最重要的从业力量。从 21 世纪初开始,中国大陆的高校开始出现电子竞技学生社团,到现在已经 20 余年,和普通的体育社团或者兴趣社团不同,电子竞技社团由于电子竞技的多样性和综合性,展现出丰富多彩的形态,他们有的是学生组建、有的则由老师组建、有的目标是职业选手的道路、有的则是以接轨业界作为目标、有的依然是传统的兴趣同好会、有的甚至发展出研究型社团的雏形。本章将以个案研究法和访谈法的方式,介绍宁波工程学院电子竞技协会、浙江纺织学院电子竞技社、浙江工商职业技术学院电子竞技社,展现这些社团在发展中的不同形态,了解他们的困难,倾听他们的诉求,分析这些情况出现的原因。

第一节 宁波工程学院电子竞技协会

一、社团的起源与发展

当前宁波工程学院电子竞技协会(以下简称宁工电竞社)并非宁波工程学院最早的电子竞技社团,在这个社团出现之前,学校里曾经有过院级的电子竞技社,但是在 2015 年,社团由于缺乏资金和其他一些原因解散。现在的宁工电竞社是由电信学院2016级毕业生王寅鸿于2017年重新建立，至今已有5年时间，社长轮换至第四届。

然而王寅鸿建立社团的原因在最一开始并不完全是因为热爱电竞，而是单纯想做出一些事迹。由于高考数学的失利，王寅鸿早早放弃了考研的想法，将首要目标转为锻炼自己以便今后更好就业，因此他选择了走社团这条路。在电竞、街舞等方面反复考量之后，王寅鸿决定不加入其他社团，而是自己重新创设一个社团。他询问了一些老师和学长，得知学校电竞社在几年之前解散，其原因除了经费，还有对电竞的理解。他发现：其实最大的一个原因，（除了）没有钱，还在于他们缺乏规范的定义，缺乏一个逻辑，就是在老师眼里，他们只会打游戏，所以也没有得到院方领导的支持。（王寅鸿访谈，2021.06.05）

他还发现，院级电竞社得不到太多的支持，而且电竞社这样性质的社团，在院级办没有任何意义，只能作为兴趣型社团，而他的雄心远不止于此。于是他找到了四五位合作伙伴，包括谢哲人、陈燕玲等对电竞比较感兴趣的同学伙伴，加之接触到宁波一家大型的电子产品代理商，获得了坚实的后盾之后，他开始尝试创办校级电竞社。

但是当时的校社联和团委却并没有通过王寅鸿创办校级电竞社的申请，理由是学校正在抓学风建设，打游戏这种东西不行。于是他不断修改社团章程，试图从理念上重新定义电竞社。

在这个过程中，我才慢慢理解到就是说为什么办社团，要怎么样去让学校接受，或者说也是从这个时期开始，我理解到原来不是说所谓的那个电竞，不是说大家在一起打游戏，而是有很多个组成的，因为我必须要向团委去证明我有办活动的能力，或者说我必须要证明这个活动，活动办下来之后，我要去证明这个活动是对学生有一个正向的引导作用的，而不是说大家找个网吧一起打游戏，然后打到好的有钱，不是这样子。（王寅鸿访谈，2021.06.05）

于是王寅鸿进行了一次曲线救国，他先暂停创建社团的工作，转而进行活动策划，通过举办活动来获得学校的认可。他找到之前的代理商获得赞助，在网咖举办了第一次电子竞技活动。

2016年的宁波大学生电竞社团正处在如火如荼的起步期，商家对于大学电竞的也有较多的支持。这一次的活动，仅在礼品方面，王寅鸿就拉到了

5000元的赞助费。他举办的英雄联盟项目个人对线赛（solo赛），参加人数为100人左右，发放的键盘、耳机、现金等奖品就达到5000元，还不包括物料和其他活动费用。这一次活动让他第一次感受到电竞带来的魅力，感受到电竞人的热情。

> 那场活动我办下来，也是在我社的还没建起来的时候去办的。也是说给自己做一个测试，办下来，虽然没有说想象中那种电视里面那种世界赛大型的感觉，但是就能感觉到每个人都很开心。我们办完之后，一些选手还跟我们一起在鼓楼下面一起吃了饭，难能可贵的是大家都AA了，虽然我说我这边请客，但最后大家都很自觉的AA了。那时候起那天就很感动，就感动什么，原来游戏输赢不是那么重要，很多人可能第一场就输了，但是他在座位后看到最后一直为其他人鼓掌。（王寅鸿访谈，2021.06.05）

随后，他带着活动的成果再一次找到团委老师，看到这次活动获得的反馈，团委老师也逐渐认同了他创办电子竞技社的理念，于是答应他，只要他找到指导老师，就批准他创办宁工电竞社。

然而，想找到一位理解电竞的老师并不容易，于是王寅鸿换了一个思路：

> 只能说去换一个角度，就是说是理解学生的、关于支持学生的，那个时候我找的是我们学校的叶老师，那个时候，叶老师说我们学生想要发展自己的课外活动，想要说是自己去创办一个社团，她本质上支持的。但是电竞社这东西也是要考虑到学校的学风的一个建设，然后所以就是说也跟我说了很多，然后我后来就让她给我挂了个名。（王寅鸿访谈，2021.06.05）

第一次招新，叶老师帮忙借了两个教室，学长学姐们帮忙到各个学院做宣传、拉横幅、做海报，第一年的招新，宁工电竞社就招到了300多个社员，这在学校社团历史上也是让人惊讶的。随后宁工电竞社的规模越来越大，成为一个拥有至少600位以上稳定成员，60多位管理干部的大型社团。每年的招新规模都在120~200人。

2019年，教育学博士马冀从台湾政治大学毕业，进入宁波工程学院高教所工作，马冀老师是中国第一代电脑端电竞游戏玩家，曾作为理事长在台湾举办过EICCS大陆赴台学生电子竞技邀请赛，有20余所台湾高校的200余位大陆学生参加了当时的比赛，可谓是电竞的铁杆爱好者。他同时也是电子竞技在教育界正名活动的努力推动者，正是王寅鸿所寻找的理解电竞的老师。一到宁波工程学院，马冀老师就联系了时任宁工电竞社社长贺杰，并和王寅鸿进行了一次长谈。恰好碰上担任电竞社指导老师的叶老师产假不在学校，马冀老师就自告奋勇担任了电竞社的指导老师。

马冀老师对于电竞的理解和实践主要是在研究层面，通过实证的研究，转变学校和教育界对于电竞的固有误解。他将自己的科研启动资金课题申请为《电子竞技对我校大学生生活学习影响的研究》，在2019年带领电竞社的部分成员开始在校园内发放问卷，并在2020年扩大到宁波市及市外，2020～2021年以电竞社成员为主，以该主题申报参加学校挑战杯比赛，获得了二等奖。电竞社也以这个主题，在2020年和2021年举办了两次研究分享会，宁波市电竞协会和其他学校的电竞社团指导老师与负责人等，都参与了这些研究分享会。宁工电竞社开始尝试将电竞研究也放到社团的一个重要日常活动来进行，借此找到社团的特色。

2019年9月，从杭州湾汽车学院转专业来到东校区电信学院的江一舟担任电竞社第三任社长，在他上任后，宁工电竞社进一步发展，扩大了活动的规模，开始系统地承办著名企业电竞项目在高校的电竞赛事，同时宁工电竞社的校队，在王者荣耀项目上渐渐有了一些名气，在宁波市内一些企业和单位举办的第三方赛事上取得了一些成绩。同时，在他任期，电竞社的内部管理开始进行改变，由原来的内外两部（内务部和外联部），转为四个部门，分别是宣传部、策划部、外联部和执行部，进一步将工作细化。该年电竞社加入新成员131名，新干事20余名，社团总人数位居全校社团第三，社团在校生人数总人数位居全校社团第二。

2019年10月，电竞社承办了宁波工程学院第三届《王者荣耀》校园争霸赛，报名队伍25支，参赛总人数125人，奖金池达到2000元人民币。接着社团首次获得学校支持在学校小剧场举办以绿色电竞、预防成瘾为主题的预防大学生游戏成瘾的讲座，在讲座之后进行了该项赛事的决赛现场比赛。11月10日，社团举行英雄联盟S9总决赛观赛活动，在学校二号食堂布置400平方米场地，为广大爱好电子竞技的全校同学提供了大规模线下观赛的条件，当天参与观赛的同学达到400人。12月，电竞社参与举办了宁波市北高教英雄联盟高校赛，来自宁波工程学院、宁波大学、浙江服装纺织职业技术学院、浙江工商职业技术学院，总计 25 支参与队伍参与了这次比赛。

2020 年，宁波工程学院团委和校社联修改了相关规定，规定担任学生社团社长必须在本专业所有学生中成绩排名 50% 以上，同时学生社团不再能够与外界商家联系以现金形式进行赞助，只能以实物形式进行。这两项规定给电竞社带来了一定的困扰。在此之前，电竞社所拟定的几位社长候选人中就有专业排名不达标的，同时电竞社由于其与产业接轨，王寅鸿、江一舟等的个人能力也较强，人脉较广，因此电竞社获得赞助的能力可以在全校所有社团（包括校级学生会官方社团）中排前三位。这样的变化给了电竞社较为明显的限制，不过在整个社团的努力之下，电竞社的活动质量也并未下降。

2020 年 9 月，新生未开学时，"2020 王者荣耀新生杯"就打响了电竞社 2020 年的招新活动的第一枪。本次比赛参赛队伍达到 36 支，参赛总人数达 180 人，由于本次招新准备极其充分，为招新而开设的比赛活动、招新福利、招新海报、摊位装饰一应俱全。因此本次招新，社团加入新成员 200 余名，社团总人数达到 600 余人，新增干事 20 余名，作为仅成立三年的社团，社团总人数位居全校第二，社团在校生总人数位居全校社团第一。

2020 年 10 月，人艺学院的陈雨露正式担任电竞社第四任会长，2020 年 11 月，社团联合腾讯官方的《王者荣耀》高校赛，举办了"宁波工程学院第四届王者荣耀校园争霸赛暨 2020 年腾讯王者荣耀高校赛"。参赛选手达到 500 人，报名队伍 74 支，成为 2020 年腾讯电竞王者荣耀高校赛浙江赛区参赛队伍和参赛选手最多的学校赛点。同时也是有史以来宁波工程学院由学生社团独立举办的最大规模比赛。

在 2021 年 1 月，宁工电竞社与 hello 语音官方合作举办了 hello 语音杯王者荣耀线上比赛；在 4 月份再次与 hello 校园合作，举办了 hello 语音杯。也是在这一年，宁工电竞社参加了宁波市电子竞技协会理事会会议，并成为协会理事。虽然成立时间不长，但宁工电竞社从一个最普通的社团出身开始，一步步做大做强，成为学校中举足轻重的学生社团。

2021 年 9 月，徐子毅接任电竞社社长，由于在高中就组织举办过电子竞技比赛，在刚进入电竞社的时候徐子毅就受到了关注，成为储备干部。从

2021年7月确认成为电竞社社长开始，秉承着要与商业产业联系，但同时也要有自己比赛的理念，徐子毅开始联系宁波市各个学校的电竞社，组织部分电竞项目在各个学校社团之间的联赛，让宁工电竞社的社团活动，也能够脱离企业进行符合学生兴趣特质的电竞运动。同时，他制定了规范化的活动流程，让电竞社的各项活动，能够在大体上有具体的规范，这让电竞社在举办活动的时候，不再仅仅依靠一两个人的个人魅力来开展，而是群策群力、分工合作、共同推进。接着，徐子毅针对由电竞运动本身饭圈化倾向以及匿名性等原因造成的电竞社各个网络群组中经常出现的相互指责谩骂、相互攻击、阴阳怪气等聊天行为，制定了宁工电竞社群聊规范。前文也指出，网络是电竞运动发展过程中最核心的依托之一，但网络也给电竞运动，尤其是爱好者之间带来了可以过分随性的可能，宁工电竞社在这方面可以说是走出了从学生群体的角度巩固电竞运动体育特征的第一步。

然而，电竞社在学校中的发展也并非一帆风顺，从2018~2020年，宁工电竞社尝试向产业转型，在学校申请工作室，连续两次失败。2020年，宁波市台办找到社团指导老师马冀，提出举办两岸电竞赛事的设想，但由于疫情原因以及社团内部工作交接等问题，目前尚在搁置中。在徐子毅担任社长之后，社团还出现了一次组织人事上的波动，已经退休的社长对于新社长所举办的活动结果不甚满意，认为没有达到宁工电竞社应有的水准，要求新的团队进行反思整改，而新社长则认为已经退休的老社长不应对社团活动干涉太多，而在新的形势下能把活动办成，这样已实属不易，因此双方就社团的组织人事等问题产生了分歧，最终在老社长的妥协之下，社团重新开始以新人为班底进行运营。这一次的事件给了宁工电竞社一个提醒，社团的运营不仅是做事，也有做人，如何处理好对学长学姐老师以及同学们的关系，也是社团能否良好发展的重要因素。

二、社团构架和理念

1. 组织构架

在宁工电竞社创社之初，第一任社长王寅鸿只设置了两个部门，对内部和对外部。对内部负责赛事主办、成员管理、宣传等事务；对外部则是负责对外联络、联系企业、拉赞助等事宜（如图6.1所示）。

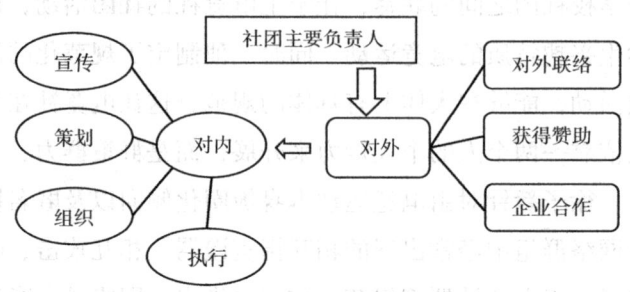

图6.1 宁工电竞社成立之初的组织构架

当时的宁工电竞社社团负责人主要负责对外的事宜，由对外部来引领对内部，对外部联系企业、获得比赛举办的机会、拉到赞助，然后由对内部来进行组织、策划、宣传和执行。在当时的情况下，电竞社想要生存下去，最重要的因素是经费，只要能够获得足够的赞助，就可以开展活动，而活动开展在初期社团主要负责人能力够强的情况下，是可以以少数人之力举办起来的，这样的设置切中重点，且非常高效。因此，当时的对外部是电竞社最重要的部分，为了鼓励对外部的成员更多地获取赞助，扩大社团的生存空间，对外部成员所获得的现金赞助甚至可以获得相当比例的提成（这个制度在之后被取消）。

度过草创期之后，电竞社的创始人开始反思学生社团的性质，生存已经不再成为最重要的问题，那么接下来就要对制度进行调整，把社团从制度上建设成为一个成熟的组织。

于是从第三届社长开始，宁工电竞社进行了部门制改革，将原本的对内对外的简单组织分工，变为四个重要部门：宣传部、策划部、外联部和执行部。每个部门设部长1人，副部长1人（如图6.2所示）。宣传部包括文宣、美宣和公众号等宣传职能；策划部主要负责比赛的组织和策划；外联部承接了之前对外相关的事务，包括友校联系、校内联系、师生联系、赛事联系、商业联系、协会联系等职能；执行部则负责将策划部的组织策划具体落地，负责场馆布置、设备调试、物资运用等方面。社团的核心不再是单独的负责人，而是由各个部长、会长和副会长所组成的核心管理层，采用圆桌会议的讨论方式。

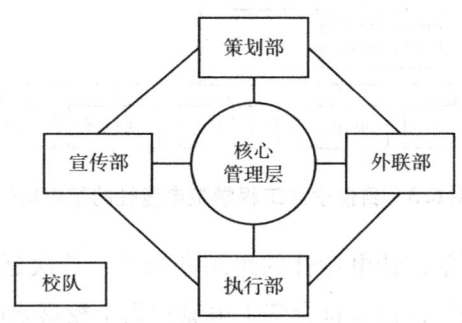

图 6.2　改革之后宁工电竞社的组织构架

这一次的组织构架改革，让宁工电竞社在建社两年之后，成为一个采取中国大陆学生社团普遍使用的部门制构架的社团。在这次改革中，策划部实际上被提到了一个重要的位置，成为四个部门的核心。在社团能够在学校站稳脚跟后，宁工电竞社开始将更多的眼光放到校园内的活动，因此策划部除了承接外联部所联系到的赛事等活动的策划，还需要进行校园内部活动，例如 S 系列赛事观赛活动等，这些活动对于社团在学校中的影响力越来越重要。

执行部的出现，让社团的分工进一步细化，也让活动组织的落地有了保障。在执行部成立之后，电竞社连续举办了几次重要的研究讲座、比赛等活动，场地观赛席位全满，除了由于缺乏相关设备所造成的问题之外，活动举办得也较为顺利。设立宣传部则让电竞社的宣传工作独立出来，让专人进行负责。作为一个社团的标配，宣传工作对于还算是一个年轻社团的宁工电竞社而言，起着扩大影响力、增加谈判筹码、完成商家和企业的宣传任务等重要工作。在新媒体发展迅速的今天，宁工电竞社也分配了专员来进行公众号的运营事务，以求更好地跟上宣传的潮流。

2021 年，为了进一步巩固社团发展的成果，适应电竞社所面临的挑战，宁工电竞社在新任社长徐子毅的带领下，再次进行社团组织构架改革（如图 6.3 所示）。这一次改革在指导老师马冀的建议下，增加了研究部，并且在学校的另一个校区杭州湾汽车学院成立了分社。

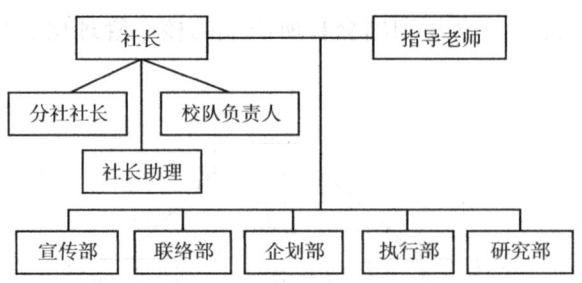

图 6.3　目前宁波工程学院电竞社的组织构架

这一次的组织更新，让电竞社的组织和活动，首次延伸到离主校区 70 多公里之外的杭州湾校区，这也符合宁工电竞社为全校喜欢电竞的学生服务的兴趣类社团的特质。另外，随着电竞社内部事务越来越多，对于电竞社干部培训的需求越来越大，电竞社专门将社长助理提升至一个重要的地位，除了帮助社长进行各项工作的辅助之外，社长助理就是储备干部的一种形式，让这些新社员能够直接接触和参与社团内部的各类重要事务。最后一个变化就是设立了研究部，研究部的设立来自指导老师马冀的建议，其设立目的：一是尝试寻找宁工电竞社自己的特色；二是更好地明确电竞社的定位，打破电竞社就是打游戏的观念壁垒，为电竞社寻找到名正言顺的活动项目。

2. 社团理念

宁工电竞社在建社之初，就奠定了自己的一些理念，这些理念一开始来自创社社长王寅鸿个人的想法，在后期发生了一些改变，也逐渐融入整个社团当中。作为一个兴趣类社团，除了寻找到志同道合的朋友能一起从事电子竞技运动，激发学生的活动积极性之外，宁工电竞社还有自己其他的重要理念。

（1）明确商业利益的界限

作为后期投身到商业领域的社长，王寅鸿在社团创建的最初所依仗的就是足够的商业活动，但对此他却又有非常清楚的认知，因此他提出关于办活动时对商业气息的态度。这社团不能有太多的一个商业利益在里面，对，不能说什么，你要说你要报名费或者怎么样，这是我给我们社团就是定的一个死规矩。……刚开始的时候不能有任何的商业气息在，不能把我们学生当韭菜一样割。（王寅鸿访谈，2021.06.05）

在这个问题，他认为可以有商业性的活动，这种商业性的活动主要是商家的赞助与电竞社流量和宣传的交换，但是却不能有针对社员和学校其他学生的商业性交易，例如，可以制作海报宣传活动，以冠名、比赛举办地等方式进行宣传，但不能与商家有参赛报名费（第三方比赛）、办卡卖卡（尤其是信用卡，银监会于2008年开始禁止银行向大学生办理信用卡①）、代为销售商品、注册会员等方式的合作。

然而在后来发展的过程中，有一些项目的合作在这个方面变得模棱两可，例如，在举办活动和报名的过程中，商家要求宣传自己的公众号，这个问题与注册会员有一些类似，但却并不相同，值得庆幸的是，宁工电竞社依然是以非强制的宣传来进行活动。

（2）对社员能力的锻炼

宁工电竞社给自己社团与商家的合作在形式上做出了明确的界定，也就给自己的社团做出了定义，因此宁工电竞社将自己定义成一个兴趣类的学生组织社团。作为最普遍的一种形式，兴趣类的学生社团除了"同好会"的目的之外，最主要的理念就是以活动开展的方式锻炼社员的能力。

比如说我策划过什么比赛，我负责过宣发什么比赛，或者说我在这场比赛里边我做过执行，我有领导能力，我有组织能力，或者说我有设计能力。（王寅鸿访谈，2021.06.05）

对于宁工电竞社而言，这种对于社员能力的锻炼并不清晰地指向某方面的就业，尤其并未指向电竞方向的就业。因此，宁工电竞社目前为止还未有社员毕业之后在电竞产业相关行业就业。但作为应用型本科高校，这种锻炼却确确实实有利于学生的就业。

电竞这个行业不是那么好进，但是通过电竞你可以学到很多东西，因为现在说得难听一点，我们是二本，如果你不考研的情况下，你要去工作，其实起点不是特别高，但是你在学校里的这些东西，比如说你要是在社团里好好干，我希望能够给到大家上一个台阶。除了自己的课程以外，还有一份东西可以写

---

① 银监会在《关于进一步规范信用卡业务的通知》中明确提出禁止银行向未满18周岁的学生发放信用卡（附属卡除外），向已满18周岁无固定工作、无稳定收入来源的学生发放信用卡时，要经由父母等第二还款来源方的书面同意。法制日报．《向成年大学生发信用卡须第二还款源书面同意》，2009年7月22日，http://news.sina.com.cn/o/2009-07-23/083915999632s.shtml。

在上面。(王寅鸿访谈,2021.06.05)

从这个方面来说,电竞社对于学生能力的培养,与宁波工程学院本身对学生的培养理念不谋而合,电子竞技在学生社团方面,可以被认为是一个产教融合程度相当高的产业,其他社团都不具备电竞社这样有众多活动可以举办,可以有许多机会与产业界接触。

(3)宣传引导对电竞的正确认知

在上文中提到,社团建立之初,创设社长王寅鸿就提到前电竞社解散的重要原因是缺乏对电竞的定义和理解,导致学校、老师都认为电竞社是打游戏的地方,因此在站稳脚跟之后,宁工电竞社就开始进行对电竞认知的相关工作。

第一步是引导社员的认知,学校和老师对电竞的认知转变较慢,且学生自己有很多也认为电竞就是打游戏。宁工电竞社首先引导社团干事对于电竞的认知,在社团干事招聘结束之后的会议中,最重要的提示就是进入电竞社不是来打游戏的。第二步就是引导老师、学校对于电竞的认知,通过开展讲座,申请活动等,电竞社很快获得了学校团委的关注,这让电竞社的活动能进一步步入正轨。

在这样理念的指引下,尤其是在马冀老师担任电竞社指导老师之后,电竞社连续开展了有关对电竞认知的活动。由马冀老师、宁波市电子竞技协会的心理老师等一起开设的防沉迷讲座,马冀老师介绍了自己对于电竞的理解,讲述了自己在电竞活动中的历程,宁波市电子竞技协会的心理老师还专门邀请了电竞社的社员在舞台上当场进行心理分析;马冀老师还在电竞社举办的讲座中进行了自己课题《电子竞技对大学生参与校园学生组织影响的实证研究》的研究汇报,向全校学生展示了研究成果,区分了电子竞技和网络游戏,证实了电竞对于大学生参与校园学生组织没有负面影响。

这一系列引导学生对电竞正确认知的活动,让电竞社在学校舆论中能够逐渐站稳,同时让学生们也能够正确认识自己所从事的活动,防止过度运动而耽误学业的状况出现。

三、社团面临的问题

1. 经费问题

近年来,从教育部开始,一直到学校团委,社团管理部门对于学生社团的要求在日益严格和明确，宁工电竞社在经费方面也面临着不小的压力和挑战。无法获得现金赞助，日后也可能进一步出现无法获得其他赞助的情况，原本因为社员众多、活动众多的电竞社不太重视的社团的生存问题，又一次要被放到非常重要的地位。

就目前来看，宁工电竞社举办大部分活动是不需要自己投入金钱的，虽然无法获得外界的经费资助，但可以让赛事方直接进入学校来进行活动的辅助工作，设备等问题就得到了解决。另外，目前宁工电竞社还是被允许收取新社员入社时的一次性社费，因此社团的经费还不至于出现太大的问题。

但接下来经费依然会是电竞社发展的重要限制，没有外来的经费，学校的经费有没有？社员的社费如何收取？之后是不是连社费都会取消？如果没有经费来源，要如何举办活动？这对于目前与产业接轨还不成熟，比赛成绩也不算出众的宁工电竞社而言，都是要积极面对的问题。

2. 传承问题

管理层的人选对于电竞社这样的兴趣类社团而言相当关键，加入社团的人原本就是因为兴趣，然而对于宁波工程学院的社团成员来说，成为社团的负责人则对成绩有所要求，宁工电竞社要如何在这样的条件下，选拔出合适的管理层人才，让社团传承不至于断裂，都需要仔细的斟酌。

和很多社团一样，电竞社也存在管理层"大小年"的情况，这种情况来源于学生干部个人的能力和个人特质。创社社长王寅鸿的能力毋庸置疑，因此在他担任社长的两年多时间里，电竞社发展迅速，然而他的继任者却相对较为低调，反而是副社长们较为活跃，于是王寅鸿物色到了再下届的骨干成员江一舟，手把手带他进行社团活动的组织和对外联系，然后将他培养成社长。

尽管王寅鸿认为，他已经将社团的构架搭建完成，只要不出意外，整个社团还是能在相当长的时间内运行下去。但值得注意的是，作为兴趣类的社团，加入社团的成员通常是因为对电子竞技有兴趣，却不一定会对社团相关的组织和运营有兴趣。因此，有能力且愿意为电竞社做出贡献的人数并不稳定。一旦管理层人才凋零，电竞社的活动和发展能力就会大打折扣，甚至出现倒退。对于电竞社而言，不缺社员，所以千方百计地从新生中挖掘电竞社团管理的人才，是宁工电竞社发展的重中之重。

3. 活动问题

从活动方面来看，宁工电竞社在项目种类和活动种类上也还有很大的拓展空间。宁工电竞社目前的主要活动项目是《王者荣耀》，也只有《王者荣耀》和《英雄联盟》有校队组织，而这两个项目都属于 MOBA 类游戏，因此电竞社在众多电竞项目中，仅涉猎了一个种类的两个项目而已。第一人称射击、即时战略、体育竞技等其他类别均没有太多涉及。

同样，在举办的活动种类上，也主要是以腾讯的王者荣耀校园赛为主，属于官方赛事在校园中的延伸，活动的种类稍显单调。在最近两年宁工电竞社开始注意拓展活动的类型，举办了例如 S 系列赛观赛、电竞知识学术讲座等，取得了一定的成效，但在于其他社团的联系，电竞社属于自己的全系列电竞比赛等方面还需要进行努力的创新和实践。

4. 管理问题

作为一个普通的兴趣类社团，尤其是将活动重点放在普通学生活动开展角度的社团，宁工电竞社并没有能够获得学校特别的支持，和一些学校（例如后文会提到的浙江工商职业技术学院）不同，尽管行业、产业、国家体育总局、电子竞技协会等方面均认为电竞是体育，但是在高校中，宁工电竞社的活动目前还没有被学校认为是体育类的活动。

宁工电竞社没有获得任何学校官方的经费，由于学校五大联赛是足球、篮球、排球、羽毛球、乒乓球，因此电竞社的校队出去比赛是不被官方承认的。在马冀老师来到电竞社，将电竞社的部分活动与研究结合起来之前，宁工电竞社的活动，例如举办校园比赛的决赛等，均没有申请到学校社团活动最正规的"小剧场"场地，一直到 2019 年 10 月才第一次以防沉迷防网瘾讲座申请到该场地。也就是说在学校团委和社联对电竞社的管理方面，宁工的电竞社依然在潜意识中被认为是一个打游戏的社团，认为平时电竞社的活动是不正规的。学校管理尚且如此，学院中就更加保守了。在宁工，大一的学生是需要晚自习的，但电竞社的队员在晚自习期间出去比赛，电竞比赛这个请假事由是不会被批准的。

因此，在自上而下的管理上，宁工电竞社的处境并不是很乐观，但从学校的角度来看，学校对电竞社这样的兴趣类社团，并不需要有什么特殊的支持。对于宁工电竞社而言在学校层面唯一需要推进的是，要认定宁工电竞社为体育类社团，而非仅仅是普通的兴趣类社团。

5. 校队问题

宁工电竞社目前还存在一个重要的可拓展点——校队。作为一个兴趣类的社团，校队的成绩通常是社团业绩中很重要的部分，目前电子竞技也存在教育部官方层面的电竞赛事，一些学校也拿到了很好的成绩。然而宁工电竞社的校队成绩却不甚理想，前文提到宁工电竞社是以《王者荣耀》主要项目的，但由于宁波市的高校中，浙江工商职业技术学院和浙江纺织学院在《王者荣耀》上的实力非常强劲，甚至拿过全国前三的成绩，因此宁工电竞社的校队通常连宁波市比赛的好名次都拿不到。

无法拿到好的成绩，尤其是官方和正规赛事的好成绩，就无法获得学校更多的认可、就无法形成正向的循环，对于电竞社在"正名"这方面的发展并不有利。

校队的成绩不佳，同时校队的训练和管理也没有那么正规，校队并没有固定的训练时间和技战术练习、观看录像反思等专业的训练内容，同时也没有专业教练进行指导等。如何发展好校队，至少要将校队管理得更加正规，是宁工电竞社之后可以进行突破的重要方面。

第二节 浙江纺织服装技术学院电竞社

一、社团的起源与发展

浙江纺织服装职业技术学院电竞社（以下简称为纺院电竞社），缩写为 ZJFF 电子竞技社，成立于 2013 年 12 月，社团创始人唐安均。社团是浙江纺织服装职业技术学院社团联合会成员，社团宗旨：发扬奥林匹克体育精神，推广健康竞技，公平竞争的理念，发扬体育精神，团队精神，以正确的方式引导高校学子参与电子竞技项目，加强高校之间电子竞技交流，提高本校电子竞技整体水平，服务广大高校电子竞技爱好者，提高大众对电子竞技产业的认知度[①]。社

---

① ZJFF 电子竞技社. 2020 年电竞社招新啦 [EB/OL]. 浙江纺织服装职业技术学院电子竞技社官方平台（微信公众号），（2020 – 10 – 20）[2021 – 07 – 20]. https：// mp. weixin. qq. com/s/FW3on1_CWCn – jhJKbprDHg.

团有参与《王者荣耀》《英雄联》《绝地求生》《DOTA2》《炉石传说》以及《CS：GO》等多项电子竞技运动。

从创社社长唐安均举办第一届纺院杯英雄联盟争霸赛开始，《英雄联盟》一直成为纺院电竞社重要的运动项目，社团成立初期取得的优秀成绩都为《英雄联盟》项目。

第二任社长应凌志及副社长李叶静任职期间，纺院电竞社开始突破学校的级别，向更高级别赛事挺进，应凌志牵头成立了纺院英雄联盟校队POI，同年就获得了邀游·四合杯宁波英雄联盟争霸赛第二名的成绩。2015年，在技嘉·京东全国英雄联盟高校联赛中，POI战队连续过关斩将，拿下宁波赛区冠军之后，又在大区比赛中拿下东区总冠军。与沈阳师范大学、山东英才学院、宁波高等职业技术学院、海口经济学院［后来在2017年全球高校冠军杯（LICC）比赛中击败多伦多大学拿下首届全球总冠军］、广西职业技术学院、四川邮电职业技术学院、四川大学锦城学院以及广州工业大学9支队伍会师总决赛，最后拿下全国四强的优异成绩。

图6.4 2015年在技嘉·京东全国英雄联盟高校联赛东区冠军POI合影①

第三任社长耿丁福及两位副社长张智宇、高宇，进一步扩大了纺院电竞社的规模和影响。除了继续举办传统赛事英雄联盟争霸赛之外，还将这项校内赛

---

① 游民星空. GTL2015技嘉·京东全国英雄联盟高校联赛总决赛队伍介绍［EB/OL］.（2015）［2022－11－01］. https://www.gamersky.com/zhuanti/wygtl2015/.

事和腾讯的英雄联盟高校海选赛结合起来。同时,纺院电竞社开始组织举办属于自己学校的多项目电子竞技联赛——竞技·青春纺院杯。在第三任社长任上,纺院电竞社组建了三支新的校队,分别是男子校队 DAY,寓意阳光;男子二队 TNB,是"特牛逼"的拼音缩写;女子校队 Ssup,意思是超级辅助。

从第四任社长黄章东开始,纺院电竞社的内部功能开始更加多样化和特色化的发展。在队伍取得了相对不错的成绩,举办活动也逐步走上正轨之后,纺院电竞社进行了社团内部的明确分工,并开始寻找社团自身的特色。第四任社长黄章东任上,纺院电竞社增加了社团讲师的职位,由范质瑜担任,同时他也担任了社团所组织比赛的解说,这是后来纺院电竞社的一个重要特色之一。

第五任社长陈恒任上,社团专门明确了负责管理社团微博、拍摄社团视频和照片等职责,由副社长黄娴负责。第六任社长陈晗任上,纺院电竞社由副社长蔡宇豪负责,开始进行社团日常开课,宣传部长罗芷航则专门负责社团公众号的运营。

在不断完善自身构建,细化分工的同时,社团还陆续组建了更多的战队,包括王者荣耀战队 NBZJFF、守望先锋分队 HND、王者荣耀战队 TNT。其中王者荣耀战队 TNT 聘请了杭州电子科技大学的叶乐其长期合作,成为战队的教练,因此 TNT 战队在一届届队员和教练的努力之下,获得了让人瞩目的成绩,战队先后获得:

2017 年 6 月　　王者荣耀 WUCG 宁波赛区冠军

2017 年 9 月　　吉市赞王者荣耀赛冠军

2017 年 10 月　　WUCG 全国线上冠军

2017 年 11 月　　王者荣耀 ZUEL 浙江省电子竞技高联赛宁波赛区冠军

2017 年 11 月　　星街坊王者归来争霸赛

2017 年 12 月　　WUCG 全国亚军

2018 年 1 月　　王者荣耀 UG 杯全国季军

2018 年 3 月　　第四届王者荣耀高校联赛浙江大学分站赛冠军

2018 年 4 月　　CEYC 王者荣耀小组赛冠军

2018 年 5 月　　UECL 王者荣耀冠军

2018 年 5 月　　王者荣耀高校联赛南大区赛冠军

2019 年　第三届甬者无敌电子竞技大赛总冠军

2020 年　WUCG 世界大学生电子竞技大赛必胜客邀请赛四强

　　随后他们在 2020 年第七届王者荣耀高校联赛中一路挺进，拿到宁波大学站冠军、浙江省冠军，以大区赛季军的成绩挺进全国总决赛，最后拿到八强的优异成绩。作为《王者荣耀》项目的官方赛事，王者荣耀高校联赛一直是各大高校在该项目的最高追逐目标，能在这个比赛上获得全国八强的成绩，纺院电竞社在《王者荣耀》项目上可以说代表了宁波市高校甚至是全浙江省高校的最强实力。如此多的优异成绩，可见纺院电竞社在比赛方面的优异表现，在接受访谈的时候，现任社长之一的瞿冰滢表示，能否获得成绩对于社团而言至关重要，希望通过获得优异的比赛成绩，来为学校获得荣誉，以此改变老师们对电子竞技的负面看法，并获得学校资金上的支持，让电竞社能够在当前并不有利的外界条件之下获得更好的发展。

二、社团构架和理念

1. 组织构架

　　和很多学生社团一样，纺院电竞社的建立也是依靠一位有能力的学生，召集了与他兴趣相同的同学朋友，一起组建社团。在社团建立的最初阶段，社团内部仅有简单的分工，由于这种分工不太明确，只有一些方向，因此管理层负责的事务会进行交叉，社团管理相对混乱。在接下来的时间内，纺院电竞社迅速开始了社团组织构架的建立。

　　与上一节中的宁波工程学院电竞社以组织比赛作为活动中心来建设社团构架不同，纺院电竞社的社团构架是围绕战队参加比赛来进行的，这是一种截然不同的社团建设思路，尤其是在当前，绝大多数高校均不承认电子竞技项目竞技体育地位的情况下，极少数由学生建立的电子竞技社团会采取的方式。然而他们的努力获得了回报，优异的成绩让纺院电竞社声名远扬。在被问到校队的管理时，社长瞿冰滢表示，纺院电竞社校队的管理是相对比较正规的，会有固定的训练时间，会定期有训练赛，并有教练和队长来进行复盘和战术探讨。

　　从功能分类上看，纺院电竞社拥有统筹管理层、执行部、宣传部三个重要的部门，同时还有极有特色的裁判组、赛事导播组和解说组三个独立的小组（见图6.5）。

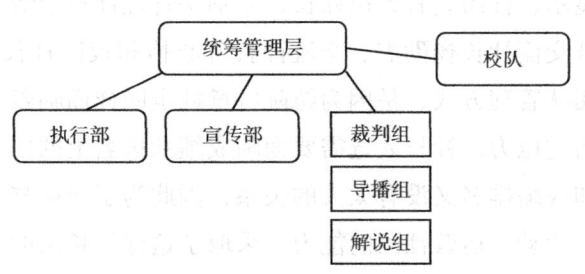

图6.5　纺院电竞社组织构架

纺院电竞社并没有像宁工电竞社那样专门设置对外联络的部门，而是将对外的职能直接放在统筹管理层，同时校队领队也直接在其中，从统筹管理层直接管理校队的相关事宜。同时也可以看到，纺院电竞社的活动策划环节也是从统筹管理层直接发出，因此这个社团核心所承担的任务较多，能够发挥的作用也更大。

统筹管理层下辖两个重要的部门：执行部主要负责活动的执行；宣传部则负责美工、公众号、贴吧微博等宣传工作。这同样是电竞社的两大最核心事务。而非常有纺院电竞社特色的是，在整个社团结构中，统筹管理层直接管辖三个地位重要且独立的活动组，分别是裁判组、导播组和解说组。有了这三个组，纺院电竞社在举办、承办各种活动时，就具备了非常专业的层次。裁判组负责比赛时的裁判工作，一旦比赛和活动中出现各方面的问题，裁判就需要去根据具体情况采取相应的裁判手段，来对比赛进行控制；解说组则负责比赛内容的即时解说，这个工作需要良好的口才和对游戏深刻的理解，才能给观看比赛的人更多的享受；更专业的是，纺院电竞社设有赛事导播组，专门从事比赛时游戏、直播、广告、采访、解说等画面的实时安排、剪辑、回放等。裁判、解说和导播，是电竞比赛中非常专业的部分，一般学生社团并不会有相关的专业组来承担这些事务、锻炼相关技能，然而纺院电竞社由于第三任社长耿丁福毕业后一直在电竞产业界工作，有相关的资源和途径（在下文中会讲到产教融合的部分）。所以，纺院电竞社能够有设立这些专业组的实力，也让纺院电竞社在宁波市电竞社团中小有名气，很多学校的社团在举办大型活动的时候，都会与纺院电竞社合作，请这三个专业组来帮助进行比赛。

现在的纺院电竞社，实施的是社长团管理的方式。纺院电竞社在2020年招新的资料中显示，社团共有5位社长，分别是管理社长李怡静、管理社副社长瞿冰滢、对外交流社长杨勍杰、交流社长曹心怡和校队社长陈心仪①。之所以采取这样的团队管理方式，是因为纺院电竞社也同样面临着学校方面对于社团社长成绩方面的压力，社长人选需要面临成绩和排名上的压力，但是学生社团的活动组织和成绩排名又没有太大的关系，因此为了保证整个管理组的团队凝聚力以及举办活动、运营社团的能力，采取了这样社长团的管理方式，在社团的管理层内部营造一种各司其职但地位平等的圆桌会议。

值得关注的是，纺院电竞社与宁工电竞社一样，在这些明面上的组织构架之外，还有一个隐形的构架，这也是很多电竞社团保持在构架之外的重要支持力，那就是毕业校友。宁工电竞社有创社社长王寅鸿的一直关注，纺院电竞社则有第三任社长耿丁福。耿丁福毕业之后就进入国内最有名的电竞行业公司工作，同时他心系自己学校的社团，常常回到学校带学弟学妹，同时也将公司的资源和平台带到学校里，形成纺院电竞社非常有特色，同时也是高校电竞社产教融合重要方向的发展方式（在下文社团理念中会详细叙述）。因此可以看出，这个以优秀毕业学长学姐为核心的"校友会"构架，虽然并不会在电竞社的组织构架介绍中出现，但是却实实在在成为电竞社的重要组成部分。

2. 社团理念

为了寻求社团的突破，纺院在成立后的一段时间内，将校队的建设和比赛作为社团工作的核心，后期又以产教融合作为社团重要的发展方向和育人手段，收到了良好的效果，在这一系列的变化和发展中，体现出纺院电竞社在社团运营时的理念和文化。

（1）以赛促社，以社促赛

从前文的介绍中可以看到，纺院电竞社对校队比赛的重视，在社团成立的初期，电竞社怀着以赛促社的理念，以《英雄联盟》校队为主力，以比赛的成绩来促进社团的发展，打响社团的知名度。比赛成绩的知名度传播不仅是在

---

① ZJFF 电子竞技社（微信公众号）. 2020 届管理团队 [EB/OL]. (2020) [2022-11-02]. https://mp.weixin.qq.com/s/hntTIRL-tn1z2vgRtEmNvQ.

高校电竞社圈子内，更是在本校的电竞爱好者中获得了热烈的反响。大多数竞技体育的爱好者都希望自己能在正规的比赛中一展身手、创造佳绩，这也让社团在接下来的招新活动中得到了更多电竞爱好者的关注。一个有良好成绩校队的电竞社团所获得的关注度，会显著高于校队成绩不佳的"同好会"性质社团。

在社团人数增加，人才储备充分，影响力扩大之后，良好的社团管理运作可以反过来促使校队进一步正规化，成为有固定训练，固定新老更替，固定赛道的团队。纺院的校队近年来一直在社团发展的基础上不断前进，不但陆陆续续组建了各种项目的队伍甚至是女队（电竞社想要组建起女子的比赛队伍目前看来还比较困难），而且将选拔、训练、学习、比赛正规化，还聘请了大多数兴趣类电竞社不会拥有的教练来协助校队的运作。正因为如此，纺院电竞社的校队才能在各类比赛中一直保持优异的表现，成为宁波市高校电竞圈中的佼佼者，大家口口相传的强队。

（2）因材施教，电竞育人

无论是什么类型的高校社团，它的最终目的应该是育人，如果脱离了育人的目标，那么高校的电竞社就失去了它的意义。不同类型的社团在育人方面有不同的作用，同时也有程度大小。因此，电竞社不仅要重视校队和比赛，它平时社团的组织、活动以及其中对人的作用，也应该要有足够的体现。

因材施教原本就是学生社团育人的重要特征，在纺院电竞社的组织构架中，因材施教的育人理念得到了更多的展现。纺院电竞社拥有比其他社团更为完善的电竞体系构架。不仅是其他社团的各个项目的校队以及普通社团运营的执行、宣传等部门。同时，还将电竞比赛运行的重要环节单独成系统，这样就给予了更多对电竞其他方面有兴趣的同学在社团中的锻炼。在访谈中，耿丁福和瞿冰滢都表示，纺院电竞社在招新的时候，就已经开始根据社员们的兴趣进行有针对性的配置，然后社团会尽力对其进行该方向上的培养。瞿冰滢说：

我从大一的话开进去就已经开始做解说了，然后当时我是有一个师傅的，但现在师傅是已经走了。现在公司（指耿丁福所在的公司）的话基本上我都是有去解说的，而且都是单人解说，那么像今年的话，我也是在社团刚成立的

时候，对他们有解说意向的同学往这个方面去培养了。（纺院电竞社团体访谈，2021年5月28日）

电竞不仅是游戏，在电竞社团的运作中，最基本最核心的理念就应该是培养人才，以各种各样的方式和渠道，来为参与电竞活动，参加电竞社的社员们提供成长的机会，纺院电竞社的管理团队多次表达了这样的意思。

另外，纺院电竞社还开办了面向电竞社社员的社团课，由社团指导老师，产业界的相关人士等对学生进行电子竞技、防沉迷等方面的培训和授课。

（3）产教融合

社团层面的育人，主要是培养人的品德和素养。在培养人的能力方面，普通社团的活动相对较为简单，可以看作走上社会之前的预科。电竞社相比起其他普通的社团，活动相对更加丰富一些，在对社员能力培养广度和深度上，和相关产业的距离上，都会有一定的优势。然而这种优势并不是所有的电竞社团都能够发挥出来，和我国许多普通地方高校一样，怎么和社会接轨，利用社会的资源，对学生进行培养，是一个重大课题。简单来说，想要培养出能够与社会接轨的人才，首先，要知道社会需要什么人才；其次，要能够依托社会的平台，让学生真真切切地在其中感受和实践；最后，尤为重要的是，保证教育的主导者，依然是学校。

纺院电竞社在社团层面的育人做得非常出色的秘诀之一，就是和一些高校一样，将社团的活动与产业界相融合，和电竞产业一起培养学生的能力。前文提到纺院电竞社的前社长耿丁福，就职于一家业内知名的公司，他会将公司的一些活动与纺院电竞社对接起来。例如一些区域性的赛事，让电竞社来承办，让电竞社的同学们了解到真正的电竞比赛应该如何去组织，将比赛的导播、解说、裁判的工作交给电竞社的社员来承担，在真实的业界场景中锻炼学生的能力。这种真实的业界运营场景的强度要远远高于普通社团校内活动的程度，经过这种产教融合实践的洗礼，当他们再一次回到校园活动的强度中，就会发现他们在校园社团活动的开展中游刃有余，这也是为什么纺院电竞社的导播、解说、裁判等，会经常受到宁波市其他高校的邀请，参与到其他高校电竞社社团活动中去。同时这种产教融合的育人方式，也为电竞社的社员们打开了今后就业的另外一条路，让他们能够有更多的选择。

需要指出的是，产教融合的育人方式，其育人的主导依然应该是学校方面。从电竞社的角度来讲，产教融合是一种非常优秀的育人实践，但电竞社的育人主体地位不能被动摇。耿丁福表示：电竞社不仅是面向行业的，更重要的是要对社员和社联负责（纺院电竞社团体访谈，2021年5月28日）。电竞社依然要有自己拿得出手的独立的活动，依然要把电竞社原有的育人作为电竞社运营的主要方向和重点，不能让公司企业过度的掌控电竞社的发展方向。如何处理好这两者之间的关系，如何让电竞社和公司企业能够为了共同的目标，一起培育人才，这恐怕不仅是电竞社和电竞行业需要一起回答的问题，还是中国高校和企业在产教融合的浪潮下需要反思和回答的重点问题。

三、社团面临的挑战

尽管纺院的电竞社已经是宁波市高校范围内电竞社做得相当出色的代表之一，但他们在发展的过程中依然碰到了许多的问题，甚至威胁到了社团的生存，和许多的高校电竞社一样，纺院电竞社在出彩的成绩背后，依然有着整个社团负重前行，披荆斩棘的辛苦。

1. 学校制度

和众多的高校一样，纺织学院也同样不认可电子竞技项目为体育比赛，这可能无法将原因的根本归咎于学校。从学校的角度来看，例如英雄联盟高校联赛这样的比赛依然不是正规的体育比赛，依然是由商家举办的商业比赛而已，因此很容易理解学校为什么在这方面给予电竞社的认可不够。但值得庆幸的是纺院的电竞社成绩较为优秀，已经能够参与大体协这样的官方机构所组织的电竞比赛，这一类由官方举办的电竞赛事应当被认为是体育比赛的一部分。

另外，和其他高校一样，纺院电竞社也遇到了学校管理制度方面的挑战。由于有产教融合的优势，原本电竞社在举办活动的时候，经费会非常充裕，然而在学校社团管理制度改革之后，电竞社已经无法再从公司、商家的手上直接获得经费，社团的入社费也被取消，电竞社想举办活动，必须跟学校申请，由学校社团管理和团委出面来拨款。从电竞社想要受到学校认可的角度来说，更严格的管理有利于电竞社在这方面的发展，然而当学校对电竞社没有完全认可的时候,电竞活动和比赛还没有正式进入学校体育活动的训练,是电竞社的生存就受到了挑战。和其他社团不同,由于规模和影响较大,电竞社想举办一次活动的开销要远远多于其他的社团。社联的经费也有限,要公平对待各个社团,在对待电竞社的社团举办活动问题上,不会给予太多的支持。电竞社的活动通常需要很大的场地,也需要一些设备,学校的社团管理并不能够提供足够的支持。纺院电竞社举办的一些活动,由于设备的原因只能在食堂的小电视上面放,或者在一间小房间里进行比赛,这都限制了电竞社活动的成效。

兴趣社团的运营全凭兴趣,然而电竞社并不是一个单纯的兴趣社团,它是一个兴趣、能力、体育和行业的综合体。学校制度要如何改变,如何变得更加动态和质化,是需要智慧和实践的。这不仅是针对电竞社的反思,同时也是学校所有社团管理的反思。

2. 社团断层严重

纺院的电竞社也面临着社团断层严重的问题。

首先,和其他本科院校不同,纺院的学生在校的时间只有三年,一旦人才上出现波动,电竞社受到的影响会非常巨大。受这种客观条件的影响,纺院电竞社在选拔人才,招募新人方面,需要付出额外的努力。

其次,社团管理人才凋零。电竞社需要对游戏行业比较热爱的同学来从事管理工作,同时他们又需要有足够的能力来管理社团,然后电子竞技是体育运动,想要对电子竞技有充分的了解,就必须花足够的时间在这项运动中,这有时与管理能力的培养是背道而驰的。纺院电竞社目前面临这严重的断层问题,尤其是经历了疫情之后,由于电子竞技社需要与产业对接,需要向学校正名,消除偏见,新冠肺炎疫情在给电子竞技带来快速发展的同时,对社团却是极大的挑战。

现任的管理层和上一任,他们已经出现了根本性的缺失,缺失的是组织性和领导性。因为去年说实话他一整年整个社团活动是没有进行过活动的,新冠肺炎疫情的一整年学校也不允许你开展这种东西,那你不做的后果就是没有人来做这个事情,也不知道怎么做,你上一任的人都已经毕业了,他根本就不知道找谁来做这个事情。然后社团改革了以后,改革的东西,别说新来的电竞社学生、学生会、社联他们自己本身他们也不懂啊,大家都是从零

开始学习，所以这两年会非常的苦。（耿丁福，纺院电竞社团体访谈，2021 年 5 月 28 日）

缺少关键性的人物，缺少顶梁柱，也缺少对电竞充满热情的人，管理的断层让这个业界知名的电竞社受到严峻的挑战。

最后，时代和学生发生了变化。对于第一批电子竞技社团的创立者而言，电子竞技对他们来说是一个充满热情的梦想，因此他们可以抛弃许多功利的因素，就单纯为了这个梦想而努力，他们不在乎钱，一心只想着怎么把社团建立起来，怎么把电竞的活动开展起来。然而新时代的学生在这个时代的浪潮之下，有更多自身利益的驱动，这无可厚非。但对于学校严格管理之下的电竞社，已经没有额外的经费来兼顾学生物质上的利益了，愿意"用爱发电"的人越来越少，招新不稳定，社团的社员和管理储备也受到了更多的挑战。这让纺院的电竞社不得不走相对而言小而精的道路。

3. 各方面的偏见

同样，受到偏见的影响，学校尚不认可电子竞技为体育运动，同时甚至认为这是一件不务正业的事，连指导老师一开始也对电竞社本身有所偏见，对游戏方面不是很看好。但在整个电竞社的不断努力之下，这种偏见得到了一定程度的改变。社长负责人不断地与指导老师进行电竞相关的交流，邀请其他学校的电竞指导老师来进行讲座和交流，通过与产业界的合作，来让大家看见电竞未来的发展之路以及对学生的帮助。

我觉得学校对于电竞一开始的偏见肯定还是有的，但是我们也是说努力把偏见消除，让我们能够真正地被他们认可。（耿丁福，纺院电竞社团体访谈，2021 年 5 月 28 日）

4. 比赛项目不均衡

从纺院电竞社的发展史来看，社团所依仗的校队前期以英雄联盟为主，后期则以王者荣耀为主，从电脑客户端慢慢转向手机客户端，同时其他的一些主流的电竞项目比较弱。对于电竞社而言，在学校管理如此严格的当下，一定需要寻找一个项目来作为突破口，但同时也有可能因为这种偏向而失去了对其他项目的关注，导致路越走越窄。如何在集中力量攻坚的同时，也能够给予其他项目足够的支持和发展，是当前纺院电竞社需要面临的另一大挑战。当然并不能很理想化地要求一个电竞社团，什么项目都能做出出色的成绩，这恐怕对职业俱乐部而言，也是一个非常理想化的要求，电竞项目更迭过快，本身也是电子竞技运动的一个缺陷。但作为校队实力较为突出的纺院电竞社，可以做到举一反三，由成绩优异的校队带动其他项目发展，这样会给纺院电竞社带来更广阔的发展空间。

5. 宁波电竞行业起步较晚

从电竞的角度来看，宁波市在这方面还并没有给予足够的重视。尽管诞生了一些知名的电竞选手和主播，但是宁波市到现在为止，还没有自己的电竞俱乐部，更别说是电竞联赛的主场。北京、上海、西安、杭州、深圳、苏州等城市均有参与到电竞联赛的运营中，上海在疫情期间还承办了英雄联盟全球总决赛，副市长亲自致辞；海南把发展电竞产业写在省"十四五"规划中，要把海南建设成为电竞大省，然而宁波在这方面尚未有足够的重视。这一点对于普通的高校电竞社而言影响不大，但对于比赛成绩更好，运营更成熟，与产业界接触更多的电竞社而言就会有相当的影响。在打破了普通电竞社的天花板之后，纺院电竞社目前面临的天花板就变成了电竞行业和产业的天花板。政府在电竞产业上没有布局，电竞产业和行业在该地就不会有充分地发展，社团能够联合的产业和行业就越少，杭州的高校电竞社可以对接例如著名的 LGD 俱乐部，但是宁波的高校电竞社就没有对接的俱乐部的对象。跨地域来聘请相关的行业人员进行指导，邀请电竞运动员来现身说法，对于电竞社而言成本太高。幸好在高校电竞社、企业和产业的联合之下，宁波市建立了电子竞技协会，纺院电竞社也是重要的创始会员之一。这可能在未来的一段时间内慢慢地促进宁波市整个电子竞技运动的发展，同时也会给予高校电竞社更多的支持。

第三节 浙江工商职业技术学院电竞社

一、浙江工商职业技术学院电竞社社团起源与发展

浙江工商职业技术学院电竞社（以下简称浙工商电竞社），缩写为浙工商

ALPHA 电竞社。在 2017 年由本校体育老师杨森创建成立，现由共青团浙工商院委员会和浙工商体育管理中心共同管辖。2017 年因学校制度改革，杨森老师之前带队的社团——足球社团转让给了另一位专任老师，所以杨森老师打算重新创建一个规模更大的新社团。在决定创办新社团的时候，杨森老师在飞盘社团与电子竞技社团之中选择，后来考虑到两个原因：一是招新，电子竞技作为一种电子游戏深受大学生的喜爱，招新相对于飞盘社团来讲更加容易；二是当下发展的趋势，当时处于电子竞技火爆发展阶段，宁波其他高校的电子竞技社团也发展得如火如荼。例如宁波万里学院获得了 2017 年的 WUCG 全国大赛英雄联盟全国亚军，浙江纺织服装职业技术学院也获得了王者荣耀的全国亚军，这在一定程度上说明了宁波地区创建电竞社团具有得天独厚的条件和优良的环境，所以在深思熟虑之后，杨森老师在 2017 年创建了工商电竞社，该社团也成为少有的以学校体育部牵头组建的电竞社。

在电竞与飞盘之间选择，后来最终还是选了电竞，最主要的原因还是怕招新招不到人，像我当时带足球社带了十年，后面就曾因为招新的问题而烦恼过，所以后来就选择了电子竞技，电子竞技是不存在招新招不来的是吧。我为什么成立电竞社团也是看到 WUCG——世界大学生电子竞技联赛，宁波万里学院是英雄联盟的全国亚军，宁波服装纺织学院是王者荣耀的全国亚军，当时全国 6 个高校，就三个项目前六，有两支高校队伍是我们宁波的，这也代表我们宁波在电子竞技这一块有得天独厚的优势条件。（杨森访谈，2021.06.10）

工商电竞社于 2017 年底向学校报备，2018 年 4 月正式成立。杨森老师结合了自己的体育赛事组织专业，以体育赛事为依托支撑整个社团的发展，通过之前带队的足球社社长去挑选了第一届的社长纪妾森、副社长章炜濠。社团成立之初建立了行政部、宣传部、赛事部三个大部门，并围绕当时最大的第三方赛事——WUCG 大赛来开展社团活动。

成立的第一年（2018 年），工商电竞社举办了 2018 年 WUCG 世界大学生电子竞技联赛校园预选、2018 年 QQ 飞车校园争霸赛、2018 年英雄联盟校园争霸赛、2018 年 S2 校园秋季赛、守望先锋新年挑战赛、首届电竞线下系列活动之——"ALPHA 跑团"荧光夜跑等一系列活动。第一年就获得了 2018 年

WUCG 世界大学生电子竞技联赛中国区线上循环赛 QQ 飞车东区亚军①,但在较为主流的项目上还没能形成突破。

2019 年,工商电竞社相继举办了 2019 年浙工商炉石脑洞赛(暴雪电竞授权赛事)、S3 电竞锦标赛暨 WUCG2019 世界大学生电子竞技联赛校园预选赛、浙工商 ZBCL2019 电子竞技冠军联赛、ZUEL 中国移动 5G 杯 2019 浙江省高校电子竞技联赛宁波赛区、浙工商 2019QQ 飞车冠军联赛、2019 年宁波第二届高校守望先锋新年挑战赛。社员吕鸿杰同学获得了浙江省电子竞技公开赛炉石传说省冠军,成功入选浙江省省队,是工商电竞社第一位主流项目省级冠军获得者。

图 6.6 浙江省电子竞技公开赛获奖现场,左一为吕鸿杰同学

2020 年,工商电竞社结合自身的特点,在继续举办传统赛事的同时,开拓了更多符合学校特点,有利于电竞社发展的赛事,扩大了赛事的项目范围和类型。举办了 2020 年 ROG 玩家国度 2020 宁波大学生电竞联赛 ZBCL & 2020 春季线上赛、2020 英雄联盟互娱电竞暑假杯、王者荣耀高校联赛浙工商站、

---

① 搜狐. 西伯利亚合作 WUCG2018 中国区线上循环赛四大区域决赛名单诞生 [EB/OL]. (2018 - 08 - 28) [2022 - 11 - 03]. https://www.sohu.com/a/250458337_100160470.

浙工商完美世界 CS：GO 学院对抗赛、浙工商电竞冠军联赛、浙工商电子竞技新生赛。社团的英雄联盟战队获得了 ZUEL 浙江省高校电子竞技联赛英雄联盟总决赛冠军①，王者荣耀战队获得 WUCG 嘉年华暨东区王者荣耀女子决赛冠军②、2020 年宁波市互娱电竞高校王者荣耀冠军东区王者荣耀前三③、2020 年王者荣耀全国高校排行榜挑战全国战队榜第二名、个人榜第五、第十名④。社团的活动和赛事渐入正规，获得了电竞圈的认可，在 2020 年完美世界全国高校电竞社年度优秀电竞社评比中获得第二名⑤。

2021 年，工商电竞社继续举办工商 ZBCL & 2021 电竞春季院系冠军赛，并在这一年，工商电竞社登上了全国冠军队的宝座，他们在 CUEA 中国大学生电竞联赛（教育部唯一认可的中国大学生电竞联赛）王者荣耀的比赛项目中获得了全国总冠军⑥。仅仅建社 4 年，就获得了全国冠军，这是浙工商电竞社在赛事成绩上取得的巨大成就。

随着大众对电子竞技的不断认可，2020 年电子竞技从业者列入高校毕业生就业分类统计指标，2022 年电子竞技也将正式获准列入杭州亚运会正式比赛项目。但是目前社会公众对电子竞技还存在着很大的误解，把电子竞技等同于网络游戏，打电子竞技就是不务正业，所以杨森老师表示，之后将踊跃参与教育部举办的电子竞技联赛，把其他的三方赛事（例如 WUCG 世界大学生电子竞技联赛）作为校队训练比赛，通过参加教育部系统的官方赛事，提高学校、老师、学生、家长对电子竞技比赛的认可度。

---

① 杭州网. 2020 年浙江省高校电竞联赛总决赛冠军"诞生"！［EB/OL］.（2022 - 11 - 22）[2022 - 11 - 05］. https：//county. hangzhou. com. cn/content/2020 - 11/22/content_7858563. html.

② 新浪电竞. WUCG 东区决赛圆满落幕 诸强剑指全国总决赛［EB/OL］.（2020 - 11 - 24）[2021 - 08 - 18］. http：//dj. sina. com. cn/article/iznctke2968565. shtml.

③ 互娱电竞. 完美收官［EB/OL］. 互娱电竞官方平台（微信公众号）（2020 - 04 - 28）[2021 - 8 - 17］. https：//baike. baidu. com/reference/53485455/19943hxT3qEnzpIGB8UY9im3XKZqrvM54bRc tlGc-MWuc5jyZ8WgAbTHyoT5Tnewku - NQRtmWeK5adjyCrdbYkGgVitqRkokRvGLoVBMh.

④ 王者荣耀高校联赛官方网. 高校排行榜挑战落下帷幕，最强校队正式加冕［EB/OL］.（2020 - 07 - 16）[2021 - 08 - 17］. https：//pvp. qq. com/web201706/matchdetail. shtml? tid = 471227.

⑤ 工商 ALPHA 电竞社. 我社荣获 2020 年度完美世界优秀高校电竞社全国第二名［EB/OL］. 浙江工商职业技术学院电子竞技官方平台（微信公众号），（2021 - 01 - 31）[2021 - 08 - 17］. https：//mp. weixin. qq. com/s/yrKcYQdUe29C2UGHRq3PSw.

⑥ 林海. 中国大学生电竞联赛（CUEA）宁波一高校夺总冠军［EB/OL］.（2021 - 01 - 15）[2021 - 08 - 17］. http：//news. cnnb. com. cn/system/2021/01/15/030221343. shtml.

二、社团的构架

1. 工商电竞社的组织构架

浙工商电竞社在社团成立之初将社团分为行政部、宣传部、赛事部三个部分，行政部主要负责社团内部的活动组织、日常管理等工作；宣传部负责做赛事的宣传，包括文宣和美宣，扩大社团的知名度和影响力；赛事部则主要负责赛事的相关组织工作和参赛事务如图6-7所示。

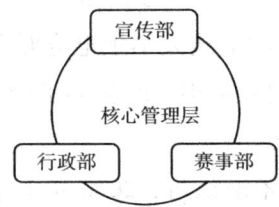

图6.7　工商电竞社最初的组织构架

随着社团的发展，比较简单的部门划分，已经无法满足电竞社日常运转的要求。因此，在2019年，浙工商电竞社对部门进行了改革，开始分为AD行政拓展部（Administrative Development）、VD视觉设计部（Visual Design）、CE赛事执行部（Competition Execution）、LBC直播解说部（Live Broadcast Commentary），以及PR公共关系部（Public Relations）。但是因为在2019～2020年度之后，宁波的各大高校社团管理部门都出台了相关的政策，不允许社团对外联系与招商，浙江工商职业技术学院也不例外，因此公共关系部没有成立多久就解散了，如图6-8所示。

这一次的改革，不但细化了社团的各项事务负责，而且拓展了许多社团的业务，进一步规范和正规了社团的运行，同时也把学生的德育和能力素质培养放在了重要的方向，社团开始与教育进行更深层次的融合。

AD行政拓展部主要负责基础的行政工作，会籍、财务、第二课堂学分、全员大会、社团纳新、COS、电竞公开课以及微信公众号、QQ、微信群、微博、小助手运营等。和一般社团单纯的行政管理部门不同，浙工商电竞社的行政拓展部还要负责学生社员和参与者的德育工作，尤其是第二课堂学分和电竞

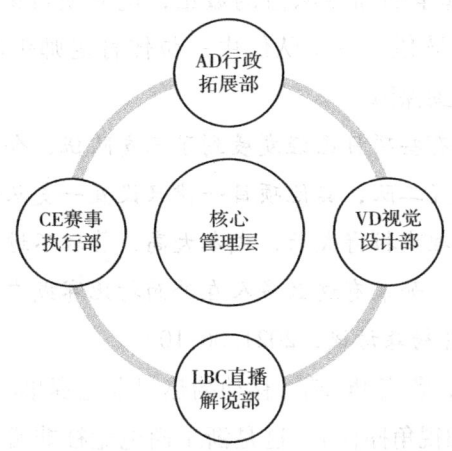

图6.8 浙工商电竞社部门细分之后的组织构架

公开课等，另外还加入了原本属于宣传的职能，包含网络平台的组织和运营，这给予了社团其他部门更多的人力资源和发挥空间。

VD视觉设计部，主要分为平面设计、摄影、电竞视频制作三个方向，细化可以分为赛事横幅、海报、展架、拍摄活动场景、剪辑制作视频等。和宁工电竞社的第一课堂拓展、纺院电竞社的产教融合不同，这工商电竞社则是第一课堂和第二课堂的融合，在浙工商本身就有视觉设计相关的专业，电竞社这个部门的运营和开发，实际上给予了学生在校内实习的机会，能够让他们将平日的学习进行实践，更有利于学生的培养。

CE赛事执行部，作为电竞社的核心部门，赛事执行部主要负责具体赛事策划、竞赛规则、路演网宣、抽签及赛程安排、线上线下比赛组织等。具体有场地布置、物料搬运、战队通知、签到合影、过程执行、比赛维护、现场突发状况处理、裁判执裁等。同时CE赛事部有自己的品牌赛事——ZBCL浙工商冠军联赛，截至2021年已经举办了七届联赛，一年两届，分为春秋季赛事。拥有和打造自身品牌赛事，能够让电竞社在举办赛事的过程中挑选电竞人才，为工商电竞社校队输送新鲜血液。赛事执行部同时负责电竞校队的管理，目前工商已经有七个项目的校队，分别是炉石传说、和平精英、穿越火线、CS：GO、王者荣耀、英雄联盟、王者荣耀女子。由于社团校队赛事成绩优异，有众多的学生愿意加入学校校队，优势项目甚至发展到了有三支校队，后来因为人员管理问题，从2021年起全面缩减队伍的数量，优势项目最多只设置两支队伍，一般项目只设置一支队伍，一支队伍由一位体育老师带队，还有教练、领队等，为队员们做好后勤保障。

我们去年开始是有些项目已经发展到了三支队伍，今年开始全面缩减，最多仅允许强势项目设置二队，其他项目一律只设置一支队伍，全面从严管控队伍数量，一是我们管理线拉得太长，成本太高，管理不过来，二是本身电竞项目受到的非议比较多，如果有这么多人在外面打比赛或者是怎么样，对我们的负面评价会比较多。（杨森访谈，2021.06.10）

LBC直播解说部，负责PC端、移动端热门电竞赛事项目的全程解说和OB（比赛转播画面呈现和视角操作）。这是浙工商电竞社非常有特色的部门，并不是所有的电竞社都有能力将这一块做成一个单独的部门，放在社团中。浙工商电竞社的直播解说部对照LPL\KPL\WUCG等大型赛事的直转播赛事背景呈现，致力于为校园观众带来更为专业的赛事直播呈现与专业解说①。在社团成立的初期，直播解说人员的配置仅仅是从管理层中抽了两位对此比较感兴趣的同学，后续随着同学们对电竞解说的热爱，有越来越多的人加入，发展成为了一个部门，这也是工商电竞社比其他学校做得更好之处，许多学校电竞社在比赛时没有直播，也没有解说，传播范围不广，影响力不大，但是工商电竞社的比赛，有社团自己的直播解说人员，会进行赛事的全程直播和转播，可以在网页平台和公众号进行观看。如此正规的比赛和解说，让学校里的同学和老师更愿意去观看电竞比赛，即使错过了直播也可以看回放，吸引了更多的人关注电竞社、加入电竞社。同时校队的领队、教练也可以通过直播看到队员们的发挥情况，更加方便地进行指导与制定训练计划，这也是浙工商电竞社校队取得优异成绩的原因之一。

2. 工商电竞社的理念

（1）以体育赛事为依托促进社团发展

在电竞社成立之初，杨森老师就强调"电竞社"不是带着学生去打游戏，

---

① 工商ALPHA电竞社. 管理干事团队x为乘风破浪的你而来[EB/OL]. 浙江工商职业技术学院电子竞技官方平台（微信公众号），（2020-11-13）[2021-08-17]. https：//mp.weixin.qq.com/s/K4Hg4McUHx4fyIATMBdXVg.

而是让学生在电竞社有所收获、有所成长，再结合自身是体育赛事专业，以体育赛事为依托支撑整个社团的发展。社团刚成立之时就围绕当时最大的三方赛事——WUCG 大赛来开展社团活动。之后，为了更好地举办体育赛事和发展自身的品牌赛事（工商 ZBCL 春秋季联赛），在 2019 年，又对部门进行了改革，围绕着电子竞技的赛事来进行部门的划分，突出社团的特点。同时，杨森老师为了获得学校的支持和学生更好的发展，更多地参加一些教育部举办的电竞赛事，因为只有教育部举办的赛事获奖，学校才会认可。

我们的以后的发展方向就是往教育部的赛事方面靠，三方赛事我们都是拿来，以赛代练的，只要练手就行了，去扛压就行了，然后真正的我们核心都是往红头文件——教育部赛事里面去走，因为对学校发展、老师发展也好，都是好事。三方赛事那个时候拿了奖，学校都不会报道的，但是大体协举办的活动，拿了奖，回来学校都会认的，而且像这次学生拿了 CUEA 大学生电竞联赛王者荣耀全国总冠军，是教育部的比赛，回到学校后，算是特殊贡献奖一等奖，学校奖励给团队 6000 元，还发证书，然后特殊贡献奖还可以换三创分，这个分是很难拿的，但是还可以换，因为特殊贡献奖，学校可以把分数换给你，这样的话也有制度的保障，但这种制度也是我们去看学校的规章制度，去往那方面靠，往传统体育项目去靠。（杨森访谈，2021.06.10）

围绕着体育赛事来发展社团，需要电竞社有足够强大的实力，和牢固的后盾作为支撑。浙工商电竞社恰恰是一个具备这些条件的社团，这也是为什么浙工商电竞社能够在成立的短短几年之中获得各项赛事的冠军，取得优异的成绩，同时社团在这些优异成绩的支持下，不断地扩大规模，向前发展，尽管高等教育对于电子竞技方面的认同较为保守，但浙工商电竞社是少有的能够在学校层面获得足够支持力度的电子竞技社团。

（2）倡导绿色电竞

杨森老师一直倡导"绿色电竞"的理念，作为体育老师，他认为电竞社是旨在锻炼学生思维、反应、意志、团队合作等诸多能力，秉承弘扬奥林匹克体育精神，培养绿色电竞理念及健康网络氛围。在这样的理念支撑下，浙工商电竞社积极策划组织电竞活动、承办各级各类电竞赛事，为社员的体育活动创造条件，同时也打造社员交流平台，以期促进学生课余文化生活和校园文化氛围提升。为了引导学生准确认识电竞，不把电竞等同于玩游戏，杨森老师给电竞社规定了"三不准"社规：一不准考试挂科、二不准上课玩手机、三不准熬夜打游戏。同时为了弥补电子竞技运动相对久坐的缺点，让电子竞技运动和其他身体运动结合起来，让学生真正朝向健康的方向发展，社团还举办了"ALPHA 跑团"荧光夜跑活动，如果想加入电子竞技体育校队，体测成绩要求在 60 分以上。在社团比赛中发现由于连续比赛，队员出现注意力、反应速度下降的情况，杨森老师又要求他们加强体能训练利用间歇跑的方式跑 3000 米，通过跑步锻炼来储备体能，应对激烈的电竞比赛。此外杨森老师还出面与学校周围的网吧老板"约定"禁止让学院的学生在网吧熬夜打游戏，与学校周围的社区互动一起营造绿色电竞的氛围，效果相当明显①。

  我们是对学生负责的，我们社团有三个规定：一个是上课不准打游戏、二是考试晚上不能通宵打游戏、三是考试不能挂科。以前我跟学校附近的两个网吧进行了沟通，只要你晚上把我们学生放进去了，我们学校校长就住在后面的，进来的时候看到学生吃着早餐进来训练的，那你网吧就别跟我合作了，就不会把它作为赛事的比赛点。（杨森访谈，2021.06.10）

  对于绿色电竞的倡导，让浙工商电竞社在开展电竞活动的同时，牢牢扎根于育人的核心理念，发挥电子竞技在培养学生方面的优势，避免电子竞技的缺陷，让它更好地服务于学生的全面发展。同时由于绿色电竞的运行，浙工商电竞社获得了更多来自学校和学生方面的支持，学校也将社团认可为一个在课堂之外能够培养学生的体育运动社团，相比全国范围内还有很多处在地下运行的电竞社来说难能可贵。

  （3）先学后娱、学娱结合

  浙工商电竞社也始终秉承着先学后娱，学娱结合的思想，积极的探索如何在育人的其他方面发挥电竞社的作用。社团连续举办了两届"专升本"公益讲座，向有专升本意愿的社员们传授经验和教训，为社员们的个人发展打好基

---

① 中国宁波网．宁波电子竞技运动：在误解和困难中看到希望［EB/OL］．（2020 - 12 - 09）［2021 - 08 - 17］．http：//news. cnnb. com. cn/system/2020/12/09/030211014. shtml.

石。社团也通过各个部门和各方面活动的开展为真正对电子竞技感兴趣的同学提供一个锻炼能力的平台，让社员在电竞赛事上找到自己人生的努力方向、目标和理想。例如工商电竞直播解说部的部分同学在直播解说中锻炼了自己的普通话能力，通过了大学英语四六级考试，同时这种努力工作积极向上的氛围也影响到了他们的学习，最后专升本成功，进入人生新的发展阶段。第三届的副社长胡志觉同学（2020年完美世界CS：GO全国十六强队伍队长）认为自己在电竞社学到了很多东西，既体现在社团管理和运营方面，也体现在赛事获得荣誉方面，社团的运行和管理锻炼了他为人处事的能力，得到的荣誉也使自己内心获得了很大的成就感。

高等教育的目标最终还是培养人才，因此无论是第一课堂还是第二课堂，学习依然是这些活动开展的主题。如何在电竞社团方面达到学习和娱乐的结合，用电竞这种娱乐的体育运动方式来服务学生的学习和个人成长，浙工商电竞社提供了非常优秀的经验。

（4）各类赛事"百家争鸣"

电竞本身运动的特征中包括多种多样的项目，但通常来说一个电竞社实力有限，只能开展一个或几个项目，尤其是在面对有比赛成绩压力的时候，着重发展一个项目并取得成绩，是大多数电竞社的首选。

但是浙工商电竞社却更愿意开展丰富多样的赛事项目，不仅有"全民共玩"的《英雄联盟》《王者荣耀》，也有稍微小众一些《CS：GO》和《炉石传说》，以及受众更少一些的《QQ飞车》等项目。正如指导老师杨森老师所说，开设电竞社团要照顾到喜欢不同电子竞技项目的同学，同时各类赛事共同发展、相互竞争、相互借鉴更有利于一个社团的长远发展。

有些项目在其他高校电竞社不一定有，但是我们这边都是有的，因为你要照顾到喜欢不同电子竞技项目的同学，不能一天到晚只搞一个王者荣耀、LOL。像宁波有些它可能只做王者荣耀，这样可能就太单一了，对一个社团的发展可能不会起到相互借鉴的作用。（杨森访谈，2021.06.10）

另外，作为一个有足够实力，以赛事作为支撑的电竞社，在条件允许的情况下多开设一些项目，对于电竞社的发展而言有很大的益处，这可以保证电竞社在每一年中不会因为某一个项目人员的缺乏，没能获得相应的成绩，产生社团成果方面的波动，同时也避免了未来有可能出现的，因为版权问题无法使用某个项目来举办比赛的时候，社团的发展受到制约的情况。

三、发展的困境

1. 管理人才传承问题

人才是组织发展中的重要话题，尽管浙工商的电竞社是由体育部牵头举办的，拥有比较强劲的实力，但它也像许多学校的电竞社一样，面临着管理层可能会出现断链的情况。因为指导老师不可能对社团的所有事物亲力亲为，那么社团的发展与其学生管理层人员的个人能力与个人特质息息相关。但是每年管理层人员的流动更换，招入的新管理层和旧管理层的变化具有一定的随机性，毕竟浙工商还没有电子竞技专业，所以会出现管理层人员"大小年"的情况。杨森老师表示，例如去年电竞社的社长较为低调，因此在活动举办和社团管理方面作用不是非常突出，但好在副社长较为活跃，能力出众，具有丰富的赛事举办经验，才能延续社团在活动举办和运营方面的活力。

电竞社招新相对比较容易，热爱电竞的年轻人人数众多，因此电竞社不缺社员，但是管理层人员的选拔有时候会成为一个问题。

因为社员加入电竞社纯粹是因为自己的兴趣爱好，他可能只想打电子竞技游戏，不想去做赛事举办，认为去做赛事就是去当免费劳动力，会有一点的抵触心理。（杨森访谈，2021.06.10）

所以在指导老师杨森看来，管理层人员的选拔需要指导老师平时的培养和给学生平台展示的机会。一是给学生展示自己的机会，让学生自己先策划赛事活动方案，指导老师给予指导，然后让学生全程负责一个赛事活动的举办，在举办活动中锻炼学生的能力，借由这样一步一步地锻炼选拔出管理层的人才。二是可以搞项目多元化，由学生进行投票，得票率最高的赛事优先被举办，形成一个竞争机制，调动学生们举办赛事的积极性，并在其中挑选出积极、优秀的社员，为管理层输送新鲜血液。

此外，学校对社团管理层人员也有相应的要求，必须是团员，成绩需要在班级的前50%。这给予了电竞社的管理人员选拔一定的限制。

2. 经费问题

浙工商电竞社同样面临着经费不充足、经费获取渠道单一的问题。学校相关管理部门政策收紧，不允许社团对外联系与商业合作。同时从 2021 年起，规定社团不能收取社费，经费只能向学校相关管理部门上报活动方案然后等待经费审批通过，或者依靠举办赛事时，合作的商家给予的活动执行费用。这样的规定实际上并没有完全限制电竞社与外界赛事合作中的活动，但却对电竞社自身所举办的活动和参与的赛事产生了重要的影响，实际上削弱了电竞社自主举办活动的能力。

电竞社校队出去比赛时，也需要社员们自掏腰包，如 2020 年 CS∶GO 校队去杭州参加比赛，第一周去参赛，学校方面没有给予任何支持，都是校队成员自己出交通费、住宿费、伙食费等费用；第二周去参赛，电竞社才通过一系列的办法报销了相关的交通费与住宿费。经费上的问题直接导致了在举办赛事和参与比赛时，社员们的积极性不高，因为在他们看来，校队是代表学校去参加比赛，为学校争取荣誉的。

3. 学校认可度问题

学校对电竞社的认可度不够，主要表现在三个方面。首先，是对电竞社没有相应的场地支持，工商电竞社已经发展成为拥有一千多名社员的电竞大社，也是学校里最大的社团，但是学校仍然没有给予相应的场地支持，只能在举办活动时，向学校进行申请，等待审批。由于缺乏专门的活动场地，部分项目如《英雄联盟》是在与电竞社合作的网吧进行训练，其他项目例如《王者荣耀》《CS∶GO》等项目是队员自己在寝室练习。

其次，学校的硬件设施无法满足电竞社的需求，在平时训练与比赛时，学校的网络速度缓慢，游戏经常出现卡顿的情况，影响校队成员的训练与比赛。同时电竞社举办的活动，均对网络有比较高的要求，一旦网络速度不够或是出现波动，活动举办的效果会大打折扣。

最后，学校内的部分老师与学生对电竞社有很大的误解，认为打电竞就是玩游戏，误人子弟，耽误学习。虽然与周围高校相比，浙工商电竞社发展比较顺利，电竞校队也取得非常优异的成绩，但是学校的认可度相对其取得的成绩相比还是比较低，只有参与国家体育协会举办的比赛，才能得到一定的认可，学校会给予相应的奖励（如奖状、奖金、三体分），像其他三方赛事（WUCG大赛）获得荣誉，学校都不会进行报道，也没有相关奖励。

4. 可持续性发展

　　浙工商电竞社杨森老师表示，电竞社取得成绩，获得发展，是"打江山容易，守江山难"。对于浙工商电竞社来说更是如此，浙工商电竞社校队已经取得了CUEA中国大学生电竞联赛王者荣耀的全国冠军，站到了顶峰。在这之后是否能够延续辉煌，创造出同样优异的成绩，恐怕并不容易。宁波市高校的电竞氛围相对热烈，各个学校电竞社校队的成绩也相对而言比较优异，其他高校例如浙江纺织服装职业技术学院电竞社，发展历史悠久，校队实力雄厚，也取得过多项高级别赛事的冠军。在如此激烈的竞争之下，浙工商电竞社可能会出现连宁波市的冠军都很难获得的情况，这与之前所获得的优异成绩相比，落差较大。一旦出现成绩的波动，学校对电竞社的认可度就会更低，支持力度也会下降，这对后续招新、举办活动申请经费时电竞社都会产生负面的影响。

第四节　电竞社的发展与管理现状

　　近年来，电子竞技运动在我国发展迅猛，由于年轻人的活力对于新事物有着更好的理解与吸收，故参与电子竞技运动的主力军之一就是当代大学生。众多高校的学生为了能够以电竞会友，自发建立了相应的电子竞技社团，由于大学生活的课余时间较为丰富，大学生对电竞的热情又相当高涨，因此高校的电子竞技社团在短短几年时间内，发展成高校社团和学生活动中的重要部分。同时他们也在众多国内国际赛事中取得了不俗的成绩，例如海口经济学院、江西软件职业技术大学、广东工业大学、南昌理工大学等，其中还包括很多211、985高校。

　　电子竞技社团的建立可以以闲暇生活方式的手段促进大学生个体的整体发展，锻炼思维能力、反应能力、心眼四肢协调能力和意志力。同时，通过参与社团的电子竞技活动，也可以锻炼其自身的合作意识和团队精神，并且也在长时间的实践中意识到，电子竞技运动社团的纪律性、对抗性的规则意识，准确地理解公平公正公开的竞赛环境，提高综合素质①。

建立社团可以号召电子竞技运动的爱好者齐聚一堂，帮助学生丰富课余生活，也可以通过正确的引导让学生分辨电子竞技与网络游戏的区别，避免过度游戏染上网瘾，破坏了电子竞技的性质和初衷。

而在社团不断发展的过程中，也产生了许多如"师资力量不足、社团架构模式不成熟、反馈系统不完善"等亟待解决的问题。本章前文中叙述了三个在甬高校电竞社的案例，分别是宁波工程学院电子竞技社（以下简称宁工电竞社）、浙江纺织职业技术学院（以下简称纺院电竞社）、浙江工商职业技术学院（以下简称浙工商电竞社）。一个本科高校，两个专科高校，借此来展示和反思在甬高校电子竞技社团的部分发展现状与特色，组织构架，面临的问题等方面的状况（见表6.1）。

本节将根据前面三节所呈现的资料，对比三个社团的不同状况和特色，总结出现的问题，寻求解决的答案；通过其他文献资料展现国内高校电子竞技社团的现状，简述历程，回顾发展；简单介绍国外校园中电子竞技的发展状况，并且试图为电子竞技在高校中的发展，从教育的角度提出意见和建议。

表6.1　　　　　　　　　三所受访高校电子竞技社团比较

比较类型	宁波工程学院	浙江纺织职业技术学院	浙江工商职业技术学院
创建者	学生	学生	老师（体育组）
发展规模	600人	100人	1000人
理念	1. "同好会" 2. 锻炼能力 3. 推动电竞认可 4. 与商业保持距离	1. 以赛促社 2. 绿色电竞 3. 学娱结合 4. 多元化	1. 电竞育人 2. 以赛促社 3. 产教融合
特色	进行学术研究	培养产业人才	培养职业人才
优势	1. 实力能够自给自足 2. 指导老师合拍 3. 社团活动自由不功利	1. 与产业界链接紧密 2. 校队成绩优秀 3. 有优秀校友帮助	1. 校队成绩顶尖 2. 新项目开拓超前 3. 体育部强大支撑 4. 教育功能凸显
组织构架	部门制	部门制+实习营	运动队+部门制

---

① 王钢. 哈尔滨地区高校电子竞技社团现状的研究 [D]. 哈尔滨：哈尔滨师范大学，2016.

续表

比较类型	宁波工程学院	浙江纺织职业技术学院	浙江工商职业技术学院
外部困境	1. 经费获取困难 2. 校园活动申请困难 3. 学校支持力度不足	1. 经费管理严格 2. 校园活动申请严格 3. 产教融合还需推进	1. 经费获取途径单一 2. 活动类型及渠道急需开拓
内部问题	1. 缺少自身组织比赛 2. 校队成绩不佳 3. 人才水平不稳定	1. 与指导老师欠缺磨合 2. 人才水平不稳定 3. 后续产业人才成长有待观望	1. 校队成绩不稳定 2. 较为依赖运动成绩 3. 受学校政策主导

一、受访高校电竞社的比较和总结

1. 创建和发展

（1）创建

普遍来说，我国的电子竞技社团通常由热爱电子竞技运动的学生建立，宁波工程学院、浙江纺织职业技术学院均是如此，由一位或几位主观愿望和能力较强的同学牵头创办，这与其他的学生社团并无区别。但浙江工商职业技术学院的电竞社团却与这种普遍创建形式不同，这种由体育组老师来组建作为学校学生体育运动突破口的社团尝试，可以说是电子竞技这项运动在高等教育中的一次突破。很多学校都有属于自己的体育特色项目，例如宁波工程学院有全国著名的木球队，北师大称霸全国的女子橄榄球队，但学校官方运作的电子竞技社团却并不多见，但随着2015年国家体育总局信息中心开始举办全国高校电子竞技联赛（CUEL）[1]，体育总局官方开始推动以高校为主体的电子竞技比赛，这也给予了类似浙江工商职业技术学院电竞社这类由学校体育部门出面举办的学生体育社团充分的施展空间。从访谈中可以看出，由能力出色的创社社长带头创建的电竞社在后期容易出现"领头羊"缺失而让电竞社暂时出现发展缓慢或停滞的状况，部分电竞社由于核心领导层的力量薄弱逐渐退出学校重要社团的行列，甚至慢慢消失；而由学校相关部门组建的电竞社则不太受到这

---

[1] 李金霞. 全国高校电子竞技联赛（CUEL）即将启动 [EB/OL]. 中央政府门户网站, (2015-09-25) [2021-07-08]. http://www.gov.cn/xinwen/2015-09/25/content_2938993.htm.

个因素的影响，对于这些社团而言，最重要的因素是学校的政策，在政策和绩效的互动下，这些电竞社通常会有较为出色的后续发展。

（2）发展

从发展的规模来看，除了纺院电竞社由于学校有对社团人数的专门规定，仅能招收100位社员之外，宁工电竞社与浙工商电竞社的社员人数均较多，在学校中均为人数最多的社团之一，宁工电竞社达到600余人，浙工商电竞社甚至达到1000人。这样的发展规模在各个高校的电竞社中并不罕见，意味着电竞社通常在学校学生活动社团中承担着重要的课外教育任务和职责，是大学生第二课堂和各项能力锻炼的重要场所。

总结其过程，各电竞社的发展离不开三个要素。其一是社团招收会员规模的扩大，这让电竞社能够拥有稳定的活动人员来源，相对稳定的管理人员，以及足够受到各方重视的资格。由于电竞运动开展活动综合性较强的特性，电竞社要举办相关活动，需要足够的人力资源，因此电竞社通常无法办成小而精的模式，做大做强是大部分学校电竞社最明智的选择。

其二是学校的支持，对于电竞社而言，尤其是在早期的电竞社，学校政策不禁止不反对不歧视，就是对电竞社最好的支持，这种情况在最近成立的电竞社中有所好转，但并没有如同电竞行业和产业发展那么乐观。因此对于高校电竞社而言，如何获得学校的支持和认可，是其无法逃避的议题，电竞社不太容易回避学校的支持和认可而变成独乐乐的学生组织，尤其是再当下依然有大量的教育、学术界人士认为电竞是有害的刻板印象背景下。作为电竞社，必然要寻找到某一突破口来获得学校的支持，在这方面，浙工商电竞社选择了赛事，纺院电竞社选择了产教融合，宁工电竞社选择了学术研究，呈现出截然不同而殊途同归的状态。

其三是绩效。在这里绩效是广义的绩效，它可以是比赛的成绩，可以是向产业输送人才的数量和质量，可以是举办活动的规模和影响力，也可以是在学术上做出了成果。因此，电竞社必须脱离简单的"同好会"的社团理念，必须借助自身力量的优势，做出一定的成绩。

当前高校对学生活动社团的管理逐渐严格，开始逐渐重视学生社团在学生大学生涯中的作用，对于学生社团的运行和活动开展进行了一系列的规范，很多高校的学生社团每年都需要向社团联合会和团委汇报这一年活动开展的状况,让学校看到本社并不是"混日子"的地方,而是对学生成长有利的孵化所。

只有当具备了这三个最基本的要素之后,学校的电竞社才能基本上生存下来,能够以正规社团的身份来进行活动的规划和运营,才能让学校把电竞社当作正规的社团纳入管理体系中去。因此,高校的电竞社面临的发展问题并不主要是如何在学校社团的管理框架内获得更大的发展,而是如何能够让自己被纳入这个管理框架中去。

但在这里必须指出的是,高校对于学生社团的规范,明确了学生社团的义务,但在学生社团的权利上却并没有足够的重视,在访谈的几个高校电竞社中,均反映了经费获取困难的问题。如何做到权利与义务相统一,高校的社团管理部门还需要进一步推进自身工作对于学生社团,尤其是电竞社这样大社团的支持,这一点,日本和我国台湾地区的学生社团管理运作模式,可以作为相同相近文化及教育制度下的借鉴。

2. 理念、特色和优势

从上述三个社团的调研来看,高校电竞社发展的最核心理念依然是育人,这个结论是符合高等教育的逻辑的。另外电竞社有其社团特有的理念,就是要为电子竞技正名,这也是其他社团少有的。

(1) 理念

三个社团分别在自己的理念方面提出社团的运作和活动,最终是为了锻炼学生的能力。这种能力一般分为两个方面,第一,是社团管理和人际交往的能力,也就是做事的能力和做人的能力。一个社团在运行过程中会遇到大量的事情需要管理和运行,尤其是像电子竞技这样的大规模社团,管理难度要比普通的兴趣类社团更大,同时电子竞技社团有许多与外界行业产业接触的比赛合作,这些合作对比赛的质量要求较高,因此对于学生来说极有锻炼价值。同时,社团是一个人际交往发生的聚集地,从第五章的研究中,可以发现电子竞技社团对于学生的校园人际交往没有负面的影响。要将一个社团管理好,除了优秀的做事能力之外,还需要优秀的人际交往能力。在宁波工程学院电竞社的案例中,可以深切体会到这一点,社员与社员之间的交流是维系社团运行的重要方面，纺院电竞社也正是依靠学长们的扶持，才能在产教融合的道路上走得更远。

第二，是电子竞技方面的能力，这包括电子竞技运动的能力和电竞职业方面的能力。电子竞技运动就是围绕着赛事来进行开展的，电竞社团能够通过自己举办的赛事以及与产业界合作的赛事锻炼参赛社员的电子竞技运动能力，具体体现为上文所提到的手眼协调能力、思考反应能力、大局观、体育精神等。同时有一些电竞社，不约而同地选择了对于学生职业方面能力的培养，解说、OB、裁判、导播、赛事组织策划等，通过一系列的锻炼，让学生在校园中就能与电子竞技产业和行业接轨，在产教融合中培养学生的职业能力。所调研的电竞社都有学生在毕业之后加入与电竞相关的产业中，并且在其职业发展的初期就能获得足够的重视，这与他们在社团中的锻炼是分不开的。

一般而言，大多数学生社团所锻炼的能力不外乎前面两种，但是通过对电竞社的调研，研究发现通过电子竞技的内容来提升学生的学习能力，也成为电竞社的重要选择。这也是由于电子竞技运动的特殊性，让电子竞技在高等教育的中的认知有所偏误，于是电竞社就会千方百计地寻找让高等教育能够接受其存在的理由，与学习相结合是最合适的理由之一。学习与娱乐相结合，电竞运动与个人发展相结合，甚至像宁波工程学院电竞社那样，将电竞方面的学术研究作为社团的一个特色，这种方式，不仅仅是电竞社发展的重要突破口，也可以让电竞社在某种程度上获得更多名正言顺的支持（例如宁工电竞社就开展了多次电竞学术讲座和分享，均能借此申请到合适的场地），也是电竞社在开展、推广电竞运动的使命。其他的兴趣类社团很少有需要为这种兴趣证明的活动，但电子竞技社团在这方面却付出了艰辛的努力，但仅仅靠社团本身的力量还不够，这还需要产业界、行业界以及高校教师及管理部门的支援。

（2）特色

电子竞技社团相对而言是学校学生社团中比较有特色的组织，这种特色不仅是由于电子竞技运动本身所带来的，同时也是电子竞技运动的产业和行业在运行过程中与社团组织交汇所产生的。电子竞技社团在与产业界的联系、产教融合、项目多样性、活动组织开放性等方面均有区别于一般学生社团的特别表现。

高校的学生社团通常为兴趣类社团,也有学习类社团和服务性社团,但它们通常的活动范围局限在校园中,但是电竞社的活动则会频繁的与产业界和行业界互动。受到学校认可的电竞社,在办活动的时候需要考虑活动的规模和质量。已经创出品牌,打出特色的电竞社会有自己的品牌活动,而更多的时候,电竞社会选择将自己的活动与各大电竞厂商主流赛事的校园赛结合起来,通过这样的方式,电竞社和电竞产业产生了不可分割的关系,学校的电竞社为各大电竞赛事的校园赛提供了场地和参赛人员,而赛事组织方则会向校园电竞社提供更专业的指导和设备,更重要的是他们会带来经费方面的支持。

正是因为电竞社与产业界的良好互动,让电竞社在社团与产业之间进行产教融合成为可能,这是绝大多数兴趣类社团无法做到的。在电竞社的活动组织中,活动策划、宣传、场地布置、裁判、解说、导播等方面的工作可以直接对接电子竞技产业和行业,甚至学生在这些活动中的锻炼,就是电子竞技产业和行业的真实环境,并不是降低了难度的预备队,这也与产教融合的观念相吻合。从浙工商电竞社和纺院电竞社的案例中可以看到,在电竞社这样的环境中锻炼过的学生,对他们今后从事电子竞技相关的工作十分有利。和许多产业不同的是,电子竞技的企业也十分愿意与高校的社团进行这样的产教融合,其原因是高校对于电子竞技的企业来说,不仅是人才的储备库,同时也是市场。但问题在于,如果要与高校进行产教融合方面的合作,电竞社并非能够主持产教融合合作的行政单位,这也是各大电子竞技社,尤其是像浙工商电竞社这类能够得到学校支持,由学校体育部发起组织的社团,可以在发展中进一步突破的方向。一旦在产教融合的合作上有所起色,那么电竞社在将来的发展中就能取得学校更多的支持。

电子竞技是一个黏性和适应性很强的产业。它既提供服务,又生产产品,还需要创意,它既有自己从生产到服务的完整体系,又可以借助互联网、年轻人等元素与时下其他的产业和行业结合起来。电竞社在组织活动的时候,一个活动会有多种多样的形式组成,例如宁波工程学院电竞社在组织活动时,就尝试过将电竞比赛、防沉迷讲座、电子竞技课题中期汇报等围绕电竞的一系列活动组合起来,取得了不错的效果。同时电竞社组织的活动也可以不仅仅限于电竞,它可以成为一个平台,与学校里学生喜爱的各项活动结合起来。例如浙工商电竞社组织过王者荣耀配音大赛，专升本系列讲座，宁工电竞社也尝试过与街舞社一起合办活动。针对电竞社团的这种特性，高等教育完全可以通过电竞社的平台，把与网络、年轻人电竞等元素相关的活动整合起来，成为一次寓教于乐的综合性活动。

由于电子竞技的特性以及电竞社团的特性，让电竞社举办的活动具有极强的开放性，他不仅面对电竞社的成员，同时也面对产业界、面对高校教师和其他非本社团的学生。基本上每一个电竞社团都会有观赛活动，包括电竞社自己组织的比赛和世界赛的观赛，就是一次开放性极强的活动。另外，由于电竞社在发展过程中容易抱团取暖，各校之间电竞社的交流也是一种常态，相互邀请学校战队参加比赛，邀请指导老师和社长来观摩活动，这都让电竞社成为一个开放型的社团。一个学生社团的开放性越强，它在学校社团中的影响力就越大，对于学生的培养潜质也就越高，电竞社的开放性甚至已经达到了可以在一个区域中以不同学校为单位组成一个开放性的去中心化的联合组织，可以是高校社团新形式的试点探索。

3. 组织构架

电竞社的组织构架，一般分成三个种类：第一类是行政部门，第二类是活动组织部门，第三类是专业部门。前两类是学生社团的标配，第三类则是电竞社为了其生存和发展拓展出来的组织。

大部分电竞社的行政部门，与一般的学生社团区别不大，都是采用中国大陆学生社团最普遍的部门制。通常电竞社会有一个社长，一到两位副社长；部门一般包括宣传类部门、策划类部门、执行类部门和资源类部门。但有一些电竞社根据学校的具体情况做出了一些调整和改变，例如纺织学院电竞社，就采取了多社长制，用类似圆桌会议的方式来进行社团的领导和组织，比较接近马冀在《学习型组织视阈下的赴台陆生社团创新力研究——以宁波市赴台学生联谊会为例》中提到的宁波市赴台学历生联谊会的内阁制框架类似，是一个分权和发挥多个优秀人才领导作用的形式[1]。

电竞社需要一个强大的活动组织部门，因为电竞社通常都不是一个"独

---

[1] 马冀. 学习型组织视阈下的赴台陆生社团创新力研究——以宁波市赴台学历生联谊会为例[J]. 创新教育研究，2018，6（1）：11.

乐乐"的社团。这个活动组织部门通常要负责活动从策划、赞助、宣传、执行和反思的一整个流程,这个流程基本上与正规社团的活动流程没有区别。但对于电竞社而言,活动组织部门的对外能力需求要高于普通社团,前文也提到电竞社与产业和行业之间的联系非常紧密。同时,电竞活动组织的复杂性,也为这个部门带来了巨大的挑战。受访高校的电竞社对于活动的总结和反思也相对比较重视,这也源自高校越来越严格的社团管理政策。另外需要指出的是,有一些电竞社对于自身历史和活动的记录还不是很重视,从全国的角度来看,许多电竞社存在的时间不长,而且没有留下足够的记录,这对于高等教育中电子竞技发展的研究而言是非常可惜的,在相对缺乏学术界对电子竞技研究的情况下,高校中电子竞技社团的发展史,基本上可以被看作电子竞技与高等教育交互的主线。

电子竞技社团组织中最有特色的是专业类的部门,是电子竞技社团在组织构架中建设自身社团特色的重要部分。这种专业部门建设的选择是与电子竞技活动的某一个环节的专业化培养相结合,例如导播、OB、解说等方面。这些专业部门的建设,极大地丰富了高校中电子竞技社团的内涵,把它们从兴趣类社团拔高到教育类社团,带上产教融合的要素。同时承担起产业育人、德育思政等方面的功效,对于学生的培养而言更加有利。也有像宁波工程学院电竞社这样,根据自身的特色和已有的条件,建立研究部这样比较罕见的组织部门,为高校电子竞技社团的发展提供了一个崭新的思路。

电子竞技社团的组织构架也是随着环境和条件的变化,在不断发展的。相对其他社团而言,电竞社是一个较新的组织,许多学校的电竞社都处在初创期和发展期,社团的规模在普遍扩大,分工越来越详细,管理越来越正规,活动越来越专业,电竞社的组织构架要适应这种变化,就必须不断发展,直到整个组织的人员、活动稳定。

4. 困境与问题

(1) 经费困境

受访的三家电竞社均表示了经费困难的现状,甚至连浙工商电竞社这样由体育部支撑的电竞社也表示了在这方面所受到的限制。对于社团经费的管理是学校社团管理的一个必要的环节,在成立电竞社之前,一部分社团在经费方面的滥用，的确对学生的第二课堂产生了负面的影响。但是电竞社有其自身的特点，相比于其他的艺术类兴趣类社团，电竞社举办活动的成本会更高，需要有正规的场地，正规的设备，才能举办高质量的活动。

经费的限制，让电竞社自主举办活动的能力降低，学校对于电竞社的活动并不太支持，使他们不得不依靠外界的比赛合作来延续自己社团的发展，甚至从"地上"活动转为"地下"活动，这无形中增加了资本对于高校中社团发展的话语权，这对于喜爱电竞的大学生们的培养是不利的。社团管理部门对经费的限制及初衷是解决社团运行中的腐败问题，以及更好地通过社团来培养学生的能力，因此相关政策和执行可以以此为出发点，适当细化。学校也应当可以被允许根据自己学校的相关情况来调整一部分的政策，而不是对于每一个社团，每一个学校都进行一刀切。

（2）人员困境

人员同样也是电竞社的重大困境。这个困境来自两个方面：其一，是电竞社和电子竞技自身造成的；其二，则是学校的相关政策所导致。每一个困境又包括了社员和管理人才两个方面。

电子竞技的特征中包括了多元性这一重要的方面，这对于电竞产业的发展而言是非常有利的，它可以让整个产业和行业百花齐放，更多的项目带来更多的联赛和更大的市场规模。但对于学校社团而言，却让人员的招募产生了问题。作为竞技体育社团，想要获得发展就必须在项目上有所突破，电竞项目的众多导致了每一年招收的社员所擅长的项目不一定相同，因此校园队伍容易出现人员的"大小年"情况，尤其是团体项目，只要缺少了一两个高端的玩家，整个队伍的实力会大打折扣。管理人员方面也同样面临着这样的问题，电竞社看似拥有众多成员，但实质上愿意参与到管理中的社员并不多，且受到项目、电竞活动的专业化程度、社团的复杂性等因素影响，导致电竞社在管理人才上相对短缺。从受访的情况来看，几所高校的电竞社均表示急缺优秀的管理人才。

另外，由于高等教育对第一课堂的重视，学校开始安排越来越多的第二课堂活动给学生，例如，各类竞赛、讲座、课外学习、志愿服务、社会实践等活动层出不穷。学校花大力气和心思在学生的课余时间安排上，以求促进他们的全面发展。这是一件值得反思的事情，同时也的确挤占了学生自由安排课余活动的时间，这让像电竞社这样的兴趣类社团的社员来源受到影响。同时，各个学校不约而同地采取对兴趣类社团管理人员的学业要求限制，多数的学校要求社长必须在专业排名的前50%，这个规定的出发点是要求兴趣类社团的成员，尤其是管理人员在从事社团活动的同时不能落下学业。但反过来也应当思考，大学对学生的培养，可能是更多样的，当学生在学业上无所建树的时候，兴趣类的社团或其他的活动，可能是让他另有出路的好选择。因此，高等教育对于兴趣类社团的认知应该更开阔一些，尤其是像纺院电竞社那样有产教融合的兴趣类社团，可以在学生的培养上有所建树的，前提是高等教育对此应当有足够的认知、包容和支持，对兴趣类社团的管理，也不应当施加太多的条框，以宏观调控为主，对有利于学生的培养进行鼓励。

（3）认可困境

与切实存在的经费困境和人员困境不同，认可的困境相对来说比较主观。单从整体上来说，受访的几个电子竞技社团均面临着认可的困境，这个困境来自三个方面：学生层面的认可、学校层面的认可、社会的认可。

学生层面的认可困境主要来自学生对电子竞技的认知和对社团本身作用的认知。不仅是家长老师，也有相当一部分数量的学生认为电子竞技就是打游戏，因此他们对电子竞技的认可停留在对游戏作用认可的层面上，并没有达到竞技体育的高度。这样的认知带到社团活动中，会变成认为电子竞技社是一个打游戏的社团，电子竞技社的作用也仅有打游戏而已，这种认知阻碍了学生参与电子竞技社活动的热情，因为普遍来说，大学生们对自己的学业和成长是有要求的。同时学校对第二课堂的量化操作，例如参与活动就有学分，不同的活动有不同的学分，毕业之前要完成多少学分，这样的规定导致一个最直接的结果，就是学生在选择活动参加时的功利性，没有学分的活动就不参与。而电子竞技社的活动并不能每次都申请到学分，甚至可以说能申请到学分的活动是极其有限的，从这个层面来讲，学生会对申请不到学分的活动产生不认可的认知，对有学分的活动的认可实质上只是对学分的认可，并不是对活动的认可。所以在电子竞技举办的活动中，有相当数量的学生在低头刷手机，做自己的事情，因为他们只为了学分而来，缺少对电子竞技真正的热爱。

学校层面的认可前文中已有所表述，经费、人员、政策上均有体现。在对社团管理的问题上，学校并非对电子竞技社团特别针对，而是对所有社团一视同仁的严格，而电竞社相对而言对支持的需求力度较大。学校层面最主要的不认可还是在对电子竞技运动的定义上。从受访的情况来看，即使社团成绩非常好的院校，学校也没有出台相关政策认可电子竞技作为竞技体育，与传统的五大联赛和其他体育运动相提并论。但也应当看到，学校层面的认可不足问题不完全归因于学校，而是整个高教体系并没有认可电子竞技运动，学校本身并没有义务认可这项运动，或为电子竞技运动的认可承担可能的教育风险。

社会的认可困境除了在前文中提到的家长、老师等教育相关人士对于电子竞技的认知问题之外，还体现在行业、产业发展与高等教育的错位之中。电子竞技的行业与产业发展蓬勃迅猛，但相关的高等教育人才培养却相对迟缓，这不仅导致了行业产业人才供应的短缺，也导致了行业和产业对高等教育相关方面的不认可，电竞社就处在这样一个急需发展，但却步履维艰的夹缝中。

二、国内高校电子竞技社团简介

电子竞技社团是由喜爱电子竞技的大学生自愿结成的非营利性社团，主要负责组织大学生参与电竞活动，并将所学知识进行实践，在实践中与电竞行业进行相关接轨。成立电竞社团是使电子竞技运动在高校健康向上发展的关键，也能够更好地使大学生正确认识参与电子竞技运动。当前高校培养电竞人才的重要工作是规范和促进电竞社团的管理与发展[1]。

国内电竞社团的建立和发展要远远早于电竞专业，中国高校的电竞社团最早可能追溯到 RTS 即时战略《游戏红警 95》的时代，但当时由于尚未出现电子竞技这个概念，现在所可以认定的电竞活动，在当时都被认为是简单的电子游戏活动而不被承认，因此在各级学校的电竞社团也不被承认，活动基本处于地下方式，很可惜无法考证。部分校园电竞社的活动则以"网络社""电脑社"等名义来进行，例如宁波市第二中学在 2004 年就以电脑社的名义举办过

---

[1] 白朝晖. 高校电竞社团的现状与分析[J]. 拳击与格斗, 2016 (24): 104.

《星际争霸1》和《魔兽争霸3》的校园比赛（时任电脑社社长为2002级胡拓，伦敦政治经济学院（LSE）中国研究硕士）。

随着近几年电子竞技运动的不断发展，英雄联盟高校联赛的开展也日益火热，而这样的发展形式，也使诸多企业看到了电子竞技产业的经济效益，高校的电子竞技社团也得到了诸多重视。计算机厂商通过赞助提升自身形象，相关网吧为电竞社活动提供赞助和训练场所以提升自身影响力。所以，"网吧模式"成为当前各大高校电竞社之间相互切磋的主要形式之一，然而，在促进高校电竞发展的同时，由于网吧是以追求经济利益为根本目的的，故终究也不适合电竞社团规范化的发展需要[①]。

这种情况随着电竞行业的发展获得了一定的改观，2000年，随着由三星和微软赞助的世界电子竞技大赛WCG的创立（第一届比赛于2001年在韩国首尔举办），电子竞技的影响力开始扩大。各大高校的电子竞技爱好者们，开始组建各自的战队，投入电子竞技的赛事当中，这些战队很多都成为高校电子竞技社团的雏形。

2003年，吉林大学CS（反恐精英）战队Summertime在各项赛事中取得优异成绩，在团委和相关老师的帮助下，以该战队为基础成立了吉林大学电竞社。

2003年，四川大学数字娱乐与电子竞技协会正式注册为校级社团。

2003年，西安交通大学电竞社成立。

2005年，花海睿尝试在复旦大学成立电竞社，但因"没有校内活动"等原因失败，后于2006年正式成立复旦大学电竞社。

2005年，山西大学电子竞技社团成立。

2007年，东南大学电竞社成立。

2008年，吉林财经大学电竞社创立。

……[②]

这些社团不断地创立，扩大了电子竞技在高校中的影响力，让更多的老师学生知道了电子竞技这项事物。尽管起步较为艰难，获得的支持也有限，但众多电竞社团在大量电竞爱好者的支持之下，开始成为高校学生社团甚至是电竞

[①] 王钢. 哈尔滨地区高校电子竞技社团现状的研究[D]. 哈尔滨：哈尔滨师范大学，2016.
[②] 以上资料来自各电竞社网站以及作者通过各种方式对相关负责人的直接询问。

行业的重要力量。

2016年9月，教育部在出台的政策中提出要新增电子竞技运动与管理专业，这是我国首个，高校电子竞技教育相关的政策①，造成了很大的影响。在该政策影响下，国内高校陆续开始设立电子竞技专业。2017年，国内共有18所院校开设电子竞技相关专业，各院校计划招收的人数并不多，实际招生不足1000人②，这很大程度上也受到了社会的不确定性影响，这个尚未成为主流的专业在刚刚萌芽的时候是并不受到认可的。2019年6月27日，山东体育学院、邦尼集团有限公司、新加坡南洋理工大学签署三方合作备忘录，共同打造了蓝海领航国际电子竞技学院，在2019年计划向山东地区招收理科生50名③，这也是我国又一次与电子竞技相关的首个本科专业设置的尝试（有关电竞专业的论述，详见第七章第一节）。电竞专业的开设，从教育界认可了电子竞技，让电子竞技正式在高校中扎根，以此为标志，电子竞技在体育界和教育界都获得了认可。因此，电子竞技社团面临的隐形限制也进一步放开，在此之后，中国高校电竞社团开始进入"大众化"时代。

另外，全国性的高校电子竞技联合体开始出现，让电竞社团能够摆脱之前单打独斗的局面，成为强大的联合体的一员，共同前进。例如上海高校联盟，是由北京融盛互联文化传媒联合上海市的多所高校电竞社和战队发起成立，很好地推动了校际之间的交流④；中国高校电子竞技联盟则是由全国高校电子竞技社团、协会和相关企事业单位以自愿参加为原则于2018年9月20日共同发起成立，致力于联系和服务在校大学生的非营利契约式公益性战略联盟，全国各大高校电子竞技社团、协会、相关企事业单位等皆为其组织成员。截至2022年，高盟累计成员1601680人、累计服务项目活动335个、累计入驻社团480个⑤。

---

① 教给谁？谁来教？怎么教？—三问电子竞技人 [EB/OL]. (2016-11-22) [2021-08-07]. http://www.gov.cn/xinwen/2016-11/22/content_5136052.htm.
② 姚善贷，李沐宸. 我国高校电子竞技教育的现状分析及对策研究 [J]. 当代体育科技，2020, 10 (36) 112-115.
③ 全国首个电子竞技运动与管理本科专业招生 [N]. 中国体育报，2019-07-03 (6).
④ 高志方. "电子竞技在中国"系列特别企划之上海选手 [J]. 电子竞技，2007, 4 (11): 54-59.
⑤ 高校电子竞技联盟，高盟简介 [EB/OL]. (2022-11-14) [2022-11-14]. https://www.ccel.org.cn/.

联盟成立的主要宗旨是促进各个会员之间的沟通与合作，通过体系的构建，搭建平台，发展技术，提供资金和人才支持，其最终目标是致力于创造有影响力的高校电竞联赛品牌。高校电竞社从地下组织开始，从寝室开始走出校园，走向产业，并有可能在不远的将来，走向更成熟的联盟化运作。

据 FGIS 高校电竞调查报告显示，2015 年国内共有 910 所高校开设了电子竞技社团，这一数字占据调查高校总数的 1/3[①]。当下的年轻人成长于互联网和信息化高速发展的阶段，网络成为他们生活中必不可少的元素之一。作为产生于互联网新时代的体育运动，它因兼具娱乐性、互动性、合作性，能够充分让年轻人在其中展现自己，发挥所长，也从中获得快乐而受到当代青少年群体的喜爱。社团作为社会参与的另一种形式，既可以起到普及传播的作用，也是选拔优秀电子竞技运动选手的一种渠道。大学社团是培育和发展青少年兴趣爱好的重要社会组织形式，而在电子竞技这项运动不断发展的过程中，高校的电竞社团是促进大学生电子竞技参与的重要校园平台，很好地带动了校园内电子竞技的发展氛围，更在其不断开拓新领域的过程中发挥了十分重要的作用。

三、国外电子竞技校园教育现状简介

尽管国外的电子竞技发展起步要早于中国，但是对于其校园社团的研究并不充分。所以，从国外电子竞技校园教育的现状的角度进行简单介绍。

从 1998 年开始，在韩国就陆续有知名国立大学设立了相应的专业与课程[②]；2011 年俄罗斯国立大学开设电子竞技的本科专业[③]；2006 年，美国加州的拉文大学法学院开设了 SivPro 的电竞课程，美国加州大学伯克利分校也于 2012 年开设了三国杀的选修课程（由大三大四学生开设，并找到教授赞助和指导，但的确是学校认可的、有学分的选修课），2014 年，美国芝加哥罗伯特

---

① 吴芮. 我国电子竞技发展现状及问题研究 [D]. 西安：陕西师范大学，2019.
② 李帅圃. 广西本科院校电子竞技运动开展现状及对策研究 [D]. 桂林：广西师范大学，2019.
③ 俄罗斯国立体育大学. 电子竞技专业课程. [EB/OL]. (2011) [2021 - 11 - 08]. http://it. sportrdu. ru. 2011 (6).

莫里斯大学在正式认可电子竞技运动的同时，也成为首个提供电子竞技运动奖学金给选手的大学[①]，两天内就收到了2200封学位申请，获得奖学金的机制与传统体育项目奖学金机制相同，需要有优异的表现并提交申请，并通过层层筛选。LOL的开发者Riot公司知晓后马上进行了相应的宣传，同时举办了"英雄联盟高中联赛"，参赛者从四面八方赶来参加比赛，争夺高达10万美元的奖金，莫里斯大学和暴雪公司也从中招揽了不少人才。暴雪Blizzard公司在2014年宣布了与电子竞技协会的合作关系，赞助大学中的电子竞技社团[②]。该公司的Mike Morhaime在报道中曾说，大学电子竞技协会为电子竞技社区的建立提供了强有力的支持，表示希望能够通过电子竞技协会的联合能提供新的方式丰富参与者的大学生活[③]。

在国外，人们对于电子竞技的接受程度相对较高，由于发展较早，在各方面都积累了许多经验，所以制度也较为完善。美国在电子竞技发展这一问题上走在世界前列。上文提到的芝加哥罗伯特莫里斯大学在正式认可电子竞技运动的同时，也成立了电子竞技社团，同时还为选手减免50%的学费和食宿费用[④]。目前全美大学的电竞联赛已经有超过一万人的参赛者，而著名的NCAA美国大学生篮球联赛参赛人数也只有5000余人[⑤]。电竞产业在美国校园不再是一个小众休闲项目，而是以重要的社团赛事活动身份充分地渗透到了校园文化中。

在社会各方面因素的影响下，高校也对大学的电子竞技社团有着较高的支持力度，同时，一些校外企业也通过合作的方式为社团的建设提供了资金技术等支持，所以发展势头较好，在平稳的发展环境下，也越来越注重对各项赛事的具体内容研究。

电子竞技在各国作为体育项目的延伸而被校园所接受，美国、韩国、德国等国家作为电子竞技运动的强国，校园中都有着良好的电竞氛围，同时受众群

[①] 郭鹏飞.《美国大学设立电竞奖学金吸引学生报考》[N].大洋网-广州日报，2014-09-04.
[②] 太平洋游戏网.《暴雪携手TeSPA全力赞助高校电子游戏社团》，2014年2月10日，news.pcgames.com.cn.
[③] 白朝晖.西安市高校电子竞技社团建设研究[D].西安：西安体育学院，2018.
[④] 王钢.哈尔滨地区高校电子竞技社团现状的研究[D].哈尔滨：哈尔滨师范大学，2016.
[⑤] LOL击败NBA获体育艾美奖S7鸟巢直播被点名表扬[EB/OL].(2018-05-10)[2021-11-08].http://sports.sohu.com/20180510/n537223115.shtml，2018-05-10.

体也较为广泛,从而成为众多赛事的举办地和诸多著名职业俱乐部的落脚点[①]。俱乐部受众群体是全社会,社团的受众群体是在校的学生,两者在电子竞技的规范和发展中的重要程度有很大的相似性。他们通过对社团这种小型俱乐部的不断支持,为电子竞技运动的发展提供源源不断的各方面人才,并且充分发挥学生团体的创造性,为电子竞技运动在本国的发展赢得了很大的发展空间和发展动力。

四、总结与建议

从受访的几所高校电竞社以及其他互联网的材料来看,目前电子竞技在高校社团中的发展,还尚处在探索和挣扎阶段。学校的支持不足、高教对电竞的认知粗浅、管理上的机械、自身发展的踌躇等都对电竞社的发展造成了阻碍。但是经过20年的发展,随着产业的越来越成熟,已经有不少的电竞社团走出了属于自己的道路,高校和高等教育都在慢慢地接受这一新事物,开始有更多的高校教师关注电子竞技。

本书反复强调,教育的本质是育人,因此对于电竞社的思考应当以人为根本出发。需要指出的是,学校对电子竞技越是不支持,电竞社所能取得的设备越有限,场地越有限,电竞社所开展的电竞活动就越不偏向体育运动,从电脑端慢慢变成手机端,从某种意义上来说,偏离了电子竞技运动的属性,对学生的益处也就越少。但是想让学校如同五大联赛系列一样认可电子竞技的比赛在目前看起来还有很大的难度,因此在高等教育的学生社团方面,电子竞技还有很长的路要走,这需要学生、老师、产业界、行业界、政府部门等一系列的合作和努力。

高校发展电子竞技社团,对于大学生参与电子竞技运动并展示自己以及学校管理学生方面都大有裨益。只有正确的引导高校学生认识和参与电子竞技运动,才能防治大学生过分沉迷游戏的普遍现象,并让他们意识到沉迷游戏的严重性,从而学会平衡学习和健康参与电子竞技运动之间的关系。随着电子竞技

---

① 任豪. 西安市高校电子竞技运动开展与推广研究[D]. 西安:西安体育学院,2019.

运动的不断发展，对高校电子竞技社团的组建和管理也有了更高层次的要求，这也需要高校社团用更加科学健康的方式进行管理与训练，促进电竞社团的规范化发展①。

因此，在高校支持电竞社团发展的大背景下，需要更加规范电竞社团的管理，梳理良好的组织结构，制定规划明确的发展战略，并且与电竞行业加强整体合作交流，开设相关人才培训班，提高电竞社团管理人员的理论素养，并让学生去电竞俱乐部实习学习经验，了解最新的信息，在学习理论中也重视实践运用，培养出全面发展的电竞优秀人才②。

总体来说，可以通过以下一系列方法促进社团更加长远的发展。

（1）在管理过程中要充分均衡学习与参与社团活动的时间，兼顾学习和发展，只有两者的时间摆在正确的天平上的时候，社团的建立才能发挥它最大的意义，才能做到帮助学生提升个人能力，保障全面发展，改善校园电竞氛围。同时只有摆正了社团的定位，才能够得到学生、老师、家长乃至社会的认可，不让他们认为电子竞技是一项误人子弟的运动，不让他们感觉电竞社的建立只会影响孩子的学习与发展，这样电竞社团的建立才能为电子竞技的发展提供助力。

（2）社团自身的建设要抵制住电子竞技市场高度商业化的诱惑，在前面的案例中也可以看出，当前许多电子竞技社团举办活动需要相应的游戏赞助商，为此要对游戏公司、网吧进行相应的宣传。在这些方面要把控住尺度，过度地宣传容易导致合作的失衡，影响社团甚至全校学生的权益和声誉。在发展中面对经济问题，要结合实际情况适度的与外界赞助合作，选择一条适合本校的健康绿色电子竞技发展道路。

（3）在师资问题上，国内大部分电子竞技社团都缺乏专业的指导老师，仅以学生自身盲目探索容易误入歧途，只有正确的指引才能让社团的成员找到正确的方向。在指导老师的问题上，建议同样以校企融合或是行业+学校的方式来进行，以"电竞行业专业人员"+"教育行业专业人员"的组合来开展社团指导。行业方面招聘退役选手作为社团的客座讲师或与俱乐部合作，同时为社团配置一位对电竞有兴趣，同时懂得社团教育，通晓教学育人的指导老

---

① 王钢. 哈尔滨地区高校电子竞技社团现状的研究 [D]. 哈尔滨：哈尔滨师范大学，2016.
② 白朝晖. 高校电竞社团的现状与分析 [J]. 拳击与格斗，2016（24）：104.

师，与学生进行联动，既可以支持学生的活动自主性，又可以保障社团向正确的方向不断地发展与进步。如有条件，可以安排一位专业的全职老师来进行社团指导和开展，类似部分高校的篮球队教练，既可以从专业的角度指导学生正确合理地从事电竞运动，开启电竞的育人作用，又让电子竞技运动在校园普及，逐步得到社会更大程度的认可。

（4）在细节上要对电竞社团进行更加精细化的管理。电竞是一项要严格把控尺度的体育运动，只有精细化的管理，才能让社团成功，所以必须加强社团内部管理体制结构的建设。从社团的性质来看，电子竞技社团相比较于其他社团有很大的特殊性，加强引导是必不可失的重要环节。由于电子竞技是以电脑、手机等硬件为依托的。相比较于网络游戏，一般人很难找到其中的区别，如果不进行正式有效的管理，就很容易造成误解。在其特殊性的要求下，电子竞技社团一定要严格管理，同时注重方向的把控和引导，坚决贯彻社团成立的宗旨和原则，避免进入误区。

（5）电子竞技是一项受到年龄限制的运动。为了避免相应人才的流失，学校的社团可以与一些俱乐部进行合作，为俱乐部提供优秀的成员，同时俱乐部也可以为社团提供一些技术上的支持，例如说专业知识的讲解讲座，培训模式的交流分享等，这对社团、个人的培养都大有益处，不仅能够让怀揣着电竞梦的年轻学生在最合适的时间踏上追梦之路，还能促进社团朝着更专业、更正确的方向发展。

（6）完善电子竞技社团管理与发展的空缺。通过反馈机制不断总结经验，为未来的电子竞技社团发展提供理论的指导。对过去问题的反思会让社团累积许多在未来发展中解决各种问题的方法。加大这方面的实践研究，会让社团更加成熟，有面对各种问题的底气，尽早总结出一套自己的缜密精简的管理体系，也可以尽快让这个新兴项目的社团走上自信发展的道路。

总体来说，电子竞技社团发展困境归根到底是高校在第二课堂上的理念问题。近年来，部分高校着急建设第二课堂，把第二课堂等同为功利的培养，不是竞赛就是实习，认为第二课堂必须是能出成果的活动，否则就是浪费时间[①]，这

---

① 史凯，付强，张东明. 思想政治教育第二课堂"去功利化"途径的探索与实践[J]. 科学咨询（教育科研），2021（7）：69-70.

种建设在转型过程中缺乏耐心和对育人的理解，缺少人文关怀，缺少对学生心理和理想的关注，是新管理主义和学术资本主义在高等教育中的典型体现①。在对于第二课堂问题和形式的处理上，高等教育不应试图把第二课堂变成第一课堂，应更积极地发挥学生的主动性，而不是把学生的课外活动也安排得满满当当，用各种框架束缚他们的课外生活，走上"计划"的老路②。不如给学生一些空间，让他们能够在课外时间内寻求探索自己的理想。

---

① 马冀. 中国大陆学术不端个案研究：批判理论与后殖民理论视角 [D]. 台北：台湾政治大学，2019.

② 方瑞. 高校辅导员开展第二课堂建设的困境审思 [J]. 思想政治课研究，2020（6）：52 - 56，154.

第七章

电子竞技与教育

尽管在义务教育和高中阶段，家长和老师还在为电子竞技及其他游戏挤占了孩子的学习时间而恼怒不已。但到了高等教育，游戏产业和体育运动产业对人才的大量需求，让这种争端逐渐平息下来，当兴趣和爱好变成了职业，所讨论的议题和方向就截然不同了。在本章中，研究将主要探讨电子竞技在教育的"育人"方面的议题，梳理电子竞技成为专业的路程，简单介绍电子竞技专业的相关情况并进行分析对比，同时探讨电子竞技在产教融合方面的独特优势以及较为罕见的以兴趣类电竞社团发展产教融合促进学生就业的方向，以及本研究所认为的电子竞技在育人方面的优势和劣势。

第一节 电子竞技人才的培养

与其他体育运动一样，电子竞技人才可以分为两种：一种是电子竞技运动人才，也就是电子竞技运动员；另一种是电子竞技产业人才，也就是从事电子竞技其他相关产业的从业人员，对于电子竞技来说，产业人才包括从游戏开发制作到赛事运营等多个方面。作为一个朝阳产业，电子竞技对于运动员和产业人才的需求年年增加，缺口很大。因此，高等教育做出相应的反馈，设立了电子竞技运动与管理专业，也翻开了中国电子竞技发展的新篇章。

国内电子竞技专业的建设情况

1. 电子竞技专业的出现

雅加达亚运会上,中国代表团在电子竞技表演赛项目上夺得多项冠军,《英雄联盟》S8、S9、S11全球总决赛连续登顶,其他的世界性项目也有优秀的成绩,优异的成绩给予了电子竞技足够的关注度,也让社会对电子竞技产业的认可度迅速扩大,由于电子竞技与网络游戏等其他游戏的不同,特有的赛事和赛事组织,俱乐部和运营,体育运动式的游戏内容安排,让电子竞技需要与其他游戏产业不同的人才,这时对电子竞技相关的人才认定和培养就成为重要的议题。

2019年4月初,中华人民共和国人力资源和社会保障部正式向社会发布了13个新职业信息,一些电子竞技相关专业已正式列入职业,例如电子竞技运营师、电子竞技员等。人力资源和社会保障部官方网站新闻中提到:"近几年,在国际赛事的推动下,基于计算机的竞技项目发展迅猛,电子竞技已成为巨大的新兴产业,电子竞技运营师和电子竞技员职业化势在必行。"[①] 这从正面对电子竞技与其他游戏的不同给予了肯定,同时也给予了电子竞技产业重要的人才认定,电子竞技从电子游戏中分离出来,在职业层面有了独特的体系。

电子竞技作为新职业的独立,离不开产业界和教育界的发展,教育界由于其自身的特性,无法做到像产业界的敏锐,专业的开设和人才培养相对而言,需要经过反复的论证和成熟的决策,因此,电子竞技诞生之后的相当长时间里,中国大陆的高等院校尚未开设电子竞技专业。没有培养针对电子竞技的专业人才,因此中国初代的电子竞技行业人才基本是电子竞技运动员或者对电子竞技有兴趣的人转型到电子竞技的其他方面从事的。在缺少解说、编导、导

---

① 中华人民共和国人力资源和社会保障部. 人社部、市场监管总局、统计局联合发布新职业 [EB/OL]. (2019-04-03) [2023-03-08]. http://www.mohrss.gov.cn/SYrlzyhshbzb/dongtaixinwen/buneiyaowen/rsxw/202009/t20200923_390195.html.

播、裁判、OB（Observer）[①] 等职业人才的情况下，许多电子竞技运动员和对电子竞技有兴趣的人，在离开比赛后转型成为这些职业的人才。例如《英雄联盟》前职业选手，转型为比赛解说的冯雨（Rita）；《王者荣耀》前职业选手，转型为导播的张宇辰（老帅）等。

中华人民共和国教育部在 2015 年颁发的《高等职业教育创新发展行动计划（2015~2018 年）》中提出，要加快校企合作，支持专科高等职业院校与企业深度合作，共建实训基地等[②]，以此来解决产业升级和经济结构调整所造成的行业人才需求与职业教育人才供给不足的问题，这给予了电子竞技专业开设的政策性理念支持。

2009 年，天津体育学院就尝试将电子竞技方向带入学校专业人才培养中，作为中国第一个与电子竞技有联系的大学，天津体育学院的体育文化传媒系开设了实验班，在电竞专业尚未被教育部认可的情况下，在已有专业中开设电竞方向来培养电子竞技相关人才[③]。因此，这个电竞方向与后来的电竞专业不完全相同，总体而言是以体育文化传媒为框架下对电子竞技的应用。

2016 年，为了迎合当前产业对人才的需求，电子竞技专业正式获得教育部认可，在《普通高等学校高等职业教育（专科）专业目录》2016 年增补的专业中包括"电子竞技运动与管理"，专业代码 670411，将于 2017 年实行[④]，由此电子竞技正式进入高等教育人才培养的序列。

2016 年，内蒙古锡林郭勒职业学院开设了全国第一个电子竞技相关专业，专业设在体育系中，与体育教育、运动训练、足球、民族传统体育等专业并列[⑤]。

---

① OB：在电子竞技中是 Observer 的缩写，意思是观察者，原本意思为在比赛进程中不参与比赛的观战席人员，他们可以操作自己的视角来观看比赛，最初的裁判就由这些人员组成。但在电子竞技赛事发展较为成熟之后，裁判逐渐从观察者中独立出来，同时赛事转播和回放不再以 Replay 的形式出现，而以视频回放为主，需要第三人称视角的能够抓住比赛重要画面的直播镜头，于是 OB 就成为了让观众看到令人满意和专业的直播及视频回放画面的操作者，并且朝着更专业的角度发展，展示和切换战斗画面、显示双方经济差、分差、视野情况等，以满足观众的观看需求。

② 教育部关于印发《高等职业教育创新发展行动计划（2015~2018 年）》的通知［J］. 中华人民共和国教育部公报，2016（Z1）：54-76.

③ 企鹅电竞. 真正的第一？这所高校 8 年前就开设了"电竞专业"［EB/OL］.（2017-03-29）[2022-03-08］. https://www.sohu.com/a/130983498_694246.

④ 《普通高等学校高等职业教育（专科）专业目录》2016 年增补专业. 中华人民共和国教育部. 2016.

⑤ 锡林郭勒职业学院. 专业设置［EB/OL］.（2022-05-02）[2023-03-08］. https://www.xlglvc.cn/index.php?m=content&c=index&a=lists&catid=802.

2017年，国内首个本科电竞学院在中国传媒大学南广学院成立，同时也是全球第一个实施电子竞技与用户体验课高等教育的学院，设置了艺术与科技和播音与主持艺术，专业从事电子竞技品牌设计、电子竞技赛事解说、赛事运营、战队管理等方面的教育。[1] 同时，许多本专科学校也都进行了相关的准备，开始进行电子竞技的专业设置和招生工作。例如四川电影电视学院与成都电子竞技协会签订协议，开设"电子经济运动与管理"专业，准备于2017年秋开始正式招生，四川传媒学院、四川科技职业学院三所四川高校相继宣布开设电竞专业[2]。

另外，电子竞技由于其产业的综合性以及领先于教育的产业发展，使学校与企业的产教融合成为一种必然的选择，例如山东体育学院在2019年3月30日与邦尼集团有限公司签署合作协议，合作建设蓝海领航国际电子竞技学院，设立四年制电子竞技运动与管理专业，并授予教育学学士学位，该专业学生在大学期间，会熟练掌握电竞专业知识，以便应用于游戏研发，专业战队运营，赛事解说等；并且还会学习电竞产业相关的教育培训，赛事组织，企业管理，俱乐部管理等。

截至目前，全国共有146所职业院校开设电子竞技相关专业[3]；据不完全统计至少有包括上海戏剧学院、山东体育学院、广州体育学院、天津体育学院、四川电影电视学院、首都体育学院、齐鲁工业大学、南昌工学院、河北传媒学院、南京传媒学院（原中国传媒大学南广学院）等公办民办本科高校[4]（见表7.1）开设了电子竞技相关专业（但各个学校对该专业的开设方式和层级有所不同，例如其中南昌工学院等一些学校，学校性质为本科高校，电子竞技专业是专科专业）。还有4所高等院校开设了继续教育的电子竞技专业，分

---

[1] 中国传媒大学南广学院. 电竞学院［EB/OL］. (2023-03-08). http：//www. cucn. edu. cn/faculties/78. html.

[2] 阳帆，王欢.《重点培养电竞周边产业人才》. 四川日报.16 教育周刊.2017-06-06.

[3] 中华人民共和国教育部，高等职业学校专业设置备案结果，［EB/OL］.（2022-05-03）［2023-03-08］. https：//zyyxzy. moe. edu. cn/home/major-register？year=2022&province=&school_code=&school_name=&major_code=&major_name=%E7%94%B5%E5%AD%90%E7%AB%9E%E6%8A%80.

[4] 中华人民共和国教育部，普通高等学校本科专业申报材料公示搜索［EB/OL］.（2022-05-03）［2023-03-08］. http：//so. moe. gov. cn/s？siteCode=bm05000001&tab=all&qt=%E7%94%B5%E5%AD%90%E7%AB%9E%E6%8A%80.

别是上海开放大学、江西软件职业技术大学、北京市丰台区职工大学和黑龙江商业职业学院①。

表 7.1　　10 所本科院校开设电子竞技专业情况汇总②

学校名称	学历设置	学校性质	专业类型特色	培养就业方向	所属院系
上海戏剧学院③	本科	公立	电子竞技主持解说、电子竞技舞台设计	电子竞技主持解说、舞台设计	继续教育学院
山东体育学院	本科	公立	电子竞技运动与管理	理论、比赛、运营、策划、解说、分析等高层次应用型人才	电子竞技学院
广州体育学院	本科	公立	电子竞技运动与管理	策划、组织、商业开发、教育培训、数据分析、企业管理等专业复合型人才	休闲体育与管理学院
广州体育学院	本科	公立	电子竞技解说	电竞解说	体育传媒学院
广州体育学院	本科	公立	运动康复（电竞心理与运动康复方向）	良好的社会适应能力的应用型人才	运动与康复学院
天津体育学院	本科	民办	电子竞技运动与管理	赛事、俱乐部、策划、媒体、营销等	体育学院
四川电影电视学院	专科	民办	电子竞技运动与管理	游戏、赛事组织的赛事策划、职业选手、教练、领队、导师、裁判、数据分析师、主播、解说、视频剪辑、导播、导演等工作	数字媒体艺术系

---

① 中华人民共和国教育部. 全国高等学历继续教育专业设置备案结果 [EB/OL]. (2021 - 12 - 30) [2023 - 03 - 08]. http://jxjy.moe.edu.cn/admission/index?endTime=2021&province=&schoolName=&professionalName=%E7%94%B5%E5%AD%90%E7%AB%9E%E6%8A%80.

② 注1：资料来源大多为学校官网和平台官方公众号等，由于各个学校所公布的内容不同，因此在一些内容上有的学校较为详细，有的学校则较为简单。

③ 注2：上海戏剧学院所开设的电子竞技专业形式为电子竞技人才培养课程，学习方式为全脱产，5 年内完成所有课程并符合学校继续教育学士学位要求，可获得学士学位。

第七章　电子竞技与教育

续表

学校名称	学历设置	学校性质	专业类型特色	培养就业方向	所属院系
首都体育学院	本科	公办	电子竞技赛事经营和管理	游戏厂商、电竞赛事公司、俱乐部、电竞网络制播公司、体育文化传媒公司或经纪公司、直播平台、相关事业单位	管理与传播学院
齐鲁工业大学	本科	公办	体育类电子竞技应用型人才	电子竞技教育、产业、数据开发、职业经理人、赛事策划与执行、大数据分析、俱乐部运营与管理、心理健康服务等相关人才	体育与音乐学院
南昌工学院	专科	民办	实用型、创新型高等专业人才	技术指导、运营管理、策划组织、俱乐部管理、教练裁判、经纪人、推广等	体育学院
河北传媒学院	本科	民办	电子竞技运动与管理	解说与主持、俱乐部运营与管理、电子竞技指导	足球学院
南京传媒学院	本科	民办	播音与主持艺术	电竞解说、主播	电竞学院
			艺术与科技	电竞游戏策划与设计	电竞学院

资料来源：

[1] 上海戏剧学院官网. 上海戏剧学院电子竞技人才项目培养招生简章［EB/OL］.（2017-7-14）［2022-5-04］. https：//www.sta.edu.cn/7d/03/c1625a32003/page.htm.

[2] 山东体育学院官网. 山东体育学院电子竞技运动与管理专业［EB/OL］.（2019-10-11）［2022-5-04］. https：//cmxy.sdpei.edu.cn/news-show-2414.html.

[3] 搜狐网. 广州体育学院开设电竞专业三个方向，他们上课是打游戏吗？［EB/OL］.（2019-5-11）［2022-5-04］. https：//www.sohu.com/a/313373038_415197.

[4] 四川电影电视学院官网. 电子竞技运动与管理［EB/OL］.（2021-6-23）［2022-5-04］. https：//www.scftvc.com/info/1638/3598.htm.

[5] 首都体育学院招生网. 2021年新增专业——电子竞技运动与管理专业［EB/OL］.（2021-4-13）［2022-5-04］. https：//zs.cupes.edu.cn/zlcx/ptwsl/d4b792f78ce14777a53960fb6329eda4.htm.

[6] 齐鲁工业大学体育与音乐学院. 电子竞技运动与管理专业介绍［EB/OL］.（2021-5-25）［2022-5-04］. https：//zsb.qlu.edu.cn/2021/0525/c8711a168528/page.htm.

[7] 四川传媒学院新媒体与电竞学院. 电子竞技运动与管理专业介绍［EB/OL］.（2021-2-12）［2022-5-04］. https：//yxdj.cdysxy.com/24490/.

[8] 南昌工学院体育学院. 电子竞技运动与管理专业介绍［EB/OL］.（2017-11-27）［2022-5-04］. http：//tyb.ncpu.edu.cn/jiaoxueguanli/zhuanyejieshao/html.php? c-481.html.

[9] 卧龙指南. 河北传媒学院电子竞技运动与管理专业介绍［EB/OL］.（2019-12-13）［2022-5-04］. https：//school.wlzn.cn/184-major-82839.

[10] 搜狐网. 遇见南传·如你所"院"｜你好，这里是南京传媒学院-电竞学院！［EB/OL］.（2020-8-02）［2022-5-04］. ttps：//www.sohu.com/a/411097517_672034.

总体而言，电子竞技专业从出现到现在，发展速度较快，整体接受度对于一个新增专业而言相对较好，这得益于电子竞技产业的飞速发展和人们对电子竞技接受度的不断提高。职业院校开设数量较多，而本科院校相对于其他专业而言数量还不足，还有继续发展的空间。

2. 电子竞技专业的培养方向和课程设置

当电子竞技变成一个专业之后，它与平时休闲娱乐运动的意义就有了重要的变化，作为学校需要有一个完整的体系来对学生进行培养，因此在高等教育的专业视角下，电子竞技一定不会局限于游戏本身。由于每一个学校对电子竞技专业的建设都有符合教育部要求的人才培养体系，本书不再对详细的内容进行赘述，主要通过举例比较来展示不同，展现各个学校对于电子竞技人才培养的特色和理念。从表7.1可以看出除了南京传媒学院和山东体育学院单独设有电子竞技学院之外，其他学校都采取将该专业放入与培养方向相近的专业和学院中，这也代表了该学校在电子竞技运动与管理专业上不同的培养设置。

作为一个专业，电子竞技运动与管理，其名称本身就包含了两个预设的分支，一个更偏向运动本身和其衍生，另一个是偏向于产业的管理。而目前就已有的电子竞技专业方向来看，主要可以总结为5大类：电子竞技运动员方向、游戏赛事运营管理方向、新闻传播方向、体育医疗健康方向、游戏设计和艺术类方向。而电子竞技运动与管理专业所开设的课程大类通常也分为三类：第一类是电子竞技通识课程；第二类是电子竞技运动课程；第三类是电子竞技管理课程。

不同的方向决定了这三类课程所占的比例，这里要指出的是，高等教育和青训队不同，后者在培养人才方面会非常专注于电子竞技本身，而高等教育则需要考虑人的全面发展，因此学校与学院在设置安排专业和课程的时候，为了考虑育人的完整性，大多数时候并不会局限于某一个方向，而是会将领域内的各类知识和课程进行集群，在拓宽学生就业领域的同时，也让他们掌握更多与电子竞技相关的知识和技能，在"博"中求"精"，因此其课程和方向会有一定的交叉。

（1）电子竞技运动员和教练员方向

电子竞技运动员和教练员方向，是电子竞技作为一项体育运动，其原始意义上的标准方向，即培养"站在舞台上的人"。在电子竞技专业开设之初，电子竞技运动员的培养基本由俱乐部来进行，高校基本没有资源和平台来达到真正职业化的电子竞技运动员的水准。当时的电子竞技运动员主要来自三个方面，分别是俱乐部青训、"路人王"①和相关比赛晋升通道。但在相关规定出台之后，未成年人可以从事电子竞技的时间大幅减少，高校对于这方面人才的培养才显示出一定的可能性，与一些俱乐部进行合作，成为接下来电子竞技运动员培养的重要途径，但效果还需要一定时间的检验。电子竞技教练员同样也是如此，中国本土的电子竞技教练员主要来自退役选手和俱乐部，但在开设相关专业之后，有更多的相关人才从高校走出，从事与教练员相关的工作。

电子竞技运动员和教练员方向的培养，其重点在于电子竞技运动课程，例如湖南体育职业学院，企业电子竞技与管理专业将培养电子竞技运动员和教练员放在就业岗位介绍的前两位，该校的教师团队中包括前职业选手。该校在这方面的核心课程包括：电子竞技技术基础、电子竞技战术训练与运用等②。另外例如南昌工学院、四川电影电视学院对于电竞管理的培养方向中也包括运动员和教练（分析师）等，其核心课程包括电子竞技战术理论与方法、电子竞技运动训练理论与方法、电子竞技运动心理学、电子竞技运动训练学等③④。

（2）游戏组织和赛事运营管理方向

作为电子竞技与其他游戏重要的不同，赛事的组织管理是电子竞技产业的重要组成部分，随着产业规模的不断扩大，各种电子竞技项目都需要不同级别的赛事，俱乐部管理和赛事的运营等都需要大量的人才。游戏组织和赛事运营管理包括：俱乐部经理和管理人员、运动员经理人、赛事组织运营、赛事公司管理等方面。

游戏组织和赛事运营管理方向主要以管理学的相关知识和技能作为培养内

---

① 路人王：指的是并没有经过电子竞技青训队的培养，也并非跟着原始队伍从相关比赛系统中晋级而来，而是在平时日常的游戏或直播中，因为有非常顶尖的水平，而被电子竞技俱乐部的星探发现，直接签约进入俱乐部的运动员。例如 IG 俱乐部的 The shy 姜承录，TES 战队的 Jackeylove 喻文波等。

② 湖南体育职业学院，电子竞技与管理专业介绍［EB/OL］．（2020－07－15）［2022－05－04］． http：//www.hntyxy.net/tyx/dzjjyglzy/2400.jhtml.

③ 南昌工学院，电子运动竞技与管理专业［EB/OL］．（2022－05－03）［2022－05－04］． http：//tyb.ncpu.edu.cn/zyejieshao/zhuankezhuanye/.

④ 川观新闻，谁说电子竞技只是打游戏 四川电影电视学院培养首批电竞专业学生［EB/OL］．（2017－06－02）［2022－05－04］． https：//cbgc.scol.com.cn/home/51699.

容，辅助以电子竞技的知识，以达到将管理学的知识技能在电子竞技场景中进行运用的目的。例如，山东体育学院的电子竞技运动与管理专业，通过产教融合，开设电竞产业相关的教育培训、赛事组织、企业管理、俱乐部管理等课程，培养相关的管理人才[①]。四川传媒学院电竞专业的就业方向中包括电竞赛事组织、游戏推广运营、战队俱乐部管理、电竞商业模式发展与管理等，其开设的相关课程包括电子竞技赛事活动策划、电子竞技赛事运营与管理、电子竞技营销、电子竞技赛事项目管理、电子竞技场馆运营管理、电子竞技裁判守则等[②]。

（3）新闻传播方向

与其他游戏不甚相同的是，电子竞技与新闻传播和艺术也有很深的交集。电子竞技的主播、解说、编导等方面，需要有新闻传播专业基础和专业艺术水准的人才。

因此，也有一些学校，尤其是偏向新闻传播类的学校，将电子竞技与管理专业放在了与新闻传播和艺术相关的学院。例如广州体育学院的电子竞技专业，其主干学科包括艺术学和新闻传播学和体育学，电竞专业则有电竞解说与评论课程[③]；上海戏剧学院开设有电竞舞台设计以及电子竞技解说两大方向课程；南京传媒学院的继续教育学院，电子竞技方向，包括电竞解说和主播的培养，其核心课程有播音主持基础、播音主持表达、直播带货、电竞解说、新媒体主播等课程[④]。这一类的学校所开设的电子竞技专业，基本设立在与传媒相关的学院中，例如四川电影电视学院的数字媒体艺术系、首都体育学院的管理传播学院、广州体育学院的体育传媒学院等。

（4）体育健康与医疗方向

作为一项体育运动，电子竞技和其他运动一样会造成运动员的职业性伤

---

① 山东体育学院体育传媒与信息技术学院，山东体育学院电子竞技运动与管理专业（介绍）[EB/OL]．（2019 – 10 – 11）[2022 – 05 – 05]．https：//cmxy. sdpei. edu. cn/news – show – 2414. html.

② 四川传媒学院，电子竞技运动与管理（专业介绍）[EB/OL]．（2019 – 11 – 18）[2022 – 05 – 05]．http：//zb. cdysxy. com/2019_11/18_23/content – 14790. html.

③ 广州体育学院，体育传媒学院：本科生招生 [EB/OL]．（2022 – 05 – 10）[2022 – 05 – 15]．https：//cm. gzsport. edu. cn/info/4587.

④ 南京传媒学院继续教育学院，圆梦南传 助学未来 | 南京传媒学院 2022 年高等教育全日制自考助学本科招生简章 [EB/OL]．（2022 – 05 – 10）[2022 – 05 – 10]．http：//jxjy. cucn. edu. cn/? page_id = 1748.

病，而电子竞技在这方面与其他受欢迎的运动有所区别，电子竞技运动员最容易损伤的是手指手腕，腰椎颈椎等。另外随着心理健康越来越被人们所重视，许多体育运动队伍都配备了心理治疗师，来应对心理问题所造成的运动竞技水平不稳定，电子竞技的俱乐部也开始重视选手心理健康方面的内容。因此，一些有条件的高校，在原有学科的基础上，开设了电子竞技运动与管理中的体育健康与医疗方向。例如广州体育学院的电子竞技运动与管理专业其中包括电子竞技心理与运动康复方向，设在运动与康复学院，其核心课程包括骨骼肌肉康复学、针灸推拿学、传统康复方法等一般性的运动康复课程，以及与电竞相关的电竞心理和电竞康复工程等课程[①]。

（5）游戏设计及艺术类方向

游戏的设计与开发离不开设计类专业和艺术类专业，电子竞技也是如此，近年来电子竞技越来越重视宇宙观的构建，力求为玩家展示一个完整而引人入胜的世界；漂亮的皮肤和特效成为重要的收入手段，这些都使得电子竞技不仅是程序，同时也是文学和艺术。而电子竞技的游戏设计与一般游戏有所不同，需要考虑竞技的因素，因此也需要有专业课程的指导。但在这一方面，目前现有的学校提及的方向不多，例如南京传媒学院的电子竞技专业，包括艺术与科技方向，其就业方向中包括电竞游戏的策划与设计，核心课程包括游戏叙事、游戏心理学、游戏策划、游戏创作等。

3. 课程安排

在确定了大方向之后，就需要有具体的课程安排，针对不同的重点方向，提供广度和深度方面的相关培养。下文将介绍三个典型学校的电子竞技课程安排，展示殊途同归的电子竞技人才培养路径。

（1）四川科技职业学院

一些学校将电子竞技的专业课程主要分为三类：电子竞技知识模块、相关技能模块、职业能力模块。电子竞技作为一个相对而言较为应用的专业，在课时分配上技能和能力模块应当占据重要的比例，同时不同偏向的电子竞技方向，不同模块所占的比重应当有所不同。

[①] 阳光高考. 广州体育学院：运动康复专业介绍［EB/OL］.（2022 – 05 – 10）［2022 – 05 – 10］. https：//gaokao. chsi. com. cn/sch/zyk/view. do？schId = 73396217&specId = 73383351.

电子竞技运动员和教练员的更偏向现场技术类的方向应更注重技能的训练，辅助以能力培养，以知识作为基础；而运营管理和新闻传播等对能力要求较高的方向，则以能力作为重点，以技能和知识作为支撑；另外较为特殊的体育健康医疗方向，都有较高的要求，同时也需要相关能力进行支撑（见表7.2）。

表7.2　电子竞技专业三大模块比重建议

方向/模块	知识	技能	能力
运动员和教练员	基础	重点	支撑
运营管理	支撑	支撑	重点
新闻传播	支撑	支撑	重点
体育健康医疗	重点	重点	支撑
游戏设计和艺术	基础	重点	支撑

例如于文谦、谭利在《中国16所学校"电子竞技专业"建设的困境及路径》中的数据，四川科技职业学院电子竞技专业开设的课程统计结果，学院设置三种模块的学时（理论+实践）分配分别为：电子竞技专业基础知识模块224+96学时，电子竞技专业技能模块144+304学时，电子竞技职业能力培养模块128+128学时，比例分配约为31∶44∶25[①]（见表7.3）。

表7.3　四川科技职业学院"电子竞技专业"开设的主要课程统计结果

课程模块	课程名称	学时			学分
		理论课	实践课	总计	
电子竞技专业基础知识模块	电子竞技发展史	32	0	32	2
	数据分析发展史	32	32	64	4
	电子竞技俱乐部运行与管理	32	32	64	4
	电子竞技职业经理人	48	16	64	4
	电子竞技电子商务	32	0	32	2
	计算机科学与技术	32	0	32	2
	计算机技术与应用	16	16	32	2
	总计	224	96	320	20
	占比（%）	70	30	100	16

---

① 于文谦，谭利. 中国16所学校"电子竞技专业"建设的困境及路径［J］. 首都体育学院学报，2020，32（5）：439－444.

续表

课程模块	课程名称	学时			学分
		理论课	实践课	总计	
电子竞技专业技能模块	竞技类游戏	32	96	128	8
	电子竞技赛事策划与执行	48	16	64	4
	射击类游戏	16	48	64	4
	电子竞技竞赛	32	96	128	8
	棋牌类游戏	16	48	64	64
	总计	144	304	448	88
	占比（%）	32	68	100	71
电子竞技职业能力培养模块	管理学	32	0	32	2
	游戏软件运用	32	32	64	4
	运动心理学	32	0	32	2
	电子竞技场地使用与养护	16	16	32	2
	电子竞技主持与主播	16	48	64	4
	形体训练	0	32	32	2
	总计	128	128	256	16
	占比（%）	50	50	100	13
	总占比（%）	48	52	100	—

资料来源：于文谦，谭利. 中国 16 所学校"电子竞技专业"建设的困境及路径 [J]. 首都体育学院学报，2020，32（5）：439-444.

该学院对电子竞技运动与管理专业学生的就业定位是"竞运动员、教练员、裁判员、职业经理人、赛事策划与执行、俱乐部运营与管理、电竞主持与主播"[①]，学院在课程设置方面专业技能模块比例最高，技能加能力的模块培养学士总数接近 70%。因此，虽然相对而言，理论知识所占的学时依然较多，但是总体来说重心偏向技能与能力，较为符合学院的培养方向。当然比重的建议是在培养方向较为集中的情况下做出，但作为学校，在为学生考虑的情况下，会适当做出多方向培养的选择，将较为容易合并的方向放在一起，对电子竞技运动与管理专业进行一个整体性的培养。专科学生和本科学生的培养也不

---

① 四川科技职业学院，电子竞技运动与管理（专业介绍）[EB/OL].（2019-11-18）[2022-05-11］. http：//ty.scstc.cn/index/list/one/c2NjdGMubkV0fDIwOQ==.html.

必如研究生培养那样将方向特别细化,因此学校只要有所侧重,找到属于本校的专业特色,避免过于泛化即可。

(2) 首都体育学院

另外一些学校,例如首都体育学院电子竞技运动与管理专业,[资料来源为2020年首都体育学院普通高等学校本科专业设置申请表(电子竞技运动与管理)],并没有对课程进行知识、技能、能力的区分,而是以专业必修课、专业选修课进行区分,专业选修课中又分为管理类模块、经济类模块、人文社科模块等(见表7.4、表7.5)。

表7.4 首都体育学院电子竞技运动与管理专业核心课程设置

课程名称	课程总学时
电子竞技运动概论	36
电子竞技专项	72
电子竞技产业分析	36
电子竞技训练学	36
电子竞技运动损伤与营养康复	72
电子竞技心理学	36
电子竞技竞赛策略与数据分析	36
电子竞技运动与文化	36
电子竞技金融分析	36
电子竞技俱乐部和联盟化管理	36
电子竞技赛事市场开发	36
电子竞技教育学原理	36
电子竞技政策与法规	36
电子竞技市场营销	36
电子竞技节目制作	36
电子竞技与传媒艺术	36
电子竞技主持与解说	36
游戏编程基础	36
电子游戏与图像艺术设计	36
合计	756

表7.5　首都体育学院电子竞技运动与管理专业选修课程设置①

模块	课程	学时	学分
管理类模块	管理学概论	36	2
	体育管理学	36	2
	管理定量分析	36	2
	管理信息系统	36	2
	管理心理学	36	2
	公共政策分析	36	2
模块总计		216	12
经济类模块	经济学原理	36	2
	体育产业概论	36	2
	消费者行为学	36	2
	体育市场营销	36	2
	体育赞助与广告	36	2
	财务管理	36	2
	会计学基础	36	2
	电子竞技艺人经纪和经理人培养	18	1
	电子竞技品牌市场化运营	18	1
模块总计		288	16
人文社科模块	奥林匹克运动	36	2
	体育社会学	36	2
	电子竞技英语	36	2
模块总计		108	6
运动专项模块	基础滑雪	36	2
	基础滑冰	36	2
	篮球	36	2
	足球	36	2
	羽毛球	36	2
模块总计		180	10
专业选修课总计		792	44

① 资料来源：首都体育学院，首都体育学院普通高等学校本科专业设置申请表［EB/OL］．(2020 - 07 - 13)［2022 - 05 - 12］．https：//www.cupes.edu.cn/xwgg/tzgg/af9622f8f6ae44f699122ea7d851dd38.htm．

首都体育学院的专业核心课程共计756个学时、42学分，专业选修课设置共计792个学时、44学分，学校要求学生在23门专业选修课中，至少选修17门课、34学分，选修总时数不少于612学时。

从首都体育学院的课程设置中可以看出，管理类和经济类模块课时占大多数，两个模块一共占到总课时数的63.6%。而首都体育学院电子竞技专业的特色是电子竞技经营和管理，因此总体课程设置合理明确。

（3）南昌工学院[①]

南昌工学院对于电子竞技专业的设置主要以课程群的方式展开，这使专业可以形成一套更清楚和相互联系的体系，将公共课等课程也整合进来。在课程群方面，南昌工学院设置了思想政治课程群、身心健康课程群、理论知识课程群、技术技能课程群、综合能力课程群五个方面，其中后三个方面的课程及学时设置如下（见表7.6）

表7.6　　　　　南昌工学院电子竞技专业课程及课时设置

理论知识课程群	学分	总学时	理论学时	实践学时
大学英语Ⅰ	4	64	48	16
大学英语Ⅱ	4	64	48	16
大学语文	2	32	28	4
计算机文化基础	3	48	24	24
程序设计基础（C）	3	48	24	24
体育学概论	2	32	32	
体育社会学	2	32	32	
运动解剖学	4	64	56	8
体育经济学	2	32	32	
体育管理学	2	32	32	
运动生理学	4	64	54	10
体育保健学	2	32	28	4
体育市场营销学	2	32	32	
体育心理学	2	32	32	

① 注：南昌工学院的资料来自直接向学院索取，在此对乐于分享的学术精神表示感谢。

续表

理论知识课程群	学分	总学时	理论学时	实践学时
体育法学	2	32	32	
体育科研方法	2	32	32	
总计	42	672	566	106
技术技能课程群	学分	总学时	理论学时	实践学时
Photoshop 图文制作	2	32		32
CorelDRAW	2	32		32
Flash 动画制作	2	32		32
3DSMAX	2	32		32
Java 语言程序设计	2	32		32
网页设计与制作	2	32		32
视频剪辑与制作	2	32		32
电子竞技发展史	2	32	32	
电子竞技运动概论	4	64	64	
电子竞技新媒体运营与管理	4	64	48	16
电子竞技赛事策划与执行	4	64	48	16
电子竞技导播设备发展与应用	4	64	48	16
电子竞技俱乐部经营与管理	4	64	48	16
电子竞技美术设计欣赏	4	64	16	48
MOBA 类即时战略专业课程	6	96		96
射击类游戏专业课程	6	96		96
卡牌类游戏专业课程	6	96		96
健身指导原理与方法	2	32	16	16
总计	60	960	320	640
综合能力课程群	学分	总学时	理论学时	实践学时
职业生涯规划与就业创业指导	2	32		32
体育经纪人	2	32	32	
社会实践	2			
毕业实习	20	320		课外 320
毕业设计（论文）	8	128		课外 128
总计	34	512	32	480

由表7.6可见，南昌工学院在理论知识课程群方面的安排为672学时，共计42学分，其中理论学时为566学时，实践学时106，主要由于理论知识课程群还包括一般意义上的公共必修课，包括大学英语、大学语文等，但大部分是涉及体育基础理论，例如体育学概论、体育社会学等。技术技能课程群安排60学分，总计960学时，其中理论320学时，实践640学时，实践学时比例高，课程包括一些具体实际应用的部分，例如电竞导播设备发展与应用、电子竞技新媒体运营与管理等，还包括不同类型游戏的专业课程，例如射击类和卡牌类游戏专业课程。综合能力课程群共34学分，512个学时，其中毕业实习320个学时，毕业论文128学时。三个模块的安排比例为21：30：16，总体而言更强调技术技能课程群，这也较为符合南昌工学院对于培养方向的选择。

4. 电子竞技人才培养中存在的疑问

电竞专业作为近几年来较为火热的专业，全国高校相继开设电竞专业，但电竞专业终归为一个全新的专业，涉及的领域是全新的。电竞与教育的交集尚不深刻，还需要进一步的磨合。在目前电竞人才培养中，还有一些疑问需要回答，以便更好地厘清关系，明确思路，培养优秀人才，通过总结和探讨，本研究发现目前电子竞技人才培养中存在以下疑问：

（1）学位的授予和设置

目前学位授予和设置上还存在一些疑问，例如有一些电子竞技运动与管理专业授予的是教育学学士学位，而不是管理学学士学位，但若在学生培养方面偏向管理和俱乐部、赛事运营等方面，授予管理学学士会更符合逻辑。

而对于电子竞技专业运动员方向等学生进行学位授予时，由于我国所规定的13类学位中，体育专业的学生一般被授予教育学学士，高校在设置电子竞技专业运动员方向所授予的学位时，没有别的选择也只能授予教育学学士。在一般体育专业中授予教育学学士的理由，是学生应当掌握与体育相关的知识，以便从事体育教育相关工作。而对电子竞技专业而言，其所能从事的教育工作从目前看来与传统体育项目相比非常弱势，因此除了在产业和行业中进一步扩大电子竞技与教育的交集之外。相比而言和新闻传播相关的电竞专业则应该比较其他新闻传播专业方向被授予文学学士，其中逻辑就相对通顺。

学位授予和设置的疑问，会在硕士阶段得到解决，但由于我国当前对电子竞技的学术研究相对薄弱，很少有学校能够像上海体育学院那样开设出电子竞技相关的硕士点①，因此在这方面，电子竞技的高等教育还需要更多的发展空间。

（2）运动员培养的产教融合

高校所培养的电子竞技运动员和教练员能否满足产业的需求，是一个值得思考的问题。原本的电子竞技运动员和教练员大多来自赛事的锤炼和青训的队伍，当高校加入电子竞技运动员培养的过程中之后，学生还需要有相当数量的文化课学习时间，无法像传统方式那样进行高强度长时间的训练，竞技水平和状态无法保证，尤其是在教育系统尚不能呈体系地承认电子竞技体育运动地位的情况下，高校是否能为电子竞技行业输送运动员和教练员，培养的运动员和教练员是否能达到职业体系的强度，还是一个疑问。因此，多数高校尽管在培养目标中显示有电子竞技运动员和教练员方向，但最终培养还是以新闻传播、管理运营等方向为主。

这个问题可以在传统体育项目中找到一些答案，在篮球领域，CUBA 和 CUBS 进行了合并之后，允许更多高校通过特招的体育生加入 CUBA 之中，整体性地提高了 CUBA 的实力，甚至在 2019 年，CUBA 大学生联队在 CBA 全明星周末中还击败了 CBA 新秀队（尽管全明星周末有表演赛性质），证明高校球员的篮球水平在稳步提升，在一部分顶尖球员的水平上，已经基本接近职业水准。但还是应该看到，总体而言，CUBA 和职业青训队有不小的差距，最终加入 CBA 的 CUBA 球员人数与青训队相比差距还非常大。

但电子竞技面临的问题比传统体育更加严峻，对未成年人游戏时间限制的规定给电子竞技青训体系带来重大的打击，体育总局认可电子竞技为体育运动，但是受到游戏时间限制的规定，电竞却不能像其他体育运动那样存在青训体系。在相关政策还未细化的情况下，若严格遵守规定，电竞俱乐部基本无法组织青训体系，这给予了高校（还包括中等职业教育体系）培养电竞运动员一定的空间，这就需要高校在产教融合上要真正落到实处，要有更多的高校与更多优秀的俱乐部合作，力争培养达到职业水平强度的运动员和教练员。

---

① 电竞世界，上海体育学院将设电竞研究方向硕博点［EB/OL］.（2020 - 08 - 07）［2022 - 05 - 12］. https：//m.163.com/dy/article/FJDMQ1EK0526GKPV.html.

(3) 教师与课程的配置

由于电子竞技专业在中国尚未有足够的高学历学位，因此高校对于电子竞技课程的教师主要来自两个途径：第一，是相关专业课老师使用电子竞技的教材，在原本的专业知识中加入电子竞技的内容来进行授课；第二，是聘请或是外聘电子竞技行业和产业从业人员，包括退役运动员和教练、俱乐部经理、企业管理人员等，来给学生进行专业性较强的课程授课。

前者尽管学历够高，对教育的理解也较为充分，但真正懂电竞研究电竞的却不多；后者对于电竞的理解足够深刻，实践经验也较为丰富，但相对学历较低，有的只能以外聘形式进入，对教育懂得不多，对如何教学和服务学生，理解不够深刻。前者的问题导致学生学习的内容与电竞脱节，后者则会造成理论性不足，总体能力的培养欠缺，培养效果受到局限。师资配置的困境导致课程的配置不尽如人意，缺少专业的师资就无法将课程真正落实，无法起到应有的教学效果，导致人才培养水准打折扣。

如何将这二者进行有机的结合，高校可以探索例如双教师授课，欧林工学院式的项目型授课等更多有机的结合方式。同时还应该加强电竞教师的专业知识素养培训，让专业课教师也加入电子竞技的环境中去，让电竞专业人才教师学习如何教学，懂得如何进行教育，提升教育理念和教育的素养，成为"双师双能型"教师，才能更好地为培养学生服务。

(4) 电子竞技的学术资源

在电子竞技成为专业之后，迅速出现了电子竞技相关的教材，这些教材为电子竞技专业的教学提供了很好的支撑，让电子竞技运动与管理专业的老师能够有充足的资料来进行教学。这些电子竞技的教材有一个重要的特点，就是他们大多由企业牵头来进行编纂，例如《电子竞技运动概论》《电子竞技运动训练学》《电子竞技运动心理学》《电子竞技用户分析》《电子竞技导论》《电子竞技赛事解说与表达艺术》等，主编从电竞游戏头部企业到电竞运营公司和俱乐部等。

相对于资源比较丰富的教材，电子竞技的学术资源则相对较为缺乏。教材所能达到的学术高度有限，部分内容无引注，无资料来源，导致信效度存疑。然而当前与电子竞技有关的学术资源数量显著不足，缺少重要的以实证研究为基础的核心学术著作，这可能是由于大多数高校对电子竞技还的承认的不足，能够获得的资源有限（例如部分地区的科研管理部门在审核课题时，一看到电子竞技就认为是打游戏的内容，直接予以拒绝立项），而电子竞技产业与行业界也尚未完全意识到与高校进行教研合作的必要性。这一点是高等教育在电子竞技研究和实践方面今后重要的突破方向，也可能随着对电子竞技较为热爱的非本专业年轻教师的进一步加入得到改善。

另外还有研究者指出当前高校在电子竞技专业建设上、教学设施等配置不到位，缺乏有效管理[1]；学生对电子竞技专业并不了解，有研究调查显示某高校的电子竞技专业学生对电竞不了解的占60%以上，40%的学生对电竞的认知为零，有30%左右的学生认为电竞专业是玩游戏[2]；部分学校课程比例失衡，实践课比例过高或过低，课程设计无法满足市场的变化等问题[3]。但总体而言，目前国内的电子竞技专业人才培养正在慢慢从摸索阶段转向发展阶段，通过不断的产教融合，更多的高校和电竞相关产业行业加入对电子竞技人才的培养中，为整个运动和产业的发展提供源源不断的助力。

第二节　电子竞技产教融合与社团

作为一个相对偏应用的专业，电子竞技运动与管理同样离不开产教融合，各个大学从组建各自的电子竞技运动与管理专业体系开始就非常重视与产业界的合作。例如前文提到的山东体育学院等，与相关公司、俱乐部、电竞行业等的合作，是电子竞技专业建设的常态，这种产教融合从教学开始，一直贯穿到学生实习和就业。

本章要讨论的内容主要针对电子竞技产教融合中容易被忽视的一个方面，但却是电子竞技在高等教育发展中不可或缺的重要环节：社团的产教融合。学

---

[1] 陈劲. 高校电竞专业教育现状反思与展望 [J]. 科技风, 2019 (7): 41, 51.
[2] 方俊, 梁思懿. 电子竞技专业学生学习特点解析——以北京京北职业技术学院为例 [J]. 科技与创新, 2020 (8): 55-57.
[3] 方俊, 梁思懿, 谷首龙. 创新课程体系下电竞专业教学实施效果分析 [J]. 科技与创新, 2021 (4): 80-82.

生社团原本是以兴趣作为基本框架，参加各类社团的学生绝大部分是因为对某一事物的爱好和兴趣而加入这些社团，在社团中所从事的活动，通常不是他们的专业。因此社团能够为他们提供符合他们兴趣和爱好，若这个兴趣爱好能与今后的职业相对接，那么就完成了教育最朴素的育人闭环：从事感兴趣的职业。对于电子竞技而言，学生群体的兴趣爱好是电子竞技的生命，在没有电子竞技专业之前，从高校走出的电子竞技人才大多数都是以这种方式育成。然而随着第二课堂概念的提出和异化，第二课堂变得越来越功利，学生的兴趣爱好被进一步的忽视，被完成任务和既定目标所替代，第二课堂的性质和形式不断向第一课堂转化，这种教育的朴素闭环越来越罕见。

一、产教融合与学生社团

产教融合指的是教育和产业的互动，其中包括人才培养目标的制定、产业参与到教育的过程，学生毕业就业导向等方面，2005年国务院颁布的《国务院关于大力发展职业技术教育的决定》，其中提到了"提倡产教结合，工学结合"[1]，2017年国务院办公厅印发的《国务院办公厅关于深化产教融合的若干意见》[2]强调了教育与产业之间的良性互动，以需求为导向，健全人才培养模式。

产教融合的提出是面向专业培养的，这个概念一开始应用在职业技术教育方面，随后又扩展到应用类本科教育。尽管这个概念的提出是面向第一课堂为主的人才培养，但这种与产业界合作的形式在大学学生社团活动中却非常常见。由于传统的学生社团是以兴趣作为基础的，与专业无关，学校里也不一定能找到与该兴趣相关的老师——尤其是电子竞技，那么社团的管理人员和负责人就会从业界寻找专业人士来指导对这方面有兴趣的社员。这样的合作相对而言比较松散，同时不功利，双方都有很充分的选择空间。随着产教融合概念的推进，原本只重视过程的社团与产业的合作也在源头和结果上做了一定的延

---

[1] 中央政府门户网站，国务院关于大力发展职业教育的决定 [EB/OL]. (2005 - 11 - 09) [2022 - 05 - 18]. http://www.gov.cn/zwgk/2005 - 11/09/content_94296.htm.

[2] 中华人民共和国中央人民政府，国务院办公厅关于深化产教融合的若干意见 [EB/OL]. (2017 - 12 - 19) [2022 - 05 - 18]. http://www.gov.cn/zhengce/content/2017 - 12/19/content_5248564.htm.

伸，同时一些社团的性质也发生了变化，出现了所谓的创新创业型社团、专业拓展型社团、实践性社团等，开始有目标地培养一些专业能力，在取得更显著的成效的同时，也逐渐与传统的社团产生了差异。

创新创业社团是当前高校组织社团的大热门，其目的是让学生学到创新创业知识并进行实践，对学生进行创业启蒙，这一类社团通常以学校和学院牵头组建，其目标也非常明确，就是整合资源，在一些专业还无法做到全面产教融合的情况下，以创新创业作为突破口来培养人才①。这一类的社团实际上已经远远偏离了学生社团的概念，它实际上就是能力培养类的第一课堂，这一类社团并不在乎学生的兴趣，甚至有研究者在提出的建议中表示这类社团应当"企业化"，可能被称为创新创业实践训练基地更为合适。

专业拓展型社团例如华东理工大学植物社，以生物学专业学生为主，加入了其他专业爱好植物的学生。该社保留了兴趣人社团的一些特点，最终是以课堂教学延伸的形式出现，目的是填补课堂教学的空白，背靠的是学校的专业，这也让该社育人成果显著②。

实践性社团例如均安职业技术学校新月模特社，是服装营销与表演专业的拓展课堂，其训练由老师负责，通过企业的商务项目开发项目时培养的特色课程，以达到培养学生模特技能的目的③。

这些产教融合社团的出现，无疑是学生社团发展在当下产教融合政策中的体现，但是经过研究探讨后发现，这些社团有一些与传统社团不同的共性：第一，社团的主导权掌握在老师和学校手中，学生对社团的发展没有话语权，社团进行什么活动，课程和训练如何安排，与谁进行合作，都由老师来决定；第二，社团的组建和人员吸纳范围有限，和传统学生社团从全校招收社员不同，这些社团的社员基本是定向招收的，因此学生参与的动机不同；第三，这些社团不都是以学生的兴趣为基础组建的，而是以绩效为基础组建的，其主要目的

---

① 缪枫. 产教融合背景下高职创新创业社团发展路径研究 [J]. 新西部，2020 (18)：132 - 133.

② 姜曈，张悦，王泽建，等. 以专业社团为媒介促进生物工程学院实现产教融合和"T 型人才"培养 [J]. 上海化工，2022，47 (1)：42 - 45.

③ 王晓黎. 产教融合共建中职学生社团新模式——以均安职业技术学校新月模特社团为例 [J]. 科学咨询（科技·管理），2020 (2)：11 - 12.

是达成一些可见的成果，而对于学生内心的精神需求关注较少，因此他们与传统的兴趣类学生社团是不同的。

二、沙漠中的百合：浙江纺织服装职业技术学院电竞社的产教融合之路

在第六章中本书详细地介绍了浙江纺织服装职业技术学院电子竞技社，也提到该社在产教融合方面的特色。纺院电竞社是一个传统而有特色的学生社团，社团的组织与发展，主导权掌握在学生手中，进行的活动，课程训练的安排，与谁合作，都由学生决定；社团成员吸纳的范围为全校学生；社团的组建与学生的兴趣为基础，对绩效关注较少。在这样的特征中，纺院电竞社却走出了一条极具特色的产教融合之路。研究团队对时任浙江纺织服装职业技术学院电子竞技社社长瞿冰滢，对于她自己从社团走向电子竞技，职业以及社团如何进行产教融合，对人才进行培养进行了较为详细的访谈。

1. 从兴趣到社团再到职业

从高中开始喜欢电竞的瞿冰滢主项是《王者荣耀》，从高中开始一直致力于培养自己的电子竞技解说功力，但由于高考志愿的填报出现了一定的失误，未能进入之前一直心仪的电子竞技专业解说方向，于是进入浙江纺织服装职业技术学院服装设计专业。原本已经放弃继续往电竞方向发展的瞿冰滢想到也许还有电竞类社团可以参加，于是四处打听学校电竞社的情况，并在社团还未招新时就加入了电竞社的群。由于热爱解说，性格又比较开朗，在群聊中表现活跃，受到了社长的关注，社长便询问她是否想过往电竞解说方面发展，而这正是她一直以来的愿望。

当时，已经有两位电竞社毕业的学长在宁波的电竞企业工作，一位是做电竞活动方面，另一位则是专业解说，社长联系到毕业的学长进行对接，了解到公司缺解说，于是让瞿冰滢去面试，在经过了面试之后，公司决定让那位专业解说的学长作为师父带瞿冰滢入门，就这样瞿冰滢成为一名实习解说，一步一步踏入行业的大门。

第1次比赛，瞿冰滢坐在解说师父旁边近距离观摩，第2次比赛，公司学

长就让她与师父一起解说,瞿冰滢完全不知道该说什么,只是在旁边附和。

我那个时候就完全不懂解说呀,我上去了,就师父一个人在讲,我在旁边"嗯嗯","对","没错","对对"。就是当花瓶。(瞿冰滢访谈,2022.05.15)

但是近距离的体验和观摩,加上对于电竞的热爱,通过不断的学习和练习,在第3次比赛时,由于是线上比赛的形式,相对而言没那么紧张,公司学长就要求她一个人进行解说,两位学长在台下给她评分,就这样连说三场,瞿冰滢完成了从实习到正式解说的蜕变,正式入行。

在瞿冰滢成为社长之后,由于亲身经历了以社团作为起点的产教融合,开始更多的相关尝试。和所有电竞社的负责人一样,瞿冰滢也同样认为进入电子竞技社团并不仅是打游戏,同时也是培养运动员人才,她希望通过向纺院电竞社那样产教融合体系的努力,让加入电竞社的同学在未来的职业选择中可以多一条路。

纺院电竞社的产教融合从进入社团开始,由于每年报名想要进入电子竞技社团的学生数量众多,但相关管理部门规定纺院电竞社只能招收80人,于是电竞社就需要做入社面试。和一般社团的入社面试不同,纺院电竞社的入社面试会询问学生是否有今后从事电子竞技职业的想法,想往哪个方向发展,并通过这些问题对入社学生进行筛选。

在正式进入社团之后,电竞社会根据社员不同的方向选择,为他们制定相关的培训"课程",培训主要以老带新的形式出现,瞿冰滢在担任社长以及成为实习解说之后,也会为解说方向的社员开设相关的课程,课程形式包括经验的介绍讲述,PPT课件以及实践培养等。

解说我主要是给他们分为两部分:一部分是关于解说自身,另一部分是游戏内容方面。

解说自身的话就是对解说的一个要求,包括你说话不能有口音,然后要口齿清晰,然后之类这些,还有穿着啊,动作手势这方面的一系列的问题;游戏内容的话就是给他们讲游戏理解,比如说像英雄联盟这方面的那些英雄克制问题,比如说对counter①什么的,然后(英雄)选择的顺序……然后就给他

---

① 注:英雄的相互克制。

们分析剖析每一个版本，然后包括我给他们学解说的一些同学的话，给他们留的一些作业要背技能，其实说像现在市面上的解说的话，基本上哪怕是看了王者荣耀KPL官方解说，他们在解说的时候都是说一技能二技能三技能，不会去说技能名字的，但是我当时（师父）教我的时候就跟我说了，他说如果你想要做一个好解说，你解说技能的时候一定要念技能的名字，不然会显得你这个解释很没有档次很 low。

然后我也专门把英雄联盟所有英雄的技能名字，王者荣耀所有英雄的技能名字全部都写下来，打成表格，然后我都有分发给就是想学解说的人，然后让他们每天去背几个10个怎么样，然后我会定期去抽查。（瞿冰滢访谈，2022.05.15）

除了社团内部的"老人"开课，已经毕业的学长也会从公司来到学校，为相关方向的社员开课，例如导播方面课程就是有已经毕业的电竞公司工作的学长专门抽空回学校给社员上课，主要讲授电竞发展方向、比赛中的流程、要注意的事项等。

如果按照这样的方式发展下去，接下来的社员应该和当年的瞿冰滢一样，在社团获得了一定的培养和训练之后，来到电竞公司进行相关的实习，学习更专业的相关知识和技能，进行更多的实战锻炼，最终为踏上行业之路做准备。

但随后由于疫情袭来，宁波市各大高校纷纷封校，学校与外界之间的交流近乎停止，产教融合的培养也几乎中断，社团对社员的培养与电竞公司对社员的培养联系断开，只剩下零星的实习和1对1的指导。

尽管进行的时间不长，但纺院电竞社的产教融合走出了一条独特的道路，这是众多兴趣类社团无法做到的，是在一个特殊的环境里，特殊的机遇中，特殊的领导下，产生了一种行之有效，有成果，有过程，但也许难以复制的人才培养方式。

2. 纺院电竞社产教融合的特征

（1）以老带新和师父体系

纺院电竞社的产教融合其最核心的体系是在社团中制度化的以老带新，在实习中进行师父指导制。在兴趣类社团中以老带新并不罕见，但是将以老带新制度化，课程和训练的方法对社员进行相关方向的培养并不多见。这需要老一代的学长学姐付出大量的时间和精力,在没有绩效,没有物质奖励和功利性结果要求的情况下,这种付出实属难得,其根本是对于电子竞技的热爱和理想。

实习中的师父指导制,在新教师的培养中比较多见,这一模式对于新人而言行之有效,但与新教师的培养不同,新教师有编制,与老教师的利益冲突不大;但企业中,"教会徒弟饿死师傅"也是一大顾虑。在纺院电竞社的案例中,瞿冰滢之所以会受到不遗余力的培养,除了她自身的优秀之外,还因为她的师父与她除了公司同事和指导后辈的关系之外,还有纺院电竞社这一层联系,这也是社团产教融合的重要优势——纽带。

(2)学长学姐的纽带作用

台湾政治大学的校训是"亲爱精诚",因此政治大学的毕业生以提携后辈而闻名,纺院电竞社也是如此。与一般的产教融合以老师牵头为主不同,纺院电竞社的已毕业学长姐在社团产教融合中扮演了非常重要的角色。由于有相当数量的学长姐在电竞公司工作,因此社团在寻找外部产业资源时会自然而然的寻求学长姐的帮助,而学长姐在公司有相关的机会时,也会考虑到自己的学弟妹,这体现了学长姐在纺院电竞社产教融合中鲜明的纽带作用。

因为阿福(学长)之前在××公司工作,那么包括我之前说到的一系列,他们找一些兼职什么阿福肯定是优先考虑到自己学校。然后呢那么这么一来二去,次数多了之后,我们进入企业就真正去从事电竞的人也会更多,他们有比赛的经验。真正从事比赛的也会更多。

现在这种情况跟产业对接的话,其实主要还是要有一个纽带,就像我本身的话是在互娱任职,那么如果说互娱这边它缺人,比如说缺执行缺导播或者缺OB,就需要去找兼职,他们去外面找兼职,我觉得不如把这方面的机会跟经验留给我的学弟学妹的,我就会作为学校跟公司之间的一个纽带,然后我就会去社团里面去找有这方面兴趣的一个学弟学妹,然后也首先就不说,先不说经验方面,哪怕是兼职给的一些零花钱,那也是给我们,肥水不流外人田嘛,也是给到我们自己学弟学妹机会。(瞿冰滢访谈,2022.05.15)

这种纽带的作用在以学校为单位的校友中较为常见,但在兴趣类社团中却不多见,从这一点上来说,作为纺院电竞社元老的阿福学长(耿丁福)做出了巨大的贡献,他不但在学生时代构建和引领了纺院电竞社的发展,还在毕业之后一直心系社团，在业务上给予了纺院电竞社极大的照顾。

（3）灵活的培养模式

相对于专业而言，社团的人才的选拔和培养更为灵活，这种灵活体现在三个方面。首先，是选拔方向方面，只要有相关经验的学长姐，就可以对某个方向的学弟妹进行培养，学弟妹在接受培养的过程中，也可以自主更换方向，受到的约束较小。其次，这种灵活性还体现在因材施教和非功利性方面，在纺院电竞社的培养中，像瞿冰滢那样的较为出色的社员，会直接破格进入公司进行实习，直接进入实战，而一般的社员这可以得到符合自己兴趣爱好的培养课程，充实自己的大学生活，同样是以项目化教学来进行产教融合的人才培养，社团的培养更重视人的个性，学校和专业则更重视团队和共性。最后，从社团管理层来看，对于社员进行产教融合的培养，不会像专业那样对所有人都设定目标，主要还是社员的兴趣和热情。

（4）兴趣与自主

在前文中多次强调，纺院电竞社的产教融合人才培养其基础是社员的兴趣，因此表现出一种自主式学习的特征。授人以鱼不如授人以渔；授人以渔不如授人以渔趣。符合兴趣的教育依然是最有效最符合人本精神的教育之一。专业的产教融合培养不一定是基于学生兴趣的，而是基于培养的目标和成果的。

但纺院电竞社的这种以兴趣和自主为基础的培养模式，所达到的高度却不比一般的专业培养低，作为最鲜明的培养成果的代表，瞿冰滢目前是《王者荣耀》全国大赛人才库成员之一，是一届报名中从简历阶段选出的六七百位报名解说中被选取真正进入人才库的 2 位解说之一，到目前位置能在官方解说库中挂名的解说也只有 40 余位。

我现在接触到的是前不久英雄联盟手游的全国联赛上面就有一支职业战队的青训队是来打这个比赛项目，然后当时的领队我们电竞社出去的一个学姐。（瞿冰滢访谈，2022.05.15）

加上前文提到的已经进入电竞产业的两位学长在各自的领域具有优秀的表现，纺院电竞社至少培养了四位不同类型的业内优秀人才。这对于一个兴趣类社团而言，已经是非常优秀的成果了。

3. 沙漠中的百合：纺院电竞社的产教融合能否再现？

然而兴趣类的自主社团在拥有一系列优势的同时，也有由于自身情况所产生的困难，尤其是在自身力量不够强大的情况下，社团的发展受到许多因素的左右。人才、市场、纽带、学校管理、政策、老师等。组织系统的规模和强度无法消化外界变化带来的冲击，一些对于学校专业而言在可接受波动范围内的产教融合要素的变化，对于社团而言影响巨大。因此，纺院电竞社的模式能否被复制和扩大，是值得质疑的。

（1）新冠肺炎疫情的影响

从2019年开始的新冠肺炎疫情对社会的各个层面都造成了深刻的影响，对于高等教育最直接的影响就是校园与外界的交流大幅度减少。从2019年开始各地的大学校园断断续续封闭，开放的时间有限，对外来人员进入校园的限制不断严格，因为防疫政策的需要，几乎完全停止不必要的外校人员进入。

而很显然，社团这样的非官方组织产教融合的人员交流，并不属于必要的范畴。在疫情的影响下，纺院电竞社与原本的产业资源的交流逐渐停止，已经就业的学长姐无法再与之前一样为在校社员进行授课，社团的授课和指导只能停留在内部，无法进行外部的产教融合。这极大地影响了纺院电竞社在人才培养方面的上限。

（2）纽带的不稳定

对于纺院电竞社而言，学长学姐作为纽带的重要性不言而喻，这为社团产教融合带来便利和效果的同时，也为这种发展模式带来了一定的脆弱性。

首先，这种纽带需要社团持续不断地向产业输送人才，但前文在针对社团的论述中提到，目前电竞社团的人才获得和输送常常处于时断时续的状态。因此社团已毕业的学长学姐无法形成持续稳定的长期助力。

这方面的话大部分还是比较老一届的学长都是15届、16届的，那么17届、18届的社团已经出现了我刚刚说过的断层的现象，然后就直到我这一届，可能我现在出去就是说才真正地在从事电竞。（瞿冰滢访谈，2022.05.15）

其次，由于电竞产业目前处在扩展发展阶段，人才的流动比较频繁，一旦与社团对接的纽带学长姐跳槽去了别的公司，或者被外派到外地，他们与社团之间的纽带联系就会变得不紧密。近两年，纺院电竞社的两位学长跳槽去了别的公司，由于距离学校较远，相对而言与社团的联系程度下降。

(3) 地区市场影响

尽管宁波是中国经济最发达的城市之一，在非省会城市中的经济实力更是仅次于深圳和苏州，排名第三①。但宁波的电子竞技市场发展却与经济发展不匹配，据《2020年度全国电竞城市发展指数评估报告》中显示，上海以78.7分排名第一，北京排名第二，广州排名第三。其次是成都、深圳、杭州、南京、重庆、西安和苏州②，在该报告中，宁波市的受众环境排名第十，但在人才环境、基建环境、政策环境等方面均未进入前10位。到目前为止，宁波在主流电子竞技项目中上未有一家俱乐部，没有自己本土的电竞企业和知名游戏公司，也没有出台电子竞技专项支持政策，宁波市的电竞产业目前还单纯依靠电竞玩家的支撑和大型赛事的刺激，缺少产业布局，没有形成完整的生态链和产业链。

受地区市场影响，从学校社团产教融合的角度来分析，地区市场的不完善和不发达会导致产教融合"产"的部分力量缺失，社团所培养的人才找不到合适的产业进行对接，缺乏产业层面的引导和培养，同时社团培养出的人才不断地向外地流失，这对于本土依靠纽带来进行强调融合的电子竞技社而言是非常不利的现状。

(4) 教育与产业的分歧

和专业方面的产教融合不同，高校在产教融合中处于主导地位，掌握人才培养和产业交流的主要话语权，由于没有高校那样强大的整体实力，社团的产教融合在与产业的交流过程中处于较大的劣势，缺少话语权，缺少对等的态度。这也是电竞社社团产教融合选择"纽带"作为产教融合的重要方面，而不是直接与企业进行对话的原因。在与企业的沟通中，尤其是学生社团，很难获得与企业平等的待遇，更多地被当作有求于人。

我觉得首先我们公司的话，他不能把想法认为我们社团是资源……他们现在举办活动的话缺人，他们第一个想法不是说是去找有这意向方面的人来做这

---

① 国家数据. 2021年宁波GDP [EB/OL]. (2021) [2020-05-31]. https://data.stats.gov.cn/search.htm?s=2021%E5%B9%B4%E5%AE%81%E6%B3%A2gdp.

② 腾讯网. 2020年度全国电竞城市发展指数评估报告发布. [EB/OL]. (2021-08-02) [2022-05-31]. https://new.qq.com/omn/20210802/20210802A0CV3200.html.

个东西，可能更多地还是偏向于去找兼职，这样花钱找兼职没有可能说你是想从为了培养人才而去找这个人，是为了完成这个活动去找兼职。（瞿冰滢访谈，2022.05.15）

电竞社更希望产业界能为电竞社的社员提供现场的实习机会，以此提高和应用化社团对于人才培养的效果，让社员能够在离开社团之后与产业无缝对接，但产业方面并不是所有的企业会考虑长远的人才培养问题，而考虑更多的是利益，甚至是短期的直接的利益。这不仅是电竞社和电竞企业的分歧，同样也是高等教育高校和产业界在产教融合方面的重要分歧。目前宁波电竞社团与企业的合作还停留在比较初级的阶段，一部分社长对产业界追逐利益的做法有些抵触，这导致社团更希望以杰出个人的合作也就是纽带的方式来与产业进行对接，而不是成体系的联盟性合作。

教育与产业的分歧不仅是产业往教育的方向，教育本身对产业也有一定的壁垒，尤其涉及钱的问题，这对于普通兴趣类学生社团而言基本是一个无法突破的壁垒。本书前文不断提到目前大部分高校对电竞社的支持不足，政策和经费不断往非兴趣类非学生主导的学校官方社团倾斜，部分高校的电竞社甚至连基本的社团地位都难以维持，不在活动和制度上压制打压电竞社已经是很让人欣慰的事，更别说是经费、人员和政策的支持。

困难就是社联对社团的一个管辖，因为你说本身它电竞社它这个东西其实它是离不开资本的支持的，但是现在因为国家政策，学校的一个政策原因，我们现在包括举办活动什么都是不能跟外面对接的，然后其实对我们电竞社的一个举办比赛这方面都是有一定的影响的。而且我觉得尤其是像解说这一方面，我觉得还是比较去吃一个学生的天赋的。那么像我到目前为止教到的几个学弟学妹的解说当中，我认为就是说以后真的有可能往这方面发展的也只有一个人。（瞿冰滢访谈，2022.05.15）

这种壁垒导致电竞社产教融合的成效大大降低，由于电子竞技目前是一个非常偏应用的行业，而社团能给予学生的理论和实践培养并不像专业培养那样稳定，这导致后续纺院电竞社在人才培养方面遇到了困难。

你像做电竞这方面，你首先说不管你是做策划还是做执行做解说做导播，这些东西你都是要实战去训练的，你没有实战的话，你光跟他们讲理论知识，他们是没办法上手的。那么我们没有办法去接触到这些比赛，也没有办法给他们去带他们练习实习这方面，没有办法给他们提供岗位，你像以前的话，我们学校是可以，比如说自己接外面的赞助，在学校里面办，或者说接赞助去哪里办，以前的话是可以这样的，所以我们也有足够的经验就是活动经验去培养他们，现在的话跟疫情其实也有点关系，没办法举办了比赛，没有办法给他们带来这些经验，所以就是说这几届如果说真的走上电竞的人，我觉得也不会很多。（瞿冰滢访谈，2022.05.15）

（5）指导老师的作用

兴趣类社团指导老师作用的缺失是目前普遍的现状，这种缺失并不一定是主观的不重视，也有客观的无能为力。而当前电竞社的指导老师也是如此，大部分老师对电子竞技并不了解，主要是应学生的请求而担任，也有老师愿意为电竞社付出心血，支持学生在电竞方面的活动，但却受制于自身的时间和精力。

纺院电竞社的指导老师一开始并不太支持电竞，但在与学生相处的过程中慢慢地感受到学生对电子竞技的热情，对学生从事电竞活动的态度发生了转变，对他们给予自己力所能及的支持和帮助，这本质上源于教师对学生的爱和使命感。但由于本职工作非常忙碌，有的时候实在分身乏术。

前文也提到有的电竞社的指导老师在电竞社的活动和发展中起到了重大的作用，这主要是由于制度体系上构建的优越性，使得老师可以从课题、活动、比赛等各个方面对社团倾注资源和精力，促进社团人才培养。

（6）更长远的设想——社团联盟

在瞿冰滢的设想中，社团的联盟可能是社团强调融合培养的最终形态，由于单个社团力量薄弱，在与企业的对话中无法取得足够的话语权，也无法提供稳定的人才输送，但若将宁波市的社团联合起来，组成社团联盟来进行产教融合的人才培养，可能会形成量变到质变的发展。

比如说我们之前不是在设想要建立高校的电竞联盟嘛。嗯，我觉得像把它建成一个像人才库那样的，就把人才都分类，把大家各个方面都想，就是说我想去做解说，我就在解说这个人才库里面，然后我们再跟公司去对接的话，是不是就至少（心里）有一个底嘛。（瞿冰滢访谈，2022.05.15）

但目前宁波市电子竞技社团联盟的设想还处在逐步发酵的阶段，这不但需要各个社长之间的磨合讨论，还需要社团指导老师以及学校方面的支持，才能让社团联盟形成真正有规模有力量的组织。同时产业界和行业界也需要给予足够的支持，目前这一设想还任重而道远。

第三节　电子竞技运动与育人——冲突与促进

随着电子竞技专业的开设，电子竞技运动开始正式缓慢进入高等教育的序列中，但成为一项专业，仅仅是"教"的开始，不能在更广的范围内（不仅是专业内，更是在整个校园中）实现育人的功能，电子竞技就无法获得更多的认可。从现状来看，电子竞技在育人中所受到的不认可，主要来自电子竞技内容和文化与主流教育的冲突，若能通过探讨来挖掘相关的现象，理解背后的文化内涵，教育就有可能取其精华去其糟粕，尝试将电子竞技运动作为教育的手段。

本节主要从育人的角度出发，分析和思考电子竞技运动与当前主流教育在文化和内容方面部分有代表性的冲突，论述有关张扬与保守的文化冲突，讨论有关电竞的挫败感和游戏的成就感之间的矛盾，分析虚拟文化所带来的虚拟攻击行为，思考电子竞技作为竞技体育在粉丝文化中的弱点；同时探讨电子竞技对于育人的促进作用，找到电子竞技在育人方面的重要增长点，探讨电子竞技对挫败感的心理培养，在团队意识方面对当前教育的弥补作用，以及电竞文化的善在学生中的传播。当电子竞技运动应用在教育方面时，可以借此扬长避短，既减少教育领域对电子竞技的敌意，也能真正促进电子竞技，作为体育运动发挥育人的作用。另外，由于本书主要探讨教育领域的问题，因此电子竞技运动与育人冲突和促进的切入点（例如游戏具体设计方面），而是更偏向文化和其内容带来的部分对人的影响。

一、电子竞技内容和文化与当前主流教育的冲突

电子竞技的两大基石是竞技体育和互联网，因此电子竞技会同时受到双方

的影响,也就在某种程度上放大了电子竞技部分内容和文化的一些副作用。电子竞技对于学生而言,同时包括比赛和休闲两个部分,他们既喜欢观看电子竞技的比赛,也会在日常空闲时间从事这项运动。尤其是互联网,以匿名作为文化核心,在带来便利和宽松的同时,也诞生了一系列的问题,电子竞技也受其波及,出现了部分与当前主流育人观念有所冲突的文化体现。

1. 张扬与内敛

受中国传统文化影响,尽管在不断国际化的大环境下,中国教育对于育人的观念有所改变。但总体而言,中国的教育对于人性格的培养是趋向内敛的。因此趋向于外向的文化会不断与以传统中国文化为基石的主流教育产生冲突,并且不断地融入教育理念和新的文化中。

有许多新兴的文化活动一样,电子竞技并不是一个内敛的文化表现,它更年轻,富有生命力和活力,符合年轻人的兴趣和口味,但同时也表现出不受拘束,张扬轻狂的特点。这种张扬来自游戏本身和互联网的特质。游戏的重要特质是互动,体育的特质在人机互动的基础上又加上了人际互动,因此在电子竞技运动的各个阶段都会表现出强烈的活跃感;互联网又为这种活跃增加了技术性的平台,加上从事电子竞技的人群主要是年轻人,本身在性格上更趋向于动而非静。因此电子竞技总体上而言是一个张扬的文化表现的文化,与内敛之间有较大的鸿沟。

电子竞技运动的全过程都表现出张扬的特征,比较具有代表性的现象包括赛前的放狠话环节,比赛中的挑衅动作,比赛本身的运作特质等。

许多竞技体育运动都有放狠话的环节,也不仅是放狠"话",主要为了展现一种针锋相对的状态。比较有代表性的例如拳击比赛,在称体重的时候会安排两位拳手面对面站立合照,甚至出现过直接动手的情况;一些团体项目的比赛在开始之前会采访双方的教练或队员,询问对本场比赛的看法。电子竞技在这方面做得更加明显,赛前会专门安排放狠话环节,大部分的时候主要是表达对获胜的信心,但也不乏一些相互调侃。例如在 2018 年 LPL 春季赛决赛前的官方采访中,RNG 上单选手 Letme 在采访中说希望 EDG 战队的上单选手能选一些进攻型的英雄,不要总是选很被动的坦克英雄,让比赛不那么无聊,EDG 上单选手 RAY 就表示就算用坦克型英雄也能单杀 Letme。Uzi 对 Iboy 表示应该在对线时小心一点,Iboy 却调皮地用"行行行,他说的都对"来进行调侃①。总体来说,中国赛区的选手相对较为温和,但是在一些情况下,这种赛前放狠话会超过限度。

  比赛中的挑衅,在电子竞技中被赋予一种有趣的意义。在篮球中,盖了帽冲别人摇手指,有可能被吹技术犯规,在表演性质的全明星赛中才能见到较为明显的挑衅行为。但在电子竞技中,例如在比赛中亮图标、跳舞,在社交媒体上发布一些有趣的言论,在一定程度的规范中被"合法化"下来,成为电子竞技迷人魅力的一部分。例如在 2022 年的 MSI 季中邀请赛中,由于技术问题,中国赛区的 RNG 队被要求重赛之前获胜的三场,来自东南亚赛区的战队 PSG 在社交媒体上对 RNG 战队进行了挑衅,表示现在自己是 1 胜 1 负,而 RNG 是 0 胜 0 负,于是在后来的重赛中,出现了如图 7.1 所示的一幕,比赛呈一边倒的趋势,在巨大优势已经确定获得胜利时,RNG 战队集体在 PSG 的基地门口纷纷亮起了"弱爆了"的图标,以回应之前 PSG 在社交媒体上的挑衅。

图 7.1 RNG 队员在即将获得胜利时在 PSG 基地门口亮图标②

---

  ① 英雄联盟,英雄联盟 LPL 春季总决赛赛前垃圾话,RNG 和 EDG 谁更狠?[EB/OL].(2018-04-27)[2021-06-01].https://www.bilibili.com/video/BV1uW411V7fY?spm_id_from=333.337.search-card.all.click.
  ② 资料来源:哔哩哔哩英雄联盟赛事,2022MSI 小组赛 5 月 14 日 PSGvsRNG[EB/OL].(2022-05-14)[2022-06-01].https://www.bilibili.com/video/BV1KZ4y187Gm/?spm_id_from=333.788.recommend_more_video.-1.

相互放狠话的确展现了电子竞技的张扬性格，但有的时候过分张扬超过了限度会让人觉得素质低下，主流的教育很难接受这种有可能被认为是道德上问题的行为。因此电子竞技的张扬文化与主流教育界的期望是有距离的，张扬的文化带来问题主要是对规矩约束的破坏，以及外表上看起来的轻佻，语言行为的失范。前文也提到，家长们在陈述电子竞技对孩子的危害时，经常用到的词汇是"会教坏孩子"，其中张扬的文化有很重要的作用。

竞技体育更多的时候还是以实力说话，在放狠话环节中狠得过度的Gumayusi，在决赛的舞台上被RNG队同为AD选手的GALA对位单杀[①]，最终也输掉了比赛，只拿到了亚军，而Gumayusi由于在本次MSI比赛中被世界各地的战队AD选手线杀，其中包括包括中国赛区战队RNG、欧洲赛区战队G2、东南亚赛区战队PSG、越南赛区战队SGB、拉丁美洲赛区战队AZE、日本赛区战队DFM六支战队，被网友戏称为"被线杀之王"。

这种张扬的文化目前对于主流教育界而言还难以接受，但可以预计的是，新时代的家长会慢慢地接受部分较为张扬的电竞文化，因为他们本身就是在以调侃和自嘲作为释放压力缓解心理负面情绪的文化中成长起来的。

2. 电竞的挫败感与游戏成就感造成的沉迷

电子竞技是以电子游戏为基础发展过来的，虽然加入了竞技等一系列的体育元素，但其自身依然带有电子游戏的部分重要特点，尤其是在日常的活动中。因此电子竞技在运动的体验上，会对人产生两种相互独立又不断交融的心理体验——挫败感和成就感，而这两种心理体验在育人上有不同的影响。

首先，竞技体育有其残酷的一面，电竞比赛和其他竞技体育比赛一样只有一个冠军，所有人都在为之努力，但最终登上巅峰的只有一个人或一个队。在日常的电竞活动中，玩家在电子竞技中由于激烈的对抗性，必然会体验到挫败感，这种挫败感是电子竞技防沉迷的重要内因，但在不同的环境和条件中，若挫败感太过强烈，会导致两种负面的影响：其一会影响游戏外的心情，间接影

[①] 注：对位单杀指的是在比赛中，在1对1没有其他选手的帮助下，对同为某一位置的对手在对线中进行单独击杀，一般实力较为接近的对手，不会出现对位单杀的情况，在所选英雄没有非常严重的克制的情况下，对位单杀意味着有一定的实力差距。

响其他育人活动的效果；其二是由于学生群体相对而言不服输，因此挫败感会让部分学生投入更多的精力到电子竞技中，成为另一种形式的沉迷。

其次，由于带有电子游戏的特征，电子竞技同电子游戏、网络游戏一样，为了吸引更多的人来进行这项运动，开发者和公司也在某种程度上营造了获得成就感的环境和条件，例如电子竞技的匹配和排位机制，就在相当程度上保证了每一位电子竞技的玩家能获得运动的成就感。在篮球赛上，无论是职业运动员还是日常游玩的学生，都无法选择对手的水平，但匹配和排位机制就帮助电子竞技玩家能够与自己水平相近的其他玩家进行游戏，因此期望能获得50%左右的胜率。另外加上礼物系统、合成系统、皮肤系统、评价系统等依托互联网建造的其他传统体育无法具备的独特优势机制，让玩家能够在电子竞技运动中获得相当的成就感和愉悦感，这相比育人的其他方面，获得难度要更为简单。因此，在电子游戏中的逻辑也同样会应用到电子竞技中，更容易获得的成就感会带来更长时间的投入以及对育人其他方面的消极或抵触。

因此，尽管上文有对电子竞技的沉迷结果进行探讨和论述，但从理论上来看，依然无法否认电子竞技的一些因素和机制会导致学生沉迷其中，也无法否认若沉迷电子竞技会对育人有一定的负面影响，同时由于学生群体的特殊性，这种负面影响会随着年龄梯度的减小而放大。因此，控制电子竞技运动的时间，依然是年轻学生群体在从事这项运动时的重要注意事项（但不是禁止）。如何在育人中利用这种挫败感和成就感，是当前教师群体和教育界在这方面主要应面对且无法逃避的问题。

3. 虚拟文化：游戏及观赛中语言和虚拟行为攻击

前文提到，互联网是电子竞技的重要载体和平台，无论是从事电子竞技运动，还是观看电子竞技比赛都需要依托互联网。因此，电子竞技运动的文化中很重要的组成部分是依托互联网而映射的虚拟文化。虚拟文化给予了电子竞技的运动和平台一个释放天性的条件，但也同样带来了负面的作用，尽管实名制工作在不断推进，但账号的实名制并不能完全解决人号相符的问题，缺乏道德的约束，也导致语言和虚拟行为攻击的问题，在电子竞技运动中被放大。

在电子竞技运动过程中，队友及对手的言语骚扰和虚拟行为攻击现象一直存在。第一，言语骚扰例如在聊天框内打字，在游戏自带的语音系统中使用言语攻击等，这种现象甚至发展到在《英雄联盟》项目中，在最近一两年出现了一个以服务器命名的新词汇："祖安文化"。"祖安文化"就是在游戏中以语言骚扰和攻击来进行交流的代表，甚至以各种花样的翻新为荣。第二，造成负面影响的虚拟文化是虚拟行为攻击，这种攻击并不是正常竞技行为，比较轻微的虚拟行为攻击例如《英雄联盟》项目中，游戏开发者开发了一种地图信号标识，帮助玩家和运动员在进行游戏时可以快速地向队友传达讯号，其中有一种讯号是问号，发在地图上代表该区域有疑问（可能有敌人或者可能有敌方视野），但这个信号却被许多玩家在游玩时用于攻击己方路人队友水平太低。第三，较为有代表性的虚拟行为攻击来自射击游戏，在射击类对抗游戏的过程中，常常出现击败对手之后依然对"尸体"开枪或喷涂图标的"鞭尸"行为。这些非正常竞技的攻击行为，带有强烈的戾气和负能量，除了严重影响正常的游戏体验之外，会对学生产生心理和道德上的损害，学生会因为被这样的无端攻击行为伤害而产生抑郁的情绪，影响他们的心理健康，从而影响他们的正常生活和其他育人的效果。

从老师跟家长的角度看待这样的行为，一定会对电子竞技产生负面的看法，这不仅是对某些学生个体的道德和心理损害，同时也危害着整个社会，现在和未来的文明道德水准。在 2020 年 8 月，教育部等 6 部委下发了《关于联合开展未成年人网络环境专项治理行动的通知》，其中明确提到：

整治不良网络社交行为。加大对"饭圈""黑界""祖安文化"等涉及未成年人不良网络社交行为和现象的治理力度，对涉及未成年人网络社交中出现的侮辱谩骂、人身攻击、恶意举报等网络欺凌和暴力行为，以及敲诈勒索、非法获取个人隐私等违法活动予以查处①。

尽管这份通知将电子竞技与网络游戏合并在一起，但其中许多的不良网络社交行为并不仅是网络游戏的专属，也较容易来源于电子竞技运动和其相关平台。可见在这一方面电子竞技运动的一些现象是会与当前的育人产生不良影响

---

① 教育部，国家新闻出版署，中央网信办，工业和信息化部，公安部，市场监管总局. 关于联合开展未成年人网络环境专项治理行动的通知 [EB/OL]. (2020 - 08 - 19) [2022 - 06 - 07]. http://www.gov.cn/zhengce/zhengceku/2020 - 08/26/content_5537641.htm.

甚至是严重冲突的。

4. 榜样与爱好者文化

在竞技体育中，对喜欢的队伍进行支持是体育经济极为的重要组成部分，电子竞技也不例外，例如比赛的门票、网络直播的版权、线下实体商品等是各大战队重要的经济来源。而由于有互联网的加持以及电子竞技所独有的多重文化特性，让电子竞技的粉丝文化集合了竞技体育和娱乐的特性（体育运动对于普通人而言本质上也是娱乐的一种，只不过电子竞技在这方面特征更为凸显）。

从这个角度来看，电子竞技的爱好者文化可以分为两个方向讨论：第一是自上而下的榜样方向，也就是电子竞技运动员以及从事与电竞相关的知名人物；第二则是粉丝方向，也就是支持某些俱乐部、运动员、其他从业人员的电竞爱好者。

与传统体育略有不同的是，电子竞技与直播行业有天然的融合，由于电视禁令，电竞比赛会在直播平台进行直播，电竞选手在闲暇之余也会在直播平台上进行训练直播，优秀的主播也会被战队关注成为职业选手，也有主播会在直播平台上对普通玩家进行教学，因此电子竞技的榜样除了职业选手之外，还包括知名的主播、解说等。

在关注和从事电子竞技运动的人群中，有相当比例的学生。从竞技体育的角度来看，育人是体育重要的社会职能。因此，作为电子竞技运动的榜样，职业选手、主播、解说应当发挥榜样的作用，避免对学生群体造成育人方面的负面影响。

但是目前在电子竞技运动行业，还是存在相当数量的负面影响案例。在前面的章节中提到目前电子竞技的职业选手出现了一些假赛、消极比赛等行为，这是职业道德所不允许的。另外，尽管有一定的争论，但是作为竞技体育的榜样人物，除了公德之外，这些人群的私德也同样应当受到关注。但是因为材料来源性信度不足，因此不做展开。

部分受关注度相当高的主播在直播中多次出现不雅手势、说脏话、作弊、言语教唆以及一些不负责任的论述等问题。一些电竞运动的官方解说也在比赛解说中出现言语的失误和不礼貌词汇等。

除了自上而下的榜样之外，电子竞技运动中自下而上的爱好者文化也产生了一些与育人相冲突的问题。竞技体育由于粉丝支持的队伍都是竞争对手，因此免不了因为胜负而造成的支持群体间的冲突，但是如果这种支持的行为变成了"饭圈"行为（这里的饭圈依然与前文一样指的是那些出格的、侵犯他人权益的娱乐圈追星行为），那就越过了竞技体育的界限。"饭圈"用流量逻辑代替了竞技体育的胜负逻辑，以突破底线的方式来对其他选手和支持者进行攻击造谣，把电子竞技运动变成了娱乐圈。尽管电子竞技由于其载有互联网的特性，带有一定的娱乐文化的属性，但电子竞技本质是竞技体育。《关于联合开展未成年人网络环境专项治理行动的通知》也明确地指出要整治"饭圈"活动，因为这种活动会严重地影响青少年的身心健康和价值取向。电子竞技运动的爱好者文化一旦"饭圈"化，其在育人方面的负面影响会让家长和老师们更加担心学生对电子竞技的爱好会影响到他们未来的成长，对电子竞技运动在育人方面的作用发挥非常不利。

因此，作为电子竞技的从业者，不论是电子竞技的运动员，还是知名主播和解说，以及企业的负责人等，都要在言行上严格要求自己，以更好地发挥体育运动在育人方面的作用。随着电竞相关从业人员学历、道德水平不断提高，加上相关政策和纪律的规范限制，以及教育界和全社会的正确引导，电子竞技将会建立更好的榜样与爱好者文化。

二、电子竞技在育人方面的"增长点"

当然，电子竞技对于当前的艺人而言也有很多可以运用的地方，只不过目前对这方面的研究较少，对于电子竞技与教育的合集的研究深度还较浅。这让许多一线教师和家长，尤其是对电子竞技不了解的教育群体，无法将学生对电子竞技的喜欢和热爱转化为对他们育人方面的增长点。电子竞技有很多可以对主流教育方面的促进点，同样由于其竞技体育加互联网的特性，也让电子竞技在育人方面有超越传统体育项目的优势，同时也比其他的电子游戏和网络游戏更有底线。

1. 心理的培养：受挫教育

在较早的针对体育运动育人的论述中，已有很多研究者提到体育运动的受挫教育对于学生的成长较为有利[①②]。而随着社会的发展，孩子们的物质生活得到了充分的保障，但同时他们在精神生活层面面临更大的压力。因此，在当前的教育中，孩子的心理承受能力逐渐变成一个重要的议题，因为心理承受能力而导致的事故和悲剧不断发生。

电子竞技之所以能够成为心理培养的良好手段，主要分为两个方面。其一是前文提到的电子竞技所带来的挫败感。在不经干预的情况下，这种挫败感可能会产生不良的影响，但若教育者能够及时地发现和利用好这种挫败感，会对学生心理承受能力产生良好的促进作用。其二是电子竞技受到众多学生的喜爱。承受挫折受多种维度的因素影响，其中之一就是情感[③]。用在挫折教育中，意味着如果某一样事物使学生感兴趣或是喜欢的，那么在他经历相关事件受到失败或者其他挫折时，会更容易选择努力克服而不是逃避。而对于喜欢电子竞技的学生而言，当他在电子竞技运动中受到挫折时，如果老师及时了解相关情况能对其进行引导，那么对于学生的健康心理的培养以及对挫折的承受能力都有明显的好处。

利用学生喜欢的事物对其进行心理的培养，是一种高效低害的受挫教育方式，而作为竞技体育，电子竞技天然具有让人产生挫折的条件，同时也是受众多学生喜欢的运动和休闲方式，这样的双重条件不但可以缓冲挫折带来的负面影响，同时也可以让引导产生更多的正能量——前提是教师和家长要了解电子竞技，能够利用电子竞技来对学生进行教育。

2. 团队意识

如果说当前教育状况下，学生缺少哪些重要的意识，那团队意识一定是其中最重要的一种。然而哪怕从大学的教育来看，学生的团队意识也处于严重缺失的状态[④]。大学的教育尚有一些团队合作的成分，例如真正需要配合的小组作业等，基础教育在每一个人都是对手的情境之下，团队合作意识的培养更是缺少本源。竞技体育恰恰是培养团队意识的优秀途径，团队项目不必多说，哪

---

① 马军. 浅谈体育教学中的"挫折教育"[J]. 中国学校体育，2008 (1)：35–37.
② 陈晓鹏，费甫明，王章明. 成功快乐挫折体育教学思想探讨[J]. 体育文化导刊，2008 (10)：84–86.
③ 杨帆. 挫折承受力教育影响因素的探究及对策提出[D]. 苏州：苏州大学，2005.
④ 吴兰. 当代大学生团队意识现状与解决对策[J]. 科技资讯，2019，17 (25)：224 + 226.

怕是短道速滑、长跑这样的个人参赛项目，近年来的经验也显示了集团作战的重要性。

电子竞技更是突出体现了这种团队意识。在团队竞技体育中，尽管个人的力量有时能力挽狂澜，但最终比赛的胜利需依靠团队。团队型的电子竞技不仅在运动本身的设计上凸显团队的整体性，众多电子竞技国际大赛的结果不断显示出团队也对于电子的重要性，越是高水平的电子竞技比赛，越突出团队合作。和很多团队体育游戏运动一样，团队电子竞技运动对于团队中不同位置和作用的队员进行了区分，使得每一个人各司其职且难以被代替，就好比篮球中有后卫、前锋和中锋的区分，电子竞技运动，例如英雄联盟，将位置分为上路、打野、中路、下路和辅助。而且比篮球运动更加细化和团队的是，在篮球中会出现锋卫摇摆人，双能卫，大前锋充当中锋等，且因为部分运动员的出色个人能力，开发出与之相匹配的战术等，但在电子竞技中由于位置和功能的特殊性，极少有运动员能做到在同一时间对不同位置的兼容（例如V5和WE战队，都曾经尝试过中上摇摆人的战术，但普遍成绩不理想），因此想赢得比赛的胜利，需要依靠每一位队员的努力。

对于体育运动的研究显示，合作型的体育运动能够促进人的快乐发展[①]，在教育方面的研究也显示出同样的结果[②]。因此，对于团队意识的培养，不但有利于人的能力和技能的发展，同样也有利于他们身心的健康。而电子竞技更有优势的是，如果学生平时更乐意从事电子竞技运动，那么对于他们团队意识的培养，就可以会成为润物细无声的潜移默化。

利用电子竞技，可以让学生在平时的娱乐和活动中，自觉地接受团队的运作，感受团队带来的成就，体验糟糕的团队配合所带来的失败。但如果老师和家长需要利用电子竞技来培养学生的团队意识，就需要他们对电子竞技在这方面的体现有所了解，老师和家长甚至可以从倾听者的角度入手，让学生诉说他们在失败或成功之后对于团队作用的论述，并且引导他们思考如何扮演好自己

---

① 崔鹏，马志君. 合作式体育教学模式促进"快乐体育"有效途径的研究 [J]. 当代体育科技，2015，5（10）：9-10.
② 陈先强，郝玉静. 快乐在合作中产生 智慧在交流中生成——浅谈促进小学数学课堂有效互动的策略 [J]. 内蒙古教育，2015（11）：9.

的角色，尽力为团队做贡献。

3. 爱国和民族情怀

在当前全球化逆行的版本，不断加剧的地区冲突、西方的霸权主义和后殖民主义从表面和暗地里不断对中国发动进攻和侵蚀，使爱国主义教育变得更为重要。尽管电子竞技使商业化程度非常高的竞技体育，但地区之间的竞争是电子竞技重要的话题。前文中也论述过电子竞技运动员对于祖国统一的维护，在爱国这一方面，电子竞技的玩家和运动员很少让人失望。

2018年、2019年、2022年，三支代表中国大陆赛区[①]的队伍IG、FPX和EDG分别战胜了来自欧洲的FNC和G2，来自韩国的DK战队，为中国大陆赛区夺得了三次《英雄联盟》世界冠军，这让热爱电竞的学生群体为之沸腾，这三次夺冠极大地唤醒和鼓舞了《英雄联盟》项目中国学生玩家的爱国热情，大学的寝室楼中回响着对这三支队伍的呐喊和赞叹。

在电子竞技的很多项目里，人们不仅关注俱乐部的成绩，同时也关注俱乐部运动员的组成，在韩流四溢的年代，电子竞技的"全华班"尤为引人关注。2022年《英雄联盟》项目的RNG俱乐部，在收到诸多不公正待遇的情况下，依然在决赛中以3-2击败韩国国内本赛季不败的传奇队伍T1，成为季中邀请赛中唯一一支获得三次冠军的队伍，一时间受到全国电竞迷的关注。除了对手的强大和赛事体系的不公平之外，RNG获得关注和赞扬的重要原因就是：它是一支由5位中国选手组成的队伍，因此RNG也成为中国电竞的骄傲。另外还有被称为"护国神翼"的《DOTA2》战队Wings等，都因为中国赛区取得了优异的成绩而备受关注。可见电子竞技运动对于学生爱国情怀的建立效果显著。

不仅是战队个体，中国赛区的队伍在争取国家和民族荣誉问题上也能够达成共识一致对外，在季中邀请赛上，RNG的上单选手Bin在比赛中表现不佳，EDG俱乐部的上单选手刚刚获得世界冠军的Flandre李炫君在深夜陪Bin练习，

---

① 2018年时LMS赛区（港澳台赛区）还未解散，而2019年9月25日，港澳台赛区并入东南亚赛区，取名为英雄联盟太平洋冠军系列赛，简称PCS，因此称呼LPL为中国大陆赛区更合适。在本书中，凡是港澳台地区赛区未包括在中国大陆赛区中的项目，对于其中国赛区的称呼实际意义理解均为中国大陆赛区，因为港澳台赛区也是中国赛区的一部分。

传授他上单英雄的一些经验,这种例子在世界大赛上屡见不鲜。

电子竞技从文化上看不只是娱乐,更是一种各个民族,各种文化之间的争锋。据法新社报道,法国文化部要求将电子竞技的游戏术语全都翻译成法语,不再使用英语单词,这一行为被《电子竞技》杂志的编辑评论为"民族主义"的具象手段①。这一点在中国的电竞圈也有所体现,例如港澳台赛区会将《英雄联盟》的史诗级野怪纳什男爵 Baron 称呼为"巴龙",但大陆赛区则比较喜欢称呼其为"大龙",一个是音译,另一个是意译,相对而言,后者结合自身文化较多。2019年,《英雄联盟》猪年限定皮肤"塔姆"的原画中,出现了清朝官兵的身影,被广大中国网友诟病,可以善意地认为这是设计师不了解中国文化出现的理解失误,也不难看到在电竞方面西方对于东方的曲解(本书将在第八章中提到东西方电竞发展的对立与交融)。也许这一点尚未被完全发掘,但语言、文字、图像等是民族文化的载体,必须要对其有足够的重视,这一点在电竞方面也是一样。

电竞可以是爱国主义和民族情怀的优秀载体,电竞丰富的世界性赛事,广泛的爱好群体,文化的良好承载,都可以为相关的教育创造条件,而且更容易让学生接受其中的爱国热情和民族情怀,可以成为新时代爱国主义教育的重要方面。

4. 电子竞技的优秀文化

电子竞技作为一种竞技体育运动和娱乐,其中承载了许多文化,尽管电子竞技的一些组成部分和表现,会带来低俗、浅显的不良文化,但电子竞技运动更多的是优秀的文化表现。对于教育而言,要利用这些优秀的文化,对学生进行文化熏陶和培养,同时也让良币驱逐劣币,更好地促进电子竞技运动的发展,进一步对相关教育进行回馈。越是对电竞抱有歧视和污蔑的态度,年轻人的叛逆心就越强,电子竞技中不良文化就越无法受到限制,反而成为不良文化的庇护所。因此,在这一点上,由于和学生休戚相关,教育界应做出应有的贡献。

首先,电子竞技带有竞技体育的重要文化表现——坚持不懈,迎难而上,前文提到的 RNG 俱乐部,全名为 Royal never give up,俱乐部原名为皇族 Royal,

---

① 电子竞技(公众号). 法语电竞词汇纯粹性 [EB/OL]. (2022-06-07) [2022-06-07]. https://mp.weixin.qq.com/s/pVfmdmuWcaBy2Udk0GgbeQ.

在俱乐部遭受低谷时将名字改为 RNG，表现出永不放弃的精神。2014 年英雄联盟 S4 全球总决赛上，中国老牌电竞战队 OMG 在对阵欧洲劲旅 FNC 时，上演了一场坚持到底的攻防大战，最终 OMG 在基地还剩 50 点生命值的情况下守住了 FNC 的攻势，最后战胜了 FNC，造就了《英雄联盟》历史上最为惊险的大翻盘，将电子竞技永不言弃的精神展现地淋漓尽致。

其次，尽管电子竞技与娱乐有很多的关联，但电子竞技却较当前较为颓废的娱乐圈而言，诞生出许多优秀的文化作品，而且有很多是民间自发创作的文化作品。例如在季中邀请赛夺冠之后，网友"因你而在的梦"（feat. 纱鱼 sayu）为 RNG 俱乐部创作的歌曲《开天剑》，用甜美的歌声和惊爆的 rap 唱出 RNG 俱乐部从高峰到低谷再到高峰的旅程[①]。官方作品例如拳头公司在 2021 年出品的原创动画剧集《双城之战》，讲述了蔚和金克丝这一对姐妹的冒险和羁绊，在海外平台 imdb 上获得 9.9 的高分，在中国非常苛刻的打分平台豆瓣也获得了 9.0 的评分，与宫崎骏的诸多著名动画片并驾齐驱[②]。为《双城之战》创作的歌曲《孤勇者》，演唱者为陈奕迅，展现了一个普通人勇于拼搏，追逐梦想的画面，词作者唐恬在与癌症整整对抗了十年，写下了这首歌，"谁说站在光里的才算英雄"，"谁说对弈平凡的不算英雄"，歌词写出了众多普通人的心路和人生，引起众多的共鸣，短短几个月各大平台播放量总计超过 30 亿次[③]，为华语乐坛注入属于电子竞技的活力。

电子竞技的文化中，还体现出更多的善，随着电竞产业越来越完善，电子竞技也像许多竞技体育那样参与到对社会的贡献中。2021 年，河南出现强降水，导致许多地方受灾，电竞圈多家俱乐部和许多选手解说，在第一时间向灾区捐款，王者荣耀的主播张大仙个人捐款就达到 100 万元，其持有的俱乐部再捐出 100 万元[④]；知名选手 Misaya（禹景曦）、PDD（刘谋）等，为偏远地区

---

① RNG 战队曲《开天剑》, bilibili [EB/OL]. (2022-06-03) [2022-06-14]. https://www.bilibili.com/video/BV1Lv4y137S2?spm_id_from=333.851.b_7265636f6d656e64.1.

② 英雄联盟：双城之战第一季, 豆瓣电影 [EB/OL]. (2021-11-07) [2022-06-14]. https://movie.douban.com/subject/34867871/.

③ 周元. 《孤勇者》唐恬, 患癌十年, 以笔锋对抗命运 [EB/OL]. (2022-06-04) [2022-06-17]. https://baijiahao.baidu.com/s?id=1734434141997534596&wfr=spider&for=pc.

④ 王玮晨. 多位电竞选手支援河南, 当慈善成为电竞圈的惯性 [EB/OL]. (2021-07-22) [2022-06-14]. http://www.titan24.com/publish/app/data/2021/07/22/383167/os_news.html.

的贫困孩子捐助资金,修建希望小学,实现自己回报社会的诺言①;LGD《和平精英》项目分队发起为乡村学校每得一分捐500元物资修缮体育设施的公益行动,最终在春季赛结束时为乡村学校捐出了7万多元②。

这些与电竞相关的优秀文化,可以成为学生文化教育的重要资源,而挖掘这些文化现象,能够讲述这些文化也成为教师和家长们重要的能力。作为家长,可以及时地关注电竞的事件,了解与电竞相关的文化,拉近与孩子之间的距离,增加亲子沟通的话题。无论是中国还是外国,陪孩子看电竞比赛已经不是新鲜事物,反而成为一种重要的亲子沟通手段,这也证明电子竞技在家庭育人方面的独特魅力。作为老师,如何应用电子竞技的内容来对学生进行培育和引导,放下自己可能落后于时代的执念和审美,以学生的视角,搭好学生与教育之间的桥梁,是许多教师应当审视的问题。在本书之前,研究者的论文也提到教师要跟上时代,要了解学生的爱好,教育要结合学生的生活③,同时也已经有教师在这样做了,利用电子竞技的制度和内容来为现场教学和育人服务④。

遗憾的是,目前国内对于电子竞技"育人"的研究,多数还停留在理论探讨阶段,缺少实证的研究,这需要未来10年进一步的努力。教育归根到底是为人的全面发展而服务的,教师要做的是搭建起以学生为起点以教育目标为终点的途径和桥梁,借用一切可以借用的资源和条件成为育人的必要选择。电子竞技与育人有冲突,也存在一些糟粕,但更多的电子竞技可以成为育人的优秀材料,它充满活力跟朝气,符合年轻人的爱好。因此,希望一线教师能够更多地尝试将电子竞技融入育人中去,寻找到符合学生特点的育人途径。几千年前的神话故事就告诉我们,堵不如疏。当教师放下功利的教育思想,仔细观察和研究电子竞技运动,必然能找到它符合育人理念的突破点,也为缓和和构建良好的师生关系找到突破口。

---

① 共由说. 英雄联盟:若风捐赠两所希望小学,弘扬电竞正能量[EB/OL].(2019-09-27)[2022-06-14]. https://baijiahao.baidu.com/s?id=1645803322486232449&wfr=spider&for=pc.

② 王徽之. PEL春决比分换捐款 LGD给乡村学校捐了七万多物资[EB/OL].(2022-05-26)[2022-06-14]. https://mp.weixin.qq.com/s/iTvS7zcdS9KdYZ_QjrjKNw.

③ 马冀. 为电子竞技正名:在教育中应如何对待电子竞技[J]. 创新教育研究,2018,6(6):442-451.

④ 马冀. 享受过程评价乐趣,融合语文学习团队[J]. 创新教育研究,2017,5(1):45-52.

第八章

电子竞技与后现代

后现代虽然被当作反逻辑实证主义典范的重要方向,但它在研究方法论上的"破"比"立"更有成效,究竟什么是后现代典范,目前尚在讨论之中。但相比起后实证论对逻辑实证主义的改良,以及诸多质化研究对逻辑实证主义的试图革命,后现代主义更多标志性的贡献在于为研究提供了更细节的视角,例如性别、东西方、个体的异化等,这些是在逻辑实证主义典范中不太受关注的部分。对电子竞技而言也是一样,作为一个蓬勃发展的产业和行业,对它进行的研究,也可以从这些特定的视角去进行观察跟讨论,发现更多值得研究的议题。本章将对电子竞技中的女性议题、东西方议题和个体的异化等话题进行讨论,在此之前,鲜有研究者对这些方向进行关注,因此直接的资料非常稀缺,更多会是研究者的猜想和展望。

第一节 电子竞技中的女性议题

在后现代的典范中,性别是一个重要的研究视角。但是性别这个议题在西方政治资本和财团的精心布局下,也越来越成为一种制造社会矛盾,撕裂家庭和谐的手段。在本节的议题中,本书不涉及女性主义和极端女性主义的话题,也不与西方势力和资本下的性别平权组织的观点和运动发生交集,不制造对立,不撕裂性别,不赞同暴力,仅从女性的角度以就事论事的方式来对电子竞技进行叙述和讨论。

电子竞技作为竞技体育的一部分，既带有以物理体育对身体的要求，又带有智力体育对大脑的要求，就目前从一些运动的状况来看，女性与男性整体上有所差别，例如日本女足国家队，曾在2016年与未能进入全国大赛的静冈高中男足进行一场友谊赛，在男足不得铲球以及静冈高中男足门将替日本女足守门的情况下，日本女足国家队以0比12的巨大劣势败北①；双向飞碟射击选手张山在1992年巴塞罗那奥运会上击败所有男女选手获得奥运冠军②；国际象棋选手侯逸凡，多次在世界大赛上击败男子国际特级大师③。在电子竞技中，女性玩家和运动员依然有自己的一席之地，并且在许多地方有自己独特的优势。从《中国职业电竞人才发展报告》的数据来看，女性玩家的人数从2016年的22.3%上升到2021年的接近30%④，无论是普通玩家、运动员还是从业人员，女性都开始在电子竞技产业和职业中发挥重要的作用，随着产业化和职业化的进一步发展，女性在电子竞技中的地位和作用会越来越重要。

一、女性玩家

尽管女性电子竞技玩家的总数量少于男性玩家，整体水平可能也与男性玩家有一定的差距，但并不妨碍女性玩家在电子竞技中展现出独特的魅力。通常认为，男性玩家的好胜心会更强，研究公司"哈里斯互动"与亚马逊对800多位美国手游玩家进行的调查显示了这个结果，但这缺乏更多大量的调查数据研究支撑（目前也不太有研究者敢于研究这样的话题）。然而可以探讨的是，相比起男性玩家，女性玩家对电子竞技的关注视角并不那么功利，这对于电子

---

① 太阳禄. 日本女足国家队0∶12不敌静冈高中男子足球队 男足在比赛中被要求不能铲球 [EB/OL]. (2021-12-05) [2022-06-16]. https://www.bilibili.com/video/av677186084/?vd_source=476b85bbfc4dfa4d2030e9c84c499688.

② 张九江，张山. 广州不是生涯终点 生命不息射击不止 [EB/OL]. (2010-11-24) [2022-06-16]. https://sports.qq.com/a/20101124/000044.htm.

③ 央视网. 国象公开赛上再胜男子特级大师 侯逸凡独霸一方 [EB/OL]. (2012-02-04) [2022-06-16]. http://news.cntv.cn/20120204/109648.shtm.

④ 新浪网, "她时代"? 电竞女玩家比重越来越大，占比已接近三成 [EB/OL]. (2022-01-20) [2022-06-17]. http://k.sina.com.cn/article_7517400647_1c0126e4705902h717.htm.

竞技发展的和谐环境而言会更加有利，前文也提到当前电子竞技的运动环境存在一些由于竞争所导致的道德和体育精神缺失，女性玩家的加入可能会让这个现象有所改变。

另外，女性玩家的消费视角与男性有所不同，这一点在汽车产业上有明显的体现，近年来有众多针对女性所开发的汽车审美，也让整个产业变得更加丰富①。电子竞技也有类似的现象，例如女性玩家有自己偏爱的英雄，有自己喜欢的皮肤，有自己喜欢的游戏方式，这可能与男性玩家有所不同，因此女性玩家对于整个电竞产业的贡献不言而喻。当然这需要更多的女性设计师加入电子竞技游戏的设计行列，男性设计师对女性玩家的审美和需求会产生一定的误判，有一些电子竞技游戏加入了设计师自认为偏向女性玩家的角色之后，反而受到很多女性玩家的诟病，认为角色和皮肤其实更符合男性的审美。

与女性玩家相似的情况出现在女性观众方面，电子竞技的某些项目在女性观众占比上可能是竞技体育世界中最高的之一。相比起 NBA 的女性观众占比仅有 20%，《英雄联盟》项目中国大陆赛区联赛女性观众占比为 30%，而《王者荣耀》项目中国赛区联赛 KPL 女性观众占比达到的 60%②。女性玩家和女性观众的增多，一方面由于目前更多的电竞游戏开始走上手机平台，而手机平台相对而言较为简单易懂，上手难度和门槛较低，适合休闲娱乐，比较契合女性对游戏的需求；另一方面电子竞技的娱乐化让更多女性加入对战队和选手的支持中，俱乐部和赛事运营方试图用更多样的方式来赢得更多的观众，为战队和队员进行应援，到现场观看比赛等，因此可以看到越来越多的女性主动参与到电子竞技的观赛中。

女性玩家对于电子竞技的重要性丝毫不亚于男性，而且如果从教育的角度来分析，长远来看女性玩家的加入对于整个家庭理解孩子的电竞运动行为有相当大的帮助。女性在家庭教育中扮演了无比重要的责任，母亲教育缺失的情况

---

① 金融界，"解构者"綦琳：从女性视角重新定义车圈审美［EB/OL］．（2022 - 03 - 08）［2022 - 06 - 17］. https：//baijiahao.baidu.com/s？id = 1726703483633304504&wfr = spider&for = p.

② Frost & Sullivan, Analysis of the Global Cloud Gaming Market report［EB/OL］．（2022 - 03 - 04）［2022 - 06 - 20］. https：//insights.frost.com/pr_ict_mariana_k70e_cloudgaming？campaign_source = p.

比父亲教育缺失的情况要少得多。《2017 中国家庭亲子陪伴白皮书》显示，超过 70% 的家庭，孩子教育由母亲主导，父亲的教育常常缺失①。如果父母都对电子竞技有所了解，那么孩子的电子竞技运动行为就会获得更多的理解，甚至孩子的电子竞技运动能够得到父母的陪伴。2015 年 7 月 25 日，英雄联盟 LPL 联赛 EDG 对阵 QG 的比赛，当天是 EDG 选手 Clearlove（明凯）的生日，赛事方特意邀请了他的妈妈到赛场上来为他庆祝生日，并带来了亲手做的番茄炒蛋，浓浓的亲情感染了在场的每一个人②；《王者荣耀》KPL 联赛 RNG.M 的选手晚秋（王毅翔），其单亲母亲在了解到孩子有电竞梦的时候，从坚决反对到寻求业内人士帮助，再到全程陪伴孩子到俱乐部试训，最终帮助晚秋成为职业选手；前文我们也提到《魔兽争霸 3》选手、世界冠军 Infi（王诩文）、《英雄联盟》选手、世界冠军 Flandre（李炫君），他们的成功背后都有一个支持他们的母亲。

这一点可以让电子竞技对于家庭教育和孩子发展的负面影响大大降低，孩子不会因为缺少家庭的关怀和认可而投身电竞中，电子竞技反而可以成为家庭活动的话题，拉近父母与孩子之间的距离。而且这些女性玩家，以后也会是老师，会是各个阶段的教育工作者，会是教育的研究者和管理者，一旦她们更了解电子竞技，校园电竞的发展就能获得更充分的支持。

二、赛事中的运动员

相比起女性玩家而言，女子电子竞技选手所占的比例可能要更小一些，但这并不能阻碍女性选手成为电子竞技中重要的存在力量。尽管电子竞技在某些方面也许对男性较为有利，但是相比传统体育，电子竞技是少有的允许男女同台的竞技体育项目。这种相对而言对于性别问题比较宽容的环境，也造就了电子竞技运动中不少与男子选手分庭抗礼的女性运动员。

---

① 新浪新闻. 全国首份《家庭亲子陪伴白皮书》：你的亲子陪伴指标合格了吗？[EB/OL]. (2018 - 01 - 05) [2022 - 06 - 17]. http://k.sina.com.cn/article_2812751962_a7a7305a0010022u0.htm.

② 新浪游戏. 回首往事 LOL 职业电竞人明凯的五年辗转 [EB/OL]. (2016 - 07 - 26) [2022 - 06 - 17]. http://lol.dj.sina.com.cn/2016 - 07 - 26/fxuhukz1020677.shtm.

在《星际争霸》时代，当时的电竞强国韩国竞争非常激烈，但是依然有一位女性选手获得了众人瞩目，Tossgirl（徐智秀），韩国女子冠军，APM可以达到300以上，手速在所有男性选手中都可以称得上是佼佼者，在2005年韩国取消女子组比赛之后，成为唯一一个留在星际赛场的女性选手，效力于STXSOUL，在赛场上击败过包括韩国冠军Yellow（洪榛浩），中国冠军F91孙一峰等众多星际知名选手，被星际爱好者称为"女帝"[1]。同样是《星际争霸》项目，目前仍活跃在《星际争霸2》比赛舞台上的加拿大女选手Scarlett（斯嘉丽），出生于1993年，在13岁时接受变性手术，2012年开始职业生涯，随后就一直参与《星际争霸2》的普通（不分男女）赛事。2018年，英特尔公司在韩国平昌冬奥会前与国际奥委会合作举办电子竞技锦标赛，在《星际争霸2》的项目中，斯嘉丽以4∶1轻松战胜了两届WCS世界冠军韩国神族选手sOs（金佑真），夺得了5万美元的奖金[2]。尽管斯嘉丽变性人的身份，引起了一些争议，但是由于她对于女性性别的自我认可和对梦想的坚持，斯嘉丽依然是到现在为止《星际争霸2》项目中表现最为出色的女性选手。

在电子竞技进入MOBA时代之后，团队型游戏改变了以往电子竞技运动单打独斗的状态，更加成熟、规模更大的职业联赛，也让更多的女选手有了展示自己的机会。王者荣耀职业联赛KPL的次级联赛（被称为K甲）中，有一支名为火豹的混合战队，有三位女子选手，其中小醒（刘安琪）获得过比赛的最有价值选手，另外两位选手女骑（郭玉君）和里里（李佳楠），都在各自的位置上有出色的表现；另一支女子公开赛冠军队伍RE-Girls的成员甜甜珂（蒋雨珂），在2021年加入了著名电竞俱乐部LGD的青训，开始向顶级联赛冲击[3]。《英雄联盟》赛事中曾参与到顶级联赛的女性选手包括第1位登上英雄联盟顶级联赛的女选手Mayumi（中村茱莉亚），日裔巴西人，

---

[1] 徐智秀. 百度百科[EB/OL]. [2022-06-17]. https：//baike. baidu. com/item/%E5%BE%90%E6%99%BA%E7%A7%80/4081309? fromtitle = tossgirl&fromid = 177905&fr = aladdi.

[2] 太平洋电脑网. 冬奥会《星际争霸2》邀请赛韩国冠军被吊打[EB/OL]. (2018-02-08) [2022-06-21]. https：//baijiahao. baidu. com/s? id =1591794086835886809&wfr = spider&for = p.

[3] 陆宇婷. 职业电竞来了女选手："原来女孩打游戏也这么厉害"[N/OL]. 南方周末, (2022-05-04) [2022-06-21]. http：//www. infzm. com/contents/22751.

曾代表巴西最强战队 INTZ 出场，她在排位中的段位位居全队第一，但由于长时间得不到首发，最终选择离队①；前文还提到过俄罗斯有一支全部由女性选手组成的队伍，另外大洋洲赛区 PGG 战队在 2021 年带着本队的女性替补选手前往冰岛参加由各个赛区冠军队参加的季中冠军邀请赛②。土耳其次级联赛 IWCats 的女选手 Sylchasie 担任的是队伍的中单位置，这是一个需要作为领袖带领队伍胜利的位置，曾在社交媒体上为武汉加油③。但总体而言在 MOBA 项目中女性选手没有能够达到之前如《星际争霸》项目的高度。

除了前面提到的两类电子竞技运动，其他的电竞运动也有出色的女性选手出现。卡牌类电竞游戏（在本书中，《炉石传说》这一类的卡牌游戏被认为是类电竞游戏，但在产业界和电竞赛事中，《炉石传说》是较为稳定的项目之一）《炉石传说》世界冠军 VKlioon 狮酱（李晓萌），毕业于西南政法大学，参与该项目时曾经还因为性别被身边的男性歧视，但在 2019 年的《炉石传说》特级大师赛全球总决赛上，李晓萌战胜了所有的男选手，获得了最终的冠军，也成为《炉石传说》历史上首位夺冠的女选手④。在《绝地求生》项目中，2017 年亚洲邀请赛，IFTY 战队获得冠军，其队内由于另外两位选手的签证问题而不得不上场的女选手 Illsa（佩佩）并没有拖全队的后腿，她也成为《绝地求生》项目中第 1 位获得区域冠军的女选手；CSG 战队的女选手朱雀玥玥在 2019 年黄金大奖赛中上演过以一敌三的经典场面，帮助队伍拿到一场胜利⑤（玥玥在 2020 年被调离一队⑥）。来自俄罗斯的《CS：GO》项目选手 Anna 阿尼科娃曾在 TeamSecret 效力，是俄罗斯国家队的成员；瑞典选手 zAAz 从

---

① 给你个背影的熊（百度百家号）．LOL：史上第一位登上最高职业联赛的女选手——Mayumi［EB/OL］．（2019－11－18）［2022－06－21］．https：//baijiahao. baidu. com/s? id = 1733056151000594854&wfr = spider&for = p.

② 电竞狐．PGG 官推：女性辅助选手 DSN 成为 MSI 期间替补［EB/OL］．（2021－05－07）［2022－06－21］．https：//www. sohu. com/a/465143613_10023782.

③ 搜狐新闻．土耳其次级联赛 IWcats 战队美女中单 Sylchasie！［EB/OL］．（2020－03－04）［2022－06－21］．https：//www. sohu. com/a/377653128_12009989.

④ 网易体育．中国女学霸夺得电竞世界冠军，曾遭性别歧视被气哭［EB/OL］．（2019－11－18）［2022－06－21］．https：//www. 163. com/sports/article/EU9ESO6V00058782. htm.

⑤ 电竞新营销．PCL 及赛事历史上的女职业选手（颜值实力并存）［EB/OL］．（2022－03－31）［2022－06－21］．https：//baijiahao. baidu. com/s? id = 17288045372497112556&wfr = spider&for = p.

⑥ 梅雨．CSG 发布公告小玥玥调离一队，暂不会参加春季赛［EB/OL］．（2020－03－16）［2022－06－21］．http：//pubg. sgamer. com/news/202003/147320. htm.

2002 年开始成为职业 CS（反恐精英项目）选手，被广大网友誉为女狙神[①]。这些女性选手凭借着自己高超的技巧，对于梦想的不懈追求，为电子竞技比赛增添了一抹亮丽的光彩。

电竞产业和行业界对于女性应如何参与电子竞技基本保持支持的观点。《英雄联盟》项目尽管有女性选手的赛道，但在普通赛事中并不禁止女性选手参加，《王者荣耀》项目也未有明文规定，不允许女选手参赛。在 2020 年 11 月的首届英雄城市电竞嘉年华比赛上首创了 3 男 2 女的混合赛制，这是中国电竞历史上第 1 次强制要求由男女共同组成队伍进行同台对抗的比赛，给予了女性玩家和选手更多展示自己的机会[②]。

从整体上来看，目前职业联赛中的女性选手人数还过于稀少，与不断扩大的女性玩家群体比例不大相符，这可能是由于目前许多电子竞技项目对于反应、操作、意识等系统的设定较为有利于男性，未来随着手机平台的不断推广，新的电子竞技项目可能对女性玩家和选手有更多的关注。在更远的将来，当沉浸式虚拟时代到来，男性和女性在电子竞技运动中的地位有可能会发生真正趋向平等的变化，到那个时候，女性运动员将不再会被认为是花瓶，或是被认为因为流量和话题而进入职业战队，这将为电子竞技带来新的发展。

三、女性从业人员

相比起女性选手，电子竞技行业和产业的女性从业人员比例则显著更高。《2021 年四川省电子竞技人才发展蓝皮书》显示，女性从业人员的比例呈逐年增长的状态，在 2021 年达到 31.7%[③]，而在 2019 年，就伽马数据《2019 中国游戏产业年度报告》的统计显示，女性求职者仅占所有求职者人数的 21.7%[④]。

[①] 腾讯新闻. 收入最高的 10 名女性职业游戏玩家［EB/OL］.（2022 - 04 - 12）［2022 - 06 - 21］. https：//xw. qq. com/cmsid/20220412A0CR5C0.

[②] 游久网. 开创男女同台竞技先河 首届英雄城市电竞嘉年华落幕［EB/OL］.（2020 - 11 - 26）［2022 - 06 - 21］. https：//news. uuu9. com/esports/202011/59514. shtml.

[③] 四川省电子竞技协会. 四川省电子竞技人才发展蓝皮书发布［EB/OL］.（2021 - 12 - 09）［2022 - 06 - 21］. https：//www. bilibili. com/read/cv14347192.

[④] 新浪游戏. 2019 年游戏人报告：40% 以上月薪超万元，游戏策划"供大于需"［EB/OL］.（2019 - 12 - 12）［2022 - 06 - 22］. https：//games. sina. com. cn/y/n/2019 - 12 - 12/ihnzahi7052160. shtml.

和男性一样，女性在电子竞技现场中也分为台前和幕后两类从业者，台前的包括解说、主持、裁判、主播等，幕后则包括导播、制作、游戏策划、宣传等。

1. 女性解说

女性在电子竞技现场出现频率最高的就是女性解说，作为电子竞技运动传播上最重要的环节之一，解说的工作是将比赛的精彩带给所有现场和网上观看的观众。然而在电子竞技最开始的阶段，女性解说的数量甚至比女性选手还要少。在 Replay 时代之后，电子竞技开始有了现场直播技术，这给予解说登台露脸的机会。但是在《星际争霸》和《魔兽争霸》最开始的阶段，几乎没有女性解说登台，但随后中国连续出现了几位有代表性的女性解说，他们的出现打开了女性解说登上舞台的大门，其中最有代表性的包括小苍（张翔玲）和 Miss（韩懿莹）。

作为中国电子竞技最早的一批《魔兽争霸》职业选手之一，毕业于北京师范大学影视传媒专业的张翔玲在高中和大学期间就一直从事电子竞技运动，并且 2004 年加入了 Faith 女子魔兽战队，并在当年出现在北京大学全国高校电子竞技联赛总决赛现场①，2005 年开始解说生涯，并在 2007 年加入 Gamebank 竞技频道，成为职业解说员，主要解说《星际争霸》和《魔兽争霸》项目②，后转向英雄联盟项目。在 10 年的解说生涯中，小苍解说过 WCG、PGL、IEST、LPL、英雄联盟世界总决赛等知名赛事，在观众中广受欢迎。另外一位女解说 Miss（韩懿莹）同样也精通多类电竞项目，毕业于海南大学的她从 2007 年开始从事职业电子竞技运动，曾获得过多次电竞赛事女子组的冠军，其中包括《魔兽争霸》《星际争霸》等项目③。2010 年开始进行游戏解说，解说项目包括《星际争霸》《魔兽争霸》《英雄联盟》等各种项目，曾在 2015 年压倒众多知名男解说获得当年英雄联盟最受欢迎解说④，这两位是中国较早的知名女解说。

---

① 新浪游戏. 魔兽战场：天王与灰姑娘的邂逅 [EB/OL]. (2004-12-24) [2022-06-21]. http://games.sina.com.cn/e/n/2004-12-24/70921.shtm.

② 太平洋游戏网. 电竞幕后史 22 不惑而立 女电竞人小仓 [EB/OL]. (2014-11-22) [2022-06-21]. http://fight.pcgames.com.cn/319/3196390.htm.

③ 腾讯游戏. https://games.qq.com/a/20161209/024892.htm.

④ 英雄联盟运营团队. 年度颁奖典礼最受欢迎选手与解说诞生 [EB/OL]. (2015-11-19) [2022-06-21]. https://lol.qq.com/webplat/info/news_version3/152/4579/4580/m3106/201511/401528.shtm.

随着 MOBA 时代的到来，在后期《英雄联盟》项目中，赛事方有意识地选拔和培养了一系列出色的女性解说。2016 年，曾经是 WOA 女子英雄联盟战队辅助的 Rita（冯雨），在官方解说招募中，通过选拔成为正式解说，开始进行各级别英雄联盟大型赛事的解说活动，Rita 不仅外形靓丽，对游戏的理解和团战的分析都十分到位、判断精准，在 2017 年获得年度最佳新秀解说奖①。2013 年开始玩英雄联盟的瞳夕（张鹤）在通过腾竞官方解说训练营锻炼之后，于 2019 年开始解说英雄联盟次级联赛 LDL，并很快加入 LPL 解说团队，并解说了当年的英雄联盟全球总决赛②，由于对战局把握相当精准，对战队的战术决策方面的预估屡屡实现，被电竞爱好者们称为"剧透型解说"。

不仅仅是以上这些项目，其他电子竞技项目也有出色的女性解说，例如《王者荣耀》的 Gini、琪琪，《CS：GO》的谢言、小麻，《DOTA2》的陈娟等。女性解说一开始由于对游戏的理解不深刻、判断不准确，经常被电竞观众认为是"花瓶"，只要长得好看，往台上一坐，说不了几句话就行。但高水平女性解说的加入彻底改变了这种看法，越来越多的女性解说展现出极高的专业水准和解说素养，与男性解说达到同一水平。目前，多数主流电子竞技项目在安排赛事解说时，都会有男女解说搭配上台的阵容，女性解说也在电子竞技行业中站稳了脚跟。

2. 女性主播

由于长时间无法在传统媒体渠道上传播，加上与互联网直播平台的天然兼容性，许多电竞选手和解说在非工作时间或退役之后，会选择主播行业来继续自己的电竞旅途。在直播平台上，主播们通过分享自己的游戏画面，与观看的网友进行互动来获得收益。前文提到的女解说们很多都有自己的直播平台账号，同时也有很多赛事是同时在直播平台上进行转播的，因此两者的关系相辅相成。

著名《英雄联盟》网络主播周淑怡，曾是某少女偶像团体的主力成员，

---

① 新浪电竞. VSPN 旗下 Rita 荣获英雄联盟 2017 最佳新秀赛事解说［EB/OL］.（2017－11－27）[2023－03－17] https：//dj. sina. com. cn/article/fypceiq4076499. shtml.
② 新民晚报（百家号官方账号）. 流量新青年半年"连升 4 级"的瞳夕来了！这位电竞女解说有"颜"不任性［EB/OL］.（2020－05－02）[2022－06－21] https：//baijiahao. baidu. com/s？id=1665542689496401382&wfr=spider&for=p.

后来与电子竞技结缘,开始《DOTA2》项目的解说,进入游戏风云担任解说主持,也曾解说过 S3 世界总决赛、Ti3、NEST 等重要赛事①,目前是某直播平台的重要签约主播。曾代表虎牙出征 TGA 比赛的女主播西西,在 2021 年的王者荣耀主播板块所有主播中排名第 12,每天直播超过 10 个小时,同时也是一位虚心和温柔的人,被广大王者荣耀的玩家们喜欢②。《CS:GO》项目由于是射击项目,女性主播较为稀有,但也有大菠萝、暴暴熊这样的优质主播。

女性主播在非比赛体系中对电竞起了很好的推动和宣传作用,她们和女性解说一样,为电竞生态圈增添了属于女性的画面和叙事,但是主播和解说选手的生态不同,主播的主要获益逻辑是流量,流量可以与竞技体育的特征相辅相成,也可以完全背离竞技体育;女性主播在电子竞技直播生态中所占的独特优势也可能成为她们受到剥削和压迫的原因,因此也存在对女性的物化、对女性审美的话语宰制,甚至发展为对女性主播的异化。

3. 女性工作人员

相对于女性解说和主播,女性的工作人员受关注程度较少,这同时也让他们远离舆论的纷扰,避免被物化。伴随着电子竞技赛事文化的不断扩展,媒体曝光度不断增加,从事文化现象挖掘的人越来越多,一些日常未被关注的角度也逐渐被发掘出来,让这些女性的现场工作人员被更多的人看到。

女性在电子竞技赛事中与男性一样承担着各种工作,在电子竞技的各个方面都能够看到女性的身影。拥有 10 支职业俱乐部战队的《决战平安京》赛事 OPL(OnmyojiarenaProLeague)拍摄过一部讲述女性在电子竞技职业中的工作记录宣传片《电竞听她说》,除了解说之外,还提到有战队运营、执行导演等几位女性③,和男性一样,她们在赛事和俱乐部中发挥着重要的作用。

电子竞技联赛中有许多俱乐部的领队和经理由女性担任,例如 WE 俱乐部刺激战场项目分部的湾湾,LGD 俱乐部英雄联盟项目分部领队 Mint(李静

---

① 新浪游戏. 少女组合成员变 Dota2 美女主持 不想当花瓶苦练游戏[EB/OL].(2013 – 06 – 13)[2022 – 07 – 04]. http://games.sina.com.cn/xyz/n/2013 – 06 – 13/1637711895.shtml.
② LOL 资讯. 王者荣耀女主播一姐西西:实力超强的宠粉劳模谁能不爱呢?[EB/OL].(2021 – 10 – 20)[2022 – 07 – 04]. https://baijiahao.baidu.com/s?id = 1714120525217002218&wfr = spider&for = p.
③ 决战平安京官方.2022OPL 电竞女性纪录片《电竞听她说》[EB/OL].(2022 – 03 – 08)[2022 – 07 – 06].

媛），OMG 俱乐部经理陈芳辉等，RWE 战队经理刘苓明等。

LPL 有两位受人关注的女裁判，分别是妖风和珊珊，妖风因为所占的一方经常胜利，而被戏称为胜利女神，由于其甜美的声音出现在 RNG 队内语音中，加上亮丽的外形，吸引了众多粉丝的关注；珊珊也因为形象美丽知性，赛场导播频频给予镜头①。

尽管电子竞技的大多数教练都是男性，但也出现了一些出色的女教练，例如《王者荣耀》全国大赛东北赛区的冠军战队沈阳 DTS 的教练韩琳，从一位程序员通过自己的努力成为战队教练②，尽管 DTS 还不是顶级联赛的队伍，但女性教练的出现依然回答了一个重要的问题，女性在电子竞技的智力比拼上并不输于男性。

但由于大多数人对于电子竞技的其他工作例如领队、裁判等并不了解，对于女性的关注点也通常在外貌上，在报道中经常可以看到"身材姣好""颜值出众"这种词汇，容易忽略他们在工作中的优秀表现。这一点可能还需要赛事组织的宣传拓展，做更多的努力，让更多的人了解电竞中的各个职业。

女性在整个电子竞技产业和行业中发挥着至关重要的作用，但总体而言，无论是人数还是影响力，目前与男性还是有一定的差距。这现象不仅与社会的整体情况有关，还与教育中的刻板印象有密不可分的联系，女性从事电子竞技活动在教育界受到的认可度更低，女性学生在从事电竞运动时受到的苛责和选择电竞作为职业时受到的质疑可能更多，无论是家庭教育还是基础教育，甚至到高等教育，对于女性与电子竞技的交集反作用力居多。随着电子竞技运动和产业的发展，越来越多的女性学生从事到电子竞技运动中，这种现象会得到一定的缓解。但扭转这种现象的根本力量在于对教育目的更深层次思考，只有从教育哲学上对教育促进人的全面发展进行不断巩固，才能抵御功利主义所带来的浅层利益驱动，视角才会从自身利益转移到学生利益上，对学生自我选择才会产生足够的尊重。

---

① 风光闪电竞. LPL 裁判小姐姐颜值排名！妖风不是第一？网友：看得我想当裁判［EB/OL］. (2018 - 07 - 27)［2022 - 07 - 06］. https：//baijiahao. baidu. com/s? id =16070723588771794 70&wfr = spider&for = p.

② 蔡世奇. 留在东北的电竞人：从程序员到战队替补终成女教练［EB/OL］. (2022 - 07 - 01)［2022 - 07 - 06］. https：//baijiahao. baidu. com/s? id =1737147309399275864&wfr = spider&for = p.

第二节 电子竞技的东西方力量：西方文化霸权与东方市场

东西方的交流自从大航海时代甚至是更早的时候开始，就一直影响着全球的经济社会发展，在当前"逆全球化"版本的情况下，全球化的进程和国际交流变得不那么顺畅，各个产业的发展中从个人到国家开始不断反思东西方的交流。作为一个新兴产业和行业，电子竞技基于互联网和信息技术的平台，更多地享受了全球化带来的便利，同时如何让电子竞技运动在全球更好地发展，促进国际的交流，反而也成为电竞文化和技术上的追求。但是从更深层次的角度来看，东西方力量的交融和对抗依然是电子竞技在后现代框架中绕不开的议题，尤其是当它涉及文化和教育层面的影响。

在对东西方力量交融和对抗的论述中，后殖民主义（Post-colonialism）是较为经典的理论体系，它并不是21世纪才提出的理论，这种带有强烈解构和批判倾向的理论随着全球化的发展不断走向中心，开始挑战西方的主流话语权[1]。后殖民主义之所以被称为"后"，是因为它主要认为在全球化中西方利用所掌握的文化霸权、知识的话语权，对被殖民国家和新兴国家进行控制、文化渗透和文化围剿[2]。

由于电子竞技是一项非常新兴的事物，在电子竞技兴起的阶段，东方国家尤其是中日韩[3]，已经拥有自己庞大的市场和相当程度的经济文化发展，如果从电子竞技的语境中去寻找后殖民主义的影子，可以更多地找到双方之间的互动，而非西方帝国主义单方面的倾轧，甚至逐渐有东方压倒西方的趋势，这也给后殖民主义的理论提供了一个新的讨论现场。

而西方方面，根据《企鹅智库：2020全球电竞运动行业发展报告》，在部

---

[1][2] 马冀，中国大陆学术不端个案研究：批判理论与后殖民理论视角[D]. 台北：台湾政治大学，2019.

[3] 注：在这里将日本视为东方国家，主要是从地域的视角出发，同时从后殖民主义的观点来看，日本其实是非常典型的"被后殖民"的国家。

分海外电竞市场当中，美国作为电竞游戏的发祥地，拥有世界顶级的像暴雪、Valve一批游戏生产商，并且以Cloud9等为代表的超级战队是国际电竞赛事上的强有力的竞争者；除此之外，作为欧盟电竞国家代表的法国也是电竞市场强有力的竞争者[1]。东方拥有强大的市场，而西方则掌握了话语上的主动权，这两者之间的碰撞、对抗、妥协、融合，就发生在不断发展的电子竞技产业和行业中。

一、电竞市场格局简析

对于一个产业和行业而言，市场是它最重要的组成部分，所有的规划和设计将会在市场中得到检验，文化和技术会在市场中转变为利益，这是一个行业和产业生存下去的关键。由于这种原动力的存在，西方的话语就必须落地到东方的市场中来，这时电竞受众数量的多少，就直接影响到东西方电竞力量的对比，在这一方面，东方占据了绝对的优势。然而市场并不仅仅是受众，对于市场而言，资本的硬实力决定了整个市场——也就是电竞行业的走向，而在这一方面，东方也在进行对西方的不断超越。

1. 电竞受众以及受众市场的东西方对比

在逆全球化和新冠肺炎疫情的影响下，许多体育运动都受到了不同程度的影响，然而可以足不出户的电子竞技却逆流而上，不断地在玩家群体中站稳脚跟。根据全球游戏市场研究公司Newzoo发布的最新全球电竞市场报告，不论是核心电竞观众还是非核心电竞观众，其数量都呈现出逐年增长的趋势；在过去两年里，核心电竞观众的年增长率相对来说都高于非核心电竞观众。根据数据，2020年全球电竞观众将增至4.95亿，其中核心电竞爱好者高达2.23亿，比前一年增长2500万人次。据估计，2018~2023年的平均年增长率将为10.4%，电竞总群体在2023年将增长至6.46亿，其中非核心电竞观众将增至3.51亿，核心电竞观众也将近高达3亿[2]。2018年，由于雅加达亚运会加入了

---

[1] 企鹅智库. 2020年全球电竞运动行业发展报告［R］. 2020.
[2] Newzoo. Newzoo Global Games Market Report 2020［EB/OL］. 2020［2022］. https：//newzoo.com/insights/trend–reports/newzoo–global–games–market–report–2020–light–version.

电竞项目作为表演赛,极大地促进了电子竞技在亚洲的发展,同年中国电竞玩家数量达到2.6亿,几乎占到全球玩家数量的50%①。在玩家数量上的绝对优势让中国在电子竞技行业发展中拥有无可替代的地位。

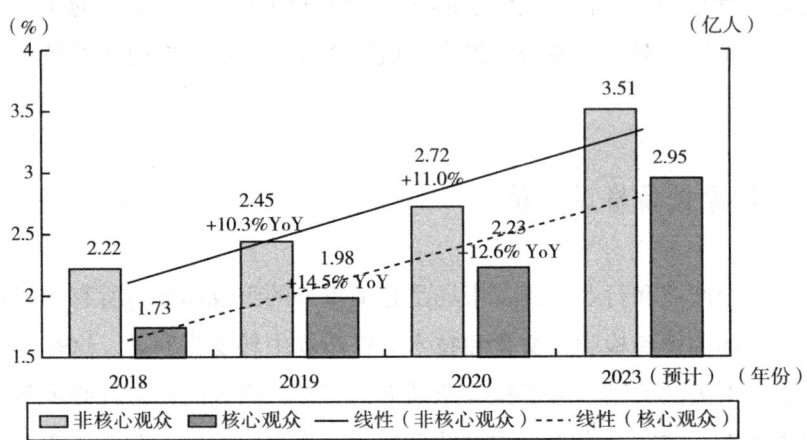

图8.1　全球电竞观众增长趋势②

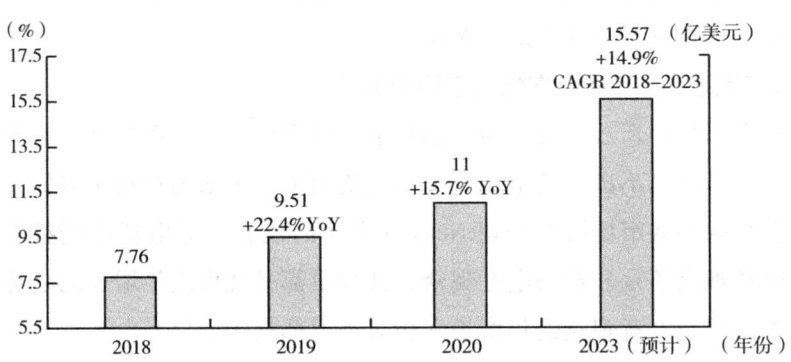

图8.2　全球电竞收入增长③

电竞运动不仅随着社会发展逐渐被人们所广为了解,而且电竞产业也逐步

---

① 体坛+.亚洲电竞地理(七)亚洲电竞崛起,东亚王者之气初现[EB/OL].(2018-12-04)[2022-07-11]. https://baijiahao.baidu.com/s?id=1618923705183718271&wfr=spider&for=p.
②③ Newzoo. Newzoo Global Esports Market Report 2020[EB/OL]. 2020[2022-7]. https://newzoo.com/insights/trend-reports/newzoo-global-esports-market-report-2020-light-version.

在社会中扩大着影响力。根据全球游戏市场报告，2018~2020年，电竞市场收入逐年呈现增长趋势，电竞市场逐步迎来春天。2018~2019年，该市场年收入增长率高达22.4%，市场收入增长势头相较来说较为迅猛；截至2020年，电竞市场总收入已突破10亿元，年增长率也高达15.7%。

其中，作为东方电竞市场典型代表，中国市场贡献出了占全球总收入35%的市场份额——毋庸置疑，中国凭借其实力仍然是全球最大的电竞市场；事实上，以中国为代表的新兴东方游戏市场也逐渐成为电竞发展的主阵地。根据Newzoo预测，2019~2023年，电竞游戏市场的平均年增长率将为14.9%，2023年的总收入将达到15.57亿美元，其中中国电竞市场预计将产生5.4亿美元的收入①。电竞市场在东西方发展势头各不相同。相较于东方新兴市场，游戏市场发展较为成熟的北美及西欧在电竞收入以及观众数量仅次东方市场，成为全球第二和第三大电竞市场。

总体来看，东方赢得了市场层面的东西方力量对比，以中国、日本、韩国、越南为代表的亚洲国家通过人口的优势，做大了电竞整体的布局，让全世界的电竞产业欣欣向荣，而且这还是在中国传统文化和当前教育理念对电竞大多持负面态度的情况下。而美国跟欧洲的优势则在于对电竞接受程度更高，对年轻人从事电竞运动的态度更加包容。

2. 东西方游戏公司发展概况

东方拥有庞大的电竞市场，这让东方的游戏公司有非常充分的发展空间，而西方的游戏公司则通过全球化的进程不断的在东方市场获利，从资本上来看，东方游戏公司并不比西方弱势，甚至东方还有腾讯和索尼这样的游戏界巨头，但从技术和游戏开发上来看，西方则几乎垄断了电竞游戏的开发，由于日本的游戏公司对电竞游戏缺乏兴趣，在腾讯开发《王者荣耀》之前，东方市场上的主流电子竞技游戏全都由西方游戏公司开发。东方和西方的电子竞技通过不同的优势相互角力。

根据Newzoo2020《全球游戏市场报告》，目前全球Top50的游戏公司占据了全球游戏市场份额85%，且中国的腾讯公司独占鳌头，日本的索尼以及美

---

① Newzoo. Newzoo Global Games Market Report 2020 [EB/OL]. 2020 [2022]. https://newzoo.com/insights/trend-reports/newzoo-global-games-market-report-2020-light-version.

国的苹果公司分别排名第二、第三位。在2019年全球电竞收入前十的游戏公司当中，美国的游戏公司便占据了一半的席位，且依次为苹果、微软、谷歌和动视暴雪；日本占据三个席位，分别为索尼、任天堂及万代南宫梦。中国只有两家公司进军前十，分别为排名第一的腾讯和排名第六的网易[1]。由此可见，东西电竞游戏公司力量基本旗鼓相当，在前十的席位两个市场的公司各占一半，且以中国和日本为代表的电竞市场在前三席排名上更胜一筹（见表8.1）。

中国的游戏公司从代理和网游起家，到现在成为全球游戏最重要的组成部分，从2019年电竞收入可以看出中国的腾讯公司营收能力远超第二名日本老牌游戏公司索尼，腾讯游戏通过投资并购不同的游戏公司，几乎手握全球大半游戏江山；而从研发能力来看，近些年腾讯也不断增大了对游戏研发和人才的投入，这也是使其成为全球性游戏"巨鳄"的主要动力之一。网易则通过与暴雪的合作，获得暴雪许多电竞游戏在中国大陆的运营权，加上自主研发的网络游戏和新的"电竞"游戏《永劫无间》[2]，进一步站稳了自己在中国游戏和电竞界的地位。

尽管日本的游戏巨头实力很强，但由于日本公司对于电子竞技的兴趣不如中美，因此在电竞方面，日本公司的表现并不出色，相对于新兴的电子竞技游戏，日本玩家似乎更乐于游玩他们之前所喜欢的游戏类型，因此日本在各个电子竞技项目上处于全面落后状态，日本电竞联赛的水平与中韩相比差距太大，以至于类似英雄联盟世界总决赛，日本的LJL联赛是没有直接参赛名额的。日本索尼作为老牌的游戏公司，虽然实力稳居世界前例，但是在中国后起之秀和美国科技巨头游戏公司的竞争之下表现不如之前，年增长率也呈下滑趋势。

在西方，美国毫无疑问成为游戏市场的领导者，虽然苹果鲜有自己研发的游戏软件，但是苹果公司通过手机、平板、电脑营造了ios生态系统，为许多游戏开发者提供了完美的游戏平台，一方面利润丰厚，另一方面也以平台的身

---

[1] Newzoo. Newzoo Global Games Market Report 2020 [EB/OL]. 2020 [2022]. https://newzoo.com/insights/trend-reports/newzoo-global-games-market-report-2020-light-version.

[2] 注：《永劫无间》这一类大逃杀游戏从学术研究上看是不是能被认为是电子竞技游戏还需要更多的讨论，前文章节也提到有关《刺激战场》这一类游戏的论述。

份成功进军了游戏领域。作为重要的模拟体育游戏开发公司，艺电 EA 除了拥有《FIFA》系列这样的足球竞技游戏之外，在 1998 年 EA 收购了开发著名 RTS 电竞游戏《命令与征服》《红色警戒》的西木头公司（Westwood），拥有了即时战略电竞的血统，同时 EA 也同样以 STEAM 平台为核心，加入游戏和电子竞技发展的竞争中。动视暴雪则是以电竞游戏起家的游戏公司，旗下的作品许多是电子竞技游戏的经典之作，加上《魔兽世界》等开创了一个时代的网游，让暴雪一度成为电竞游戏公司的表率，但近年来暴雪在电竞游戏更新换代上的颓势让公司慢慢离开了领航梯队。

表 8.1　　2019 年世界前十大游戏公司代表作、国家、收入与增长率

排名	公司	代表作品	国家	2019 年收入（百万元）	年增长率
1	腾讯	《王者荣耀》《穿越火线》	中国	20545	10%
2	索尼	PlayStation 系列游戏主机；《地平线：黎明时分》	日本	13133	-8%
3	苹果	Appstore 游戏平台 AppleArcade 游戏订阅服务	美国	10832	14%
4	微软	XboxOne 游戏主机；《光环：士官长合集》	美国	9273	-4%
5	谷歌	GooglePlay 平台	美国	7350	13%
6	网易	《梦幻西游》《倩女幽魂》	中国	6759	16%
7	动视暴雪	《魔兽世界》《星际争霸》《魔兽争霸》	美国	5841	-15%
8	艺电	Steam 平台；《极品飞车》《FIFA》系列	美国	5388	2%
9	任天堂	NintendoSwitch；《超级马里奥》系列	日本	4954	13%
10	万代南梦宫	《火影忍者究极风暴》系列；《三国志2-霸王之大陆》	日本	2968	2%

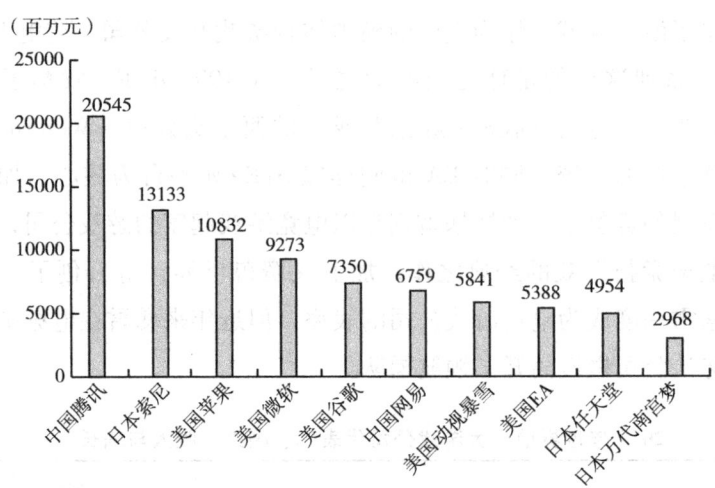

图 8.3　东西方市场电竞公司发展①

然而电子竞技产业的东西方竞争不仅仅是表面上金钱收入这么简单,游戏的研发是竞争中最核心的环节。在这一方面,东方似乎处于劣势,西方是电竞游戏的起源地,在电竞游戏研发上处于很大优势,而东方在近10年奋起直追,逐渐开始向游戏开发进军,从源头开始发展市场。

就近20年世界主流的电子竞技产品而言,可以发现像《魔兽争霸3》《英雄联盟》《DOTA2》等知名电子竞技产品都由美国著名的游戏开发商例如暴雪娱乐(Blizzard)、拳头(Riot)、威乐软件(Valve)所研发;除此之外,法国的育碧、日本的任天堂、索尼、科乐美也在游戏开发领域举足轻重。纵观中国国内电竞市场,一半以上的游戏市场份额都几乎由腾讯、网易、完美世界等上市公司占据,但在最初的一段时间里,这些游戏公司基本靠代理国外的游戏来进行市场的推进,例如《星际争霸2》《炉石传说》《守望先锋》(网易代理)、《英雄联盟》《穿越火线》(腾讯代理)、《DOTA2》(完美世界代理)。随后作为我国顶尖游戏头部公司,开始重视开发运营能力,这些顶尖游戏公司逐渐推出了例如《王者荣耀》《和平精英》《终结者》等热门游戏并在一定的区域范围内产生热度。实际上,电子竞技主体以及其核心资源在一定程度上呈现着两

---

① Newzoo. Newzoo Global Games Market Report 2020 [EB/OL]. 2020 [2022]. https://newzoo.com/insights/trend-reports/newzoo-global-games-market-report-2020-light-version.

极分化的态势：知名的电子竞技产品的研发或运营主要集中在少数游戏运营商或生产商中，绝大多数的电子竞技产品主体仍旧具有很大的上升进步空间①。

电竞游戏作为一种娱乐消费品，它的多样化和丰富性不断为其赢得市场，特别是对于东方市场来说，以中国为代表的新兴游戏市场正在不断为电竞的发展蓄势赋能，一方面中国的市场基数大，电竞受众相较于西方市场更多；另一方面，以腾讯游戏为首的"独角兽"企业几乎渗透了各大网络渠道和平台，以更多样的方式来加入游戏的研发和应用中，例如腾讯入股拳头（Riot）公司（随后又对拳头公司实现了100%控股），东方市场正在不断壮大甚至足以与西方市场分庭抗礼。从游戏研发层面来说，虽然以腾讯、网易为首的大厂正在不断重视科技和人才的投入，但真正就总体游戏开发环境来说，以中国为代表的游戏市场起步时间晚，电竞游戏开发的人才和技术相对来说也并没有像美国等一些发达国家一样先进。尽管占比相对处于劣势，但是像《王者荣耀》这样的游戏开始逐渐占领亚洲市场，也意味着东方对西方游戏市场的慢慢跟进。

3. 赛事行业的力量对比

对于竞技体育来说，全球比赛的成绩通常能够代表该地区体育项目发展的整体水平，通常对于团队项目而言，一次全球比赛的冠军意味着该地区有该项目相当充分的群众基础，完整的职业联赛和俱乐部等产业和行业发展体系。《英雄联盟》《DOTA2》《CS：GO》是当前世界上规模最大的三个电子竞技联赛体系，通过历年的冠亚军所属地区的汇总和分析，可以看到不同项目中东方和西方在电子竞技赛事力量的对比。

在《英雄联盟》已经举办的十一届全球总决赛中，除了第一赛季欧洲俱乐部拿到冠军之外，后面的十年冠军均由亚洲国家和地区瓜分，而作为五大赛区之一的北美赛区，更是连决赛都没有进。欧洲总共拿下1次冠军2次亚军；在未并入东南亚赛区之前，港澳台赛区拿到过1次冠军；韩国赛区总共拿到6次冠军，4次亚军；中国大陆赛区在最近4年中表现异常出色，获得3次冠

---

① 王贤波，张焕志. 当下电子竞技产业发展面临的困境及隐忧 [J]. 传媒察，2020 (9)：45 - 51. DOI：10.19480/j.cnki.cmgc.2020.09.006.

军,1次亚军,超过韩国赛区成为世界第一大赛区。从《英雄联盟》项目上来看,韩国成熟的职业体系构架和中国庞大的电竞市场与赛事体系,全面领先欧美,让亚洲在《英雄联盟》项目上对西方处于全面碾压的地位。韩国不断地向外"出口"教练和运动员,带动了全世界的英雄联盟项目水平发展,而中国则在赛事、职业和群众玩家体系上取得了其他国家难以超越的成就,建立了从城市、高校到职业的优良赛事环境生态(见表8.2)。

表8.2　《英雄联盟》全球总决赛历年冠亚军及所属地区[①]

赛季	冠军	所属地区	亚军	所属地区
S1	Fnatic	欧洲	AgainstAllAuthority	欧洲
S2	TaipeiAssassins	港澳台赛区	AzubuFrost	韩国
S3	SKTT1	韩国	Royal(皇族)	中国大陆
S4	SamsungWhite	韩国	Royal(皇族)	中国大陆
S5	SKTT1	韩国	KooTigers	韩国
S6	SKTT1	韩国	SamsungGalaxy	韩国
S7	SamsungGalaxy	韩国	SKTT1	韩国
S8	IG	中国大陆	Fnatic	欧洲
S9	FPX	中国大陆	G2	欧洲
S10	DWG	韩国	SN	中国大陆
S11	EDG	中国大陆	T1[②]	韩国

作为另一个重要的老牌MOBA项目,再进入第2代之后,《DOTA2》也是国际化最好的电子竞技项目之一。在《DOTA2》项目中,欧洲队伍占据绝对优势,一共获得6次冠军,3次亚军,在于欧洲完备的职业赛事体系和良好的人员交流互动有关;中国获得3次冠军,6次亚军,基本可以与欧洲分庭抗

[①] 资料来源:佚名,英雄联盟S赛历届冠军[EB/OL].(2022-05-05)[2022-07-12]. http://www.jimuseo.com/article/68813.html.
爱吃软糖的狸花猫(哔哩哔哩专栏作者),英雄联盟全球总决赛S赛历届冠军名录[EB/OL]. (2022-05-05)[2022-07-12]. https://www.bilibili.com/read/cv16282075.
悠米电竞社,网友票选历年世界赛最强亚军:S7的SKT高票当选引热议[EB/OL].(2021-09-21)[2022-07-12]. https://baijiahao.baidu.com/s?id=1711502332756728430&wfr=spider&for=pc.

[②] SKTT1在2019年与Compast Spectacor合作,并将战队名改为T1。

礼，中国的《DOTA2》战队也与欧洲资本有交流（前文提到的 PSG·LGD 战队）；美国在该项目上获得过一次冠军，一次亚军，总体而言，没有什么优势；而亚洲其他国家和地区在该项目上的最高级别表现上则差强人意，没有突出的成绩。总体而言，东方与西方的力量处于平衡状态（见表 8.3）。

表 8.3　　　　《DOTA2》项目世界赛冠亚军及所属地区[①]

赛季	冠军	所属地区	亚军	所属地区
Ti1	NaVi	欧洲	EHOME	中国
Ti2	IG	中国	NaVi	欧洲
Ti3	Alliance	欧洲	NaVi	欧洲
Ti4	Newbee	中国	VG	中国
Ti5	EG	美国	CDEC	中国
Ti6	Wings	中国	DC	美国
Ti7	Team Liquid	欧洲	Newbee	中国
Ti8	OG	欧洲	LGD	中国
Ti9	OG	欧洲	Team Liquid	欧洲
Ti10	Spirit	欧洲	LGD	中国

CS 系列项目是电子竞技最传统的项目之一，因此对于电子竞技开展较早的欧美而言，在这个项目上优势巨大。可以看到在 2013~2019 年的全球比赛中，发达国家和地区几乎包揽了所有的冠亚军，欧洲更是拿到 13 次冠军。除了 2016 年的南美巴西队伍 Luminosity 和被 Immortals 收购的巴西战队 Tempo Storm，发展中国家在该项目上几乎没有亮眼表现，在其他项目上表现出色的中韩等亚洲国家和地区在该项目上与欧美发达国家有巨大的差距。值得一提的只有巴西，而且近年来巴西在其他项目上也有相当优异的表现，巴西的人口数量与电子竞技接触率等数据都位于发展中国家的前列，对于巴西的社会及经济发展有密不可分的关系，同时也与巴西独特的年轻人文化有关（见表 8.4）。

---

① 资料来源：逗游网，Dota2Ti 历届冠军成员汇总 - 战队及成员一览 [EB/OL]. (2022 - 05 - 22) [2022 - 07 - 12]. https：//www. doyo. cn/article/484514.

表8.4　　　《CS:GO》历年全球决赛冠亚军及所属地区[①][②]

赛季（年）	冠军	所属地区	亚军	所属地区
2013	Fnatic	欧洲	NinjasinPyjamas	欧洲
2014	Virtus.Pro	欧洲	NinjasinPyjamas	欧洲
2014	NinjasinPyjamas	欧洲	Fnatic	欧洲
2014	LDLC	欧洲	NinjasinPyjamas	欧洲
2015	Fnatic	欧洲	NinjasinPyjamas	欧洲
2015	Fnatic	欧洲	EnVyUs	欧洲
2015	EnVyUs	欧洲	NatusVincere	欧洲
2016	Luminosity	南美	NatusVincere	欧洲
2016	SK	欧洲	Liquid	欧洲
2017	Astralis	欧洲	Virtus.pro	欧洲
2017	Gambit	欧洲（独联体）	Immortals	北美（原南美）[③]
2018	Cloud9	北美	FaZeClan	北美
2018	Astralis	欧洲	NatusVincere	欧洲
2019	Astralis	欧洲	ENCE	欧洲
2019	Astralis	欧洲	AVANGAR	欧洲（独联体）

　　一个项目的全球冠军，几乎可以代表这个项目在该地区的发展状况。三个在全球受到较大关注的电子竞技项目中，总体来看，东西方的力量几乎是处于均衡的状态，在一个项目中东方压倒西方，在另一个项目中东方则处于绝对劣势。可见东西方在电子竞技项目赛事产业和市场发展中，每一个国家和地区都有自己擅长的项目和特色，如果在单个项目中能够形成百花齐放的状态，每个国家跟地区都有可能和潜力获得冠军，那么这对于电子竞技整体的发展而言是非常有利的。

---

① 注：CS:GO的全球比赛模式与DOTA2和LOL不甚相同。通常来说该项目的全球最大赛事是Major（Dota2的Major则是分站赛），通常为一年两次，按照预选赛积分和上届major比赛的传奇组来确定。

② 资料来源：超级玩家，CSGO历届Major冠军队伍阵容对局详情［EB/OL］.（2022-07-12）［2022-07-12］. https://www.sgamer.com/news/202106/37335.html.

③ 注2：Immortals战队属于北美，在2016年收购整支巴西战队Tempo Storm成立CS:GO分部，并在没有人员变动的情况下获得了第2年获得冠军。

二、西方文化在东方市场的映射

尽管由于互联网的特性,电子竞技所受到的西方文化霸权并不明显,但事实上作为文化现象的一种,电竞游戏在设计之初就会带有游戏设计师和公司管理决策层所处的环境、所受到的教育、意识形态的影响,所叙述的故事也必然会带有本民族文化的特征。东西方文化在电子竞技范畴中的交融,必然会产生文化上的冲突和融合,西方文化会在电子竞技中产生其独有的映射,甚至带有后殖民主义的特征。

西方文化渗透和后殖民特征

随着经济社会的不断进步,全球化的不断发展,游戏本身早已远远超出其所代表的固有的范围。游戏产业作为文化产业的一个分支,它从被设计研发伊始,就掺杂着相应的价值观和文化内涵。通过设计出一些让游戏用户产生认同感抑或是不认同感的游戏,使游戏用户暴露在其游戏所传达的文化价值观下,游戏开发商能够成功地让游戏用户在一定程度上受到潜移默化影响。不论是从历史发展背景、文化积淀还是思维方式来说,欧美民族和东方民族的风格都是不尽相同的。西方游戏凭借其先进的游戏开发能力与技术称霸东方市场时,带来的影响不仅仅是单纯的游戏利润,更是潜移默化地对一个民族的文化生态的渗透和取代。电子竞技作为游戏的一种,也不免带有其相关的特征。

西方文化对东方市场的渗透在其游戏中得以体现。除了西方游戏的概念世界带给游戏用户的沉浸式体验,其游戏中带有浓烈西方色彩的角色、背景、主题等所构成的西方游戏文化更是不断推进了拥有不同文化背景的游戏用户对其游戏的认同感,例如最常见的勇士、骑士、魔王、法师、魔女、恶龙;亚洲人类种族元素中以不同风格呈现的精灵、矮人、兽人;历史故事当中的战争、神话故事、宗教元素等。游戏开发者依据自身的思维价值观,将本民族的文化标识通过游戏传播给受众,最终通过多元化的交互性使相应的游戏用户产生共鸣而实现多方面的文化渗透。

更有甚者,会在游戏中刻意加入对东方的贬低和对西方精神的宣扬。以典型地扭曲事实,误导游戏用户的《战地》为例(《战地》有竞技的元素,但并非当前典型的电子竞技游戏),该游戏曾经在市面上红极一时的军事类题材游戏是典型的具有西方文化特色的产物。2013年,《中国国防报》对该游戏进行了强烈的抨击,批评该游戏刻意歪曲事实,抹黑中国,文化部也宣布全面封杀这款游戏[①]。

随着文化渗透的进行,西方文化会在东方的玩家中培养出符合西方价值观、世界观的思维体系,并且通过对西方价值的讲述,规则的制定和意识形态的维护,进行后殖民主义的行为。

已有一些学者对部分电竞游戏中所存在的后殖民特色进行了挖掘和探讨。以《星际争霸》为例,作为暴雪娱乐发行的一款即时战略游戏,该游戏将整个故事链放置在科幻世界中,围绕着虫族、人族和神族这三个泾渭分明的不同银河种族展开。在这三种假想的群体之中,游戏者可以隐晦地感受到三个种族斗争过程中渗透的文化及其价值观[②]。西方文化当中的暴力因子和资本掠夺元素在一些电竞游戏中都可以窥见,《星际争霸》当中所呈现出的具有侵略性质的经济战,通过掠夺抑或是攻击敌方的方式,以最小损失获得最大利益或资源更是透露着西方资本主义国家原始资本积累的特点;从意识层面上来说,类似《星际争霸》这样的电竞游戏在不自觉的情况下,作为文化产品,向其受众传达出的大部分内容都是从本国的世界观和价值观出发,而对游戏元素的把控以及风口导向也会潜移默化地影响着游戏者。西方文化与东方文化有一些典型的区别,比如西方文化崇尚个人英雄主义,而东方文化则重视国家民族观念。和好莱坞电影一样,许多西方所制作的游戏中充满了个人英雄主义的崇拜,同样是RPG游戏,西方文化崇尚一个主角数值提升、历经千难万险打败所有敌人,而类似《原神》这样的东方游戏则总是会营造一种团队的观念。一个民族的文化传统能够深深影响该民族在意识形态领域的表现,在西方民族的文化价值体系当中,资本之间的竞争与积累、个人英雄主义等关键都能够在其文化产物当中找到相关影子。以电竞游戏《魔兽争霸》为世界背景的《魔兽世界》,作

---

① 新浪游戏. 文化部披露封杀《战地4》原因 渲染中国好战 [EB/OL]. (2013-12-31) [2022-07-20]. https://games.sina.com.cn/e/n/2013-12-31/1023755144.shtml.

② 卢熠. 管窥游戏中的后殖民主义倾向——以《星际争霸》为例 [J]. 湖北广播电视大学学报, 2013, 33 (10): 65-66.

为游戏公司暴雪娱乐制作的第一款网络游戏，经过数年的发展，其完整的架构以及多元化的游戏设定被众多玩家所接受和推崇，但是当中也不妨渗透着西方文化的后殖民主义色彩。资本原始积累阶段发展出的带有血腥、蛮横、霸道文化元素的游戏场面都在《魔兽世界》当中有些许体现。《魔兽世界》中的部分战斗场面无不包含着些许血腥恐怖的画面，玩家为了完成任务实现游戏利益需要直面游戏当中压抑的暴力的甚至死亡的场面；除此之外，玩家还能够在"种族冲突"或是"战争"的游戏场景当中完成游戏任务并且最终实现游戏当中权力"至高无上"的快感，甚至即使在现实当中不合法的"偷窃"行为，《魔兽世界》也能赋予玩家相关通道，是他们能够在游戏当中运用不正当的方式实现游戏利益，获取进阶[①]。

对于这两款游戏文化渗透和后殖民的叙述看似小题大做，对此理解不深刻的玩家更会觉得这更像是一种扣帽子的行为。应当指出的是，电子竞技的核心特质是竞技，这种特质会进一步冲淡游戏文化所造成的影响，例如绝地求生类的射击游戏是典型的带有日本"大逃杀"文化的表现，但游戏玩家所带有的竞技目的，让他们将最主要的注意力放在竞技上，而对大逃杀主题的反应要较电影观众弱，但中国开发的这一类射击竞技游戏，将击杀改为了演习退场，这是很典型的对文化渗透的修正。

对于电子竞技和电子游戏而言，相比起其他的文化现象，游戏中的文化渗透更难以甄别，故事讲述比较隐蔽，意识形态和后殖民特征的体现在很多时候并不是有意为之。在这方面的防控尺度不易把握，既不能全盘拒绝，也不能全盘接收。东西方文化在性质和内容上存在着一定的差异，而在文化传播的过程当中，游戏作为西方文化产品传播的重要媒介，它不仅仅赋予了玩家沉浸式的游戏体验，随着游戏的演变和进步，它们更多的是将娱乐性和文化性相结合，将游戏当中所包含的价值观和意识形态潜移默化地传播给游戏玩家。不论是架空的历史故事背景、虚拟的科幻题材还是反战的游戏设定，西方游戏中典型的暴力、战争、宗教等文化元素或多或少会使游戏者对不实的游戏设定受到影响。很多游戏借鉴着特定国家的历史背景，在游戏时空中设计了一个改编版或

---

① 雷雪梅. 美国网络游戏文化传播内容的分析及其启示［D］. 重庆：西南政法大学，2019.

者完全虚拟的历史社会,当游戏设计者将较为主观的文化理念融入游戏设定中或者其对别国的了解不够深入或者较为片面,那么就容易在游戏中融入对别国或者其他文化的刻板印象,从而将这种刻板印象传播给游戏玩家;同样部分科幻题材的游戏在声、光、视觉层面给到游戏者绝佳的沉浸式体验,但与此同时也更容易引发游戏者过度的幻想。尤其是当代越来越多的年轻受众,他们自身本就处在成长阶段,价值判断能力和文化素养相对来说并没有非常成熟,除了学校和家庭教育,娱乐休闲时接触的游戏也成为他们获得信息的一个主要渠道。因此,在接触西方游戏、享受游戏体验带来快感的过程中,游戏当中所包含的西方文化糟粕便不容易被游戏者所甄别。

并不是所有的文化渗透和后殖民行为都是刻意的,仅仅防范西方文化的渗透和入侵是不够的,还需要构建起属于东方的电子竞技文化体系。从西方的角度来说,之所以能够将文化渗透进电子竞技游戏,同时还因为东方在讲述电竞游戏的故事时缺乏强大的力量,比如《王者荣耀》本可以成为承载东方文化的电子竞技游戏,但在一些对电竞带有偏见、抵触和歧视的家长和媒体的声讨下,最终放弃了中国文化的框架,而转向虚无缥缈的虚拟人物,这使得中国的电子竞技游戏开发失去了一次站上文化舞台的机会。当东方的人物和事件无法被讲述,那孩子们所玩的电竞游戏就只剩下西方人所叙述的美丽了。因此,也有学者提出,对于中国的电竞环境而言,应当开发更多顺应中国社会文化心理的电竞游戏,缓解和抵御西方的文化渗透和文化殖民。

三、东方电竞力量的不断增强

根据后殖民理论的看法,东方文化在后殖民场域中并不完全处于被动的状态,其对后殖民的反馈也并非完全消极,这一点在电子竞技的东西方文化交融中非常明显。西方有文化的渗透,而东方文化也会以自己的方式对其进行消解、同化和反抗,东方随着市场和电竞力量的不断增强,在电子竞技的东西方交汇中获得更多的话语权,展现了更多文化的魅力。

1. 以中国为代表的东方电竞市场的崛起

东方电竞力量的不断增强,体现在电竞的各个方面,其中包括市场、电竞游戏公司、俱乐部、赛事成绩、玩家和流量、关注度和认可度等。前文提到近20年来，中国的电子竞技不论是在用户数量还是在市场规模上都呈现出了巨大的增长态势；在利好的市场条件和政策支持下，电子竞技产业正在蓬勃发展。自从2003年国家体育局将电子竞技正式列入体育竞赛项目，电竞游戏在中国便逐步走上正轨。不仅如此，像北、上、广、深等一线城市也慢慢开始着眼于发展电竞产业并且打出"建造电竞之都"的口号，纷纷搭建电竞人才团队，创立电竞俱乐部，兴办电竞比赛，如火如荼。随着中国经济的发展，电竞产业实力的不断增强，国内的电竞赛事、电竞俱乐部的影响力也在不断上升，电子竞技也逐渐以一种正面的形象展现在公众面前。

游戏公司方面，作为一种新兴产业，电竞产业的发展也依靠于本土游戏公司实力的发展。中国的游戏市场虽然具有很乐观的发展前景，但是事实上整个电竞产业的支柱仍然只是国内少部分的像腾讯、网易一样的头部企业。在电子竞技产业的上游，游戏开发商扮演着一个十分重要的角色，国内像腾讯游戏、网易游戏等主要游戏公司几乎撑起了中国游戏市场的大半江山，不仅如此，它们也在全球游戏公司排名当中举足轻重。近年来，头部游戏开发商通过自主研发、收购兼并等种种方式不断促进自身游戏产品的革新以迎合大众。2015年，国产手游《王者荣耀》的出现将电子竞技代入了手游领域，虽然《王者荣耀》在被刚开始推出的时候因为抄袭嫌疑而遭骂声一片，不论是角色的设定还是游戏模式，它与《英雄联盟》的雷同性让不少游戏玩家大跌眼镜甚至一度视为低端的游戏，但是在接下来的几年时间里，从还原游戏故事中历史的真实性到对用户游戏体验的优化，《王者荣耀》不断做出改变，向公众正名，最终爆火全国甚至往世界范围发展，实现了巅峰转型。《英雄联盟》作为国内最受欢迎的PC端竞技游戏，在中国电竞市场的发展可谓大红大紫。2015年，腾讯公司将《英雄联盟》的美国开发商拳头公司收购，实现了对拳头公司100%控股，《英雄联盟》也因此成为腾讯在电竞市场上做大做强的一个重要推力。

俱乐部方面，早在1997年，电竞俱乐部便开始逐渐建立，从最早的欧洲的SK、Fnatic、美洲的Cloud9、CLG等。东方电竞俱乐部的建立较西方稍晚，但随着东方市场的开拓，以韩国为代表的东方国家在电竞发展的初期就不断涌现出优秀的俱乐部，例如韩国的英雄联盟超级俱乐部SKTelecomT1，曾拿下三次英雄联盟全球总决赛冠军，在韩国国内联赛 LCK 中创造过赛季常规赛全胜的纪录；获得过两次全球总决赛冠军的 Samsung Galaxy；横跨多个项目，拿到过两次《星际争霸》Proleague 俱乐部总冠军的 KT Rolster 等。随后中国大陆电竞俱乐部开始走向成熟，开始出现 EHOME、WE、OMG、EDG、皇族（RNG）、IG、PFX、JD、SN、VG 等横跨多个项目的大型俱乐部，开始与西方的超级俱乐部在电竞赛事上分庭抗礼。亚洲其他国家和地区的俱乐部也开始依托部分项目发展自己的规模，例如《英雄联盟》港澳台赛区（后并入东南亚赛区）的闪电狼（Flash Wolves），脱离东南亚赛区的越南赛区也涌现了例如西贡水牛（SAIGON BUFFALO），东南亚运动会英雄联盟冠军技嘉陆战队（GIGABYTE Marines）；前身为英雄联盟世界总决赛冠军台北暗杀星（Taipei Assassin），后由亚洲流行音乐天王周杰伦收购组建的 J Team；在世界赛场上也有优异表现的日本 LJL 冠军霸主 Detonation FM 等。

从赛事方面来看，在综合赛事 WCG 时代，由于韩国电竞的职业体系起步较早，职业化发展优异，因此韩国开创并举办了多届 WCG 比赛，赛事成绩也独领风骚，甚至在 2000~2015 年获得了所有《星际争霸》项目的冠军。进入项目赛事时代，《英雄联盟》S 系列赛、《DOTA2》国际邀请赛（TI）、《CS：GO》Major、《守望先锋》联赛、暴雪嘉年华等是当前最主要的电子竞技世界性赛事。东方电竞在不断优化的过程中也逐步地向商业化发展，巨额的奖金池、大型企业的商业赞助与风投支持、火热的观赛市场——整个电竞产业围绕着电竞赛事蓬勃地发展着。在此基础上东方在赛事中表现不断进步，以头部电竞赛事《英雄联盟》S 系列赛为例，《英雄联盟》S 赛全球总决赛举办至今已有 11 个年头，2010 年 S1 赛事在瑞典举办，瑞典战队 Fnatic 夺得冠军，赢得五万美元，但是《英雄联盟》S 系列赛事在第二年就将奖金池扩大到了 100 万美元，与此同时，中国的电竞实力便崭露头角，中国台湾 Taipei Assassins 战队在美国洛杉矶骄傲夺冠，2013 年，韩国 SKTT1 夺得冠军，在接下来的几年里，韩国赛区不负众望，称霸多年，中国队伍也开始不断在冠军之位上出现。总体来说，从 S1 到 S11，欧洲赛区只在赛事举办初期夺得冠过一次冠军，而在余下的几年之中，韩国一共称霸 6 次冠军，中国 4 次（包括港澳台赛区）；可以看出，自 2008 年和 2009 年中国大陆赛区连续赢得《英雄联盟》S 系列赛事冠军开始，中国作为东方最大的电竞市场，开始不断向世界证明其电竞实力。DOTA2 国际邀请赛作为另一个全球性的电子竞技赛事，由美国维尔福集团主办，自 2011 年 DOTA 国际邀请赛首次举办，该著名的电竞赛事已有十多年的历史。纵观这些年《DOTA2》的卫冕冠军获得者，像 OG、teamliquid 等来自欧洲的战队几乎占据了大多数席位，除此之外，在这十年一共十次的赛事当中，中国战队也在冠军席位上出现过三次，分别是 2012 年的 IG、2014 年的 Newbee 电子竞技俱乐部和 2016 年的 Wings；虽然中国在冠军席位上相较于处于弱势，但是留意各年的亚军席位，可以发现来自中国的战队出现了六次，例如 EHOME、VG、CDEC、Newbee 俱乐部和 LGD（两次）。不难看出，普遍看来，在各大赛事当中，中国作为典型的东方市场，不仅仅是电竞市场，中国的电竞实力也在近几年发展地越来越快，在全球电竞产业的影响力也变得越来越强。中国电竞在世界赛事中的崛起，给东方电竞注入了更多的活力，中韩两国不但在诸多电竞赛事中你追我赶，在某些项目上全面碾压西方电竞，而且还在俱乐部、选手等多个方面进行了合作，呈现出较为良性的竞争关系。

作为最大的电竞市场，中国地区为电竞所带来的流量也是东方电竞力量的体现。不论是从 S3 的 OMG 夺得春季赛冠军开始一直到 S8 的 IG 赢得全球总决赛冠军，还是雅加达亚运会中国代表队夺得的两金一银，中国的电竞实力逐渐露出锋芒；随着各头部赛事在中国各城市举办，中国的电竞市场、职业电竞赛事的影响力都在不断扩大。根据艾媒咨询发布的《中国电竞商业化研究报告》，2019 年电竞赛事 LPL 的总观赛人次高至 200 亿，相较而言，以中超赛事为首的传统体育赛事的总观赛人次仅为 15.99 亿，仅为 LPL 一个项目的 8%；与此同时，与 LPL 相关的新浪微博话题总阅读量突破 300 万，总讨论量超过 2000 万[①]。作为拥有巨大电竞玩家数量的国家，中国在电子竞技的流量上，拥有西方无法匹敌的优势。

随着社会的发展，电子竞技的社会影响力和社会关注度都在不断提高，也逐步被社会大众所普遍接受。除此之外，电竞作为一种文化产业，其在商业化的过程中不断凸显着市场发展的潜力。作为市场的新风口，相关电竞赛事不仅

---

① 中国电竞商业化研究报告 2020 年［A］. 上海艾瑞市场咨询有限公司. 艾瑞咨询系列研究报告（2020 年第 8 期）［C］. 上海艾瑞市场咨询有限公司，2020：60.

具有巨大的发展潜力，也越来越受到像奔驰—梅赛德斯、耐克、KFC等主流品牌青睐，这不仅弥补了电竞自身发展价值的局限性，使其得到充盈的资金支持，使电竞赛事变得更加职业化与系统化；这在一定程度上还能够将电竞发展进程推向高潮，将品牌和电竞相结合，强强联手，加强电竞和相关品牌对其市场和受众的正面影响。

2. 电竞中文化元素的交流与融汇

东西方电竞力量的碰撞，不完全是对抗性的，也有融合性的。当东方的电竞力量增强，市场做大，流量剧增——尽管电竞游戏开发的主导权多数掌握在西方的游戏公司中，大部分赛事的运营也由西方公司指导完成——西方游戏公司在游戏设计和赛事运营中不得不考虑和接纳东方的文化，让东方元素不断地出现在电子竞技游戏中，形成交流融汇的局面。

为了适应东西方电竞发展的大趋势，电竞产品作为一种文化传播的媒介，也不断地在展示形态和内容上变得越来越多样化，不论是开拓市场还是走出国门，电竞产品在升级的过程中需要符合大众口味，有针对性地进行创新和突破才能够吸引玩家眼球，保证自身竞争力。

纵观众多电竞游戏产品，为了吸引众多游戏玩家，凸显自身游戏的特点，游戏开发者往往会在游戏的背景、内容、角色等设置上下一番功夫；在融入自身民族文化理念的同时，许多电竞产品为例追求创新，开发不同游戏受众的市场，一些电竞游戏开发者会在游戏当中融入不同地域的文化，在人物设置、音乐的选择以及场景的布置上都会呈现出多样性的特点。例如美国暴雪娱乐公司旗下的《守望先锋》当中代表中国英雄的"小美"，日本英雄源氏和半藏，韩国英雄D. VA，巴西英雄卢西奥、印度英雄秩序之光等，照顾了东方国家的内容和审美需求。尽管有自己的宇宙，《英雄联盟》中还是有典型的中国英雄代表孙悟空、盲僧李青，以赵云为原型设计的赵信。当东方电竞开始发展出自身开发游戏能力时，反过来，东方开发的电竞游戏也会考虑西方的文化融入游戏，有许多西方的英雄，例如《王者荣耀》中的马可波罗、雅典娜，体现了另一个方向的交流与融汇。

不仅是英雄角色，作为电竞游戏最重要的收入之一，皮肤的设计也不断地融入东方元素。由于与中国市场的紧密关系，《英雄联盟》在游戏中不断地推出中国风皮肤，让许多非中国特色的英雄也获得了中国文化的元素，以获得更多中国玩家的认可，例如以《山海经》为主题的山海绘卷系列，以三国为主题的三国猛将系列，只在农历春节期间推出的生肖系列，以中国青花瓷为主题的青花瓷系列（还搭配上了亚洲音乐天王周杰伦的歌曲），以古代汉服为原形的神龙尊者系列等，还有符合韩国文化的高丽风情阿狸等东方特色皮肤。这些皮肤的出现，意味着东方电竞从审美上与西方进行了交流和碰撞，其中有时会有一些冲突（例如前文所提到的塔姆皮肤），从这个意义上讲，中国电竞和其他东方国家一起推动了许多东方文化走向世界。

除了游戏本身内容体现出的东西文化交流之外，在游戏周边，东方文化也不断地被融入电子竞技文化体现中。最显著的表现是在各大游戏赛事的主题曲当中同样可以找到不同文化元素的碰撞。在 WCG 时代，尽管主办国和赞助商是韩国，但第一首 WCG 主题歌《Beyond The Game》（就如同 1988 年汉城奥运会的主题歌《Hand in Hand》）却是全英文，在体现东方国家主动国际化的同时，也让人看到了西方文化的强势。然而，《Beyond the Game》所唱在之后成为现实，电子竞技在音乐中真的超越了游戏本身，开始文化与文化的交融。《英雄联盟》世界总决赛 S7 和 S8 主题歌《Legends Never Die》《Rise》都是英文，但《Rise》的 MV 中，第一次出现了以韩国选手 Ambition 为主角的故事推进，取代了原本以游戏英雄形象的动画，展现了英雄联盟选手们对冠军顶峰的不懈追求，其中也出现了韩国选手 Faker，中国选手 Uzi 等形象，这一变化在随后被大量运用，2019 年 S9 总决赛主题歌《涅槃》以在中国 IG 战队的韩国选手宋义进 Rookie 为主角［这首歌的歌词中有 Fly, fly, Phoenixfly 的句子，而当年获得全球总决赛冠军的正是来自中国的 FPX（Fun Plus Phoenix）战队，成为一个美丽的巧合］。2020 年全球总决赛在上海举办，在主题曲《所向无前》之中刻画了中国的街景，MV 中出现了韩国选手 Faker、Mata，中国选手 Jackylove、Tian、Bebe 等。2021 年的主题歌《不可阻挡》则是以韩国选手许秀 Showmaker 为主角。除了 MV 形象的东方内容，歌曲也在不断体现着东方的力量。在 S8 总决赛决赛的开场仪式中，拳头公司推出的虚拟女团 K/DA 第一次在现场与观众见面，其所演唱的《PopStar》让所有观众眼前一亮，其中 4 个虚拟英雄分别为阿狸、阿卡丽、伊芙琳和卡莎，而阿狸和阿卡丽是较为典型的韩国英雄,为阿狸和阿卡丽配音演唱的歌手中也是韩国歌手,分别是赵美延和全昭妍。随后,该虚拟组合的下一首歌曲《More》登上S10总决赛舞台,这首歌的歌词除了原本的英文和韩文之外,更是在中间加入了中文歌词,由来自湖南的刘柏辛来为K/DA组合新英雄嘉宾萨勒芬妮配唱,获得了更多中国观众的赞美。

电子竞技东西方文化的交融,从某种意义上来看,是庞大的东方市场和优质的东方文化,让西方的游戏文化创作不得不融入更多东方的元素,这给予了东方国家和企业在电子竞技上更多的活跃空间,东方玩家的喜好和需求也在更多地被电子竞技开发和运营公司重视。和由于一些国家和组织搞全球霸权导致东西方对立、疫情影响全球化交流的现状不太相同,电子竞技领域似乎依然在主动地进行着全球化的交流和融汇,电子竞技也成为东西方文化交融的新舞台。

第三节　电子竞技中人的异化

不论电子竞技如何发展,也不论电子竞技中科技的含量和重要性有多高,技术和手段有多眼花缭乱,归根到底依然是"体"和"育"两个方面,它最根本的基础是人。但尽管科技和金钱不是电子竞技的基础,但这二者却对人的因素有深远的影响,尤其是在当下的社会文化环境中,加上互联网的因素,让电子竞技在飞速发展的同时,也对人造成了一些负面的影响,这种影响并不是影响成绩或者影响收入那么简单,它造成的是一种人的异化,用法兰克福学派的观点来看,这种异化可能是对人自身价值追求的丧失,对真善美的忽略,对人主体作用的否认,对人自身情感态度表达意识和途径的剥夺[①]。

传统体育的运动员在之前的一段时间,也曾受到自身发展方面的困扰,曾有新闻报道全国冠军运动员在退役后成为搓澡工,由于文化水平低,长期服用类固醇药物,给她的生活造成了很大的影响,幸好在新闻报道的宣传下,妇联

---

① 马翼. 中国大陆学术不端个案研究:批判理论与后殖民理论视角[D]. 台北:台湾政治大学,2019.

和体育局帮助她进行二次了创业，最终过上了好生活①。退役运动员之后发展的困境例子还很多，在这方面国家和社会也在对他们进行更多的帮助，例如安排退役运动员进入大学学习，进入体育等相关部门进行工作等。电子竞技运动员也面临着相同的问题，由于长时间训练没有时间读书，导致他们大多数人学历都不高，尤其是在《关于进一步严格管理切实防止未成年人沉迷网络游戏的通知》② 发布之前，普通的电竞运动员一旦退役，没有大学学习经历甚至高中教育都未完成的他们之后发展受到很大困扰。对此，腾讯电竞在2019年与北京邮电大学和广州体育学院达成了合作意向，让已经退役的电子竞技运动员可以再次进入校园学习深造③，这为他们今后人生的发展奠定了良好的基础，也改善了电子竞技运动因为重视成绩而忽略人的发展的异化。

受到困境的不仅是直接从事电子竞技运动的人，由于电竞而衍生出的其他产业由于法律法规更新速度慢，相关监督机制不健全的因素，对人的异化程度更为深刻。在电子竞技领域中依然存在着诸多对人的异化，这是电子竞技运动发展中对教育而言不可忽略的问题，同时也不仅是电子竞技的问题，而是全社会在发展过程中要面对的问题。

作为教育研究者，可能需要不断地思考，如何为电竞从业者提供更多的帮助，这种教育可以更加广义，渠道也可以更加多样。可以发展出更多不歧视电子竞技的社区类教育；可以让学校教育在除了学历教育之外，为普通人提供更多提升型的教育，或是让学校教育开启一些旁听的机会；也可以由电竞行业和产业牵头，为相关人员提供更广泛的教育——不仅仅是职业相关，更需要提升整体素养和能力的教育。

"我们都无法成为自己以外的任何人"，这句话除了讲述普通人生活之外，同时也满怀着希望。他们没有心力去考虑那么远的未来，他们只有今天，只有活在当下。在展示和探讨他们的研究中，加入更多对人的意义的思考，对普通

---

① 网易新闻. 她从举重冠军沦为搓澡工 一月500元 身体出现男性特征无法生育 [EB/OL]. (2022-04-09) [2022-07-26]. https://www.163.com/dy/article/H4GETDLU055339FF.htm.

② 从教育的角度来看，尽管该规定对电子竞技的发展产生了一定的影响，但总体而言对于电子竞技运动员未来发展的保护是非常有利的。

③ 搜狐网. LPL公布合作大学，Mlxg成首批电竞学生，有机会进北邮读书 [EB/OL]. (2019-06-23) [2022-07-26]. https://www.sohu.com/a/322458605_12009990.

人生活的思考，能够帮助电子竞技的行业和产业在后现代的逻辑中更好地发展。互联网并不仅仅是"损不足而奉有余"和"赢家通吃"的，它也有区块链这样的去中心化思维，这些本身就符合教育对于每一个人个体重视的理念，且可以在新的时代相互借鉴。

电竞产业在互联网逻辑和体育逻辑之间来回摇摆，从教育的角度去看，后现代对于人的关注与教育的初衷是一致的，且教育作为一个公共行为，尤其在中国，更多的应当是对普通人的关注。当电竞沉浸在互联网逻辑中时，它的目光中可能是没有人的，但当它安静下来，考虑体育的逻辑时，发现这个运动行业和产业处处都离不开"人"，离不开每一个喜爱电竞的普通人。美国职业篮球联赛 NBA 在社区活动中为所有商业联赛和产业提供了一个较为优秀的参考，体育明星服务社区、联赛和球队帮助癌症小朋友完成梦想[1]，如何让普通人在整个环境中感受到被关注、被重视、被爱，在这个方面，中国电竞已经开始慢慢起步，已经有更多的组织、俱乐部承担起对于普通人的责任，可以预见的是，我们能做得更好。

教育的后现代思维总是先行一步，但实践却差强人意，由于诸多条件的限制，教育实践经常无法反映已有的先进思维，或是找不到相关的通道来对先进理念进行实现。尽管质性研究方法在混沌理论的引领下，不断地在试图冲击逻辑实证论所固守的量化阵地，但电子竞技和教育中的质性研究理念的实践，却依然步履维艰。后现代被广泛批评的致命弱点，是来自它常常"只破不立"，但质性研究方法给予了电子竞技和教育在后现代理念上实践的方法和路径的参考。究其根本，还是对人的重视。电子竞技中的普通人，同样也是高等教育中的普通人，只要将视线对准他们，对准每一个活生生的人，总能发现背后的不一样的故事。

---

[1] 注：NBA 爵士队为鼓励身患白血病的男孩 Gibson 战胜病魔，为这位小球迷提供了一天的合同，并让他随队训练，在训练赛上，Gibson 在球员戈贝尔的帮助下完成了一次扣篮。

后　记

全书写完，似乎没有一个很好的总结，后记也许可以更好地补充质性研究中对于研究者自身以及创作研究情况的介绍。也许有的读者会奇怪，为什么一本学术著作会有如此"轻松"的序言和后记。我在政大的老师中，有一位才华横溢的教育行政领袖级的学者，连我的导师周祝瑛教授都对他赞叹不已，称其为"秦子"的秦梦群老师。他著的一本《教育行政研究方法论》，不仅是当时博士班上课的教材，到现在还是我手边重要的工具书。该书的序言是一篇名叫《世纪的美丽与哀愁》的代序，是一篇记录他从美国求学开始到创作该书的心路。我这位不成器的学生，也想勉强模仿一下才子的风格。

作为职业生涯的第一本学术专著，本书磕磕绊绊，写了一年多，但对本书的构思是从2017年我还在读博士期间，大概就是对电竞的热爱和对研究的喜爱，把一丝灵感变成了著作。但研究和创作实属不易，是我没有料到的。因此，尽管集结了十几位助理，学术的严谨、资料的缺乏、过程的漫长以及个人能力的挖掘，都让我个人耗尽心力。

但是透过这本书的写作，我看到了许多电子竞技世界的真实——这些真实大多关于每一个参与其中的普通人，有我的学生、有社团的成员、有其他的老师、有不知名的被调查者、有电竞的运动员、有电竞行业的工作人员。这些真实让我在学术的研究中获得了极大的满足感，似乎我撬开了窥见真理的门缝，虽然转瞬即逝，但是让我有一种自己真的是在做学术研究的自我实现，按照马斯洛的理论，这是人类最高层次的需要。

本书也没有接受任何来自电竞企业和行业相关的资助，因此还算得上是一本相对中立的学术著作。学术著作并不代表唯一真理，学术的意义重在探讨真理，因此如有不同意见，欢迎以学术的方式进行交流。

资料的选用方面，由于个人对英雄联盟项目比较熟悉，因此举的例子许多都是英雄联盟项目，一些较为小众和新兴的项目还未有广泛的接触，有一些游戏项目提到的比较少，有一些因为理解不深刻不敢写在学术专著中，并不代表这些项目不具备电子竞技的优点，这也是我较大的局限。我衷心地希望电子竞技能够发展出更多的项目，其中的一些项目可以在更多的方面对教育更加有利，也让我能有更多的方向和内容来研究电子竞技×教育。

感谢我的第二作者方禧东，他曾是我在初中任教时的学生，一转眼十一年过去，我辞职攻读博士学位去到大学，他在接受过研究类大学的锤炼之后，已经能够写出像样的研究文本，并且我们经常一起讨论有关电子竞技的研究（当然也在一起从事电子竞技的实践），希望他以后的学术道路能够更加顺利，前途远大。

在收集相关资料的时候，我也拜托助理给一些大学打电话，这本是一件比较冒昧的事情，但是他们其中的一些非常乐意分享他们的专业设置，因此在种种困难中我还是收集到了一些珍贵的第一手资料，在此表示衷心的感谢。也感谢接受访谈的人们、社团指导老师、电竞社的社长以及更多的普通人，是他们构成了本书的基石。

感谢宁波工程学院所给予的学术著作出版资助立项，在我看来，学校能支持这种与转化为利润毫无关系的动作，已经相当满足我对一个大学的想象，专著能够成书，也仰赖同事和领导的支持与鼓励。同时我在宁波工程学院开设的同名校级选修课在本学期获得了许可，可以面向同学们来进行交流。

写一本学术专著相当不易，尤其是像我这样缺少资源的普通年轻研究者，写这本书完全是兴趣和梦想，在缺乏认可和经费资助的情况下，可能就很难有后续更多的研究了。因此，我也衷心希望这本书能获得大家的认可，一来也许能获得更多的经费，为后续的研究提供支持，二来也希望电子竞技能够获得更广泛的认同，让我在这方面的研究不至于被轻视甚至是歧视，让电子竞技在教育方面的研究也能做得更深刻，为电子竞技在高等教育人群中的发展打下良好的基础。

几十万字的打字量，让我的腱鞘不堪重负，到最后只能使用语音输入，尽管经过校对，错误还是会存在，这一方面还请见谅。

研究总是无止境的，后续的研究，我希望能把宁波的电竞社团访谈做完，电竞社是电竞行业和产业走向校园的重要路径，但他们目前的发展而言并不是太乐观；我也希望能够获得更多更准确的有关电子竞技对学生学业影响的数据，也做一些量化方面的尝试；电子竞技专业的建设，也是一个有趣的话题，再经过一些时间的发展，也许能规划出更多有意义的整体设计；在电竞中除了头部明星和流量，也有更多的普通人值得研究去关注，教育的力量就在于普通人。

　　然而未来的事情，恐怕只能走一步看一步。想做感兴趣而喜欢的有意义研究，这种不符合当前新管理主义和学术资本主义的心态和信念能支撑多久，我也无法预计；同时我也想被认可，想为教育做贡献，想上好课，做好本职工作，享受生活的乐趣。

　　本书最后一章原本有一位电竞从业者的访谈，她特别喜欢一位叫拉克丝的英雄，在《机动战士高达SEED》中也有一位叫拉克丝·克莱因的人物，她说过这么一句话，"我们谁都无法成为自己以外的任何人"，我又何尝不是呢？

马　冀

2022年8月